リウィウス
ローマ建国以来の歴史　2

西洋古典叢書

凡例

一、この翻訳は、R. M. Ogilvie (ed.), *Titi Livi Ab Urbe Condita*, Tomus I. Libri I-V, Oxford 1974 を底本とし、そのうちの第三巻から第五巻を訳出したものである。

二、ラテン語のカナ表記は次の原則に従った。

(1) 原則として子音の重複は「ッ」で表わしたが、流音の重複は無視した。たとえば、Cassius は「カッシウス」としたのに対し、Tullus は「トゥルス」とした。

(2) 固有名詞の母音の音引きについては、原則としてこれを省略した。ただし、「ローマ」のように慣例を重視したものもある。なお、固有名詞以外については、原語を表記する場合は原則として音引きを付した。

(3) ギリシア人名はギリシア語の表記に変えた。しかし、ローマ建国伝説に関わる主要人物については、ラテン語の表記を採用した。たとえば、「アイネイアス」ではなく「アエネアス」とした。

(4) qu に続く母音は「クィ」「クェ」「クォ」のように「小さい母音」で表記した。

三、訳文において、原文中の挿入的な文章は（ ）で括った。［ ］は訳者による補足説明である。また、間接話法の文章が長く続く場合は、ダッシュ（——）で括った。

四、本文では章の番号を漢数字で示し、節の番号はアラビア数字で示した。

五、小見出しは、訳文を読みやすくするために訳者が適宜挿入したもので、写本にはない。同様に読みやすさを重視するため、底本にはない改行を適宜加えた。

六、一部の公職名は原語をカタカナ表記した。これらについては巻末の「公職の訳語」を参考にされたい。

七、リウィウスの人と作品については、本叢書『ローマ建国以来の歴史3』所収の毛利晶氏による優れた解説があるので、それを参照されたい。

目次

『ローマ建国以来の歴史』全14冊の構成

●第1－2分冊
伝承から歴史へ（第一－五巻）

●第3－4分冊
イタリア半島の征服（第六－一〇巻）
第一一－二〇巻（散逸）

●第5－8分冊
ハンニバル戦争（第二一－三〇巻）

●第9－14分冊
第二次マケドニア戦争、東方諸戦役（第三一－四五巻）

ローマ建国以来の歴史 2

——伝承から歴史へ (2)

岩谷　智　訳

第三巻

前467年

アンティウムへの植民

一　アンティウム(1)陥落の翌年、ティトゥス・アエミリウスとクィントゥス・ファビウスがコーンスルになった。このファビウスは、クレメラでファビウス一族の血が途絶える(2)寸前となったときの唯一の生き残りである。[2]彼は前回コーンスルになったときも、(3)すでに平民への土地配分を支持する立場をとっていた。彼が再就任するとなって、農民たちのあいだに農地法制定に対する期待が高まった。護民官も、これまでコーンスルが二人とも反対したために成立しなかった法案に対して少なくとも一人のコーンスルの協力が得られるだろうと思った。そして今度こそ法案成立が期待できると考え、この問題を再度取りあげることにした。むろんアエミリウスの基本的な立場も変わっていなかった。[3]一方土地の所有者と貴族の大半は、国家の指導者たる者が護民官の施策を採用し、他人の財産を譲り渡すことで人気を得ようとしていると憤り、この問題に関する怒りの矛先はすべて護民官からコーンスルに向けられることになった。

[4]このとき、もしファビウスが次のような双方(4)にとって不満のない提案をして事を落ち着かせなかったら、激しい争いが生じていたにちがいない――前年、ティトゥス・クィンクティウス(5)の遠征がうまくいき、相当の広さのウォルスキ人の土地が手に入った。[5]アンティウムは、ローマからさほど距離も離れておらず、交通至便の港町であり、植民市の建設も可能である。ここに移住すれば、平民は土地所有者の不満を買うことな

く耕地を手に入れることができ、国家の宥和も失われずにすむ――。[6]この提案は受け入れられた。土地分配のための三人委員としてティトゥス・クィンクティウス、アウルス・ウェルギニウス、プブリウス・フリウスが任命され、土地の分配を望む者は名前を登録せよという指示が下された。[7]しかしここでも、潤沢は嫌悪を生む(6)という、ありがちなことが起きた。土地分配名簿を埋めるためにはウォルスキの植民者を使われなければならなくなるほど、名前を登録した者はきわめてわずかであった。残りの者たちはすべて、他所ではなくローマの農地を寄こせと要求したのである。[8]アエクィ人はクィントゥス・ファビウス――彼は軍を率いてアエクィに攻め込んでいた――に講和を求めておきながら、一転してラティウムに侵攻し、せっかくの講和を反古にしてしまった。

前466年

アルキドゥス山での戦い

二　翌年、スプリウス・ポストゥミウスとともにコーンスルに就任したクィントゥス・セルウィリウスは、

---

(1)ローマの南南東約三〇マイルに位置する港町で、もともとはローマの友邦であるラテン人の町。ローマは、ウォルスキ人によって支配されていたこの町を前四六八年に奪還していた（第二巻第六五章参照）。

(2)第二巻第五〇章参照。

(3)前四七〇年。第二巻第六一章参照。

(4)土地所有者と平民の双方。

(5)前年、すなわち前四六八年のコーンスル。彼は前四七一、四六五年にもコーンスルに就任している。

(6)ことわざ的な言い回し。プラウトゥス『三文銭』六七一行参照。

前465年

アエクィの担当となると、ラティウムの地に常設陣営①を築いた。ところが疫病が蔓延し、軍勢は行動停止を余儀なくされた。

[2]戦いは三年目にもつれ込み、クィントゥス・ファビウスとティトゥス・クィンクティウスがコーンスルとなった。ファビウスが通常の手続き②を経ずにアエクィ担当に決まった。彼らを打ち負かし、講和を取り結んだ当の本人③だからだというわけである。[3]ファビウスは自分の名前の重みだけでアエクィ人に白旗を掲げさせることができると確信してローマを発った。そして使者をアエクィ人の部族会議に送り、コーンスルのクィントゥス・ファビウスが次のように言っていると伝えるよう命じた——私はかつてアエクィ人からローマに講和を届けたが、いまはローマから戦争をアエクィ人にもたらそうとしている。かつて平和のうちに差し出した右手には武器が握られている。[4]こうなったのは、だれかが信頼を裏切り、だれかが誓いを破ったためである。神々こそがその目撃者であり、ほどなく制裁者ともなってくれるだろう。それはともあれ、諸君には攻撃を受けて立つより、自ら悔い改めることのほうを選んでもらいたい。[5]もし悔い改めるのならば、安全な退路を用意する。それはすでに諸君も一度経験したことのある寛大な措置だ。一方、偽誓をよしとするというのならば、諸君が戦う相手は人間ではなく怒れる神々だ——。[6]この説得にアエクィ人はまったく心を動かさなかった。それどころか、使者たちはあやうく暴行を受けるところであった。そしてアエクィ人はローマに対抗するためアルギドゥス山④に兵を送った。

[7]こうした動きがローマに伝わると、危機感もさることながら、むしろ憤慨の念に促されたかたちで、同僚コーンスル［ティトゥス・クィンクティウス］も出撃することになった。両コーンスル軍は、すぐにでも戦闘

可能な戦列を組み、敵と対峙した。しかし日没までほとんど時間が残っていなかった。そのとき、敵の歩哨所からこう叫ぶ声が聞こえてきた。「ローマ人よ、お前たちは戦うふりをしているだけだ。お前たちは、夜闇の迫るなか戦列を組んでいるが、命運を賭けての戦いには太陽のある時間がもっと必要だというのがわれわれの立場だ。明日の朝、日が昇ったらもう一度戦列を布け。たっぷり戦えるぞ。怖じ気づくなよ」。このの台詞にいまいましい思いを抱えつつも、兵士たちは翌日を期して陣営に引き上げた。そして決戦を持ち越しにしたこの夜はきっと長いものになるだろうと考えた。そして腹ごしらえをし、横になって体を休めた。次の日、太陽が昇ると、ローマ軍は敵よりも相当に早く戦列を整えた。遅れてアエクィ人も兵を押し出してきた。両軍とも戦意は旺盛だった。ローマ軍は怒りと憎悪に駆り立てられて戦った。一方、アエクィ人を突き動かしていたのは、自らの咎が危機を引き寄せたという自覚と、再びローマ人の信頼を得る見込みは皆無であるという思いであった。捨て身となってあらゆる手を尽くすほかはなかった。しかしアエクィ軍にローマ軍の戦列の攻撃を持ちこたえるだけの力はなく、撃退されて自分たちの領土近くまで逃げ戻った。それでも

(1)ラティウムのようにローマからさほど離れていない地域においては、常設陣営ではなく、移動陣営が一般的であった。
(2)コーンスルがどの地域、領域に軍事的指揮権を持つかは籤引きによって決まるのが通例であったが、このときは緊急事態であることに加え、ファビウスの実績が考慮されて、通常の手続きなしに元老院が担当領域を決めた。

(3)前四六七年の出来事。第一章八参照。
(4)アルバ山系の最東端の峰。ローマからヘルニキの土地に抜ける細い峠道が通っていた。前四八〇年にアエクィの手に落ちたこの道は、その後数十年にわたってローマとのせめぎ合いの場となる。

なお、彼らの気持ちは講和に傾かなかった。猛り狂った兵士たちは、なぜローマ軍が最も得意とする会戦という戦い方で決着をつけようとしたのか、と隊長たちに詰め寄った。[13]アエクィ人の強みは略奪と襲撃であり、大兵力を束ねて一つの軍隊で戦うより、数多くの小隊が神出鬼没に戦うほうが効果的だというわけである。

アエクィ人の襲撃

三　その言葉のとおりに、アエクィ人は陣営に若干の守備隊を残しただけで出撃してきた。ローマの領土に進入した彼らは大規模な混乱を引き起こし、恐怖はローマにまで及んだ。[2]この動きは想定外であり、それだけいっそう人々の動揺は大きかった。撃破し陣営に封じ込めた敵が襲撃の機会をうかがっているとはだれも思わないからである。[3]農民たちは脅えて市門に殺到し、「これは襲撃とか小規模の略奪集団ではない。敵の正規軍、軍団の襲来だ。ローマにまで押し寄せてくるぞ」と根拠のない恐れにすべてを誇張して叫んだ。[4]このような根も葉もない噂話を直接耳にした者たちがさらに尾ひれをつけて他の者たちに伝えた。「武器を取れ」と大声を上げながら人々が走り回る様子は、陥落した町でみられる狼狽とほとんど変わりなかった。[5]そのときちょうどクィンクティウスがアルギドゥス山からローマに戻ってきた。それが怯えに対する特効薬となった。彼は混乱を鎮めると、打ち負かした敵を恐れるとはなにごとだと叱責してから、市門に守備隊を配備した。[6]次に元老院を招集し、その承認に基づいて法行為および国事行為の停止(1)を宣言すると、あとを市長官(2)のクィントゥス・セルウィリウスに託し、自らは国境防衛のために出発した。だが田野に敵の姿はなかった。

[7]もう一人のコーンスルのクィントゥス・ファビウスの活躍は華々しかった。彼は敵の出没する場所を前もって察知し、厖大な略奪品のせいで行軍もままならぬ相手に襲いかかった。そして略奪のつけを死で払わせた。[8]この待ち伏せを逃れおおせた敵の数はきわめてわずかで、略奪品はすべて回収された。これを受けてコーンスルのクィンクティウスはローマに戻り、国事行為停止は四日間で解除となった。

[9]戸口調査(3)が行なわれ、クィンクティウスによって大祓(4)が執り行なわれた。人口は孤児と寡婦を除いて一〇万四七一四人を数えたと言われている。[10]この後、アエクィ人に関しては特筆すべき事柄はなに一つ起こらなかった。彼らは自分たちの村に戻ったが、なすすべもなく財産を焼かれたり奪い取られたりした。コーンスルのファビウスは数度にわたって掃討軍を率い、敵の領地をくまなく荒らすと、大いなる誉れと戦利品を手にしてローマに帰還した。

(1)「法行為および国事行為の停止」を決定する権能を持つのは元老院および独裁官のみであった。

(2)王政末期の市長官については第一巻第五九章参照。共和政期においては、二人のコーンスルがともに外征等でローマを離れる場合、コーンスルの指名によりローマ統轄の任にあたった。

(3)セルウィウス王による戸口調査の制度創設については第一巻第四三章参照。リウィウスが戸口調査に言及するのはそれ以来のことであるが、ハリカルナッソスのディオニュシオスによれば、前五〇八、四九八、四九三、四七四年にも実施されたとなっている。

(4)戸口調査のあとに行なわれる浄めの儀式。第一巻第四四章参照。

前464年

コーンスル軍の苦戦

四　翌年のコーンスルにはアウルス・ポストゥミウス・アルブスとスプリウス・フリウス・フススが就任した。なお、フリウスをフシウスと記述する向きもある。わざわざこのようなことを記すのは、名前が違うなら人物そのものも違うと勘違いしてもらいたくないからである。[2]さて、どちらのコーンスルが担当となるにせよ、アエクィ人にとってみれば、自分たちとの戦いに出てくるのは疑いがなかった。それに備えてアエクィ人はエケトラ(1)のウォルスキ人に支援を求めた。ウォルスキ人は一も二もなく支援を申し出たが、それは、両部族がローマ人に対する変わらぬ敵意を競い合っていたからである。彼らは全力で戦争準備に取りかかった。[3]ヘルニキ人(2)はこれを察知し、エケトラがアエクィ方に寝返ったとローマに報告した。アンティウムの植民地も油断ならなかった。アンティウムが陥落したとき、数多くの住民(3)がアンティウムからアエクィ方面に逃れていたからである。また、その兵士らはローマとアエクィが戦うあいだきわめて勇猛であった(4)。[4]だが、アエクィ人が自分たちの町に封じ込められたあとは、相当数がアンティウムに舞い戻った。そして、すでに自らの意思で裏切りに傾いていた入植者たち(5)をローマから離反させたのである。[5]元老院には反乱の動きが本格化する前に情報が入っていた。そこで、両コーンスルに、入植地の主だった者をローマに呼び、なにが起きているのか問いただす任務が与えられた。[6]アンティウムの指導者たちは不満をもらすことなくローマにやってきた。そしてコーンスルによって元老院に招き入れられ、訊かれたことに答えて戻っていった。しかし、疑念は彼らがやってきたときよりもいっそう深まった。戦争となるのは必定だった。

[7]二人のコーンスルのうちスプリウス・フリウスがアエクィ担当となった。ローマを発った彼はヘルニキ人

の土地を荒らし回っている敵を発見すると、（敵軍の全体像が見えていなかったといういいわけはあるかもしれないが）無謀にも相手の数を把握せぬまま戦闘を開始した。しかしスプリウスの戦力は敵の軍勢に比して十分とはいえず、[8]緒戦で打ち負かされて陣営まで撤退した。しかしこれが危機の終わりではなかった。陣営はその夜から翌日にかけて猛烈な包囲攻撃を受け、ただ一人の伝令すらローマに送り出すことができなかったのである。[9]しかしヘルニキ人によって、ローマ軍の苦戦が伝えられた。コーンスルと軍勢が包囲されているという情報も届いた。その知らせは元老院を震撼させた。そのとき、もう一人のコーンスルのポストゥミウスに対して、国家がいかなる損害も蒙らぬよう処置する任務が与えられた。以来、この文言は元老院最終勧告の定型句(6)として非常事態を宣言するものと見なされている。(7)[10]これが最善の策という判断が下され

(1)ウォルスキ人の主要都市。ローマの東南約二〇マイルに位置し、ウォスルキ人の町としてはローマに最も近い。前四九五年にローマとのあいだで講和が成立していた。第二巻第二五章参照。
(2)アエクィとウォルスキに挟まれた地域に居住する部族でローマに対しては友好的な態度をとる。
(3)アンティウムへの入植者にはローマ人に加えてウォルスキ人も含まれていた（第一章七参照）。
(4)ローマに敵対するアンティウム住民については第一〇章参照。
(5)主としてウォルスキ系の入植者。

(6)一般に元老院最終勧告の定型句として、"videant consules ne res publica detrimenti capiat"（「両コーンスルは国家が損害を受けぬよう対処せよ」）が知られている。
(7)確認できる最初の元老院最終勧告は前一二一年に出されている。このとき、元老院はガイウス・グラックスに対処するため、コーンスルのルキウス・オポミウスに無制限の権限を与えた。したがって、この箇所はリウィウスによる典型的なアナクロニズム（時代の置き換え）である。いずれにせよ、リウィウスにおいては、元老院がコーンスルに対して独裁官的な権限を与えた最初の例として記述されている。

たのは、コーンスル自身はローマに残り、武器を担いうる者をすべて徴集することであった。そして陣営救援には同盟軍とともにコーンスル代理（1）のティトゥス・クィンクティウスが派遣されることになった。11 軍編成のため、兵を即座に募集してクィンクティウスに提供するよう、ラテン人、ヘルニキ人、そしてアンティウムの植民市に対して要請がなされた。ちなみに当時こうした軍は「緊急援軍」と呼ばれていた。

救援の到着

五　そうこうしている数日間にも、各地で多くの動きや衝突が見られた。敵は数的有利を恃みとして多方面から攻撃を仕掛け、ローマ軍の力を分散させるとともに、すべてに対応しきれないようにさせた。2 彼らは陣営に攻撃を仕掛けてきたかと思えば、ローマの農地の掠奪のため軍勢の一部を送り出してきた。そして、好機の到来を待ってローマそのものを狙おうかと考えたのである。3 コーンスルのポストゥミウスは、ルキウス・ヴァレリウス（2）をローマの守りのために残し、ローマ領土の略奪を阻止するために出発した。4 事前の備え、人の配備、どこにも手抜かりはなかった。市内には厳戒態勢が敷かれ、市門の外に歩哨、城壁の上に守備隊が配置された。さらに、このような緊急事態には不可欠の法行為および国事行為停止も必要日数分、継続することが決まった。

5 この間、コーンスルのフリウスは陣営にあって、当初包囲戦にじっと耐えていたが、敵の虚を突いて陣営後門（3）から出撃した。さらに敵を追い立てることも不可能ではなかったが、思わぬ方向から陣営が襲われるのを恐れて、思いとどまった。6 一方、副司令官でコーンスルの兄弟でもあったフリウス（4）は深追いをしてしまった。追撃にはやるあまり、彼は味方が引き上げていくのにも、敵が背後から迫ってくるのにも気づかなかった。孤立した彼は、陣営に戻る道を必死に切り開こうと幾度も試みたものの、結局は果たせず、壮烈な死を遂げた。[7] コーンスルのフリウスは兄弟が敵に囲まれているという知らせを受けると、戦場にとって返し、戦闘のまっただ中に切り込んでいったが、そこで目の当たりにしたのは十分な警戒ではなく無分別［のもたらす結果］であった。結局コーンスル自身も深手を負って、周りにいた者によって救い出されたが、味方には意気消沈を、敵にはさらなる勢いをもたらす結果となった。

[8] アエクィ人は副司令官を討ち取り、コーンスルに傷を負わせたことで、さらに士気を高めた。ローマ軍は彼らの勢いを止めることができないまま陣営に押し込められ、再び包囲攻撃を受けることとなった。戦意でも戦力でも太刀打ちできないローマ軍は、もしティトゥス・クィンクティウスがラテン人とヘルニキ人の援軍とともに救援に駆けつけなかったなら、さらなる危機に陥っていたにちがいない。[9] クィンクティウスは、

（1）この箇所はリウィウスにおけるコーンスル代理（pro consule）職の最初の言及である。

（2）おそらくは前四八三年および前四七〇年のコーンスル。第二巻第四二章一一および同巻第六一章一参照。前四四九年にも同名の人物がコーンスルになっているが、この時点では若すぎるものと思われる。

（3）陣営後門（decumana porta）は直訳すれば第十大隊の門。各軍団の第十大隊がこの門の近くに宿営し、敵からは一番遠い位置に置かれるのがつねであった。

（4）前四七二年のコーンスル（第二巻第五六章一参照）。また、前四六七年の三人委員の一人（本巻第一章六参照）。

アエクィ人がローマ軍の陣営攻撃に気を取られ、しかも副司令官の首級をこれ見よがしに掲げている隙を突いて背後から襲いかかった。それと同時に、遠くからローマ陣営に合図を送って出撃を促し、敵の大軍を挟み撃ちにした。[10]アエクィ人の死者はそれほど多くはなかった。というのも逃走してローマの領内に散らばった者がかなりの数に上ったからである。彼らは各地に出没して略奪を重ねたが、ポストゥミウスはあらかじめしかるべき場所に何箇所も砦を設営し、そこから攻撃隊を繰り出した。アエクィ人のなかには隊列を組む余裕もないまま散り散りに逃げ出した者もいたが、彼らは、勝利を収めて（負傷したコーンスルのフリウスとともに）帰還途中だったクィンクティウスと出くわしてしまった。[11]このとき、ポストゥミウス軍は目覚ましい戦いを繰り広げ、コーンスルのフリウスの負傷、副司令官と彼の部下たちの死に対して存分に仇討ちをした。両軍はこの数日間だけで、甚大な被害を互いにもたらし、互いから蒙った。

[12]このように昔のこととなると、何人が戦い、何人が倒れたか、信頼の置ける数字を細かなところまで算定するのは困難である。しかしながらウァレリウス・アンティアス(1)は総数をあえて断定的に伝えている。[13]それによれば、ヘルニキの地で命を落としたローマ人は五八〇〇人であり、ローマの領土を略奪のため荒らし回っていたアエクィ人のうちコーンスルのアウルス・ポストゥミウスによって殺されたのは二四〇〇人であった。それ以外の、略奪品を運んでいてクィンクティウスと鉢合わせをし、殺された者はそのような数ではすまない。アンティアスはさらに詳細な数字にまで踏み込んでその死者の数を四二三〇人と報告している。

[14]ローマ軍が帰還し、法行為および国事行為停止の解除が行なわれた。そのとき、空一面が大きな炎に包まれるという現象が目撃された。これ以外にもさまざまな予兆が現われたが、そのなかには人々が実際に目に

したものもあれば、脅えた者の見た幻も含まれている。厄を祓うため三日間の祭礼が布告された。その間ありとあらゆる神殿が神々に加護を求める男女であふれた。15 その後、ラテン人とヘルニキ人の援軍は戦場での果敢な働きに対するねぎらいを元老院で受け、それぞれ自国に戻っていった。アンティウムからも一〇〇〇人の兵士が到着したが、戦争終結後の遅すぎる加勢であったため、ほとんど面目を失うかたちで追い返された。

前463年

疫病

六　その後、選挙が行なわれ、ルキウス・アエブティウスとプブリウス・セルウィリウスがコーンスルに選ばれた。彼らは、八月一日、すなわち当時の一年の始まりと見なされていた日に職務に就いた。(3) 2 天候が不

(1) 前一世紀の年代記編者。少なくとも全七五巻からなる彼のローマ史（現在は断片のみ残存）はリウィウスの歴史記述の典拠の一つであるが、彼の名が直接言及されるのはこの箇所が最初である。なおこの箇所のほかにも彼は何箇所かで名前が挙げられるが、いずれの箇所でも虚偽（第二六巻第四九章）、誇張（第三二巻第六章）、不十分な調査（第三九巻第四三章）などといった批判が込められている。

(2) 予兆（prodigium）とは神々から送られた未来の出来事を予示する自然現象または出来事のことである。厳密には公的に認定されてはじめて予兆として認められる。

(3) 共和政初期において、公職者の職務開始日はかなりのばらつきがあった。たとえば、前四五〇年の第二次十人委員会の発足は三月十五日であったのに対し（第三六章参照）、前四二三年のコーンスルの着任は十二月十三日である（第四巻第三七章参照）。なお前一五三年の改暦によって年度の始まりがそれまでの三月一日から一月一日になったのと同時に、公職者の任期も一月一日からとなる。

順で、この年は結局、市内も農地も、人も家畜も、疫病に苦しむことになった。さらに外敵による略奪の恐れから家畜と農民が市内に入ったため、悪疫の勢いに拍車がかかった。[3]ありとあらゆる種類の動物が入りまじり、都会の住民は慣れない臭いで息が詰まる思いをした。一方、農民たちも狭い家屋に押し込められ、暑さと寝苦しさで消耗した。互いの看病、そしてその接触自体が病気の蔓延のもととなった。[4]疫病の猛威にかろうじて耐えていた人々のもとに、ヘルニキから突然使者がやってきて、アエクィ人とウォルスキ人が徒党を組み、ヘルニキの土地に陣営を築き、そこを根城に大規模な掠奪を行なっていると伝えた。[5]元老院は集まりが悪く、同盟国の使者たちからみてもそれ自体、ローマが悪疫に苦しめられている証拠であったが、返ってきた答えにはさらに落胆せざるをえなかった——ヘルニキ人はラテン人と力を合わせて自らを守ってほしい。ローマは神々の突然の怒りによって悪疫に苛まれている。もしこの災いがやめば、前年と同じように同盟国に対していかなる援助をも惜しむことはない——。[6]つらい知らせをもってきた同盟国からの使者は、さらにつらい知らせをもって本国に戻っていった。これまでローマの力を借りてなんとか持ちこたえてきた敵との戦いを、今度は自分たちだけで担っていかねばならないことになったからである。

[7]敵はヘルニキの地に留まってはくれず、嵐のようにローマ領に侵入した。ローマ領内の土地は戦禍のせいではなく荒れ果てていた。敵は非武装の者にすら一人も出会うことなく、警備どころか耕作もされていない土地を突ききって、ガビナ街道(1)第三里程標のところまで侵攻した。[8]ローマではコーンスルのアエブティウスがすでに病没し、同僚コーンスルのセルウィリウスも助かる見込みがほぼないまま、かろうじて息をつないでいるというありさまだった。指導者層の大半、元老院議員の半分以上、軍務に就きうる人間のほぼ全員が

病魔に冒されており、緊急事態対応のために出撃するどころか、守備体制をとることすらままならなかった。元老院議員も年齢と健康が許すかぎり、歩哨の任についた。巡回と警護は平民アエディーリスの役割となり、コーンスル職の最高権力と権限が彼らに委ねられた。

神助

七　指導者を欠き、軍事力を欠いて、危機的状況に陥った国家を救ったのは、ウォルスキ人とアエクィ人の気持ちを攻撃から掠奪に向けてくれたローマの守り神と幸運だった。すなわち、敵はローマを奪取する野望どころか、城壁に近づく気持ちすらなくしてしまったのである。ローマの建物と高く聳える丘を遠望しているうちに彼らの気持ちに変化が生じ、野営地のいたるところから不満の声が上がった――なぜ自分たちは、この荒れ果てた不毛の地で、略奪もままならぬまま、腐臭を放つ家畜や人間の死骸にまみれて、無為に時間を過ごさねばならぬのか。豊かなトゥスクルムの土地が手つかずのまま残っていて、そこに行けるというの

(1)ローマからガビイに至る街道。別名プラエネステ街道。ガビイはラティウムの古い町でローマの東十二マイルに位置する。

(2)この時代のアエディーリスは実際にはまだケレス神殿を管理する祭司職にすぎず、コーンスルの最高権力が委ねられるほどの上級公職者ではなかった。アエディーリスが公共建築物の管理や都市の治安維持等を担当する公職者に位置づけられるようになるのは少なくとも前五世紀半ば以降のことである。したがってリウィウスのこの記述はアナクロニズムである。平民アエディーリスについては第五五章参照。

に──。彼らは見る間に軍旗を引き抜き(1)、間道伝いにラビキ人(2)の土地を横切って、トゥスクルムの台地に到着した。そしてトゥスクルムに総攻撃を掛けた。

[4] その間、ヘルニキ人とラテン人にも動きがあった。それはなにも「ローマに対する」同情の念からだけではなかった。もし、自分たちにとっても仇敵であるウォルスキ人とアエクィ人によるローマ攻撃を放置し、包囲された同盟国に手を差し伸べないとすれば、自分たちの面目が立たないと考えたのである。こうしてヘルニキ人とラテン人は兵を併せてローマ救援に向かった。[5] 彼らはしばらく敵を発見できないでいたが、情報を集めて足取りを追っているうちに、トゥスクルムからアルバの谷に下ってきた敵と遭遇した。ここでの戦闘は五分五分とは言いがたく、彼らの同盟国に対する信義はこの時点では功を奏さなかった。

[6] ローマにおいても彼ら同盟国の戦死者の数に劣らないほど多くの者が疫病で命を落とした。なんとか息をつないでいたコーンスルも死を迎え、他の指導的立場の者、たとえば、マルクス・ウァレリウスとティトゥス・ウェルギニウス・ルトゥルスという二人の卜鳥官、セルウィウス・スルピキウスというクーリア祭司長(3)も息を引きとった。[7] 名もない者たちのあいだでも病気の勢いは留まるところを知らなかった。人間の手では如何ともしがたいと見た元老院はついに願掛けを命じた。妻子を伴って神々に祈願し、神助を願えというのである。[8] こうしてありとあらゆる神域が人々で埋め尽くされた。公的な呼びかけに応じたということもあるが、各々がそうせざるをえない苦悩を抱えていた。女たちがひれ伏して髪を神殿の床に広げる姿(4)がいたるところに見られた。こうして彼らは怒れる神々に許しを乞い、疫病の終結を願った。

反撃

八　その後しばらくして、神々が願いを聞き届けてくれたのか、あるいは悪疫の最悪の時期が過ぎたのか、
病に苦しんでいた人々に回復の兆しが見えはじめた。
2 それとともに人々はローマ全体のことを考えられるよ
うになった。中間王政(5)が何度か繰り返された後、プブリウス・ウァレリウス・プブリコラが中間王となり、
その三日目に、ルキウス・ルクレティウス・トリキピティヌスとティトゥス・ウェトゥリウス・ゲミヌスを
コーンスルに指名した（なお、後者の氏族名はウェトゥシウスとも伝わる）(6)。
3 彼らは八月十一日にコーンス

(1)「野営を引き払って進軍する」という意味の常套句。
(2)トゥスクルムとプラエネステのあいだにある町。現在のコロンナ。
(3)ローマにはクーリアと呼ばれる選挙区が三〇あり、それぞれに宗教儀式をつかさどる祭司職が置かれていた。クーリア祭司長はその束ね役である。
(4)女性が結った髪をほどくのは喪に服するときの習慣の一つであるが、神々に祈願する際にも同様のことが行なわれた。
(5)最初の中間王が置かれたのは、ロムルスの死後、第二代王ヌマが王位につくまでの一年間であるが、共和政期においてもコーンスルがともに亡くなったり、職を辞したりした場合に「中間王政」が敷かれ、「中間王」が置かれた。一人の中間王の在位期間は五日間で、その間にコーンスル候補者を指名し、民会の承認を求めた。承認が得られない場合は次の中間王政期間となり、コーンスルが決まるまでそのプロセスが繰り返された。なお共和政期に「王政」「王」という訳語を用いるのはふさわしくない一面があるが、ラテン語では王政期、共和政期の区別なくinterregnum（中間王政）、interrex（中間王）と呼び習わされており、また、同僚制を原則とするローマの公職者としては異例の独裁的性格を帯びていたことから、訳語においても同様に処理する。最初の中間王政については第一巻第一七章参照。
(6)第四章でも「フシウス」と「フリウス」の併記がなされている。

ルに就任した。その頃にはローマは防戦一方ではなく、こちらから戦さを仕掛けうるだけの力を回復していた。[4]それゆえヘルニキ人から、自分たちの領土が敵の侵攻を受けているとの知らせを受けると、すぐさま彼らに援軍を送ることを約束した。両コーンスルそれぞれの軍が徴集された。ウェトゥリウスはウォルスキに反撃するために出撃した。[5]一方、トリキピティヌスには、同盟国の領土が荒らされるのを防ぐ役割が与えられたため、ヘルニキ人の地より先には行かなかった。[6]ウェトゥリウスは最初の戦闘で敵を総崩れにさせ、敗走に追い込んだ。一方、ヘルニキの地に陣を構えていたルクレティウス［・トリキピティヌス］は、敵の掠奪部隊がプラエネステ(1)近郊の丘陵地帯を越えて平地に下ってきたにもかかわらず、取り逃がしてしまった。敵はプラエネステとガビイ人の領土を蹂躙した後、ガビイからトゥスクルムの台地に向けて進路をとった。

[7]これにはローマも大いに危機感を募らせた。ただしその危機感は敵の攻撃に対抗する力が不足しているからというよりは、もっぱら事態の急速な展開から生じていた。このときローマを統括していたのはクィントゥス・ファビウス(2)であった。彼は若者に武装させて歩哨とし、町全体の守りを固め、平穏を維持した。[8]それゆえ、敵は近郊地域から略奪品をかき集めた後は、ローマにあえて近づこうとはせず、迂回路を通って帰路についた。彼らはローマから遠ざかるにしたがって、警戒心を解いていった。そのとき、コーンスルのルクレティウスと遭遇するのである。探索によって彼らの進路を知ったルクレティウスは、予備軍によって戦力の補強を行なうとともに決戦に向けて意気を高めていた。[9]ルクレティウス軍は相当の寡勢であったが、覚悟を決めて大軍に襲いかかり、突然の攻撃に驚いた敵を粉砕し、敗走させると、敵が容易に逃げられないよう狭い谷間に押し込め周りを囲んだ。

10 このときウォルスキ人という名前はほとんどこの世から消え去るところであった。ある年代記によれば、[3]一万三四七〇人が戦闘と逃走のあいだに命を落とし、生き残った一七五〇人も捕虜となり、軍旗二七棹が鹵《ろ》獲《かく》された。数字の面である程度の誇張はあるかもしれないが、相当数の死者が出たことは確かである。11 こうして勝利を収めたコーンスルは莫大な戦利品を手にし、もとの常設陣営に戻った。その後、二人のコーンスルが陣営を一つにまとめると、ウォルスキ人とアエクィ人も散り散りになった兵を一箇所に集めた。そしてこの年三度目の戦闘が行なわれ、幸運の女神は続けてローマに勝利をもたらした。敵は総崩れとなり、ローマ軍は彼らの陣営を接収した。

テレンティリウス法案

九　こうしてローマはかつての姿を取り戻したが、軍事的成功はすぐさま国内の擾乱を引き起こした。2 その年の護民官の一人にガイウス・テレンティリウス・ハルサという人物がいた。彼は、両コーンスルの不在こそ護民官が行動を起こす絶好の機会であると考え、何日にもわたって貴族の横暴を平民たちに訴えかけた。とりわけコーンスルの権限について、自由な国家にあっては過大かつ耐えがたいものであるとして批判した

---

(1) ローマ東方約二五マイルにあるラテン同盟の有力都市の一つ。

(2) 前四六七年および前四六五年のコーンスル。第一章参照。

(3) この数字も第五章同様、ヴァレリウス・アンティアスを典拠とするものと思われる。

――[3]その権限は王権と比べて、名前こそ穏健であるが、実態はより苛烈である。[4]一人の王の代わりに二人の君主が生まれ、その権力は歯止めがなく無限である。彼ら自身はなんの制約も束縛もなく、あらゆる法の恐怖とあらゆる種類の処罰を平民に押しつけてくる。[5]彼らの放埒が永遠のものとならないよう、ここである法案を提出しようと思う。まず五人の人間を選び、コーンスルの命令権についての規定を作る(1)。それによって、コーンスルは民衆によって委ねられた権限のかぎりにおいて行動することとし、法律よりも自分たちの私欲や私情を優先してはならぬものとする――。

[6]この法案が提出されると貴族は両コーンスル不在のうちに屈服を余儀なくされるのではないかと震えあがった。このような状況のもと、市長官のクィントゥス・ファビウスが元老院を招集した。彼は法案に対してはむろんのこと、提案者自身に対しても激しい非難を浴びせかけた。それは、もし両コーンスルがその場にいて護民官に対する反対意見を述べようとしたとしても、付け加えるべき恫喝や威嚇の言葉はないだろうと思わせるほど激烈な演説であった――[7]テレンティリウスは国家を襲う機会をうかがい、待ち伏せをしていたのだ。もし疫病と戦争に翻弄された昨年、神々が怒りのあまりこのような男に護民官職を与えていたら、われわれは危機を乗り越えることはできなかっただろう。[8]二人のコーンスルがともに命を落とし、多くの市民が病に倒れ、すべてが混乱に陥るなかで、あの男は、コーンスルの命令権を国家から奪い取るための法案を提出し、ウォルスキ人とアエクィ人がローマを攻撃するときの旗振り役となっていたことだろう。[9]だがあの男はいったいなにを狙っているのか。もしコーンスルが市民のだれかに対して傲慢で残忍な振る舞いをしているというのならば、あの男には、コーンスルを法廷に召喚し、不当行為の被害を受けた者自身を審判者

に据えて告発することが可能なのではないのか。[10]あの男によって、コーンスルの命令権ではなく、むしろ護民官の権限のほうが厭わしく耐えがたいものと思われるようになったのではあるまいか。貴族と折りあいをつけ、歩み寄ってきた護民官の権限が、再びもとの有害な姿に戻されようとしている。だが始めたことを断念してくれと、私があの男に懇願することはない――。

「[11]私が懇願する相手は」とファビウスは呼びかけた。「あの男を除く護民官諸君である。最初に確認してほしいのは、護民官の権限は個々人を守るためとして整備されたのであって、全市民を破滅に追い込むためではなかったということだ。諸君は平民の保護者として選任されたのであって、貴族の敵として選ばれたわけではない。[12]〔コーンスル不在の〕無防備な国家が襲われるのは、われわれにとって不幸であるとともに、諸君の評判を落とすことにつながる。なにも諸君の権限を弱めてほしいと言っているのではない。〔諸君に対する〕反感を弱めるようにしてほしいと言っているだけなのだ。だから両コーンスルが戻ってくるまで、この案件を先送りにするよう諸君の同僚を説得してほしい。アエクィ人やウォルスキ人でさえ、両コーンスルが病に倒れた昨年、われわれに対して残忍で不遜な戦いを仕掛けてはこなかったのだから」。[13]護民官たちはテレンティリウスを説得し、法案を表面的には先送りに、実質的には廃案にした。その直後、両コーンスルがローマに戻った。

(1)この提案が前四五一年の十人委員会の設置および彼らによる十二表法制定につながっていく。

凱旋式と異兆

一〇　ルクレティウスは厖大な略奪品とそれにもまして大きな栄光を携えて帰還した。彼は帰還するなり、その栄光をさらに大きなものとした。略奪品を三日間マルスの野に並べ、だれでも自分のものと確認できたものは持ち帰ってよいとしたのである。[2]持ち主が現われずに残った物は売却した。このコーンスルには凱旋式の栄誉が与えられるべきであるというのが万人の一致する見解であった。しかし、事は簡単には進まなかった。例の護民官［テレンティリウス］[3]が法案を強引に提出してきたからである。コーンスルにとってはこちらのほうが優先課題であった。数日間の議論が元老院のみならず民衆のあいだでも行なわれた。護民官は最終的には元老院の権威に花をもたせることとし、法案を取り下げた。[4]こうして指揮官と兵士たちにふさわしい栄誉が与えることとなった。ルクレティウスはウォルスキ人とアエクィ人に対する戦勝の凱旋式を行ない、彼の軍団が凱旋指揮官に付き従って行進した。もう一人のコーンスルのウェトゥリウスがローマに入るときにも小凱旋式(1)が許されたが、これには兵士らが付き従うことはなかった。

前461年

[5]翌年になって、テレンティリウスの法案は同僚護民官全員によって再び提出され、新しく選出されたコーンスルたちの前に立ちはだかることとなった。コーンスルに就任したのは、プブリウス・ウォルムニウスとセルウィウス・スルピキウスである。[6]この年、空が燃え上がる現象が観察され、大地が大きな地震で揺らいだ。人間の言葉を話すという牛の噂も、前年には信憑性がないとされていたが、ここにきて信じられるにいたった。他にも、肉の雨が降るという異兆があった。その中を鳥の大群が飛びかい、肉をさらっていくという噂である。地上に落ちた肉は散らばったまま数日間たっても異臭を放つことがなかったという。[7]［シビュ

ラ」予言書に[2]二人神官団[3]が伺いを立てた。すると、異国の者たちの寄り集まりをきっかけに、ローマの最も高い場所が攻撃され、その後流血が生ずる危険があるとの予言[4]が示された。また併せて、内紛は慎むべしとの警告も発せられた。護民官たちは、これを法案妨害のための捏造であると批判し、激しい抗争が始まるのももはや時間の問題と見られた。[8] ところが、あたかも年中行事のようにウォルスキ人とアエクィ人が、「前年の敗北によって」壊滅状態であったにもかかわらず、軍を再編成しようとしているという知らせがヘルニキ人よりもたらされた。それによれば、アンティウムがその企ての中心地であり、アンティウムからの植民者がエケトラの町で公然と集会を開いているというのである。[5]アンティウムがこの戦争の震源地であり、原動力であった。[9] 以上のことが元老院に報告され、軍の徴集が公告された。両コーンスルは戦争指揮を分担する

(1)小凱旋式は文字どおり小規模な凱旋式であり、敵がさほど強大でないときなどに行なわれた。しかししばしば元老院の恣意的、政治的判断によって決定されることがあった。なお、指揮官は馬車ではなく、徒歩もしくは騎馬でローマに入った。

(2)予兆、異兆の解釈が難しいときにひもとかれた予言書で、カピトリウムのユッピテル神殿に保管されていた。タルクィニウス・スペルブス王の時代にクマエのシビュラから入手したと言われているが、リウィウスはその経緯については触れていない。

(3)シビュラの書を保管管理する二人の神官団。のちに十人神官団、さらに十五人神官団と増員されることになる。

(4)曖昧に表現されるのが通例の予言としてはかなり具体的な回答といえる。この翌年（前四六〇年）、サビニ人のアッピウス・ヘルドニウスがカピトリウムを占拠するという事件が起こる（第一五―一八章参照）。

(5)エケトラの町とアンティウムの町のつながりについては第四章参照。

ように命ぜられ、一方はウォルスキ人、他方はアエクィ人と責任領域が定まった。

[10]一方、中央広場では護民官たちが正面切って論陣を張っていた――ウォルスキ人が戦争を仕掛けてくるというのは作り話であり、ヘルニキ人はそれに一役買っているにすぎない。いま、ローマ市民の自由に制約が課せられようとしているが、それは正しい理由によるのではない。自由が悪知恵によってもてあそばれようとしているのである。[11]惨敗を喫して壊滅状態のウォルスキ人とアエクィ人が彼らの力だけで軍を動かしうると信ずる者はだれ一人としていない。それゆえ別の敵が必要となった貴族は、ローマに近くて忠実な植民市〔アンティウム〕を悪者に仕立てあげたのだ。[12]宣戦布告は無実のアンティウムの人々に対して行なわれたが、実際の戦闘はローマの平民とのあいだで行なわれようとしている。両コーンスルは平民に武器を背負わせて急行軍を強い、ローマの外に追い立てようとしている。市民を〔いわば〕流罪、追放刑に処して、護民官に復讐するつもりなのだ。[13]連中の意図はそれ以外には考えられない。ここで彼らの命令に従うとなれば、われわれの法案は握りつぶされたも同然である。それゆえ事態がはっきりするまで、われわれはローマに留まり、トガを脱がず、町を追い出されぬよう、支配の軛を受けぬよう、警戒しなければならない。[14]勇気さえあれば、助かる道はかならず見つかる。護民官はみな心を一つにしている。外敵からの脅威や危険は一切存在しない。神々は昨年も自由が十全に保たれるよう取りはからってくれたではないか――以上が護民官たちの主張であった。

一一　しかし、［中央広場の］別の一角では両コーンスルが護民官の見えるところに席を置き、兵の徴集を開始していた。護民官たちは集会に集まった者たちを引き連れて、彼らのもとに押し掛けた。そのとき、瀬踏みのためということか、何人かの名前が呼ばれ、たちまち衝突が起こった。[2] コーンスルの命令を受けて先導警吏がだれかを拘束すると、(1)護民官がすぐさま釈放を要求した。双方とも行動のよりどころとするのは、それぞれが有する法的権限ではなく、欲しいものは力で手に入れられるという腕力への自信であった。[3] 護民官が軍の徴集を阻止しようとするのと同じように、貴族たちも民会開催日ごとに提出される法案に対して妨害行動をとった。[4] 護民官が人々に対して投票単位に分かれるよう命ずると、貴族たちは移動を拒否し、小競り合いが始まった。とはいえ、長老たちのほとんどはこうした騒動には加わらなかった。理性に導かれた動きではなく、思慮を欠いた無謀な行ないだと考えたからである。[5] また両コーンスルも、混乱のなかで自らの権威が傷つくことのないよう、おおむねのところは自制を保っていた。

[6] カエソ・クィンクティウス(2)という血気盛んな若者がいた。彼は生まれの高貴さという点でも体躯や腕力の

（1）コーンスルは、命令に従わない者を先導警吏によって逮捕する権限を有していた。

（2）ルキウス・クィンクティウス・キンキンナトゥスの子。また、前四七一、四六八、四六五年のコーンスルであったティトゥス・クィンクティウス・カピトリヌスの甥にあたる。カエソがなんらかの公職に就いたという記録はなく、以下のエピソードはおそらくは架空の物語である。

点でも他に抜きんでていたが、これら神々から授かった天分に加えて、自らも、戦場においては数々の誉れを付け加え、中央広場においては雄弁の才をしばしば披瀝していた。弁舌にせよ腕力にせよ、彼の右に出るような市民は一人もいなかった。

[7]この男は貴族の集まりのなかにあっても文字どおり一頭地を抜く存在であった。声からしても体格からしても、すべての独裁官職権、コーンスル職権を体現しているかのようなおもむきがあった。そして、一人で護民官の攻撃と民衆の怒号に立ち向かった。[8]彼は何度も先頭に立って、護民官たちを中央広場から排除し、平民たちを蹴散らした。だれであれ、この男に出くわしたが最後、乱暴され身ぐるみはがれたうえで、退散させられた。好き勝手にさせておいたら法案が立ち消えになってしまうことは明らかであった。

[9]他の護民官がほぼ全員白旗を上げてしまったにもかかわらず、一人の護民官アウルス・ウェルギニウスがカエソを重大事犯(1)の罪で告訴した。この告訴はカエソを及び腰にするどころか、かえってその激しい性格に火を付けた。彼の法案に対する反対はますます強硬となり、平民に対する挑発と護民官に対する糾弾は、あたかも戦争のような激しさをもつにいたった。[10]告訴人［ウェルギニウス］は被告人［カエソ］の暴走をあえて許した。平民の怒りに油を注ぎ、告訴の材料を積み増しするためである。満を持してウェルギニウスは法案を提出した。可決を目指すというよりは、カエソの短慮を刺激するのが狙いであった。[11]こうして、［貴族の］若者たちによる数々の不用意な言動がすべてカエソ一人の責に帰されることとなった。それほどまでに彼の人格が疑われることになったのである。それでもなお、カエソは法案反対の旗印を下ろさなかった。[12]アウルス・ウェルギニウスは平民に向かって何度も繰り返してこう言った。「ローマ市民諸君、どうして分かって

くれないのか、カエソが市民であることと、諸君の望む法律の実現は両立しえないということを。[13]いや、いま私は法律と言ったが、そうではない。あの男が妨害しようとしているのは諸君の自由である。タルクィニウスの一族を合わせたよりもあの男の傲慢は上回っている。諸君は、あの男がコーンスルや独裁官になるのを座して待ち、一人の私人が暴力と無分別で国を支配するのに目をつぶるつもりなのか」。この言葉に多くの者が賛同し、あらためて暴行されたことに抗議し、護民官には最後までやり遂げてほしいと口々に願った。

カエソ擁護論

一二　裁判の日が近づくにつれ、自分たちの自由はカエソの処分にかかっていると人々が信じていることがはっきりしてきた。さすがのカエソも不本意ながら戸別訪問して支援を求めざるをえなくなった。彼の親戚縁者も行動をともにした。みな、国家の錚々たる顔ぶれだった。[2]三度にわたってコーンスルを経験したティトゥス・クィンクティウス・カピトリヌスは、自分自身と自らの家系の勲功を繰り返し語ったのちこう確言した――[3]クィンクティウスの一門に限らず、ローマ全体を見渡しても、彼ほど天賦の才に恵まれ、しかも勇武に磨きをかけた男はかつてなかった。彼は自ら率いる軍の先鋒となり、私自身も彼が敵と戦っている姿を目撃している――。[4]スプリウス・フリウスも、自分が窮地に陥った際に(2)カエソがクィンクティウス・カ

(1) 有罪となれば市民権（caput）の喪失につながるような重大な犯罪のこと。カエソの場合は結局国外に退去することになる。

(2) 第五章参照。

ピトリヌスの命を受けて救援に駆けつけてくれたが、彼ほど失地回復の力になってくれた者はいないと思う、と語った。[5]前年のコーンスルだったルキウス・ルクレティウスの華々しい勝利はみなの記憶にまだ新しかった。(1) 彼もまた、自らの栄光はカエソと分かち合うべきものだとしたうえで、カエソの戦いぶりを回想し、襲撃戦においても会戦においてもその武功は人並み外れたものだったと語った。[6]そして次のように民衆に語り忠告した――この男は資質の点でも、運命の点でも、なに一つ天恵を欠くところがない。どこの国に行っても重要な役割を果たしうる。ならば、みすみす他国に渡してしまうのではなく、わが国の市民のままにしておくほうを選ぶべきである。[7]短気や無謀といったこの男のうちにある疎ましい性質は、日ごと歳月がぬぐい去ってくれるだろう。また、いまは不十分な思慮も日一日と深まりをみせていくだろう。短所が影をひそめるにつれて、美徳が醸成されていく。このような偉大な人物がローマで歳を重ねていくのを妨げるべきではない――。[8]こうした人々のなかにカエソの父親、すなわちキンキンナトゥスという添名(2)をもつルキウス・クィンクティウスもいた。彼は、反感を買うのを避けるためあえて息子の誉れには触れず、若者の過ちに対する許しをひたすら求めた。そして、言葉でも行動でもだれ一人として傷つけることのなかった父親に免じて、息子を許してほしいと懇請した。[9]だがこうした懇願に対して、遠慮からか恐れからか背を向ける者と、自分自身や身内の者たちが受けた被害を声高に訴え、その激しい反応によってどのような票を投じようとしているかをあらかじめ示す者とが出た。

一三　民衆の不人気に加えて、被告人にとって痛手となったのは一つの告発だった。数年前に護民官を務めたマルクス・ウォルスキウス・フィクトル(3)が自ら証人として立って、こう述べた――[2]ローマの疫病が収まってまだ間もない頃、自分はある若者の集団がスブラ(4)をうろつき回っているのに出会った。そのとき、一悶着が起こり、疫病からまだ十分に回復していなかった自分の兄がカエソに拳骨で殴られて倒れた。[3]兄は半死半生で家に担ぎ込まれた。思うに兄はこのことが原因で死んだにちがいないが、ここ何年かのコーンスルのもとでは、この恐ろしい出来事の追及は許されなかった――。ウォルスキウスの熱弁に興奮した民衆がカエソに詰め寄ったため、あやうく彼は命を奪われるところであった。[4]ウェルギニウスはカエソを捕らえて牢に送るよう命じた。貴族は力に対して力で対抗した。ティトゥス・クィンクティウスは、重大事犯で告訴されたとはいえ、まもなく裁判を受けようとしている者が、審理も開かれず有罪とも決まっていないうちに、暴行を受けることなど許されない、と叫んだ。[5]ウェルギニウスはそれに対してこう答えた――自分は未決囚に処罰を加えようとしているのではない。審理の日まであの男の身柄を確保し、殺人犯と決したときに、

(1) 第八章参照。

(2)「巻き毛の」という意味で、彼の家系に特徴的な髪質が添え名になったものとされる。

(3) ウォルスキウスという氏族名。フィクトルという添え名とともに、実在の人物であるかどうか疑わしい。なお、フィクトルには「捏造者」のニュアンスがあり、第二四章で、彼の証言の真偽が問題となる。

(4) クィリナリス丘、ウィミナリス丘、エスクィリアエ丘の谷間にある低地で、裕福でない人々の住居が密集していた。

ローマ国民による処罰の機会が失われないようにしようとしているのだ――。[6]他の護民官は懇願を受け入れ、妥協案として、自分たちの有する救済権⑴を行使した。すなわち、「拘置は認めない、ただし、被告人は裁判にかならず出廷すること、そして出廷を保証するための保釈金を約束すること」という裁定を下したのである。[7]このとき、保釈金の額はどのくらいが適当かという問題が生じた。この件は元老院に付託されることとなり、被告人は、元老院議員たちが討議しているあいだ、人々の監視下に留め置かれた。[8]元老院も保釈金が支払われるべきであると裁定し、保釈金の一単位を三〇〇〇アス⑵と定め、何単位の保釈金を支払うべきかについては、護民官の決定に委ねることとした。護民官たちはそれを一〇単位⑶と決定した。訴追人はその額で被告人を保釈した。国庫に対して保釈金が支払われたのはこのときが最初である。こうして中央広場からの退出を認められたカエソは、その夜のうちにエトルリアに亡命した。

[9]審理の当日、赦免の願いが出された。カエソは自ら国外退去して亡命する道を選んだのだからというわけである。それにもかかわらずウェルギニウスは裁判を開こうとしたが⑷、同僚護民官たちは赦免の願いを聞き入れ、人々を立ち去らせた。[10]だが［カエソの］父親からの保釈金取り立ては情け容赦がなかった。彼はすべての財産を売り払い、追放刑にでもされたかのように、ティベリス河を渡った町外れのあばら屋でしばらく暮らすことを余儀なくされた。

若手貴族の動き

一四　裁判と法案⑸の提示は市民を騒然とさせたが、外敵からの脅威という点ではローマは小康状態にあった。貴族たちがカエソの国外退去によって面目を失った一方、護民官たちは勝利者のように振る舞い、法案は通ったも同然と考えた。[2] たしかに長老貴族たちに関して言えば、国家に対する影響力を手放してしまっていた。[3] しかし若手の貴族、とくにカエソの同志とも言える者たちは平民に対する怒りを募らせ、戦う意思を失ってはいなかった。ただし、彼らの衝動にある種の抑制が伴っていたことは大きな進歩であった。[4] カエソの国外退去後、はじめて法案が上程される頃には、彼らは多くの庇護民を組織し応戦態勢を整えていた。護民官から［集会からの］退去を求められたとたんに彼らは集団で護民官を襲撃した。だれか一人が目立つかたちで家に誉れや反感を持ち帰ることはなかった。平民たちは、一人のカエソの代わりに一〇〇〇人のカエソが登場したといって嘆いた。[5] 法案についての審議が行なわれるまでのあいだ、護民官たちはなにも行動を起こさなかったが、その間の若手貴族の態度もこの上なく冷静で沈着であった。彼らは平民に向かって礼儀

（1）厳密に言えば護民官の救済権は平民のみを対象とするものであるが、ここでは貴族の身柄にまで及んでいる。

（2）前五世紀半ばになるまで、家畜を価値の標準と見なしてさまざまな支払いをしていたローマ人であったが、この頃からアス銅貨を鋳造しはじめた。重さは当初一リーブラ（三二六グラム）であったが、時代が下がるにしたがって軽くなり、カエサルの時代には一アスは九グラムまでになった。

（3）三万アスはきわめて高額の罰金であり、最終的にカエソの父親は罰金を支払うために全財産を売り払わねばならなかった。第一三章一〇参照。

（4）ウェルギニウスは欠席裁判であってもカエソを裁くつもりであった。しかし他の護民官たちは、被告人には自発的な国外退去によって有罪判決を回避する権利があることをここで認めている。

（5）テレンティリウス法案（第九章参照）。

正しく挨拶し話しかけた。屋敷にも招待し、中央広場では商売の手助けまでした。護民官たちに対しても、他の案件の会議であれば妨害することはなかった。人目のあるなしにかかわらず、彼らがだれかに手荒なまねをするということは決してなかった。ただしそれは法案の審議が開始されないかぎりにおいてのことであり、また、そのかぎりにおいてこの若者たちは民衆の味方であった。[6]護民官たちは他の案件を無事に処理しおおせただけでなく、翌年も再任されることとなった。若手の貴族たちは、ひとことも反対することなく、ましてや暴力に訴えるということもなかった。彼らは平民をなだめすかして徐々に手なずけていったのである。こうして彼らの作戦どおりに、この年の法律成定は回避された。

前460年

亡命者と奴隷によるカピトリウム占拠

一五　この比較的平穏な国家を、アッピウス(1)の息子のガイウス・クラウディウスとプブリウス・ウァレリウス・プブリコラがコーンスルとなって引き継いだ。新しい年になっても懸案事項に変わりはなかった。法案を通そうとする側と受け入れたくないとする側のせめぎ合いが国家を支配していた。[2]若手貴族が平民に取り入ろうとすればするほど、護民官たちはそれに対抗してますます厳しい姿勢を取った。そして平民たちの猜疑心を煽るために若手貴族をこう非難した——[3]陰謀が仕組まれている。カエソはローマに隠れている。護民官を暗殺し、平民をみな殺しにする計画が進んでいる。これは長老貴族たちから若手貴族に託された至上命令である。彼らは、護民官の権限を国家から奪い去り、市民のあり方を聖山退去(2)以前に戻そうと画策している——。

[4]そのうえ、もはや年中行事になっているウォルスキ、アエクィ連合軍との戦争が危惧されはじめた頃、思いがけず足下で新たな事件が発生した。[5]サビニ人のアッピウス・ヘルドニウス[3]に率いられた約四五〇〇人の亡命者と奴隷[4]がカピトリウムと砦（アルクス）を夜闇に乗じて占拠したのである。[6]砦にいながら反乱に加わることを拒み、ともに武器を取ろうとしなかった者はその場で殺害された。混乱をかき分け何人かの者たちが慌てて中央広場まで駆け下りてきた。口々に彼らが「武器を取れ、敵は市中だ」と叫ぶ声が響き渡った。[7]両コーンスルは、平民に武器を持たせることに不安を覚えたが、かといって武装させないままでいることもためらわれた。いかなる緊急事態に国家が陥っているのかはっきりとは把握できていなかったからである。外部の仕業か、内部の手引きか、はたまた、平民の怨みか、奴隷の裏切りか。両コーンスルは騒ぎを鎮めようとした。だがときとして騒ぎを鎮めようとしてかえって火に油を注ぐこともある。恐怖と戦慄に取りつかれた大衆は権威では御しがたい。[8]結局のところ両コーンスルは全員に武器を取らせることはせず、得体の知れぬ敵に対して万全を期すという構えで、最小限の守備隊を配備した。市内全域の適所に歩哨所が置かれた

(1) 前四九五年のコーンスル。アッピウス・クラウディウスはもともとサビニ出身で、のちにローマに受け入れられ、クラウディウス氏族の創始者となった。第二巻第一六章参照。
(2) 第二巻第三三章参照。
(3) アッピウスはサビニ系の人物によくみられる個人名（praenomen）。第二巻第一六章参照。
(4) 当時、奴隷がこのような反乱に加わることは考えられず、アナクロニズムである。リウィウスの読者は前七三年のスパルタクスの乱および前六三年のカティリナの陰謀を思い浮かべたであろう。

ものの、敵は何者なのか、何人いるのか、そうしたことも分からぬまま人々は不安な夜を過ごした。[9]夜明けとともに敵は何者で首謀者がだれなのかが明らかとなった。カピトリウムからアッピウス・ヘルドニウスが「奴隷に自由を」と叫んだ——私はこの上なく不幸な境遇に置かれた者一人ひとりの思いを背負い、不当な理由で追放されてきた者たちを本国に戻し、奴隷たちを重い軛から解き放つつもりである。私としてはローマ国民が率先してそれに協力してくれることを願っているが、もしそれがかなわぬとなれば、ウォルスキ人とアエクィ人に呼びかけ、ありとあらゆることを試みるつもりだ——。

護民官の画策

一六　こうして事態は徐々に貴族たちにも両コーンスルにもはっきり見えてきた。しかし明らかになったこと以外に、ウェイイ人やサビニ人が関わる［見えない］部分があるのではないかという懸念を人々は抱いた。[2]また、これだけ多くの敵が市中にいる以上、サビニ人やエトルリア人が前もって準備した軍隊をすぐにでも差し向けてくるのではないか、さらには宿敵ウォルスキ人とアエクィ人が以前のような領地略奪ではなく、すでに一部占領された状態にあるローマそのものを目指して押し寄せてくるのではないかという危惧もあった。[3]このように不安材料はさまざまにあった。しかし、そのなかで最も頭が痛いのが奴隷の問題であった。だれもが自分の家に敵を抱えているのではないかと心配したのである。奴隷を信用しきってしまうのはおよそ安全とはいいがたい。だが、信用しなければさらに敵に回すことになりかねない。信頼を捨て去ることもやはり安全とはいえないのである。いずれにせよ奴隷と折りあいをつけるのは難しいように思われた。

[4]難事が次々に押し寄せるなか、護民官や平民の動きを警戒する貴族は一人もいなかった。護民官たちの要求には一定の歯止めをかけたつもりでいたし、(1) 彼らとの問題は他の課題に一区切りついたときに生ずるのがつねであり、外敵からの脅威にさらされているいまは沈静化して小康状態にあるとみていたのである。[5]しかしこの問題は、窮地に陥った国家に他にもまして重くのしかかってくることとなった。護民官たちは一種の狂気に支配されているといわざるをえなかった。というのも彼らは、カピトリウム占拠は本当の争乱ではなく、平民の意識を例の法案からそらすための［貴族の］策謀であると主張したからである。そして、法案を通してしまえば、貴族の手下や庇護民たちは蜂起が無駄であったと悟り、結集したときよりもさらに静かに立ち去るだろうと考えた。[6]こうして護民官たちは、民衆に武器を置き、法案採決のため集会に集まるよう呼びかけた。一方、両コーンスルも、敵の夜襲がもたらす恐怖よりも、護民官がもたらす恐怖のほうが大きいとして元老院を招集した。

ヴァレリウスの説得

一七　プブリウス・ヴァレリウスは、人々が武器を置き、持ち場を離れようとしているという知らせを受けると、元老院の審議を同僚に任せ、元老院議事堂から護民官たちのいる集会場に駆けつけた。[2]そしてこう言った。「護民官諸君、これはいったいなにごとか。諸君はアッピウス・ヘルドニウスの指揮と命令に従っ

(1) 第一四章参照。

て、国を滅ぼそうというのか。奴隷すら満足に動かせないあの男(1)の言いなりになるつもりなのか。敵が目の前にいるというのに、人々に武器を捨てさせ、法案を通そうというのか」。
[3]さらに彼は民衆に向かってこう訴えた。「市民諸君、たとえ諸君がこの町のこと、あるいは諸君自身のことについてなんの思い入れもないとしても、敵の虜となった神々のことについては心をくだいてほしい。至善至高のユッピテルとその后ユノ、ミネルウァをはじめとして男神も女神も包囲されてしまっている。国家の守り神（ペナーテース）(2)も奴隷たちの陣営のなかに取り込まれてしまっている。諸君にはこれが国家のまともなありようと思えるのか。[4]多数の敵が城壁の内側にいるというだけではない。彼らはカピトリウムに陣取り、中央広場と元老院議事堂を見下ろしているのだ。そうした状況にあるにもかかわらず、中央広場では民会が開かれ、元老院議事堂では元老院が開かれている。あたかも平時であるかのように、元老院議員は持論を展開し、一方、市民は投票に向かおうとしている。[5]貴族も平民も、コーンスルも護民官も、神々も人間も、一斉に武器を取り、カピトリウムに駆け上がり、至善至高のユッピテルのいとも貴き御座所に自由と平和をもたらすべく立ち上がる時ではないのか。[6]父なるロムルスよ、あなたはかつて黄金の罠(3)で占拠されたカピトリウムを同じサビニ人から奪還した。そのときの気概をあなたの子孫に授けたまえ。あなたを将としてあなたの軍隊が歩んだ道がここにある。『お前たちも同じ道を行け』と命じたまえ。私はコーンスルとしてその先頭に立つ。あなたのひそみに習い、あなたの歩んだ道を行く所存である。神ならぬ人間とはいえ、持てる力の限りを尽くすことを約束する」。[7]そして演説をこう締めくくった。「私は武器を取る。そして、すべての市民に武装するよう呼びかける。もし邪魔立てする者があれば、コーンスルの行動規範がいかなるもの

であれ、また護民官の権能や身体不可侵の掟がいかなるものであれ、一切それらを斟酌するつもりはない。その者がだれであれ、その場所がどこであれ、たとえそれがカピトリウムであれ、中央広場であれ、その者を敵として扱うであろう。[8]護民官たちはアッピウス・ヘルドニウスに武器を向けることを許そうとしない。とすればコーンスルであるプブリウス・ウァレリウスに武器を向けよと命ずることもありうるであろう。そのとき、私は私の家門の祖が(4)王たちに対して行なったとおりのことを、かならずや護民官に対して実行する」。

[9]行き着く先は全面衝突のほかないとだれしもが思った。ローマが内紛となればそれは敵にとって格好の見世物となる。だが、護民官たちは法案を成立させることができず、コーンスルもカピトリウムに上ることができなかった。そのにらみ合いに終止符を打ったのは夜の訪れであった。[10]コーンスルの実力行使を恐れた護民官たちが、夜になって弱腰に転じたのである。貴族たちは内紛の主導者たちが立ち去ったあと、平民を一人ひとり訪れ、一つひとつの集まりに顔を出しては、危急のときにふさわしい言葉を人々の心に植え付けていった――諸君がどのような危機に国家を導いたか、よく考えてほしい。[11]これは貴族と平民とのあいだの争いではない。貴族も平民もない。ローマのアルクスや、神殿、国家の守り神、家の守り神が敵の軍門に下ろ

---

(1)第一五章五にあるように、実際にはヘルドニウスは奴隷の扇動に成功しているので、演説上の誇張であると考えられる。

(2)国家の守り神はトロイアからラウィニウム、アルバ・ロンガを経てローマに運ばれた。なお、各家庭にもそれぞれのペナーテース像が家の守り神として置かれていた。

(3)ロムルスの時代、サビニ人がカピトリウムを占拠するという事件が起こった。サビニ人はタルペイアという娘に黄金を約し、その手引きをさせた。第一巻第一一章参照。

(4)プブリウス・ウァレリウス・プブリコラ。第一巻第五八章および第二巻第七―八章参照。

うとしているのだ――。[12]このように中央広場で市民不和を修復する努力を続ける一方、コーンスルはサビニ人やウェイイ人の動きを警戒し、市門や城壁の巡回を行なった。

トゥスクルムからの援軍

一八　その夜、トゥスクルムにも［ローマからの］使者がやってきて、砦（アルクス）[2]が攻め落とされ、カピトリウムが占拠されたうえに、町全体が混乱に陥っているという報告がなされた。当時、トゥスクルムの独裁官[①]だったのはルキウス・マミリウスであった。彼はすぐさま議会を招集し、使者を招き入れたうえでこう強く主張した――[3]ローマからの使節団が［正式に］助けを求めにくるのを待つべきではない。ローマの危機、危難はもとより、同盟の後見者たる神々と盟約の信義が、われわれに行動を促している。ローマほど強力で近くにある国に対して恩を売る機会を神々が与えてくれることは二度とあるまい――。

[4]議会は救援軍の派遣を決定した。若者たちが召集に応じ、武器が支給された。翌朝早く彼らはローマに到着したが、遠目には敵との区別はできなかった。人々はいざアエクィ人かウォルスキ人の襲来かと恐怖にかられた。しかしそれが思い違いと分かると、トゥスクルムの軍勢を城壁内に引き入れた。彼らは行軍隊形のまま中央広場まで進んだ。[5]そこではすでにプブリウス・ウァレリウスが戦闘隊形を整えていた。城門防備には同僚コーンスルがあたった。[6]このようなことが可能となったのはひとえに彼の信望のゆえであった。彼は人々にこう請け合った――もし諸君が、護民官の通そうとしている法案にいかなる不都合が隠されているか、私に説明せよということであるならば、平民の集会を妨害するつもりはない。ただしそれはカピトリウムを

奪還し、ローマに平和が戻ってからのことである。私は祖先と、祖先から形見のように受け継いでいる「人民の友」という家名(2)のことを決してないがしろにするつもりはない——。

[7] 人々は彼を先頭に隊列を組み、カピトリウムへの坂を上った。護民官たちがいくら「押しとどめようと」叫んでも無駄であった。トゥスクルムからの軍勢も行動を共にした。友軍も市民もカピトリウム奪還の誉れを手にしようと互いに競い合い、それぞれの将がそれぞれの軍を叱咤激励した。[8] それを見て敵は動揺しはじめた。地形を除けばなに一つとして優位な点が見当たらなかったからである。その動揺した敵に向かってローマ軍と友軍は戦旗を押し立てて進んだ。だが彼らが神殿の前室に突入したとき、最前線に立って戦闘を指揮していたプブリウス・ウァレリウスが命を落とした。[9] 彼が倒れるのを前年のコーンスル、プブリウス・ウォルムニウス(3)が目撃した。彼は部下に遺体を確保するよう命ずると、自らはコーンスルの持ち場に飛び込んでいった。激戦だったため、コーンスルの死という大事にもかかわらず、兵士たちはそれに気づかず、指揮官のないまま戦っていたことを知ったのは戦いに勝利した後のことであった。[10] 多数の亡命者がその血で神殿を汚した。多くの者は生きたまま捕らえられたが、ヘルドニウスは敗死した。こうしてカピトリウムが奪還さ

(1)トゥスクルムや他のラテン都市の施政者は独裁官と呼ばれていた。ローマにおいて国家の緊急事態に際して指名される独裁官とは異なる。

(2)彼の家名プブリコラは「人民の友」を意味する。第二巻第八章参照。

(3)前四六一年のコーンスル。第一〇章参照。

れた。捕らえられた者に関しては、自由人か奴隷か、それぞれの身分に応じた処刑がなされた。(1) トゥスクルム人には感謝の意が表せられ、カピトリウムは祓い浄められた。[11] 平民たちは少しでも立派な葬儀が執り行なえるようにと、［命を落とした］コーンスルの家に小銭を投げ入れたと言われている。

キンキンナトゥスの叱責

一九　こうして平和が戻った。するとたちまち護民官たちは、プブリウス・ウァレリウスの約束を守るよう貴族たちに迫った。ガイウス・クラウディウス(2)には、「法案の審議をしないかぎり、同僚コーンスルの霊魂が約束破りの罪から逃れられることはない」と詰め寄った。それに対して、クラウディウスは、同僚コーンスルの補充をするまでは法案を審議することはできないと答えた。[2] この議論はコーンスル補充のための選挙が行なわれるまで続いた。十二月、カエソ(3)の父であるルキウス・クィンクティウス・キンキンナトゥスが貴族の圧倒的な支持を受けてコーンスルになり、すぐさま職務に就いた。[3] 平民は自分たちに対して強硬姿勢をとるコーンスルの就任に失望した。彼の力は、貴族たちの支持、本人の能力、そして三人の息子たちにその源があった。息子たちは気概の点でだれ一人としてカエソに劣らず、緊急時に要請される思慮と自制の点ではみなカエソを凌駕していた。

[4] キンキンナトゥスはコーンスルの職に就くと、市民集会(4)の場で演壇から繰り返し平民に強く自制を促したが、元老院にもそれに劣らぬほど強い叱責を加えた――護民官がこの国を支配し続けているのは、元老院階級の無気力が原因である。護民官たちは、家庭の混乱が説教と仕置きによって収まるのと同じようにローマ

市民全体の統治も弁論と告発によって可能となると考えている。[5]わが息子カエソとともに、気概も、堅忍も、戦時平時を問わず若者が手にすることのできるすべての誉れも、このローマから排斥され放逐された。一方、饒舌で煽動的、不和の種でしかない護民官が、卑劣きわまりない手練手管を使って二度三度と選任され、王のごとき専横を手にして行動している——。[6]「かのアウルス・ウェルギニウスは」と彼は叫んだ。「カピトリウムで蜂起しなかったというだけで、アッピウス・ヘルドニウスよりも軽い罰ですむのだろうか。物事を公平に判断しようと思う者ならば重い罰に値すると考えるにちがいない。ヘルドニウスはローマの敵としての旗印を明らかにし、諸君に武器を取らせた。一方、ウェルギニウスはあの反乱を作りごとと断じ、諸君から武器を取りあげ、諸君をいわば裸で諸君の奴隷や亡命者に差し出そうとした。[7]そして、ガイウス・クラウディウスと亡くなったプブリウス・ウァレリウスには申し訳ないが、二人に対してはこう言いたい。諸君は、おろかにも中央広場からあの護民官連中を追い払わないまま、軍旗を押し立ててカピトリムの坂を上ってしまった。今回の出来事は、神々にとっても人間にとっても恥辱以外のなにものでもない。敵は砦（アルクス）とカピトリウムを占拠し、亡命者と奴隷の頭目(5)がありとあらゆる聖所を汚したうえに、あろうことか至善至

(1) 自由人の場合は斬首刑、奴隷の場合は磔刑。
(2) ガイウス・クラウディウス。亡くなったプブリウス・ウァレリウスの同僚コーンスル。
(3) カエソに対する訴追およびカエソの亡命については第一一から一三章参照。
(4) 民会に先立って開催される集会。選挙のための民会においては投票単位に市民が分かれるためだけの形式的なものであったが、立法のための民会においては提案者の趣旨説明や演説、議論などが行なわれる実質的な集会であった。
(5) アッピウス・ヘルドニウス。

高のユッピテルの座所を住まいとしたのである。また、武器を取ったのはここローマよりもトゥスクルムのほうが先であった。[8]これでは、ローマの砦を解放したのは、トゥスクルムの将であるルキウス・マミリウスなのか、二人のコーンスル、プブリウス・ウァレリウスとガイウス・クラウディウスなのか分からないではないか。かつてラテン人が敵に攻め込まれたとき、われわれは、彼らにとって自衛のためであれ武器を取ることを許さなかった。[(1)]ところが今回もしラテン人が自発的に武器を取ってくれなかったら、われわれはいまごろ捕らえられみな殺しになっていたにちがいない。[9]護民官諸君に対してはこう言いたい。諸君の言う平民の救済とは、平民を丸腰のまま敵に差し出し、殺されるに任せるということなのか。言ってみれば諸君は平民を他の国民から分断して、平民だけの祖国、独自の国家を作り上げようとしている。もしその平民のだれかが（たとえそれがきわめて低い身分の者であったとしても）武装した奴隷たちに家屋敷が取り囲まれていると訴えてきたら、救いの手を差し伸べるのは当然であると考えるにちがいない。[10]一方、至善至高のユッピテルが武装した亡命者と奴隷に包囲されたときに、人間の助けが必要だとなぜ思わなかったのか。神々を神聖でも不可侵でもないと見なしておきながら、護民官は自分たちのことを神聖不可侵の存在と見なすよう要求するつもりなのか。[11]諸君は、神々に対しても人間に対しても過ちを犯しておきながら、今年中に例の法案を通すつもりだと言いつのっている。もし万一、法案が通るようなことになれば、プブリウス・ウァレリウスが死んだ日よりも、私がコーンスルに就任した日のほうが、国家の状況ははるかに悲惨であったと言われることになるだろう。[12]なにはともあれ、市民諸君、私と同僚コーンスルはウォルスキ人とアエクィ人に向けて軍団を率いていくつもりである。いかなる運命の定めか、われわれは平時よりも戦時のほうが神々のご加護に恵まれている。もしカピトリウムが亡命者たちによって占拠されていると知られていたら、彼らからどれほどの危険がもたらされていたか、諸君は、実際にそれを目の当たりにせずとも、過去の経験からまざまざと思い浮かべることができるだろう」。

独裁官の必要性

二〇　コーンスルの演説は平民たちに感銘を与えた。貴族たちは勇気づけられ、国家は蘇ると信じた。もう一人のコーンスル(2)は先頭に立って事をなすよりは補佐役に適した人物で、同僚がこのような重大事の舵取りをすることを快く許した。ただし、コーンスルの職務を遂行するにあたっては、自分にもその役割を果たす用意があると言明した。一方、[2]護民官たちは、クィンクティウスの話は戯れ言にすぎないとあざ笑り、いったいどうやってコーンスルたちは軍を率いて出陣するつもりなのか、兵の召集を彼らに許す者などだれ一人としていないのに、と言い放った。[3]それに対してクィンクティウスはこう答えた。「あらためて兵を召集する必要はない。プブリウス・ウァレリウスがカピトリウム奪還のため、平民に武器を取らせたとき、彼らはみな、自分たちはコーンスルの命を受けて参集し、コーンスルの命令なしに隊を離れることはない、と言葉にして誓ったではないか。[4]それゆえわれわれは、誓いを立てたすべての者に対して、明日の朝、武器を持ってレギルス湖のほとりに参集するよう命ずる」。護民官たちは、「あの忠誠の誓いはクィンクティウスが

(1) 第二巻第三〇章参照。

(2) ガイウス・クラウディウス。

まだ私人であったときになされたものである」と詭弁を弄し、神聖な誓約から人々を解き放とうとした。[5]しかし、いまの世を支配している神々を軽視する風潮は、まだこの時代には見られなかった。人々はみな誓約と法規を自分に都合よく解釈するのではなく、自分の振る舞いをそれらに合わせようとしたのである。[6]護民官たちは軍隊の派遣そのものを止める望みがないと知ると、せめて出発を遅らせようと試みた。とりわけト鳥官にもレギルス湖畔への参集命令が下されたという噂が流れたことがその理由として大きかった——そもそも卜鳥官が行くということは、その一帯を聖別するためであり、聖別がすめばそこで正式な民会を開くことができる。そしてその民会はかならずや、護民官がローマで無理やり成立させた法案をことごとく無効にするために開かれるものとなる。[7]出席した者は全員、両コーンスルの提案に同意するにちがいない。というのも上訴権はローマから一マイル以上離れたところでは有効ではないからである。護民官たちでさえ、その場所では他の人々同様コーンスルの権威に従わざるをえない——。[8]彼らが恐れていたのは以上のことであった。しかし、彼らにとって最大の懸念は、コーンスル選挙を行なうつもりはないとクィンクティウスがつねづね口にしていたことである——この国は通常の治療法では立ちゆかないほど病んでいる。国家はいま、独裁官を必要としている。国家を揺るがそうと動く者があれば、独裁官の在任中には上訴権が存在しないことを思い知るだろう——。

貴族と平民の妥協

二一　元老院の会議がカピトリウムで開かれると、護民官たちもそこにやってきた。不安にかられた平民たちも一緒だった。人々は、むやみやたらなことはしないでくれと、大きな声でコーンスルに呼びかけ、元老院議員にも懇願した。クィンクティウスは決心を変えなかったが、護民官たちが元老院の承認に従うと約束するに及んで軌道修正をした。[2]彼が護民官たちや平民の要求を議題にした結果、元老院は、護民官がその年は法案を提出してはならない、そして、コーンスルはローマから軍を出してはならないという決定を下した。また今後のこととして、公職者の重任も護民官の再選も国家の利益に反するというのが元老院の判断であるという見解が示された。[3]両コーンスルは元老院の意向に従うつもりだったが、護民官たちは、両コーンスルの抗議にもかかわらず、再選された。対抗上、貴族もルキウス・クィンクティウスのコーンスル再選を目指そうとした。このときのクィンクティウスの演説はこの年の他の演説と比べてもきわめて激烈であった。

[4]「登録議員諸君、諸君の決定の効力が平民に及ばぬからといって、驚く必要があるだろうか。というのも、諸君は、平民が元老院の見解に反して護民官の再選をしたことを理由に、無思慮な大衆の向こうを張るかのように、自分たちの誓いを破ろうとしている。[5]それではまるで責任を果たさず規律違反をするほうが国家において力を持つと言っているようなものである。自らの決議や決定を覆すことは他人の決議、決定を覆すよりも無責任で愚かしいことである。[6]それでも、登録議員諸君、無思慮な大衆のまねをしたいというならば、そうするがよい。そして、他人の模範となるべき者でありながら、他人の例にならって間違いを犯すがよい。本来は他の者たちが諸君の例にならって正しい行動をとるべきではあるのだが。しかし、私自身は護民官のまねをするつもりはない。たとえ元老院の決定であろうともコーンスルに再選されることは辞退させてもらいたい。[7]さて、ガイウス・クラウディウス、あなたにも頼みがある。ローマ国民がこのような暴挙に出るの

を阻止してほしいのだ。そして私自身に関しては、次のように考えているものと理解してもらいたい――コーンスル職の再任をあなたに邪魔されたなどとは決して考えることはない。それどころか、辞退はより大きな名誉に結びつき、再任すれば芽生えるにちがいない私に対する憎悪も未然に防ぐことができる――」。[8]この後、両コーンスルは共同名義でこう布告した「だれもルキウス・クィンクティウスをコーンスル候補者にしてはならない。もし候補者名簿にその名があれば、われわれはそれを除外する」。

前459年

アンティウムに迫るウォルスキ人

二二　コーンスルには、クィントゥス・ファビウス・ウィブラヌス（三度目）とルキウス・コルネリウス・マルギネンシスが選ばれた。この年、戸口調査が行なわれた。しかし、完了の大祓い（ルーストルム）の実施は、カピトリウムが占領され、コーンスル(1)が殺害されたばかりであるということから、障りがあるとして見送られた。[2]クィントゥス・ファビウスとルキウス・コルネリウスの両コーンスルは就任早々から大きな波乱に巻き込まれた。護民官たちが平民たちを扇動しはじめたところに、ラテン人とヘルニキ人から知らせが入った。ウォルスキ人とアエクィ人による大規模な戦闘行動が開始され、すでにウォルスキ人はアンティウムまで迫っていることが判明した。さらにアンティウムの植民者の寝返りの恐れもあったため、護民官たちはしぶしぶ戦争を優先的に処理することを認めた。

[3]それを受けて両コーンスルは役割分担を行なった。軍勢を率いてアンティウムに向かう役割はファビウスに与えられ、コルネリウスはローマに留まって守りを固めることになった。敵が軍の一部を割き、掠奪のた

めにローマを襲うかもしれないからである。そしてそれはアエクィ人の常套手段であった。[4] ヘルニキ人とラテン人に対しては「盟約に従って援軍を送られたし」という要請がなされた。結果として軍勢の三分の二が同盟軍、三分の一がローマ市民という割合になった。同盟軍が定められた日に到着すると、コーンスルはカペナ門外に陣営を築いた。そして出陣の犠牲式(2)を行なってから、アンティウムに向けて出発し、町からも敵の常設陣地からも少し離れたところに陣を置いた。

[5] このときウォルスキ人はアエクィの軍勢の到着待ちの状態だったので、危険を冒してまで戦いに打って出るようなことはせず、塹壕のなかに立てこもって身の安全を図った。翌日、ファビウスはその塹壕を取り巻くように軍勢を配置した。彼は「ヘルニキ人とラテン人の」同盟軍と「ローマ」市民による混成戦列ではなく、それぞれの国民による三つの戦列を作った。彼自身はローマ軍の戦列の中央に位置を取った。[6] そして、全軍に対して号令を遵守するようにと念を押した。同盟軍とローマ軍が同時に戦闘を開始できるようにするためであり、また、万一退却命令が下ったときには、同時に退却できるようにするためである。彼はまた、自軍および同盟軍それぞれの第一戦列の後ろに騎馬隊を配置した。[7] こうして彼は、三方向から軍を進め、敵陣を取り囲んだ。そして一斉に塹壕を攻め立てると、ウォルスキ軍はたまらずそこを放棄した。続いてファビウ

(1) 前年のコーンスル、プブリウス・ウァレリウスの死については第一八章八参照。

(2) 兵の徴集の最終手続きとして犠牲式が行なわれ、戦争の神マルスのために雄豚と雄羊と雄牛が生け贄として捧げられた。第一巻第四四章参照。

スが防護柵を突き破ると、恐慌に陥った敵兵は背を向け、陣営から逃げ出した。[8] 算を乱して逃げる敵に騎兵が襲いかかった。騎兵は馬で塹壕を越えることが難しいため、ここまでの戦いは傍観しているだけだったが、広々とした戦場を得て、戦意喪失した敵を血祭りに上げた。[9] 逃げそこねて死んだ敵兵の数は、陣営の中と要塞の外を合わせて厖大な数に上ったが、戦利品はそれ以上に厖大だった。というのも敵には武器さえ持って逃げる余裕がなかったからである。森に逃げ込む者がなかったら、敵は全滅していたにちがいない。

アエクィ人によるトゥスクルム攻撃

二三　アンティウムの戦況は以上のようであったが、その間にアエクィ人はトゥスクルム攻撃のために精鋭軍を先発させ、町の中心の城砦に夜襲をかけて陥落させていた。さらに彼らは残りの軍勢をトゥスクルムの城壁から少し離れたところに配置し、トゥスクルム軍に両面作戦を強いることにした。[2] この状況はすぐさまローマに伝わり、ローマからアンティウムの陣営にも伝えられた。ローマ人は、カピトリウムが占領されたときと変わらぬ衝撃を受けた。トゥスクルム人には恩を受けたばかりであり、（1）危機の状況そのものもよく似ていたため、手を差し伸べることはローマの責務であるように思われた。[3] ファビウスはすべてのことを後回しにして、陣営からアンティウム市内まで急いで戦利品を運び、そこに中規模の守備隊を置いたのち、トゥスクルムに強行軍で向かった。彼が兵士たちに携行を許したのは、武器と手元にある調理済みの食料だけであった。通常の糧秣はコーンスルのコルネリウスがローマから補給することにした。

[4] トゥスクルムの戦いは数ヵ月続いた。コーンスルは軍勢の半分を率いてアエクィの陣営を攻撃した。残り

の半分は城砦奪還を目指すトゥスクルム勢のための加勢とした。城砦は力攻めをしても近づくことすらできなかったが、結局敵は食料不足を理由に降参せざるをえないところに追い込まれた。[5] トゥスクルム人は飢え死に寸前の敵を捕らえると、武装を解除し、服を脱がせたうえで軛につけた。辱めを受けて自国に逃げ戻ろうとする彼らをローマのコーンスル［ファビウス］が追走し、アルギドゥス山で追いつくと一人残らず殺害した。[6] 大勝利を手にしたコーンスルは兵を引き、コルメンと呼ばれる場所に陣営を築いた。もう一人のコーンスル［コルネリウス］は、アエクィ人を撃退した以上、ローマの城壁に危険が及ぶ恐れはないとみて、彼自身もローマから兵を押し出した。[7] こうして両コーンスルは二方向から敵の領地に侵攻した。一方はウォルスキ領、他方はアエクィ領を掠奪し、その成果を大いに競い合った。なお、相当数の歴史書に、この年、アンティウムの住民が反乱を起こしたという記述が見られる。そこでは、コーンスルのルキウス・コルネリウスがそれを鎮圧し、町を取り戻したとされている。しかし、この事件について初期の歴史家たち(2)は言及しておらず、筆者としてはこれを確かな事実とするのは差し控えたい。

（1）カピトリウムがアッピウス・ヘルドニウス率いる一団に占拠されたとき、トゥスクルムはローマからの要請を待たずに救援軍を送った。第一八章参照。

（2）リウィウスはクィントゥス・ファビウス・ピソ（前二五四頃—没年不詳）やカルプルニウス・ピソ・フルギ（前一三三年のコーンスル）のような最初期の歴史家のことを念頭に置いている。

ウォルスキウスに対する告訴

二四　外敵との戦争は終わったものの、国内では貴族が護民官との戦いに頭を悩ませていた。護民官たちは、コーンスルたちが軍勢をローマ市外に留め置いているのは［テレンティリウス］法案[1]を通させないための欺瞞行為であると断じたうえで、自分たちはやりはじめたことは最後まで貫き通すつもりだと宣言した。[2]しかしそれ以上の動きは市長官のルキウス・ルクレティウスが止めた。コーンスルが帰還するまで問題を先延ばしにすることに成功したのである。

[3]ところがそれとは別の新たな騒動の種が加わることとなった。クアエストル[2]のアウルス・コルネリウスとクィントゥス・セルウィリウスがマルクス・ウォルスキウス[3]を告訴した。カエソの裁判において彼が偽りの証言をしたというのがその罪状である。[4]これにはいくつもの根拠があった。まず、ウォルスキウスの兄は病に倒れて以来、一度も公の場に姿を現わさなかったばかりか、病の床から一度も起き上がることなく、何ヵ月も病魔に苦しんで死んだという事実が浮かび上がってきた。[5]さらに、ウォルスキウスの証言のなかでカエソが犯行に及んだとされた時期には、カエソはローマにいなかったとする証人も出てきた。彼とともに従軍していた者たちが、カエソはつねに自分たちとともに戦場におり、休暇を取ることも一切なかったと証言したのである。もしその証言に疑義があるとするならば、ウォルスキウスは個人的に裁判を起こしてでも反駁すべきだという意見も多くの人々から出された。[6]しかし彼はこのような行動にはでなかった。以上のような状況を総合的に鑑みれば、ウォルスキウスの有罪は疑いの余地がなかった。それはカエソがウォルスキウスの証言によって有罪とされたのと同じ状況であった。[7]この問題を今度は護民官たちが先延ばしにした。彼ら

は、法案についての民会が開かれないうちに、クアエストルが被告人を裁判にかけるのは決して許さないと言ったのである。こうして［法律と裁判の］二つの案件がともに、コーンスルたちの帰還まで先送りとなった。[8]両コーンスルは兵士らの先頭に立ってローマに凱旋した。法案については話題に上らなかったので、多くの人々は護民官たちが気押されているものと思った。[9]しかし護民官たちは（すでに年も押し詰まっていたこともあり）四度目の護民官就任のほうを重視していた。そのため活動の中心を法案から選挙へと移していたのである。両コーンスルは、護民官の多選に対して猛烈に反対意見を述べた。コーンスル権限に制約をかける法案が提出されていたとしても、これ以上激しいものにはならなかったと思えるほどである。しかし、この論争は護民官の勝利で終わった。

[10]同じ年、アエクィ人の求めに応じて講和が成立した。また、前年に始まっていた戸口調査が完了し、大祓

（1）コーンスルの権限を制限しようとする法律。前四六二年にテレンティリウス・ハルサによって提案された。

（2）クアエストルの司法調査は国家に対する叛逆罪などの重大事犯を対象とする。ここでのウォルスキウスの罪状は偽証であるため、直接的な調査対象にはならないが、偽証の結果が叛逆罪と同等の結果を招いたという判断が背景としてあったものと思われる。なお、クアエストルは一般に「財務官」と訳されるが、国家の財務や公文書の管理などをする者と裁判の指揮を職務とする者とがいた。

（3）マルクス・ウォルスキウス・フィクトル。彼はキンキンナトゥスの息子のカエソが自分の兄弟を殺害したと訴えた。第一三章参照。

の儀式が行なわれた(1)。これはローマ建国以来十度目の大祓であると言われている。一一万七三一九人が市民登録を受けた。

11 この年、両コーンスルは国内政治においても戦争においても大いなる栄光を勝ち取った。対外的には平和を確立し、国内においては確かな宥和と呼べないまでも、以前と比べればかなり落ち着いた状態を作り上げることができた。

前458年

継続事案の処理とアエクィ人の再蜂起

二五　翌年、ルキウス・ミヌキウスとガイウス・ナウティウスがコーンスルとなり、前年から継続となっていた二つの事案を引き継いだ。コーンスル側は法案阻止、護民官側はウォルスキウスの裁判妨害という構図は前年同様だった。しかし、新しいクアエストルたちにはより大きな権限と権威があった。[2] クアエストルになったのは、マニウスの息子でウォレススの孫であるマルクス・ウァレリウスと、これまでに三度のコーンスル経験のあるティトゥス・クィンクティウス・カピトリヌスであった。[3] 彼は、カエソがクィンクティウス一族のもとに戻れず、きわめて有為な人材でありながら国家にも復帰できないでいるのは、無実の若者から弁明の機会を奪った偽りの証言者のせいであるとして、公私両面の観点から追及するつもりであった。[4] 法案成立に関して護民官のなかで最も熱心だったのはウェルギニウスであったが、コーンスルには法案を吟味するために二ヵ月間の猶予が与えられた。法案になんらかのたくらみが隠されていれば、人々に伝えれば良い、しかしその期間が過ぎれば、投票に入らなければならない、という趣旨だった。こうして猶予期間が与えられたことによってローマは平穏を取り戻した。しかし、[5] アエクィ人はその平穏を長続きさせてはくれなかった。彼らは前年にローマ人と取り結んだ合意を破り、指揮権をグラックス・クロエリウスという男に委ねた。彼はその当時、アエクィ人のなかにあって傑出した指導者であった。

[6] グラックスに率いられたアエクィ人は、掠奪のためラヌウィヌム領(2)に入り、ついでトゥスクルムの領地を襲った。そこで厖大な戦利品を得た彼らはアルギドゥス山に陣営を築いた。その陣営にローマから使節としてクィントゥス・ファビウスとプブリウス・ウォルムニウスとアウルス・ポストゥミウスが訪れ、不正行為と難じたうえで、合意に従って賠償するよう求めた。[7] するとアエクィ人の指揮官は使節たちに向かって「ローマの元老院から携えてきた命令はこの樫の木に向かって言うがよい。私はその間、別のことをしていよう」と言い放った。たしかに巨大な樫の木が陣営本部の上に枝を差し掛け、指揮官の椅子はその蔭の下に置かれていた。[8] そのとき、使節のうちの一人が立ち去りながらこう言った。「聖なる樫の木ならびにここにおられるすべての神々よ、合意はアエクィ人によって破られたものと理解していただきたい。この場でわれわれの申し立てを支持するだけでなく、神々と人間の掟を破るこの暴挙に対してわれわれが武器を取って立ち上がるときには、どうか味方になっていただきたい」。

[9] 使節たちがローマに戻ると元老院は、一方のコーンスルにアルギドゥス山のグラックスに対し兵を向ける

(1) 大祓は戸口調査が完了した時点で行なわれた。この当時、戸口調査は不定期に行なわれていた。五年に一度実施されることになるのは後のことである。

(2) アルバ山中の町。ローマから南に二〇マイルに位置する。

よう命じ、もう一方のコーンスルにはアエクィ人の領地を掠奪するように命じた。護民官たちはその習性に従って軍の徴集を阻止しようとした。新たな恐ろしい出来事が起こらなければ、最後までその妨害を押し通したかもしれなかった。

サビニの大軍の襲来と独裁官の任命

二六　サビニ人が大挙ローマの城壁の間際までやってきて大規模な掠奪を繰り広げた。田畑が荒らされるのをみて、市内に動揺が走った。さすがに平民たちも進んで武器を取った。護民官がいくら軍の徴集に対して反対を叫んでも無駄であった。二つの大きな軍が編成された。[2]ナウティウス率いる軍はサビニ領に向かい、エレトゥム(1)の近くに陣営を築くと、小規模な攻撃を繰り返した。その多くは夜襲であった。彼らはサビニの領地を徹底的に荒らしたため、それと比較すればローマが蒙った農地の被害はほぼないに等しいと思えるほどだった。[3]一方、ミヌキウス軍はさしたる戦果を上げられなかった。任務遂行の意気込みでナウティウスとは比べものにならなかったのである。彼は敵からさほど離れていないところに陣営を置いたものの、わずかな被害を受けただけで恐怖に駆られ陣営に引きこもった。[4]敵はそれに気づいた。一方が怖じ気づけば他方は大胆になるというのが世のつねである。彼らは夜襲を仕掛けてきた。しかし直接攻撃ではほとんど成果が上がらないと見てとると、翌日は包囲戦に切り替えた。ローマ側は包囲柵で陣営が完全に囲い込まれてしまう前に、敵の前哨砦の間隙を縫って五騎の騎兵を送り出し、ローマにコーンスルとその軍が包囲されていると知らせた。[5]予期せぬまさかの出来事であった。人々は、包囲されたのが陣営ではなく、ローマそのものであるかのような恐怖と狼狽を示した。コーンスルのナウティウスがローマに呼び戻された。[6]しかし彼では信頼に足るとは思えなかったため、独裁官を任命してこの緊急事態に対処することが決まった。独裁官に指名するのはルキウス・クィンクティウス・キンキンナトゥスをおいてほかにはないというのが衆目の一致するところだった。

[7]これから述べることは、富ほど人間の追求すべきものはないと考え、豊かな富のないところには誉れも徳も存在しないと信じている者に、ぜひ耳を傾けてもらいたい。[8]このとき、ローマの支配権を守る唯一の希望となったルキウス・クィンクティウスは、ティベリス河の向こう側にある四ユーゲラほどの土地を耕していた。現在造船所の置かれているところの真向かいで、いまも彼にちなんでクィンクティウスの牧場という地名が残っている。[9]元老院からの使者たちが彼を見つけたのはこの場所であった。鋤で溝を掘っているところだったとか、畝を作ろうとしているところだったとかというような細かな説があるが、いずれにせよ畑仕事に精を出していたことに疑いない。使者たちは挨拶を交わしたのち、キンキンナトゥス自身にとっても国家にとっても吉兆となるよう、トガを着て元老院からの要請を聞くよう求めた。彼は驚いて「一大事か」と尋ねた。彼はすぐさま妻のラキリアに命じて小屋からトガを持ってこさせた。[10]彼が泥と汗をぬぐい、トガを身にまとって一歩前に出ると、使者たちはあらためて独裁官に祝意を込めて挨拶し、市内への同道を求めた。そしてコーンスル軍がいかに危機な状態にあるかを説明した。[11]クィンクティウスには国から渡し船の用意が

(1) ローマから東に一七マイルほど離れたサラリア街道沿いの地点。

なされていた。対岸に渡ったところで三人の息子たちに出迎えられたが、そこには彼ら以外にも親類や友人、多数の元老院議員が集《つど》っていた。彼は多くの人々に囲まれ、先導警吏に率いられて自邸に向かった。[12]それとは別に平民たちの寄り集まりもできていた。彼らはクィンクティウスを喜んで迎えたわけではなかった。独裁官の権限は過大であり、その権限そのものは彼をさらに高飛車にすると考えていたのである。この夜、市内に見張りが配される以外に特別なことはなかった。

独裁官軍の出発

二七　翌日、独裁官は夜が明ける前に中央広場に向かった。そして騎兵長官（1）にルキウス・タルクィニウスを任命した。彼は貴族の家柄であったが、貧困ゆえに歩兵として兵役義務を果たしていた。しかし戦闘においては、ローマ軍の精鋭中でもとびぬけて勇猛果敢と評価されていた。[2]キンキンナトゥスは騎兵長官とともに市民集会に赴くと、すべての法行為および国事行為の停止を宣言し、市内全域の店舗閉鎖を命ずるとともに、私的活動についてもすべてを禁じた。[3]そのうえで、兵役年齢にあるものは全員、調理済みの糧食五日分と包囲柵用の杭十二本（2）を持って、日没前にマルスの野に集合するよう命じた。[4]また軍務に服することが困難な高齢者には、武具の準備や杭の調達に忙しくしている近隣の者に食料を用意するよう命じた。[5]こうして若者は杭を探しに走り、使えるものがあればどこからでも奪っていった。それを邪魔立てする者は一人もいなかった。人々はみな独裁官の命令を全うするため精力的に動いた。[6]やがて兵士が集結し、キンキンナトゥスによって隊列が整えられた。行軍のための縦列隊形であったが、必要に応じて戦闘に移れるような構えでもあった。そして歩兵を独裁官自らが率い、騎兵は騎兵長官が率いた。歩兵の戦列においても騎兵の戦列においても、切迫した状況を受けて指揮官が兵士を鼓舞する声が聞こえた。[7]「足を止めるな。急げ。夜のうちに敵を発見するぞ。コーンスルとローマ軍が包囲されている。敵に囲まれてすでに三日が経過している。一晩、あるいは、一日でなにが起こるか分からない。大きな出来事もしばしば一瞬が運命の分かれ道となる」。[8]それに応えて兵士は互いに「旗手よ、急げ」、「兵士よ、続け」と叫んで指揮官たちを喜ばせた。ローマ軍は真夜中にアルギドゥスに到着し、すでに敵陣近くに来たことを知って、戦旗を地面に据えた。

二面攻撃

二八　このとき独裁官は夜闇のなか可能なかぎり敵陣の規模と形状を探ろうと馬にまたがった。そのあと、軍団指揮官たちに向かって、兵士にこう命令するよう指示を出した――軍荷はすべて一箇所に置き、武具と杭だけを持って、再び戦列を作れ――。[2]命令はそのとおりに実行された。そして行軍のときの順序のまま、全軍が長い一列になり敵の陣営を取り囲んだ。そして、合図に合わせて全員で叫び声を上げよという指示が出された。叫び声を上げたら、自分の前に穴を掘り、杭を打て、という指示も加わった。[3]全員に指示が伝わ

---

(1) 独裁官によって任命される副官。

(2) 通常であれば一人の兵士の運ぶ杭は三ないし四本で、長さは四フィート半ほどであった。杭は防柵や塁壁を作るために用いられるが、キンキンナトゥスはこの時点から敵を包囲する作戦を考えていたのかもしれない。第二八章参照。

ると、時を置かず合図が出された。兵士は命令を実行に移した。敵の周囲を取り巻く兵たちの叫び声が響き上がった。それは敵の陣営を越えてコーンスルの陣営まで届き、一方には恐怖を、一方には大いなる喜びをもたらした。[4]コーンスル軍の兵たちはその叫びが自国民のものであると知り、援軍が到来したと互いに喜びあった。さらに自分たちも歩哨所や夜警所から小勢を出して敵を威嚇した。[5]コーンスルのミヌキウスはここで後れを取ってはならないと次のように言った――あの叫びが示すのは援軍の到着だけではない。味方がすでに戦いを始めているにちがいない。敵の陣営を外側から攻撃していないとするならば、そのほうがむしろ驚きである――。こうして彼は兵に向かって「武器を取り、自分の後を追え」と命じた。[6]夜が明ける前にコーンスル軍も戦闘に入った。独裁官の軍に向かって大声を上げ、自分たちの側も戦っていることを知らせた。[7]アエクィ軍は包囲網を突破しようと、すでに作戦を開始していたが、今度は内側の敵が攻撃を仕掛けてきたのである。彼らは陣営の真ん中を突破されるのを防ぐため、塁壁を作っている敵に向けていた戦力を、内側から攻撃してくる敵に振り向けた。そのため独裁官の軍には夜の残りを塁壁作りに費やす余裕ができた。アエクィ軍とコーンスル軍との戦闘は夜明けになっても終わらなかった。

[8]朝になる頃には独裁官軍の塁壁は完成し、アエクィ軍は完全に包囲された。また彼らは内側からの攻撃も支えきれなくなっていた。塁壁作りの作業を終えた独裁官軍はついに武器を取り、アエクィ陣営に攻撃を仕掛けた。こうして外側から新しい攻撃が始まった。内側からの攻撃の勢いも衰えなかった。[9]アエクィ人は外側、内側とも形勢不利となったところで、やむなく抵抗から嘆願へと態度を変えた。独裁官に対してもコーンスルに対しても「われわれをみな殺しにして勝利を締めくくるのではなく、われわれから武器を取りあげ

たうえで、帰郷の許可を与えてほしい」と懇願した。コーンスルは「独裁官のところに行って裁可を求めよ」と申し渡した。

[10]独裁官は感情を顕わにし、不名誉な条件を付け加えた。彼はまずこう命じた。「お前たちの指揮官グラックス・クロエリウス以下、隊長たちをみな縄で縛って連れてこい。さらにコルビオ(1)を明け渡せ」。そしてさらにこう告げた。「アエクィ人の血は求めない。立ち去ることを許す。しかし、敗北の民、服従の民であることを心に刻むために軛の下をくぐってもらおう」。[11]軛は三本の槍によって作られた。二本の槍が地面に突き刺され、さらに槍が一本、架け渡された。そして独裁官は、この軛の下をくぐるようアエクィ人に命じた。

凱旋

二九　独裁官は敵の身ぐるみをはいで放逐したため、奪い取った陣営には厖大な物品が残った。それを戦利品とすると、そのすべてを自分の配下の兵士にのみ分配した。[2]彼はコーンスル軍の兵士とコーンスル自身に向かってこう言い渡した。「兵士らよ、あやうく敵の戦利品になるところだった諸君に分け前はない。ルキウス・ミヌキウスよ、コーンスルの気概を身につけるまで、副官としてこの軍を指揮せよ」。[3]ミヌキウスはコーンスル職を辞すとともに、独裁官の命に従って軍隊に留まった。兵士らも優れた指揮官の言うことに素直に従った。彼らにとっては屈辱よりも感謝の気持ちのほうが大きく、一ポンドもの重さのある黄金の冠

(1) アルギドゥス山近くの町。ローマの南約一五マイルに位置する。

を独裁官に贈ることを決定し、出発する彼を自分たちの庇護者と呼ぶほどだった。
[4] ローマでは市長官クィントゥス・ファビウスによって元老院が招集され、クィンクティウスの凱旋式が決まり、ローマ入城は出発したときと同じ縦列隊形とすることとなった。まず敵の指揮官たちが先頭を歩かされ、独裁官の凱旋車が次を行き、戦旗がそれに続いた。[5] その後に厖大な戦利品を運ぶ兵士たちの行列が続いた。すべての家の前に料理の乗ったテーブルが並べられたと言われている。兵士らは好きなものをそこから取って食べ、凱旋歌を歌い、おきまりの冗談と悪口を言いながら(1)、独裁官の凱旋車のあとに付き従った。
[6] この日、トゥスクルムのルキウス・マミリウスに、市民権が与えられた。このときもし偽りの証言を行なったマルクス・ウォルスキウスの裁判が開かれなかったなら、独裁官はすぐさまその職を辞していたであろう。護民官たちは独裁官を恐れて裁判を阻止する動きにでなかった。[7] ウォルスキウスは有罪の宣告を受けて国外追放となり、ラヌウィウムに向かった。クィンクティウスは六ヵ月間として引き受けた独裁官職を十六日目に辞した(2)。その間、コーンスルのナウティウスはサビニ人とエレトゥム近郊で戦って大勝利を収めた。サビニ人にとっては田畑を荒らされたうえに、敗北も付け加わったことになる。アルギドゥス山にはミヌキウスの代わりに[クィントゥス・]ファビウスが派遣された。
[8] この年の終わりに、護民官たちはまたしても法案を持ち出そうとした。しかし貴族は二つの軍隊が国外にあるためこのような案件は人々に提案するべきではないと主張した。一方、平民は同じ護民官を五度までも選出することに成功した。
[9] カピトリウムで狼が犬に追いかけられる姿が目撃され、この予兆を受けてカピトリウムが祓い浄められた

と伝えられている。(3) 以上がこの年の出来事である。

護民官の増員

三〇　クィントゥス・ミヌキウスとマルクス・ホラティウス・プルウィルスが次のコーンスルとなった。[2] この年の初め、対外的には平穏無事だったが、国内的には同じ護民官と同じ［テレンティリウス］法案が騒動を引き起こしはじめていた。［貴族と平民の］感情的対立が激しさを増すなか、あらかじめ時を計っていたかのように、コルビオの要塞がアエクィ人の夜襲によって落ちたという知らせが入った。もしその知らせがなかったら［国内の］事態は一挙に悪化していたにちがいない。[3] 両コーンスルの呼びかけによって元老院が招集された。元老院は、兵を非常呼集してアルギドゥスに向かうよう命令を下した。こうして法案に関する問題はいったん脇に置かれ、軍の徴集をめぐって新たな騒動が巻き起こることになった。[4] コーンスルの指揮権が護民官の介入により脅かされようとしているときに、別の驚くべき知らせが入った。サビニの軍勢がローマの農地を掠奪するためにやってきて、さらにローマの町を目指しているというのである。[5] この脅威を前に

(1) ローマの凱旋行列ではこのような冗談や悪口が付きものであった。傲慢を諫めるとともに神々の嫉妬を抑える目的があったとされる。

(2) リウィウスはキンキンナトゥスが緊急事態を短期間で収束した手腕を讃えるとともに、王のように権力を独占する意思を持っていなかったことをここで強調している。

(3) 狼はローマ国民の象徴であり、この予兆はアッピウス・ヘルドニウスによるカピトリウム占拠を想起させる。したがって行なわれた浄め（第一八章参照）に神々は満足しなかったということを示唆している。

して、護民官はさすがに徴集に同意せざるをえなかった。しかしながらそこには条件が付いていた。すなわち、彼らはこの五年間でさしたる成果を上げることができず、平民たちの力にはほとんどなれなかったので、今後は護民官を一〇人にすべきであると主張したのである。[6]逼迫した状況を勘案して、元老院はこの条件をのんだ。しかしそれと同時に、次回の選挙では同じ護民官の連続選出は行なわないという約束も取り付けた。戦争終結後まで選挙実施が遅れれば、せっかくの約束もいままでどおり反故にされかねないと、人々は護民官選挙をすぐさま行なった。[7]こうして、最初の護民官が誕生してから三十六年目に定数は一〇人となり、各等級(1)から二人ずつが選ばれた。このときから、護民官選挙はこの方式で行なわれることが規定化された。

[8]選挙に引き続いて、軍の徴集が行なわれ、ミヌキウスがサビニ人を撃退するためローマを出発したが、敵を発見することはできなかった。一方、ホラティウスはアルギドゥスでアエクィ人と戦いを交えた。アエクィ人はコルビオの守備隊を全滅させてから、すでにオルトナも落としていた。ホラティウスは多くの敵を殺すと、アエクィ人をアルギドゥスからだけでなく、コルビオやオルトナからも撃ち払った。また、住民がローマの守備隊を裏切ったコルビオの町も破壊した。

ソロンの法調査団の派遣

前456年

三一　次の年はマルクス・ウァレリウスとスプリウス・ウェルギニウスがコーンスルとなった。国内的にも対外的にも平穏な年だったが、長雨のために穀物不足となった。アウェンティヌスの丘を居住地とする法案が成立した。(2)全員の護民官が再選された。

前455年

翌年[2]、ティトゥス・ロミリウスとガイウス・ウェトゥリウスがコーンスルとなった。護民官たちは市民集会を開くたびに［テレンティリウス］法案を取りあげ熱弁を振るった――もしこの法案が先の五年間同様、われわれの二年間の在任期間中も店ざらしにされるならば、護民官定数増も無駄骨だったと恥じ入るほかないではないか――。議論[3]がまさに最高潮に達したときトゥスクルムから急な知らせが入った。アエクィ人がトゥスクルム領に侵入したというのである。恩義を受けたばかりのトゥスクルムに援軍を送るのをためらっていては［ローマの］名折れである。両コーンスルは軍隊を率いてローマを出発し、アルギドゥス山で敵を発見した。彼らの毎度の居場所である。戦い[4]もここで行なわれた。敵は七〇〇〇人以上の死者を出し、生き残った者は敗走した。ローマ軍が手にした戦利品は厖大であった。両コーンスルは国庫が空になっていたので、戦利品を売却した。しかしこのことは兵士たちの反発を招き、護民官たちが両コーンスルを平民の前で告発する材料となった。

前454年

コーンスル[5]の任期が切れて、スプリウス・タルペイウスとアウルス・アテルニウスが次のコーンスルに就任した。そのとたんロミリウスは護民官のガイウス・カルウィウス・キケロによって、ウェトゥリウスは平

(1) セルウィウス王の時代にローマは資産評価に基づいて市民を五つの等級（クラッシス）に区分し序列付けをした。第一巻第四二―四三章参照。

(2) ローマ市の南西部に位置するアウェンティヌスの丘は、セルウィウス王の時代にディアナ女神を祀る神殿が建てられ、このときまで公有地となっていた。第一巻第四五章参照。市民の人口増と移民の流入による住居地の不足がこの法案の背景にある。なお、この法律は一般に「イキリウス法」として知られる。本巻第三二章参照。

民アエディーリスのルキウス・アリエヌス[1]によって告訴された。両者とも有罪とされ、貴族たちの大いに憤慨するところとなった。ロミリウスには一万アス、ウェトゥリウスには一万五〇〇〇アスの罰金刑が科された。しかし前任両コーンスルの災難に新任両コーンスルはひるまなかった。たとえ自分たちにも有罪の判決が下される可能性があろうとも、平民と護民官が法案を通すことは絶対に阻止すると言い続けた。[6]

[7]それに対して護民官は、提案以来すでに長い期間が経過して古くなっていた法案を引き下げたうえで、貴族と穏やかに話し合い、この問題に最終的な決着をつけようとした。そしてもし平民側だけで法案を提出することが気に入らないのならば、少なくとも平民と貴族の双方から立法の責任者を選出することを認めるべきであると主張した。そうすれば平民と貴族にとって有意義であるとともに、自由の精神にも沿うような法律ができるだろうというわけである。[8]貴族はこの提案をむげに拒むことはしなかったが、立法者は貴族に限るという主張は曲げなかった。法律の趣旨について両者が合意し、立法者についてはそれぞれ意見を異にしたまま、アテナイに［法律調査のための］使節団が送られることになった。使節として選ばれたのは、スプリウス・ポストゥミウス・アルブス、アウルス・マンリウス、そしてプブリウス・スルピキウス・カメリヌスの三名であった。彼らには、有名なソロン[2]の法を書き写すこと以外に、［アテナイ以外の］ギリシアの政治のあり方や、法律、習慣について調査する任務が与えられた。

前453年

調査団の帰国

三二　こうして外部からの敵という点では平穏な一年が過ぎた。翌年はプブリウス・クリアティウスとセクストゥス・クィンクティリウスがコーンスルとなったが、この年は護民官たちがひたすらに沈黙を守ったために、さらに静かな一年となった。年の初めの頃は、アテナイに行った使節たちを待つ気持ちと外国の法律への期待がその沈黙をもたらした。[2]その後、飢饉と悪疫という、人間にとっても動物にとっても忌まわしい災いが二つ同時にローマを襲ったため彼らは沈黙を続けた。農地は荒れ果て、市中ではひっきりなしに葬儀が行なわれ、人々は暗澹たる思いで日々を過ごした。多くの名家が喪に服した。[3]クィリヌス(3)の神官であるセルウィウス・コルネリウスが死んだ。卜鳥官のガイウス・ホラティウス・プルウィルスも死んだ。卜鳥官団は、その後任としてガイウス・ウェトゥリウスを強力に推して選んだが、その理由の一つとして彼が平民から有罪判決を受けたばかりであったことが挙げられる。[4]コーンスルのクィンクティリウスが死に、四人の護民官が死んだ。この年は多難な一年だった。しかし、外部との戦争という点では平穏だった。

前452年

[5]翌年は、ガイウス・メネニウスとプブリウス・セスティウス・カピトリヌスがコーンスルとなった。この

(1) ローマの公職者の一つで「造営官」あるいは「按察官」と訳される。都市機能の管理や治安維持にあたった。貴族のアエディーリス（高等アエディーリス）と平民のアエディーリスが存在したが、両者は同僚関係にはなく、前者はとくに競技祭挙行に権限・責任を有し、後者は罰金刑で処理できる比較的軽い案件において裁判官的な役割を果たした。

(2) アテナイの政治家、立法家（前六四〇頃―五六〇年頃）。前六世紀初めにアテナイのアルコーン（ローマのコーンスルに相当する役職）になったソロンは、貴族と平民の対立を調停するためさまざまな改革を行なった。なかでも、裁判への市民の参加といった市民生活に大きな影響を与える法律を制定したことで知られる。

(3) クィリヌスはユッピテル、マルスとならぶローマ古来の神。ロムルスは死後神格化され、このクィリヌスと同一視された。

年も外敵との戦いはなかった。[6]しかし国内的には大荒れの一年となった。使節たちがアテナイの法律を持ち帰ったのを受けて、護民官たちは、少なくとも法案の起草を始めるべきであるとこれまで以上に強硬に迫った。結局、一〇人によって構成される委員会を設置することと、他の高位公職者の任命は行なわないことが決まった。(1)なお、十人委員の下した決定には上訴権(2)は及ばぬものとされた。[7]平民も十人委員会の構成員とするか否かについて、しばらく議論が行なわれた。最終的に平民は、アウェンティヌス丘に関するイキリウス法(3)と神聖不可侵法(4)を廃止しないという条件を付けて貴族に譲歩した。

前451年

十人委員会

三三　ローマ建国の年から数えて三百二年目、二度目の大きな政治体制の変更となった。王からコーンスルに国の支配権が移ったように、権力がコーンスルから十人委員会へと移行したのである。[2]しかし、この変更は結局長続きしなかったため、さほど注目に値するものではない。始まりこそ好ましいであったが、政治はすぐさま無軌道に陥った。そのため、この政治体制はきわめて短期間に崩壊し、二人の人間にコーンスルの名称と支配権を付与する国家体制が復活することになる。

[3]十人委員には、アッピウス・クラウディウス、ティトゥス・ゲヌキウス(5)、プブリウス・セスティウス、ティトゥス・ウェトゥリウス、ガイウス・ユリウス、アウルス・マンリウス、プブリウス・スルピキウス、プブリウス・クリアティウス、ティトゥス・ロミリウス、スプリウス・ポストゥミウスが選ばれた。[4]このうち、クラウディウスとゲヌキウスはすでにこの年のコーンスルに指名されていたので、代わりの役職が与え

られたことになる。そして、前年のコーンスルの一人であったセスティウスがこの役職に就いたのは、同僚コーンスルの反対にもかかわらず、この改革を元老院に進言したことが理由である。[5]次に指名されたのは、アテナイに派遣された三人の使節である。はるか遠方まで使節として赴いた報賞の意味合いもあったが、それと同時に、新しい法体系の確立には外国の法律に精通している彼らが適任であると人々が信じたからである。[6]残りの四人は数合わせである。一説には、高齢がその理由であったと言われている。他の委員の意見にさほど強く反対することはないと見なされたのである。

[7]この委員会の主導権はアッピウスが握ったが、その背景には平民の支持があった。彼はそれまでの無慈悲

---

(1)本来、十人委員会は法の成文化を目的として設置されたものであるが、国政全般を取り仕切る権限が付与され、それまでのコーンスルを頂点とする政治体制に取って代わるものとなった。

(2)共和政の初期に、強制権を有する公職者の決定に抗して、民会に裁判を請求する権利(上訴権)がすでに確立していた。第二巻第八章参照。しかし十人委員会の決定に対しては上訴が認められないこととなったため、彼らの統治は横暴で専制的なものに傾いていった。

(3)平民のアウェンティヌス居住に関する法律。第三一章一参照。

(4)護民官の身体不可侵を定めた法律を指す。第二巻第三三章参照。

(5)この十人委員に就任したアッピウス・クラウディウスに関しては、前四七一年のコーンスルと同一人物とする説と、その息子とする説がある。古代ローマの「コーンスル名簿(fasti consulares)」には同一人物の再選という記載がある一方、リウィウスは第二巻第六一章で前四七一年のコーンスルの死について記述している。いずれにせよリウィウスはガイウス・クラウディウス(前四六〇年のコーンスル)の甥であることを強調するなど、別の人物として扱っていることは明らかである。

で残酷な平民迫害者から一転して平民擁護者の立場を取り、民衆からの追い風を一身に受ける者として登場していた。それはまるで新たな人格を身にまとったともいえるほどだった。[8]十人委員はそれぞれ一〇日に一度の輪番で国政を担当した。当番となった委員には束桿（ファスケース）を持つ十二人の先導警吏が付いたが、他の九人の同僚には各自一人の先導役だけが付いた。彼らのあいだでは完璧な調和が保たれていた。［指導者の］一致団結はときとして一般の民衆に悪影響を及ぼすことがあるが、このときの十人委員会は国民に対してきわめて公正な姿勢を保っていた。[9]彼らの節度を示す証拠としては、次の例を挙げれば十分だろう。十人委員の決定に対しては上訴が許されないことは先に述べた。あるとき、貴族階級に属するプブリウス・セスティウス[(1)]の家から一つの死体が掘り出された。[10]発見された死体は市民集会の場に運ばれた。この残忍な殺人の犯人は明らかであるとして、十人委員のガイウス・ユリウスがセスティウスを告訴し、民衆の前に訴追人として登場した。ユリウスはこの事件を裁く公的権限を有していた。しかし彼はそれを放棄し、自分の職権から除外した権限を民衆の裁量に委ねたのである。

一〇枚の表からなる法

三四　身分の高い者も低い者も十人委員会の迅速で公平な裁きをあたかも神託が下されたかのように喜んで受け止めた。そのかたわら十人委員会は基本的な法律の枠組み作りの作業を続けていた。人々の大いに期待するなかで、一〇枚の表[(2)]に書き付けられた法案が掲示されることになった。[2]十人委員会は市民を市民集会に集めた。そして「国家と市民と子孫にとって善となり、吉となり、恩恵となれかし」と祈ってから、掲示された法案を前に出て読むよう促し、(3)こう言った。「[3]われわれは、われわれ一〇人の知恵の限りを尽くし、身分の高低にかかわらず万人にとって平等な法案を作った。しかし多くの人々の知恵と思慮があればさらによいものになるだろう。[4]それゆえ諸君には。まず心のなかで各条項を検討し、次に互いに議論し合い、最終的に、どの条文に過剰な点があり、どの条文に不足な点があるかを公の場で指摘してもらいたい。[5]そうすればローマ市民の持つことになる法はただ単に全員一致で成立しただけのものではなくなる。全員が一致して提案した法となるのだ」。

[6]こうして人々の各条文に対する意見が十分に反映された修正案ができ上がった。そして十表からなる法律がケントゥリア民会で成立した。(4)このの ち次から次へと法律が作られ、いまでは巨大な塊のようになってい

---

(1) 十人委員のセスティウスとは別の人物である。

(2) リウィウスは、このときの板の材質について記述していないが、この十表をもとに増補改訂された十二表法は青銅板に刻まれたと述べている。第五七章参照。

(3) 当時、文字を読むことができる者はきわめて少数であったが、文字で書かれた法律は恣意的な解釈の余地を狭める効果があった。

(4) 十二表法は前三八七年にガリア人がローマを占拠したときに焼失したとされ、原典本文がどのようなものであったかは正確には分かっていない。そのため、後代の引用や言及などからさまざまな復元の試みがなされている。一般的には、第一表から第三表は民事訴訟に関する規程、第四表および第五表は相続および家族に関する規程、第六表は所有権に関する規程、第七表は不動産に関する規程、第八表は不法行為や犯罪に関する規程、第九表は収賄や国家に対する反逆に関する規程、第十表は埋葬等に関する規程であったと考えられている。なお、追加二表の内容は、第十一表が貴族と平民の通婚を禁ずる規程、第十二表が奴隷による犯罪に関する規程であったとされる。第三七章四参照。

るが、このときにできた法律がいまでも公的、私的にかかわらずすべての法令の根源となっている。[7]ところがその後まもなくして、さらに二つの表に相当する分量の法律が必要であり、それを付け加えてはじめてローマ法の全体像は完成するという意見が聞かれるようになった。選挙(1)の期日が近づくにしたがって、人々のあいだには十人委員を再び選ぶべきだという機運が高まった。[8]いまや平民は「コーンスル」を「王」と同じくらい嫌うようになっていた。さらに護民官の助けを求める必要性もないほど、十人委員会が市民一人ひとりの訴えに対して真摯に耳を傾けてくれていた。

アッピウス・クラウディウスの画策

三五　十人委員選出のための民会が三ヌンディヌム後(2)に開かれることが公示されると、[2]選挙活動が一気に活発化した。国家の指導的立場にある者たちですら――私の見立てでは、彼らはもし自分が手を挙げなければ、この強大な権力を取るに足りぬ者が握ってしまうと恐れたにちがいない――有権者を捕まえては、泣きすがるように当選させてほしいと頼んだ。そもそも彼らは十人委員の制度を作ることに対して猛反対していたにもかかわらず、そのときに対立した平民にも頭を下げたのである。[3]アッピウス・クラウディウスも「自分は若くして数多くの公職を経験しているが、再選されないのではないか」という危惧を抱いていた。このときの彼の動きを見たとしても、十人委員なのか十人委員の候補者なのかよく分からなかったにちがいない。[4]要するに彼は［十人委員本来の］職務遂行より、役職を再度獲得するために奔走していたのだ。彼は候補者のうちで名のある貴族には批判を加え、若輩で身分の低い者を褒め称えた。そしてドゥイリウスやイキリウスといったかつての護民官たちと連れだって中央広場を飛び回り、彼らを通じて自分自身を平民に売り込んだ。[5]やがてこれまで彼を心から支持してきた同僚たちも疑いの眼差しを向けるようになり、なにが望みなのかと当惑の表情を顔に浮かべるまでになった。[6]真っ直ぐな気持ちでないことは明らかだった。傲慢な男が愛想を振りまけば、そこには下心が隠されている。あえて一般人のように人混みに紛れ、一人ひとりの市民と交誼を結ぼうとする姿は、まもなく公職を辞そうとする者のそれではなく、公職の継続を欲する者のそれであることに疑う余地はなかった。

[7]彼の同僚たちは直接その欲望を抑え込もうとするのではなく、搦め手からその勢いを止めようとした。彼らは同僚のうちで最年少のアッピウスに選挙管理の役割を割り振ることを全員一致で決めたのである。[8]これは、彼自身が十人委員に選ばれることにないようにする手立てであった。そのようなことをしたのは護民官のほかには――それはそれとしてきわめて悪しき前例であったが――いまだかつてなかった。ところが彼はそれを逆手に取り、進んで選挙の管理を引き受けた。妨害を好機と捉えたのである。[9]彼は裏工作を行なって二人のクィンクティウス、すなわち、カピトリヌスとキンキンナトゥスをこの職から排除した。さらに、骨

(1)次年度の公職者を選ぶ選挙。十人委員会は本来法律整備を目的とする一時的な組織であったが、法律が未完成であるという状況に加えて、人々のコーンスル職に対する嫌悪感がその組織の存続を後押しした。

(2)ローマは八曜制をとり、そのうちの一日を「市の日(ヌンディナエ)」と定めていた。三ヌンディヌムは市の日が三巡する期間で、二四日間(含み計算では二五日間)となる。これが選挙の公示から投票までに置かれるべき日数であった。

の髄まで貴族主義者だった叔父ガイウス・クラウディウス(1)や、自分と肩を並べるような高位の市民を追い落とすと、ほとんど無名と言ってよい人々を十人委員に選出し、[10]自分自身がその筆頭として収まった。良識ある者たちは大いに眉をひそめた。まさか彼がそんな挙に出るとは夢にも思っていなかったからである。[11]彼とともに選ばれたのは、マルクス・コルネリウス・マルギネンシス、マルクス・セルギウス、ルキウス・ミヌキウス、クィントゥス・ファビウス・ウィブラヌス、クィントゥス・ポエテリウス、ティトゥス・アントニウス・メレンダ、カエソ・ドゥイリウス、スプリウス・オッピウス・コルニケン、マニウス・ラブレイウスである。

前450年

第二次十人委員会

三六　アッピウスが仮面を被って別人になりすましていたのはこのときまでであった。これ以降、彼は本性のままを生きることとなり、任期が始まる前から新しく同僚委員になる者たちを自分の流儀にはめようとしていった。[2]連日、彼らはだれからも気づかれないように密談を繰り返した。独裁的な権力を振るう方法を考え出すと、それを自分たちの武器となるよう準備した。彼らはもはや自分たちの傲慢さを覆い隠すようなことはせず、だれかを近づけることすらまれで、話しかけてくる者には居丈高に振る舞った。それが当時、公務開始日と決まっていた三月十五日まで続いた(2)。

[3]彼らは就任早々、強権的な姿勢を人々に見せつけ職務の初日を飾った。前年の十人委員のときには、権能の象徴である束桿（ファスケース）に先導されるのは一度に一人であり、順に引き継ぐ決まりとなっていた(3)。

しかしこの年の十人委員は一人ひとりが十二本の束桿に先導されて人々の前に姿を現わしたのである。[4]一二○人の先導警吏（リクトル）が斧を結んだままの束桿(4)を掲げて、中央広場を満たした。そして十人委員たちは、自分たちの役職は上訴権の及ばぬものである以上、斧を抜く必要はないと説明した。[5]それはまるで一○人の王がいるような光景であった。恐怖は身分の低い者たちにとっても、貴族の指導層にとってもこれまでの幾倍にもなった。そして十人委員たちはだれかを捕らえて殺すきっかけと口実を探しているにちがいないと考えた。事実、だれかが、元老院であれ、市中であれ、自由を想起させる言葉を口にすれば、すぐさま斧の付いた束桿が差し向けられた。そしてそれは他の者を威嚇することにもつながった。[6]上訴権を取りあげられ、市民には自分を守る手段は残されていなかった。それに加えて、新しい十人委員は互いに対する拒否権を行使しないことで合意していた。前年の十人委員は、同僚の異議があれば司法的決定を見直す余地を残しており、さらに自らの裁量下にあると見なしうる案件であっても場合によっては市民に判断を委ねたが、それと

(1) 前四六〇年のコーンスルで、前四七一年のコーンスルの弟。なお、前四七一年のコーンスルはアッピウス・クラウディウスの父。
(2) 公職者が執務に入る年度開始日は当時確定していなかった。第六章参照。
(3) 第三三章参照。
(4) 束桿はコーンスルや独裁官の権力の象徴であるが、これまで市内で斧が付いたままの束桿を持つことが許されたのは独裁官のみであった。コーンスルは戦争を終えて市内に戻るときには、束桿から斧を外さねばならなかった。これはコーンスルの権限は無制限ではなく、司法的決定に関して上訴の余地があることを意味した。第二巻一八章参照。

は大きな違いであった[1]。

当初、[7]恐怖は市民すべてに平等に及んでいた。しかし徐々に平民だけがその標的になり、貴族は対象から外されるようになった。身分が低ければ低いほど恣意的で残忍な扱いがなされた。すべての判断は相手がだれであるかに基づき、事柄自体の理非は考慮されなかった。彼らのあいだでは分け隔てこそ正義であった。[8]彼らはさまざまな決定を密室で行ない、中央広場でそれを公にした。もし一人の十人委員が同僚に異議を申し立てるようなことがあったとしても、その者は、最初の決定を支持しなかったことを後悔しながら同僚のもとから立ち去るのがつねだった。[9]やがて確たる証拠はないもののある観測が人々のあいだに広まった――十人委員たちのたくらみはこの一年限りのものではない。互いに秘密の誓約を取り交わし、［次年度以降］選挙を行なわず、永久に十人委員の地位に留まるつもりである。彼らは一度手にした権力を手放すつもりなどないのではあるまいか――。

貴族の思惑

三七　やがて平民は貴族の反応を探りはじめた。国家の目下の状況は平民が貴族に隷従することを恐れたために生じたにもかかわらず、このときは貴族に自由の希望を見出そうとしたのである。[2]主だった貴族たちは十人委員に対して憎悪を募らせるとともに平民にも嫌悪感を抱いていた。彼らは現状を是とはしなかったが、平民たちも自業自得ではないかと見なしていた。彼らがあまりに性急に自由を追い求めたために奴隷状態に陥ったことにむしろ喜びを感じている部分もあった。[3]それと同時にこれ以上状況が悪化することも望まなかった。彼らの思惑としてあったのは、平民たちが現状を嫌い、結局のところ、二名のコーンスルとかつての政治体制を望むようになることであった。

[4]一年が半分以上過ぎた頃、二表の条文(2)が前年の十表に追加された。この二表がケントゥリア民会で承認されれば、国家として十人委員会を必要とする理由はもはやなくなる。[5]人々はコーンスル選挙の公示がまもなくあるものと期待した。そのとき平民たちにとっては一つのことが気がかりであった――自分たちの自由にとっての防護壁である護民官権限はいま停止状態にある。それはどのように回復されるのか――。しかしいつまでたってもコーンスル選挙の話は聞こえてこなかった。

[6]十人委員は、当初、平民の人気を得ようと護民官経験者を従えて平民の前に姿を見せていたが、この頃になると若手貴族に脇を固めさせていた。[7]法廷もこの一団に占拠された。彼らは平民を脅し財産を奪った。強者には欲するものをすべて手にする権利があるとでもいうかのようだった。[8]彼らは暴力の行使もためらわなかった。ある者は笞で打たれ、ある者は斧で首を刎ねられた。こうした野蛮行為を実行する者には報酬が用意されていた。処罰した相手の財産をもらい受けることができたのである。この利得に目がくらんだ若手貴族は、不正に立ち向かうどころか、自らの放逸を優先し、万人の自由を犠牲にした。

---

(1) 殺人を犯したプブリウス・セスティウスに対する前年の十人委員会の対応については第三三章参照。

(2) このとき貴族と平民の通婚を禁止する条文が追加された。逆に言えば、これは当時通婚が行なわれていたことの証明である。しかし前四四五年にこの条文を無効とするカヌレイウス法が制定されることになる。第四巻第一章参照。

前449年

任期切れ十人委員による暫定統治

三八　再び三月十五日がやってきた。新しい年の公職者はだれ一人も選ばれておらず、十人委員はもはや一般市民にすぎなかった。しかし彼らには権力を手放すつもりはなく、相変わらず高官用のトガ(1)を身にまとって人前に現われた。[2]まるで王政が復活したかのように見えた。人々は自由が永遠に失われたと嘆き悲しんだ。その体制を打倒しようとする者はいなかったし、将来にわたっても現われるとは思われなかった。ローマ国民が意気消沈しただけでなく、近隣諸国もローマを軽く見はじめるようになった。やがて彼らは自由を失った国民に支配権を握られている(2)ことに我慢がならなくなった。[3]サビニ人が大軍を率いてローマの領内に侵攻してきた。彼らはなんら抵抗を受けることなく大規模な掠奪を行ない、人間と家畜を戦利品とした。そして広範囲に動き回った掠奪部隊をエレトゥムに集合させ、陣営を築いた。そしてローマ内部の軋轢をみるかぎり軍の徴集は不首尾に終わるにちがいないと期待した。[4]サビニ人の動きが伝わり、ローマは混乱をきたした。農民が市内に逃げ込んできたことがそれに拍車をかけた。十人委員はどのような対策を講ずるべきか協議した。彼らは貴族からも平民からも憎まれ、そのあいだにはさまれて孤立していた。[5]さらに運命のいたずらか、別の方面からの恐怖がそこに加わった。アエクィ人がアルギドゥス山に陣営を築き、そこからトゥスクルムの領内に入って掠奪を行なった。トゥスクルムからそれを知らせに使者がやってきて、ローマに救援を求めた。

[6]二方面から同時に攻撃されるという緊急事態に十人委員たちは動揺し、元老院に助言を求めざるをえなくなった。彼らは元老院議員に対して議事堂に集まるよう命令したが、自分たちが非難の嵐にさらされるであ

ろうことはよく分かっていた。元老院議員たちがこぞって「農地が掠奪され、ローマも攻撃されかねない状況を作り出した元凶はお前たちだ」と言ってくるのは間違いなかった。[7] さらには、自分たちを権力の座から引きずり下ろそうとする動きもあるかもしれない。しかし十人委員は一致団結してそれを阻止した。少数の激しい批判者を強権的に弾圧することによって、それ以外の者たちの攻撃を抑え込んだ。

[8] 元老院議員たちを議事堂の十人委員のもとへと招集する布告吏の声が中央広場に響いた。元老院の意見を聞く習慣はあまりに長いあいだ中断されていたので、平民はあたかもこれがはじめてのことであるかのように驚いた——なぜ十人委員は長らく棚上げにしていた習慣を復活させようとしているのか。[9] 自由な国家にとって当たり前のことを蘇らせてくれたことに対して、敵の攻撃に感謝するべきなのか——。平民たちは中央広場を見回して元老院議員の姿を探したが、ほとんどだれも見つけることができなかった。彼らが見たのはがらんとした元老院議事堂に十人委員だけが寄り集まっているありさまだった。[10] 十人委員は、元老院議員が集まらないのは自分たちに対する憎悪が理由であると解釈した。一方平民は、正式な公職者でない十人委員にはそもそも元老院を招集する権限がないからだと考えた。そして平民のあいだに「もしわれわれが、元老院と共同歩調を取り、元老院議員たちが招集を受けながら元老院に集まらなかったように、軍の徴集を拒

(1)トガ(ローマ市民の正装外衣)のうちコーンスルなどの高位の公職者が着用するものには深紅の縁取りが施されていた。

(2)実際には、前五世紀の半ばにローマはサビニ人やアエクィ人といった近隣諸国に対して支配権を有したわけではない。リウィウス自身あるいは伝承上のアナクロニズムである。

否すれば、自由を取り戻すきっかけになるだろう」というささやきが広まった。

[11]一方、貴族は中央広場に姿を見せないばかりか、市中にすらほとんど留まっていなかった。彼らは目下の情勢に嫌気が差して市外の農場に退去し、国家のことよりも自分のことに力を注いでいた。彼らは専横きわまる輩との接触を避け、距離を置けば置くほど、被害は少ないと考えていたのである。[12]元老院議員が招集されたにもかかわらず参集しなかったことを受け、補助吏(1)が彼らの市内の屋敷に差し向けられた。罰金の取り立てと同時に不参集が意図的なものであったかどうかを確かめることが目的であった。補助吏たちは「元老院議員たちは農場に行って不在だった」と報告した。これは十人委員たちにとって、元老院議員たちが市内にいながら命令を拒否したという報告よりも望ましいものであった。[13]十人委員は元老院議員全員に対して招集に応ずるよう命令し、翌日に元老院を開催すると公告した。すると十人委員の期待を上回る数の元老院議員が集まった。平民はこれを見て、貴族は自由を捨てたと考えた——十人委員とは名ばかりですでに公職の任期は切れている。彼らは強権を振るう以外に私人と変わるところはない。それにもかかわらず、元老院は彼らが正当な権限を有しているかのように命令に従おうとしている——。

元老院議員の反撃

三九　たしかに元老院議員たちは十人委員の言いなりになったかのように議事堂に集まったが、彼らの意見表明には卑屈なところはまったくといってよいほど見られなかったと言われている。[2]記録によれば、アッピウス・クラウディウスが、用意した議題(2)を提示し、議事進行に従って意見交換が始まろうとするとき、ルキウス・ウァレリウス・ポティトゥス(3)が進み出て、国家全般に関わる発言を求めた。十人委員がそれを却下し恫喝を加えると、彼はこれから平民に訴えかけるのもやぶさかではないと受けて立ち、諍いとなった。
[3] マルクス・ホラティウス・バルバトゥスも彼に劣らず過激だった。彼は論争に割って入ると、十人委員たちを一〇人のタルキニウスと呼び、ウァレリウス家とホラティウス家が王たちを追放したことを知らないのかと言い放った。そしてこう続けた――[4] 人々は「王」という呼び名そのものを嫌っているのではない。ユッピテルをその名で呼ぶことはむろん神意にかなっている。ローマを建国したロムルスもそのあとを継いだ王たちに関しても同様だ。さらに、祭司にも伝統的にその名が付けられている(4)。つまり、人々が嫌悪するのは王の専横と暴力なのである。[5] 一人の王(5)、あるいはその息子の横暴に耐えられないとすれば、多数の私人にすぎない者たちの横暴にだれが耐えられるだろうか。[6] 諸君は、議事堂内でわれわれが自由な発言をするのを妨害しようとしている。しかしそうすることで議事堂の外で人々が声を上げることになるということは知っておいたほうがよい。私も諸君も公職に就いていない一般人である。諸君が元老院を招集することと私が民衆

(1) 第二巻第五四章参照。
(2) サビニ人およびアエクィ人との戦争にいかに対処するかがこのときの元老院招集の目的であった。
(3) 前五〇九年のコーンスルでプブリコラ（「人民の友」の意）の添え名が付けられたプブリウス・ウァレリウスの孫。
(4) 前五〇九年に王政が廃されたとき、王が行なっていた神事を挙行するための祭司職が新たに創設され、「祭祀王」と名付けられた。地位としては神祇官より下に置かれたが、名目上は共同体の第一人者を示すために王と呼ばれた。神々の怒りを避ける意図があったものと思われる。
(5) 写本の乱れによりテクストを確定することが困難であるが、ここでは Ogilvie の推測に従って訳出した。

を市民集会に集めることのどちらがより是認されざることであろうか。[7]諸君が望むならば、自由を追い求める人々の怒りは不当な支配を続けようとする欲望よりもはるかに強いことを実際に体験してもらうことも可能である。[8]諸君は、サビニ人との戦争をいかにもローマ国民にとっての一大事であるかのように論じようとしているが、われわれにとっては、法律を制定するために選ばれながら国内の規定を守ろうとしない者たちとの戦いのほうが重要である。諸君は選挙を実施せず、毎年の公職者を選ばず、自由を担保する唯一の手段である命令権の移譲を拒絶している。そして私人でありながら束桿を保持し王のごとき権力を行使している。[9]王の追放(1)ののちに貴族から公職者が選ばれ、平民たちの退去(2)ののちに平民の公職者が選ばれたが、諸君はどちらの党派に属しているのか。諸君は平民の味方なのか。とすれば諸君は平民のためになにをなしたというのか。それとも貴族の味方なのか。たしかに諸君は、ほぼ一年にわたって元老院を開いてこなかったとはいえ、いま元老院を開催している。しかしわれわれが国家について語ることを禁ずるのはなぜなのか。[10]恐怖心さえ植え付けておけば無事であるなどと思わぬほうがよい。人々はいま、将来起こることに対する不安よりも、実際に蒙っている困難のほうをより重くみている――。

白熱する議論

四〇　ホラティウスが以上のような大演説をしているあいだ、十人委員たちはどこまで怒りを示せばよいのか、あるいはどこまで寛容を示せばよいのか見きわめがつかないでいた。また、事態がどのような方向に向かうのかもまったく予想できなかった。[2]そのとき十人委員のアッピウスの叔父であるガイウス・クラウディウスが立ち上がって弁じはじめた。そこには非難というよりはむしろアッピウスに対して説諭しているようなおもむきがあった――[3]私の兄の霊、すなわちお前の父親の霊にかけて頼みがある。お前が同僚と結んだ忌まわしい盟約などより、お前が生まれたこの国全体の宥和のほうが大切だということを想い起こしてほしい。それは国家のためというよりはお前自身のためである。[4]人々は、お前たちが同意しようがしまいが、当然の権利を回復せよと要求するだろう。しかし争いが大きくなればなるほど憎しみも大きくなる。私はその先になにが起こるか考えるだけで身震いがする――。

[5]十人委員は自分たちが提示した事柄以外について論ずることを禁じていたが、彼に対する畏敬の念のために話を途中で止めるのはためらわれた。最後にクラウディウスは「この元老院ではいかなる決定もなされるべきではない」と言って話を締めくくった。[6]それを聞いた者はみな、クラウディウスは十人委員を正式な公職者ではないと判断しているのだと理解した。[7]コーンスル経験者の多くも異口同音にそれに同意した。だが「元老院は中間王を指名すべし」という別の提案もなされた。これは表面的にはクラウディウスの提案よりも過激なものであったが、実のところは妥協策にすぎなかった。というのも、ここでなんらかの決定を下すということは、元老院を招集した者を正式な公職者と見なしたということになるからである。一方、この元老院ではなんの決定もなされるべきでないとする者は十人委員を単なる私人と見なしているにほかならない。

(1) ローマの第七代目の王タルクィニウスの追放後、コーンスル等の公職制度ができた。

(2) 護民官制度は聖山事件をきっかけに始まった。第二巻三二章参照。

[8] こうして十人委員会の正当性が揺らぎはじめたのを見て、ルキウス・コルネリウス・マルギネンシスが立ち上がった。彼は十人委員のマルクス・コルネリウスの兄弟で、コーンスル経験者であったが、発言を最後まで控えていたのは多分に意図的なものがあったはずである。彼は戦争の脅威を口実にして、兄弟とその同僚の擁護を図ろうとした――[9] 私には腑に落ちないことがある。いま十人委員を攻撃しているのは、全員とまでは言わぬがほとんどすべてが、かつて自らその職を目指した者である。そこにいかなる事情があるのか定かには見えないところがある。[10] また国家はここ何ヵ月か平穏な状態を保っていた。その間、だれ一人として、国家の舵取りをしている公職者の資格云々について議論しようとする者はいなかった。ところが、敵が城門の近くまで押し寄せてきたとたん、市民のあいだに不和の種が播かれようとしている。彼ら［十人委員を攻撃している者たち］は混乱のなかならば、なにか事を起こしても目立たないと思っているにちがいない。[11] さらにいえば、目前に迫る危機に人々が心を奪われているときに、このような重大な事案について十分な判断材料もなく性急に結論を出すべきではないということはだれも否定できない[(1)]。ウァレリウスとホラティウスが、十人委員の任期は三月十五日に切れていると非難している点に関しては、差し迫っている戦争を無事に終わらせ、国家が平穏に戻ってから、元老院を開いて議論するべきである。[12] 一方、アッピウス・クラウディウスは、現職の十人委員として自身が差配した［第二次］十人委員会選挙の趣旨について説明する必要がある。すなわち、現在の十人委員はそもそも一年任期だったのか、あるいはまだ未完成の法律ができ上がるまでの任務だったのかをはっきりさせてもらいたい。[13] しかし目下のところは、戦争以外のことはすべて後回しにしなければならない。もし戦争は不確かな噂にすぎず、伝令やトゥスクルムの使節からの知らせも事実かどう

か疑念が残るというのなら、信憑性のある情報を得るために偵察を送り出して、結果を報告させるべきである。[14] しかしもし伝令と使節の言うことが信用できるというのなら、できるだけ早く軍の徴集を行ない、十人委員自身が軍を率い、それぞれ重要と見なす戦略拠点に急行してもらいたい。それ以外のことは後回しにするべきである——。

十人委員側の勝利

四一　この提案を聞いて若手の元老院議員たちはすぐさま賛否を問うべきだと主張し、その勢いで議論は押し切られそうになった。すると、ウァレリウスとホラティウスが再び立ち上がり、先ほどよりも激しく、国家全般について論ずることが許されるべきだと叫んだ——もし諸君が衆を頼んで、これ以上われわれが元老院議事堂で発言することを許さないというのならば、われわれは直接民衆に向けて話す用意がある。いずれにせよ、元老院議事堂であれ、市民集会であれ、発言を私人に禁じられるいわれはない。われわれは権威の裏付けのない束桿には決して屈しない——。[2] このような猛反発を受けて、アッピウスは負けずに激しく対抗しなければ、自分たちの支配権は支えきれないと考えてこう言い放った。「[3] われわれが提案した議題以外を論ずるのは、あなたのためにならない」。ウァレリウスは私人の脅しに屈して黙るつもりはないと断言した。アッピウスは一人の先導警吏に対して「あの者を捕らえよ」と命じた。[4] ウァレリウスは元老院議事堂の

(1) このセンテンスはテクストが損なわれている。Ogilvie (1965) の解釈に従って訳出した。

戸口から出て、外にいる市民に助けを求めようとした。そのときルキウス・コルネリウスがアッピウスを腕で押さえるようにしてなだめ、大きな騒動になるのを未然に防いだ。コルネリウスはウァレリウスを助けようとするふりをしたが、実のところアッピウスのためを思ってしたことだった。コルネリウスの顔を立てるかたちで、ウァレリウスにはもう一度発言する機会が与えられた。しかし十人委員は彼に発言の自由を認めただけであって、議題の追加、変更をするつもりはまったくなかった。コーンスル経験者たちや長老元老院議員たちには、まだ護民官の横暴を憎む気持ちが残っていた。また平民たちが強く願っているのは、コーンスルによる統治への復帰ではなく、護民官制度の復活のほうであることも肌で感じていた。そこで彼らは、少し時間はかかっても十人委員たちが自発的に職務から立ち去るのを待つほうが、十人委員に対する怒りに燃える平民をいまここで立ち上がらせるよりも上策であると考えた。穏便に事を運び人々の騒ぎを抑え込みながらコーンスルによる統治に戻すことができれば、平民たちが護民官のことを忘れてくれる可能性もあるというわけである。むろん戦争によって［内部抗争に］冷却期間が置かれること、コーンスルが節度を保って権力を行使することが前提にあった。[5][6]

元老院議員たちの黙認というかたちで軍の徴集が行なわれた。十人委員の命令権には上訴権は及ばなかったため、兵役年齢にある者は徴集に応じざるをえなかった。兵員名簿登録が終わると、十人委員たちは協議して、だれが戦争に行き、だれが軍隊の指揮をするべきかを決定した。十人委員のなかで指導的立場にあったのはクィントゥス・ファビウスとアッピウス・クラウディウスであった。国内の抗争のほうが国外との戦争よりも重要であるのは明らかであった。そして市内の擾乱を抑えつけるにはアッピウスの凶暴性がうって[7][8]

つけであるという意見でみなが一致した。一方ファビウスの性格は［市民に対して］強圧的というよりは不誠実といったたぐいのものであった。[9]とはいうものの、かつては内政においても軍務においても傑出した人物であったこの男をそのような性格に変えてしまったのは、十人委員会と彼の同僚であった。ファビウスは本来の自分よりもアッピウスのようになりたいとまで思うようになったのである。結局彼にはサビニ人との戦いが割り振られ、マニウス・ラブレイウスとクィントゥス・ポエテリウスが同僚として彼につくことになった。[10]アルギドゥス山にはマルクス・コルネリウスが派遣されることとなり、彼の同僚にはルキウス・ミヌキウスとティトゥス・アントニウスとカエソ・ドゥイリウスとマルクス・セルギウスが選ばれた。また、アッピウス・クラウディウスの補佐としてスプリウス・オッピウスが選ばれ、町の治安維持にあたることも決まった。さらにこの二人には十人委員全員と同じ大きさの権力を賦与するという決定もなされた。

戦意乏しいローマ軍

四二　十人委員による国家運営は戦争においても内政同様に成功とは言いがたかった。[2]とはいうものの指揮官たちに責めを負うべき点があるとすれば、兵士らに反感を持たれたというただそのことだけであった。他のすべての責任は兵士の側にあった。彼らは、十人委員の指揮命令下ではなに一つ成果が出ないようにもっていこうとした。指揮官の面目をつぶすためとなれば自分たちの屈辱もいとわなかった。戦いに負けることさえやぶさかでないと思ったのである。[3]ローマ軍はエレトゥム近くでサビニ人に蹴散らされ、アルギドゥス山でもアエクィ人によって粉砕された。エレトゥムからの敗走兵は夜の静寂を抜けて、フィデナエとクルストゥメリアの中間にある小高い丘に陣営を築いた。ここはローマからもさほど離れていない場所だった。[4]追走してきた敵に対して、ローマ軍は正面切っての戦いには応じなかった。武勇を試すことも武器を手に打って出ることもなく、ただひたすら地形と堡塁を頼りに身を守ろうとした。[5]アルギドゥス山ではさらに大きな背信行為が行なわれ、受けた被害もそれだけいっそう大きかった。装備もろとも陣営を奪われたローマ軍はトゥスクルムに逃げ込み、友邦の信義と同情を頼みの綱とした。そしてトゥスクルムの人々はその信頼を裏切らなかった。

[6]ローマにこうした驚愕の知らせが届くと、元老院は十人委員に対する憎悪をひとまず脇におき、防衛体制を固めることを決定した。そして、武器を取ることのできる年齢の者は総動員で城壁の警護および城門前の歩哨をするよう命じた。[7]さらに、トゥスクルム増援のため武器供与を決定し、十人委員には兵とともにトゥスクルムの城壁から出て、陣営を築くよう指示を出した。また、エレトゥム方面の陣営に対しては、フィデナエ近郊からサビニの領地内に陣を移し、こちらから先に攻めるよう命じた。それによって敵にローマ攻撃を思いとどまらせることができるかもしれないと考えたのである。

戦場における十人委員の悪行

四三　このときの災難は敵から受けたものだけではなかった。十人委員たちによって口にするのもおぞましい二つの罪が付け加えられた。一つは戦場での出来事であり、一つはローマ市内が舞台となった。[2]サビニと戦う軍のなかにルキウス・シッキウスという男がいた。彼は軍勢に広まる十人委員に対する憎悪をよりどころに、護民官の選出と［聖山のときのような］退去を、「これは内密だが」と言いながら仲間に呼びかけていた。こうした動きに気づいた指揮官は、彼に新たな陣営設置場所を探すよう命じて陣営から送り出した。[3]別の任務がその探索に同行する兵士たちに与えられた。すなわち陣営の適地を見つけたら、その場所でシッキウスを殺せというのである。[4]兵士らはたしかにその任務を全うした。しかし犠牲も払わざるをえなかった。シッキウスは腕力でも気迫でもだれにも引けを取ることのないたくましい男だった。周りを囲まれながらも果敢に反撃を加え、自分が殺されるまで、襲いかかってくる兵士を何人も殺した。こうしてシッキウスが倒れた場所の周りに兵士らの死体が横たわることとなった。[5]生き残った兵士たちは陣営に戻り、シッキウスは待ち伏せに遭い、華々しく戦ったものの、何人かの兵士らとともに倒れたと報告した。[6]当初、この報告を疑う者はだれもなかった。そして指揮官の許可を受けて、死者を埋葬するための部隊が現場に向かった。その場に到着した彼らは武器の掠奪が行なわれた形跡がなく、シッキウスも武具を身につけたまま倒れていることに気づいた。またシッキウスの死体を取り囲むように味方の兵士の死体が横たわり、それはすべて彼の方に身体を向けていた。さらに敵の死体はどこにもなく、退却の跡も見つけられなかった。部隊は亡骸を陣営に運ぶと、シッキウスが味方に殺されたことは間違いないと報告した。[7]陣営には怒りが充満した。もし十人委員が機先を制して軍葬を公費で行なうと言い出さなかったら、シッキウスの亡骸をただちにローマに運ぶべしということで衆議一致していたにちがいない。シッキウスは兵士らの大いなる悲しみのうちに葬られ、十人委員に対する人々の評価は地に落ちた。

ローマにおける十人委員の悪行

四四　その直後、ローマでもまさしく言語道断の事件が起こった。これは男の欲望が原因であり、あのタルクィニウス一族がルクレティアを凌辱(1)し、死に至らしめたことによってローマと王権から追放されたことが引き合いに出されるほどおぞましい出来事であった。十人委員はやがて王たちと同じ結末を迎えることになるが、支配権を失うことになるきっかけも共通していた。[2]アッピウス・クラウディウスに、ある平民の乙女を自分のものにしたいという情欲が芽生えた。彼女の父親はルキウス・ウェルギニウスという男で、アルギドゥス山において見事な働きをした百人隊長であった。そして戦場だけでなく市内にあっても人々の模範になるような人物であった。[3]その妻も子どもたちも同じ志操を守っていた。彼は娘を護民官経験者のルキウス・イキリウス(2)に嫁がせる約束をしていた。このイキリウスは平民の利益のためとなればなにも恐れないという折り紙付きの人物だった。[4]アッピウスの情欲の対象になったのが、ウェルギニウスの娘だった。うら若い乙女の美しさにわれを忘れたアッピウスはまず贈り物と美辞麗句で接近を試みた。しかし、彼女の貞節の前にはすべてが無駄と知って方針を変えた。実に冷酷で強引だった。[5]彼は、娘の父親が軍務のためにローマを留守にしていることを悪巧みの好機と捉え、自分の手下(3)のマルクス・クラウディウスに一つの役割を割り振った。この娘は自分の奴隷であると主張せよ、そして、だれかが裁判の決定のないうちは娘は自由であると反論してきても(4)、決して耳を貸してはならぬ、と命じたのである。

[6]娘が中央広場に入ってくると——当時そこには天幕作りの仮設の学校があった(5)——十人委員［アッピウス］の欲望の手足［となったマルクス・クラウディウス］が彼女に手を置き、「お前は、私の女奴隷から生まれた私

の奴隷女にちがいない」と断定し、おとなしく自分についてこいと命じた。そして「嫌がるなら、力ずくでも連れて行く」と脅した。[7]娘は恐ろしさのあまり声も出なかったが、乳母の「助けてください」という叫びに市民が集まってきた。彼女の父親のウェルギニウスも、婚約者のイキリウスも市民のあいだではよく名前の知られた人物で称賛の的にもなっていた。直接の知り合いが二人に対する敬意から助けに集まったのはもちろんのこと、なによりも娘の状況に対する憤りが群衆を駆り立てた。[8]こうして娘が力ずくで連れ去られる危険はなくなった。すると中立人のマルクス・クラウディウスは「大勢で騒ぎ立てる必要はない。自分は力ではなく法に基づいて行動するつもりだ」と言った。[9]そして娘に法廷への出頭を求めた。居合わせた人々も拒否するべきではないと忠告した。二人はアッピウスが審判人席に陣取る法廷までやってきた。中立人はここで茶番劇を演ずるわけだが、審判人［アッピウス・クラウディウス］には百も承知の中身だった。というのもアッピウス自身がこの筋書きを作った本人だったからだ。中立人はこう証言した――この娘は私の家で生

(1)ルクレティアの凌辱とタルクィニウス一族の追放については第一巻第五七―六〇章参照。

(2)前四五六年にアウェンティヌスの丘を平民のための居住地として開放する法律を押し進めた護民官。第三一章参照。

(3)おそらくは本人が解放奴隷か、あるいは解放奴隷の血を引く者であると考えられる。

(4)アッピウス自身が制定に関わった十二表法には後代のいわゆる「推定無罪」の考え方が織り込まれていたが、アッピウスはここでその原則を打ち破ろうとしている。

(5)ローマで最初に学校ができたのは前三世紀後半とされる。それ以前は、女子はもとより男子も家庭内で教育を受けた。したがって、リウィウスのこの記述はアナクロニズムであるが、この娘が中央市場まで出かけた理由として補足されたものと思われる。

まれたものの、その後、だれかに盗まれ、ウェルギニウスの家に連れて行かれ、そのまま彼の娘として育てられた。[10]この訴えには確かな証拠がある。たとえウェルギニウスが審判人になったとしても、それを証明してみせる。そもそもあの男がこの事件の一番の当事者である。いずれにせよ、女奴隷は主人に付き従う義務がある——。[11]一方、娘の支援者は次のように主張した——ウェルギニウスは［戦争という］公的任務のためにローマを不在にしている。だが、知らせを送れば二日以内に戻ってくるだろう。親の不在中に子どもの身分について争うのは公正なこととはいえない。[12]父親が戻るまで審理は繰り延べにするとともに、アッピウス自身によって提唱された法律(1)に従って、彼女は自由であるとする者たちの手に暫定所有権（ウィンディキア(2)）を委ねるべきである。自由身分が確定する前に、年頃の娘の評判が貶められるようなことがあってはならない——。

イキリウスの抗議

四五　アッピウスは裁定を下す前にこう述べた——私がいかに自由を重んじているかは、ウェルギニウスの友人たちが要求の裏付けとして提示している法律そのものをみれば明らかである。[2]しかしながら、法律が自由の砦となるためには、状況や人物によって原則を曲げないことが肝要である。たしかに、自由人であるか否かが問われる場合、だれが訴えを起こしてもよいことになっており、［暫定所有権の要求も］法に適っている。しかし、父親に監督保護されている娘の場合、奴隷の主人［と主張する者］が所有権を委ねる相手は父親以外にありえない(3)。[3]それゆえ、私は父親の召喚を決定する。しかし一方、娘を奴隷であると主張する者

「マルクス・クラウディウス」から娘を拘引する権利を奪うことはできない。(4) そして同時にその者は、父親と呼ばれる者が到着したときには、娘を連れてくることを約束しなければならない――。

[4]この不正な裁定に対して多くの人々が憤った。しかしそれはつぶやきとして表われただけで、正面切って抗議する勇気のある者はだれ一人いなかった。そのとき、娘の祖父プブリウス・ヌミトリウスと婚約者イキリウスが姿を現わした。[5]群衆の真ん中に道ができた。人々はみなイキリウスの登場でやっとアッピウスに対抗できると思った。ところがそのとき先導警吏が「裁定は下った」と叫び、それに抗議しようとするイキリウスを押しのけた。[6]そのような粗暴な振る舞いに対しては、いかに穏健な人物であっても怒りを燃え上がらせないではいかない。イキリウスはこう言った。「アッピウスよ、私をここから立ち去らせようとしてもそうはいかない。剣を抜いて私を殺して黙らせる以外に、お前にはそのたくらみを隠し通すすべはない。私はこの娘を伴侶とするつもりである。そしてわが妻となるものは純潔の乙女でなければならない。[7]さあ、同僚たちの先導警吏もすべて呼び集めるがよい。そして、斧を付けた束桿を用意するように命ずるがよい。しかし、お前がなにをしようが、このイキリウスの婚約者が父親の家以外のところで夜を過ごすことは決してな

(1) 十二表法を指すが、身分に関していかなる条文があったのかははっきりしない。
(2) 係争中の身分についての正式な判決が下るまで、一時的に認められる所有権。
(3) アッピウスは原則が重要であると述べた直後に「父親の保護監督下にある娘」を例外としている。自己矛盾である。
(4) アッピウスはウェルギニアの父親が不在であることを根拠として、中立人のマルクス・クラウディウスに暫定所有権があると裁定を下している。

い。[8]たしかにお前はローマの平民から、護民官による救済と上訴権という自由の二つの砦を取りあげたかもしれない。しかし、決してお前の欲望のために、われわれの子どもや妻たちに対する支配権が差し出されたわけではない。[9]お前のその残忍さはわれわれの背中と首に向けるがよい。しかし娘の貞潔だけは守られなければならない。だが、もしこの娘に危害が加えられるようなことになれば、私はここにいるローマ市民に、私の婚約者を助けてくれと呼びかけるだろう。ウェルギニウスもただ一人の娘のために兵士らに呼びかけるにちがいない。さらにわれわれはすべての神々と人々に救援を求めるだろう。私を殺さないかぎり、お前はさきほどの裁定を実行に移すことは決してできない。[10]アッピウスよ、自分がなにをしようとしているのか。もう一度考えてみるがよい。[11]ウェルギニウスには、ローマに戻ってから娘をどうすればよいか判断してもらおう。ただしウェルギニウスがこの男［マルクス・クラウディウス］の言い分を認めるというような判断をするならば、娘のために別の結婚相手を探さなければならないということだけは知っておいてもらわねばならない。いずれにせよ、私には婚約者の自由を守る務めがある。それができないならば、命を捨てるつもりである」。

アッピウスの譲歩と裏工作

四六　群衆は騒然となり、一触即発の雰囲気となった。先導警吏たちはすでにイキリウスを取り囲んでいた。[2]しかしそれは威嚇の域を出るものではなかった。ここでアッピウスが次のような声明を出した――イキリウスの行動はウェルギニウスの娘［ウェルギニア］を守るためのものではない。いまもなお護民官気分にある危険人物が擾乱の機会を求めているにすぎない。[3]だが本日のところは、その男に付け入る隙を与えないよう、結審とはせず、さきほどの裁定［の履行］も先送りとしたい。だがこれはイキリウスの専横に私が屈服したからではないということは本人もしっかり弁えておく必要がある。これは、ウェルギニウスが不在であること、そして父権と娘の自由を慮っての措置である。また、マルクス・クラウディウスには、明日私が娘の処遇を決定するまで、権利の行使を差し控えるよう要請する。[4]だが明日父親が姿を現わさない場合に備えてイキリウスとその同類たちに、あらかじめこう警告しておく。私が作った法律(1)は私が実行に移す。また、十人委員はかならずその意思を貫くつもりである。擾乱の首謀者たちを抑え込むにわざわざ十人委員同僚の先導警吏を呼び集めるつもりはない。私の先導警吏だけで十分である――。

[5]こうして不当な裁定の履行は先送りとなった。娘の支援者たちはひとまずこの場を離れ、できるだけ早くウェルギニウスを陣営から呼び戻さなければならないと話し合った。そして疲れを知らぬ二人の若者、イキリウスの弟とヌミトルの息子にすぐさま市門に向かうよう命じた。[6]娘の身を守れるかどうかは、ひとえに不正を未然に防ぐことのできる人物が翌日時間どおりに姿を現わすかどうかにかかっていた。彼らは命じられたとおりにその場を立ち去ると、ウェルギリウスに急を告げるため［市門から］全速力で馬を走らせた。

[7]一方その間、身柄申立人［マルクス・クラウディウス］は、娘を一時的に返してやる代わりに保証金を出せと迫っていた。イキリウスはそれこそまさに自分がいまからしようと思っていたところだと言いつつも、

(1) 十二表法の第一表および第二表には裁判の諸手続きの規定があり、原告あるいは証人の出廷義務が記載されていた。

［市門から］陣営に向かう二人に邪魔が入らないよう時間をかせぐ必要があった。［その意を察したかのように］いたるところから大勢の人々が手を上げ、自分が保証金を出してもよいとイキリウスに申し出た。[8]イキリウスは涙ながらにこう言った。「まことに感謝に堪えない。明日になればその好意に甘えさせてもらうかもしれない。だが、今日のところは、十分に間に合っている」。こうして、ウェルギニアは親類たちの差し出した保証金のおかげで一時解放となった。

[9]アッピウスは、この案件のためだけに執務したと思われないよう、しばらく審判人席に留まった。しかし、この一件に関心が集まったせいもあり、だれ一人として係争を持ち込む者はいなかった。そこで彼は屋敷に戻り、陣営にいる十人委員同僚あてに手紙を書いた。ウェルギニウスに帰省往来許可を与えてはならぬ、さらには、厳重に見張りを付けておけ、という指示を伝えたのである。[10]幸いなことに、この悪辣な策謀は後手に回った。ウェルギニウスが帰省往来許可を得て陣営を出発したのは第一夜警時であったのに対し、彼の足止めを指示する手紙が陣営に届いたのは翌日の朝早くであったからである。

ウェルギニウスの申し立て

四七　ローマでは早朝から市民たちが成り行きを見届けようと中央広場に集まっていた。そこに弊衣をまとったウェルギニウスが、同じくみすぼらしい服を着た娘を連れてやってきた⑴。娘のあとには何人もの女が付き従い、支援者も数多く詰めかけた。[2]ウェルギニウスは集まった市民の一人ひとりを捕まえては理解を求めた。それは、助力を懇願したというよりは、当然の権利として要求したといってよいだろう——私はあなた方の子どもや奥方のために毎日戦列に立ち続けている。戦場における勇猛果敢な働きで私の右に出る者はいない。しかしその武功も、安全な町中にいるはずの自分の子どもが、陥落した都市にいるかのように悲惨きわまりない運命に耐えねばならぬとすれば、いったいなんのためだったのかということになってしまう――。こうして彼は市民集会で演説するような調子で人々を説いて回った。[3]イキリウスもこれと同様の呼びかけを人々に対して行なった。しかし、いかなる言葉も、付き添っている女たちの声にならない嘆きほど人の心を動かすものはなかった。

[4]これほどの抵抗を前にしてもアッピウスの気持ちは揺るがなかった。愛というよりは狂気と呼ぶべきものの力が彼の理性をかき乱していたのである。彼が審判人席に上ると、まず申立人［マルクス・クラウディウス］が、「不当な訴えによって、自分の権利が踏みにじられたのは昨日のことである」と口火を切った。しかしアッピウスはその申し立てを最後まで聞かなかった。また、ウェルギニウスにも反論の機会を与えなかった。[5]アッピウスがどのような理屈を付けて裁定を下したかについては、昔の歴史家たちが記録を残してくれている。おそらくは、彼が実際に語った言葉もそのなかに含まれていると思われる。しかし筆者に言わせれば、このおぞましい裁定を正当化しうる理由などあるはずがない。したがってここでは、どの記録においても一致する事実のみを述べるべきであると思われる。すなわち、彼は申立人の訴えを認め、娘は彼の奴隷であると結論づけたのである。

---

(1) 嘆願者や被告人は人々の同情を得るために弊衣をまとう習慣があった。

[6]最初、人々はあまりの非道に呆然と立ちすくんでいた。しばらくのあいだ、沈黙が場を支配した。やがてマルクス・クラウディウスが歩み出て、周りを取り囲む女たちから娘を引き離そうとした。女たちの嘆き悲しむ声に彼が包まれようとしたとき、ウェルギニウスがアッピウスに向かって拳を突き上げて叫んだ。[7]「アッピウスよ、私は娘をイキリウスの嫁にすると約束した。お前にやるつもりはない。私が娘を育て上げたのは結婚させるためであって、肉欲の餌食にするためではない。家畜や野の獣は見境なく情交を求めるが、お前もそれと同じことを望んでいる。万一ここにいる人々がそれを許したとしても、いま戦場で武器を持っている兵士らが黙って見過ごすことは決してない」。[8]こうして、娘の申立人［マルクス・クラウディウス］が付き添いの女たちや支援者の一団に取り囲まれ追い払われた。そのとき、布告吏によって静粛命令が下された。

ウェルギニアの死

四八　情欲に目がくらみ正気を失っていた十人委員［アッピウス・クラウディウス］はこう断定した――反乱を引き起こすための会合が夜通しローマ市内で行なわれていたのは間違いない。昨日のイキリウスの罵詈雑言と先ほどのウェルギニウスの居丈高な物言いがその証拠である。ここにいるローマ市民はみなそれを耳にしている。しかし私はそれ以外にも確かな証拠を持っている。[2]それゆえ私は騒動に備えて、武装した手勢とともにここまでやってきた。むろんそれは無辜の市民を傷つけるためではない。人々の平和を乱そうとする者たちを命令権の威厳にかけて抑え込むためである――。[3]そして、アッピウスはウェルギニウスにこう言った。「おとなしくしているほうが身のためだ」。そして先導警吏にこう命じた。「さあ行け。群衆を脇に追い、主人が自分の財産に手を置く手続きのために[1]道を作れ」。アッピウスが怒気を含んだ叫び声を上げると群衆は自ら道をあけ、あとには非道の犠牲となる娘が一人残された。

[4]そのとき、万事休すと見てとったウェルギニウスはこう言った。「アッピウス、頼みたいことがある。まず、もし私の非難が不快で度を超したものであったならば、父親の嘆きゆえと許してほしい。次に、娘のいる前で、生まれたときの経緯を乳母に尋ねさせてほしい。もし本当の父親でなかったと分かれば、いまよりは少し落ち着いてここから立ち去ることができるだろう」。[5]その願いが許されると、彼は娘と乳母をクロアキナ[2]の社近くの店が建ち並ぶ場所に連れて行った。いま「新店舗街」と呼ばれているあたりである。そしてこの場所で彼は肉屋から包丁を奪うと、こう言った。「娘よ、これがお前の自由を守る唯一の方法だ」。そして娘の心臓を一突きにした。そして審判人席を振り返って、こう言った。「アッピウスよ、お前とお前の命はこの血で呪われている」。

[6]この身の毛のよだつ出来事に悲鳴が上がった。アッピウスも興奮して「ウェルギニウスを捕らえよ」と叫んだ。ウェルギニウスは手に持った包丁で道を開き、友人たちの助けも借りて市門までたどり着いた。[7]イキ

（1）奴隷や役獣などの所有権を取得する際の正式な手続きとして、証人のいる前で財産に手を置くという儀式的行為（握取行為）が必要とされていた。

（2）ローマの中央広場からティベリス河に流れる大下水溝「クロアカ」が神格化され、その社が建てられていた。場所は後に建設されるバシリカ・アエミリアの向かい側である。大下水溝については第一巻第五六章参照。

リウスとヌミトリウスは血まみれの亡骸を抱き上げて、その姿を人々に見せた。そして、アッピウスの罪をなじり、美しい娘の不幸と父親の業苦を嘆いた。[8]女たちの泣き叫ぶ声がそのあとに続いた――子どもを育てるというのはこのような目に遭うということなのか。純潔の見返りがこれなのか――。この他にも、このような状況で女が口にする嘆きが聞こえた。女の弱い心に宿る哀しみは悲痛な声になって外に出ると、なおいっそう憐れみを帯びるものである。[9]一方、男たち、とりわけイキリウスは、もっぱら護民官職および民会上訴権の剝奪、すなわち国家全般に関わる憤慨を口にした。

激しい衝突と元老院招集

四九　群衆は、アッピウスのあまりに非道なやり方に憤る一方、〔十人委員の圧政から〕自由を回復できるかもしれないという希望から興奮状態に陥った。[2]アッピウスはまずイキリウスを法廷に召喚したが、イキリウスがそれを拒否したため、すぐさま逮捕命令を出した。しかしアッピウスの従者はイキリウスに近づくことさえできなかったため、アッピウスは自ら若手貴族の一団を従えて群衆を分けるようにして進み、イキリウスに鎖を付けよと命じた。[3]しかしこのときにはイキリウスの周りを単に群衆が取り巻いているだけではなかった。ルキウス・ウァレリウスとマルクス・ホラティウスの二人が群衆の先頭に立っていたのである。彼らは先導警吏を追い払うとこう言った――たとえアッピウスが法的手続きに則って行動していたとしても、そもそも彼は私人にすぎない。われわれはその私人からイキリウスを守ろうとしている(1)。もしアッピウスが暴力に訴えるつもりならば、そのときはわれわれにも相応の覚悟がある――。

[4]これをきっかけに激しい衝突が起こった。十人委員の先導警吏の一人がウァレリウスとホラティウスに襲いかかったが、その束桿は群衆によってこなごなにされてしまった。アッピウスは人々に呼びかけるために演壇に上った。ホラティウスとウァレリウスもそれに続いた。[5]こうして演説が始まったが、十人委員の声は群衆の叫び声によってかき消された。ウァレリウスは、すでに公的な命令権を有するかのように、先導警吏たちに向かって、私人に仕えることは止めよと命じた。打ちのめされたアッピウスはさらに命の不安を感じ、反対者たちに気づかれないよう外套で頭を覆って中央広場近くの家に逃げ込んだ。

[6]それまで別の場所にいた［十人委員の］スプリウス・オッピウスが同僚［アッピウス］を助けようと、中央広場に走り込んできた。しかし彼は自分たちの命令権が覆ったことを知り、なにをなすべきか見当も付かなかった。人々からあらゆる助言を受けたものの、食い違う意見のそれぞれにもっともなところがあり、結局なにも決められないまま元老院を招集することにした。[7]こうして群衆の騒ぎはかろうじて沈静化した。というのも、貴族の大半は十人委員のやり方に対して嫌悪感を抱いているはずだというのが人々の見立てであり、とすれば、元老院は十人委員の支配を終わらせてくれるだろうと期待したからである。[8]元老院も平民を刺激すべきではないと判断した。そしてなによりも、陣営に戻っていったウェルギニウスがなにか事を起こさないようにすることが重要であると考えた。

（1）私人にすぎないアッピウスが、自分は公的権限を有していると考えるならば、自分たちにも護民官と同じように平民を保護する権限があるという主張である。

兵士たちに訴えかけるウェルギニウス

五〇　こうして若手の元老院議員がそのときウェキリウス山(1)に設置されていた陣営に派遣されることになった。十人委員に、兵士たちの軽挙妄動を全力で阻止してもらいたいと伝えるためである。[2]しかしウェルギニウスはすでに、ローマに残してきた騒動よりも大きな騒動を巻き起こしていた。というのも四〇〇人ほどの仲間（彼らはローマの事件のあまりの非道さに怒り、彼に同行していた）を引き連れてきたことも人目を引いたが、[3]包丁を持ったまま、返り血もぬぐわぬままという姿は陣営全体の注目を集めるに十分であった。さらに、陣営のなかにトガ(2)を着た者があちこちにいれば、実際よりも多くの人数がやってきたような印象を与えるものである。[4]なにがあったのかと次々に尋ねてくる者たちに対してウェルギニウスは涙を流すだけでしばらくのあいだなにも言えなかった。しかし集まってきた者たちの喧噪が止み、沈黙が訪れると、彼はすべてを順序よく説明していった。[5]そして彼は腕を伸ばしながら(3)、同僚の兵士たちにこう呼びかけた――アッピウスの負うべき咎を私に負わさないでほしい。子ども殺しの汚名を私に着せることもしないでほしい。[6]私にとって娘の命は自分の命よりも尊いものである。しかしそれは娘が自由に、また、貞淑に、生きることが許されればという話である。しかし奴隷のように、また、肉欲の餌食にされるために連れ去られようとするわが子を見たとき、辱めを受けさせるよりいっそ殺したほうがよいと考えた。残酷な所業と見えるかもしれないが、私は憐れみの気持ちに突き動かされたのである。[7]もし軍隊仲間の諸君の力を借りて娘の無念を晴らす望みがなかったなら、私は娘を殺したあとすぐにその後を追っただろう。君たちにも娘があり、姉妹があり、妻がある。アッピウス・クラウディウスの欲望はわが娘とともに消えてなくなったわけではない。ここで制裁を加えなければ、暴虐の度合いはさらに増していくだろう。他人の不幸は前車の轍を踏むなという警告である。私の場合、妻は天寿を全うしてもはやこの世にはいない。そして貞潔に生きることがかなわぬことになった娘も哀れではあるが名誉ある死を遂げた。したがって私の家にはアッピウスがその情欲を向ける相手はもはやいない。しかしもしあの男が別のかたちで恫喝してきたとしても、私は娘の自由を守ったときと同じ気構えで自分自身を守るつもりである。君たちも君たち自身と子どもたちのために警戒を怠ってはならない――。

ウェルギニウスの懸命な訴えに対して兵士らは、「あなたを決して見捨てることはない、自分たちの自由もかならず守ってみせる」と口々に叫んだ。トガを着た人々も兵士たちのあいだに入って同じ惨事の様子を語り、もし実際に目で見ていたら、話を聞いただけより何倍も酷いものに思っただろうと言った。そして最後に、十人委員によるローマ統治は崩壊寸前にあると付け加えた。さらに、ウェルギニウスの後を追うように陣営にやってきた者たちからも、アッピウスは殺される寸前になんとか逃げだしたという情報がもたらされた。これを聞いて兵士らは「武器を持ち、戦旗を携えて、ローマに向かおう」と叫んだ。「軍を統率する」十

(1)正確な場所は不明であるが、いずれにせよアルギドゥス山の近くにこの陣営は置かれていたと思われる。

(2)トガは平時に市民が身につける緩衣である。トガを着た市民が多数陣営にいるということは指揮官の権威に対する挑戦と受け止めることができる。また、ローマ市内の政治闘争が陣営にまで及んだという意味合いも認められる。

(3)嘆願者がとる姿勢である。

人委員たちは、このような急な展開を直接目撃し、またローマの状況を聞いて慌てはじめた。彼らは急いで陣営のそれぞれの持ち場に戻り、兵士の動きを抑え込もうとした。しかし懐柔を試みても兵士たちはなんの反応も示さなかった。さらに命令権をちらつかせると「武器を手にした兵士が目に入らないのか」という答えが返ってきた。[13]兵士たちは隊列を組んでローマに戻り、アウェンティヌス丘に陣取った。そして平民に出会うたびに、自由の回復と護民官の選出が必要であると説いた。しかしそれ以上の暴力的な提案はしなかった。[14]スプリウス・オッピウスに(1)よって元老院が招集され、［兵士らに対しては］穏健策が取られることが決まった。[15]というのもこのような騒動が起こったのはそもそも自分たち貴族の側に原因があったからである。スプリウス・タルペイウス、ガイウス・ユリウス、プブリウス・スルピキウスの三人のコーンスル経験者が元老院の名のもとに兵士たちのもとに使者として赴き、「だれの命令で陣営を退去したのか。武装してアウェンティヌス丘に陣取り、戦争を放棄して、自らの祖国を占拠するとはいかなる所存か」と尋ねた。[16]返答すべき内容がないわけではなかった。しかしあえて自ら声を出す勇気のある者はいなかった。彼らにはまだ確かな指導的はおらず、矢面に立とうとする者は一人もいなかった。その代わりに「ルキウス・ウァレリウスとマルクス・ホラティウスをここに寄こせ」と叫び、あの二人にならば返事をしようと言った。

兵士らによる軍団指揮官の選出

五一　使者が戻っていったあとで、ウェルギニウスは兵士たちをこう諫めた――たったいま、諸君は些細なことで混乱に陥った。人数は大勢でも指導者がいないからである。さきほどの要求そのものは悪いものではなかったが、衆議一致した結論というよりは、偶然に意見が一致したにすぎない。[2]そこで提案がある。重要事項の決定権を有する者を一〇人選ぼうではないか。そして彼らには「軍団指揮官」という肩書きを与えることにしよう――。[3]その肩書きはまずウェルギニウス自身に与えられるべきだという声が上がると、彼はこう答えた。「状況が私にとっても諸君にとっても好転するまで、私に対する判断は留保しておいてほしい。[4]娘の仇を討つまでは、いかなる顕職も私にとって喜ばしいものとはならない。また国家がこのような混乱状態にあるなかで、発端となった事件の当事者を指導者にするのは諸君にとって決して有益なことではない。[5]もし私になにか力になれることがあるとすれば、私人であろうがなかろうが、そこに一切違いが生ずることはない」。[6]こうして、彼らは一〇人の軍団指揮官を選出した。

[7]サビニ領に展開していた軍勢も平穏無事ではなかった。ここでも十人委員から離反する動きが起こっていたのである。その中心になっていたのはイキリウスとヌミトルであった。彼らは兵士らにシッキウスの暗殺(2)を思い出させることによって怒りをかき立てた。その怒りは、ウェルギニアが男の欲望の対象となって非業の死を遂げたという知らせを聞いたときの怒りにも劣らぬほど激しいものだった。[8]イキリウスはアウェンティヌス丘で軍団指揮官が選出されたと聞くと、一つの軍隊内部における指導者選びがローマ市全体の選挙に影響を与え、選ばれた指導者がそのまま護民官になってしまうことを恐れた。[9]彼は民衆のあいだで高い人

(1)アッピウス・クラウディウスとともにローマに残った十人委員。第四一章参照。

(2)第四三章参照。

気を誇る老獪な人物で、自らもその役職に就きたいと考えていた。そこで彼は軍とともにローマに向かう前に、自軍においても同じ数、同じ権力をもった軍団指揮官が選ばれるよう取りはからった。

彼らは[10]軍旗を押し立ててコリナ門から市内に入り、隊列を組んだまま町の中心を抜け、アウェンティヌス丘に到着した。ここで、もう一つの軍隊と合流すると、軍団指揮官二〇人に、自分たちのなかから最高指揮権をもつ二名を選ぶ権限を委ねた。結局、マルクス・オッピウスとセクストゥス・マニリウスがその二名に選ばれた。

元老院議員[11]たちは国家の状況に対して大いなる不安を抱いていた。しかし、元老院は毎日開かれていたものの、協議がなされているというよりも口論に時間が費やされていると言ったほうが近かった。十人[12]委員によるシッキウス殺害と、アッピウスの欲望と、軍事的な失敗が非難の的となった。ウァレリウスとホラティウスのアウェンティヌス丘への派遣が決議された。しかし二人はそれを拒否した。十人委員が前年に失効しているはずの職権を放棄しないかぎり行くつもりはないと答えたのである。十人[13]委員たちは公職を剥奪されるいわれはないと抗弁し、この公職のそもそもの目的である法律制定が完了するまでは、支配権を手放すつもりはないと公言した。

聖山への退去

五二　兵士たちは、かつて護民官を務めたマルクス・ドゥイリウスから、元老院の果てしない口論が終わるのを待っているうちはなにも変わらない、と意見され、アウェンティヌス丘から聖山に退去することを決めた。[2]ドゥイリウスはこう断言した——貴族はローマがうち捨てられるのを見るまでは決して危機感を抱くことはない。聖山は平民の意思の固さを貴族に思い知らせる契機となるだろう。そして、護民官権限を復活させないかぎり、国家の調和を取り戻すことはできないと思い知るだろう——。[3]兵士たちは、当時フィコレンシス街道と呼ばれていたノメンタナ街道を通って聖山に向かい、そこに陣営を築いた。その際、父祖たちの前例(1)にならって節度を保ち掠奪行為を働くことはなかった。[4]平民も兵士の後に従った。身体の動く者でそれを拒む者はいなかった。その後を少し遅れて彼らの妻子も付いていった。貞節も自由も重んじられることのないローマの町に頼るあてもなく置き去りにされてはかなわないという憤懣の気持ちが女や子どもたちのあいだに生まれるのも無理からぬところであった。

[5]ローマの賑わいは消え失せ、残ったのは前例のない静寂だった。中央広場にはわずかな老人を除いてはだれの姿もなかった。元老院議員たちが議事堂に入ってしまうと、中央広場はもぬけの殻のように見えた。このとき、ホラティウスやウァレリウスだけでなく多くの者が一斉にこう声を上げた。「[6]元老院議員諸君、このまま拱手傍観を続けるつもりなのか。十人委員が頑迷な言動に終止符を打たないでいる以上、すべてが破壊され炎上するのを黙って見ているほかはないというのか。十人委員諸君、諸君がそれほどまでに執拗に抱え込もうとする権力とはいったいなんなのか。法律を作ったとしても、それを屋根や壁に言って聞かせるだ

(1) 前四九四年にもローマの平民が貴族に対して反抗し、聖山(ローマ北東の山)に立てこもる事件が起きている。第二巻第三二章参照。

けで満足なのか。[7]中央広場にいる人の数を数えてみるがよい。諸君の従える先導警吏のほうがトガを着た市民より数が多いというのは恥ずべきことではないのか。もし敵がローマを襲ってきたら、諸君はどうするつもりなのか。もし平民の退去に対してわれわれがなんの対応もしないうちに、彼らが武装してここに戻ってきたらどうするつもりなのか。ローマが滅亡するまで諸君は命令権を手放さないつもりなのか。[8]つまり、われわれは平民抜きでやっていくか、護民官をもう一度認めるか、二つに一つである。平民から護民官を取りあげるより先に、われわれ貴族は十人委員という制度を取りやめにする必要がある。[9]平民はわれわれの父祖から、当時見たことも聞いたこともない［護民官］権力を力で手に入れた。その味を知った彼らがもう一度［力で］手に入れようとしないはずがない。しかもわれわれの［十人委員による］権力行使は苛烈を極めており、平民が護民官の助けを必要としない状況からはほど遠いとなればなおさらである」。

[10]十人委員はこのような一斉攻撃を受けると、元老院議員の権威に従うべきだという意見で全員が一致した。[11]しかし彼らは自分たちの身柄を平民の憎悪から守ってほしいと懇願することも忘れなかった。それは同時に元老院議員たちに対する警告でもあった。すなわち自分たちの流血は平民による元老院議員の処罰の日常化のきっかけとなりうるというわけだった。

平民との交渉

五三　こうしてついにウァレリウスとホラティウスが調停役として聖山に向かうことになった。彼らは平民に帰還と和解を促すに足る十分な条件を携えていたが、一方では人々の怒りと攻撃から十人委員を守るという使命も帯びていた。[2]ローマを出発した彼らは［聖山の］陣営に到着すると平民の大歓迎を受けた。というのも二人は、この騒動の最初から最後まで、自由の擁護者としての確固たる地位を失っていなかったからである。到着した二人には平民を代表してイキリウスから謝辞が送られた。[3]続いて条件についての話し合いが持たれた。調停役の二人が平民の要求はなにかと尋ねると、イキリウスは彼らの到着以前の打ち合わせのとおり次のように明確な要求を行なった――われわれの希望は武力に訴えることではなく、公正な決着にある。[4]われわれは、十人委員が選出される以前に平民の安全を担保していた護民官職と上訴権の回復を求める。一方、自由回復を旗印として兵士や平民を煽動した首謀者はだれかと問い、さらにその罪が追及されるようなことがあってはならない――。[5]しかし十人委員の処罰についての要求は過酷であった。彼らを引き渡すことは当然のことであるとし、さらに彼らを生きたまま焼き殺してやるつもりだと脅したのである。

[6]彼らの要求に対して交渉役はこう返答した。「諸君の思慮に基づく要求はきわめて正当である。われわれの側からも同じ条件を提示するつもりであった。諸君のその要求は諸君の自由を守るためであって、他人を攻撃するためでないことは明らかだ。[7]しかしながら、怒りに基づくものについては、こだわりを捨てて水に流すべきである。諸君は残虐を憎みながら残虐に走ろうとしている。また、自由を回復する直前に、敵対者の粛清を欲している。[8]そのようなことをすれば、ローマに平穏が訪れることはない。貴族から平民、平民から貴族という報復の連鎖が已むこともない。諸君に必要なのは剣ではなく盾である。[9]市井の民にとっては、国家において公正な権利を有し、不正を行使することも行使されることもなく生きていけるのであれば十分、あるいはそれ以上というものではあるまいか。[10]たしかに将来、諸君は恐るべき力を手に入れ、われわれ貴族

の生命と財産を左右する権限をも有することになるかもしれない。そのようなときには、ぜひともそれぞれの案件に応じて正しい裁定を行なってほしい。しかしいまは、護民官職と上訴権の回復が先決ではあるまいか。諸君にとってまず目指すべきは自由を再び手に入れることである」。

調停成立

五四　平民全員がこの説得を受け入れた。調停役の二人は「ローマに帰って合意を取り付けてくる。それが終わり次第すぐに戻ってくる」と約束した。[2]彼らはすぐさまローマに戻り、平民の要求を元老院に報告した。十人委員は、覚悟していた自分たちに対する懲罰が平民たちの要求のなかに含まれていなかったため、ひとことも異論を唱えなかった。しかしアッピウスだけは例外であった。[3]彼はその冷血無残な性格ゆえ平民から特別な恨みを買っていた。また、他人がいかに自分を憎悪しているか、その程度を測るとき、彼は自分がいかに他人を憎悪しているかを基準とするような人間であった。それゆえ彼はこう言ったのである。「いかなる運命がわれわれを待っているのか、私にはよく分かっている。[4]攻撃は単に繰り延べにされているにすぎない。そしてそれはわれわれの敵対者が武器を手にするまでの話である。怨恨は血を求める。とはいえこの私も十人委員を辞することにためらいはない」。

[5]元老院は、まず十人委員たちに対してできるだけ早く職を離れるよう勧告した。次に護民官選挙の実施を決定し、その責任者として大神祇官クィントゥス・フリウスを充てることが決まった。さらに兵士および平民の聖山への退去に関しては、だれの責も問わないことを確認した。[6]元老院がこれらの裁定を下して散会と

なると、十人委員は市民集会の場に出て自ら職を辞した。人々はこれを大いに歓迎した。[7]以上の経緯はさっそく聖山の平民たちにも伝えられることになった。伝達役の後ろには市内に残っていたすべての人々が付き従っていた。この一団を聖山の一団が歓迎して迎えた。人々は国家に自由と宥和が戻ったことを祝福しあった。[8]伝達役は集まった人々に向かってこう告げた。「これは諸君ならびに国家にとっての繁栄と幸運と幸福を伝える知らせだ。祖国の家屋敷、妻と子どもたちのもとに戻る時が来た。だが諸君がここで示した自制は都にも持ち帰ってほしい。これほどの数の人間が集まり厖大な食料が必要とされたにもかかわらず、諸君はだれの田畑にも手を付けなかった。それと同じようにしてほしい。[9]諸君が目指すべき場所は出発地でもあるアウェンティヌスの丘である。自由を獲得するきっかけとなった幸先の良い場所で、護民官を選ぶことができる。選挙を取り仕切る大神祇官がそこで待機している」。

[10]人々は喝采でこれに応えた。条件のすべてに同意したのである。彼らは急いで軍旗を抜き、ローマに出発した。途中出会う者たちとは喜びの大きさを競い合った。彼らは武装したまま市内に入り、アウェンティヌスの丘を目指して整然と歩みを進めた。[11]すぐさま大神祇官［クィントゥス・フリウス］の管理のもとで護民官選挙が行なわれた。はじめに選ばれたのは、ルキウス・ウェルギニウス、ルキウス・イキリウス、およびウェルギニアの母方の叔父にあたるプブリウス・ヌミトリウス（1）の三名であった。彼らは聖山への退去におい

（1）ヌミトリウスは第四五および五七章ではウェルギニアの祖父とされている。この矛盾はリウィウスがそれぞれ別の資料に基づいて記述しているために生じたものと思われる。

て中心的役割を果たした人物である。[12]次にガイウス・シキニウスが選ばれた。彼は、聖山事件(1)をきっかけに護民官制度ができたとき最初に護民官となったシキニウスの息子であると言われている。そして、マルクス・ドゥイリウスが選ばれた。彼は十人委員会ができる前は護民官として目覚ましい働きをしていた。また十人委員との闘争が始まってからも、平民の期待に背くようなことは一度としてなかった。[13]続いていままでの実績が考慮されたというよりは、将来性を見込まれて、マルクス・ティティニウス、マルクス・ポンポニウス、ガイウス・アプロニウス、アッピウス・ウィリウス、ガイウス・オッピウスが選ばれた。[14]ルキウス・イキリウスが護民官としての最初の仕事として選んだのは、十人委員に対する異議申し立てとして行なった聖山への退去に関してだれかが処罰を受けることはあってはならないと確認することだった。平民はむろんそれに同意した。[15]その直後にマルクス・ドゥイリウスが、上訴権を担保することを前提として、コーンスル制度の復活を提案した。これらはすべてフラミニウスの牧場における平民集会(2)において決定された。この牧場はいまフラミニウス競技場(3)と呼ばれている。

ウァレリウス・ホラティウス法

五五　この後、中間王を一人はさんでコーンスルの選挙が行なわれた。それに選ばれたルキウス・ウァレリウスとマルクス・ホラティウスは、すぐさま職務を開始した。彼らの政治姿勢は平民寄りではあったが、貴族が直接的な損害を蒙るというようなものでもなかった。とはいうものの貴族としては気がかりな点がなきにしもあらずであった。[2]というのも貴族は、平民の自由を守るための方策はすべからく自分たちの力を減ずるためのものであると信じていたからである。[3]まず問題となったのは、平民の行なう決定に貴族も拘束されるのかという法律上の解釈である。両コーンスルはこの件をケントゥリア民会に諮った。その結果、平民会決議であっても、トリブス［地区］ごとの投票を踏まえていれば、国民全体がそれに従わなければならないという法律ができた。(4)言うまでもなくこれは護民官による法案提出にとって強力な武器となった。[4]続いて両コーンスルは上訴権に関する提議を行なった。上訴権は、自由を守る唯一の砦でありながら、十人委員会の圧政下では人々の手から奪い取られてしまっていた。コーンスルはそれを復活させただけでなく、新しい法律を制定して後世までこの権利が担保されるよう取りはからった。[5]すなわち「なにびとも上訴権の及ばぬ公職を創設してはならぬ。もし創設を目論むような者があれば、その者を殺すことは正当かつ合法的な行為である。また殺した者を殺人の罪に問うてはならない」と法で定めたのである。[6]こうして平民の立場は上訴権と護民官の庇護によって強化されることになった。次にコーンスルは、人々がほとんど記憶から消し去ってしまっていた護民官の身体不可侵特権をだれの目にも明らかにするため、はるか昔に途絶えてしまっていたいくつかの宗教的儀式を復活した。[7]また、こうした宗教面だけでなく法律面からも護民官の身体不可侵を

(1)第二巻第三三―三四章参照。
(2)平民のみによる集会。前二八七年のホルテンシウス法制定によってはじめて平民集会決定が元老院の承認がなくとも無条件に法律としての効力を認められることになる。
(3)前二二〇年、ガイウス・フラミニウスによってカンプス・マルティウスの南端に築かれた。
(4)前三三九年のプブリリウス法および前二八七年のホルテンシウス法と内容的には同一であるが、どこまで実効性があったかは不明である。

保証した。すなわち「護民官、アエディーリス(1)、十人裁定委員(2)に危害を加えれば、その者は生命をユッピテルへの科料として支払うことになる。また、財産はケレス、リベル、リベラの神殿で売却処分とする」という法律を制定したのである。

[8]法律の専門家たちによれば、この法律はこれら公職者の身体不可侵を定めたわけではなく、彼らに危害を加える者があればユッピテルの前で罰せられると定めているにすぎないということになる。[9]たとえばアエディーリスを上級の公職者が捕らえ投獄すれば、この法律で危害を加えることが禁じられている以上、法を犯したということになる。しかし捕らえられうるということそのこと自体は、アエディーリスが身体不可侵と見なされていない証明であるというのが専門家たちの見るところである。[10]また、護民官についても、この公職ができたときの古い誓約によってもともと身体不可侵は保証されていたはずだというわけである。(3)[11]これとは別の解釈を行なった法律家もいる。［ヴァレリウス・］ホラティウス法に規定される身体不可侵権は、コーンスル（およびコーンスルと同等の軍隊指揮権を持つ者として選出されたプラエトル）にも適応されるという見方である。コーンスルも［十人裁定委員と同じ］裁定委員という名称で呼ばれていたというのがその根拠である。[12]しかしこの解釈は、当時まだコーンスルは「裁定委員」ではなく習慣的に「法務長」と呼ばれていたという事実が明らかになり、現在は否定されている。

[13]以上がこの年のコーンスルによって制定された法律である。また、元老院決議をケレス神殿の平民アエディーリスに伝達する規則を定めたのもこの両コーンスルである。それ以前はコーンスルの裁量によって隠蔽や改竄がなされることもしばしばあった。[14]以上のことを受けて護民官マルクス・ドゥイリウスは「平民か

ら護民官を奪う者や上訴権の及ばぬ公職を創設しようとする者は、鞭打たれて死刑に処せられるべし」という決議案を平民に提示し、承認を得た。[15]こうした改革はいずれも貴族たちにとっては承服しがたいものであったが、表立って反対する者はなかった。まだ特定の個人が攻撃の対象とはなっていなかったからである。

アッピウスの言い分

五六　護民官の権限と平民の自由が確立されると、護民官たちは特定の個々人を攻撃してももはや危険はなく、またその時期にも来ていると考えた。彼らは、最初の訴追人としてウェルギニウスを、最初の被告人としてアッピウスを選んだ。ウェルギニウス[2]に告訴されたアッピウスは若手貴族を護衛に付けて中央広場に姿を現わした。彼とその取り巻き連中の姿を見て、人々の脳裏には暴虐の極みともいえた彼の圧政の記憶が蘇ってきた。まずウェルギニウスが口火を切った。[3]「弁論術というものは疑義のある案件のために発明されたものである。とすれば、諸君を前にして、この男の罪状説明に時間を費やす必要はなかろう。なぜなら武力を用いてこの男の非道から諸君を解放したのは、諸君自身だからである。また、この男に自らの弁護をさせるつもりもない。そのようなことをすればいままでの罪に厚顔無恥を付け加えさせるだけである。[4]さあ、

(1)アエディーリスには二種類あるが、ここでは神殿を管理する祭司職を指す。第六章参照。

(2)アッピウスらの十二表法策定委員会とは別の十人委員会で、自由の身分又は市民権に関する裁定を行なった委員会。

(3)護民官の創設については第三三章参照。

アッピウス・クラウディウスよ、お前はこの二年間、神をも人をも恐れぬ悪行を繰り返してきた。しかしいまそれを数え上げるのは控えておく。ここで告発する罪状はただ一つである。自由身分の娘を奴隷と認定したことは違法ではなかったのか。もし審判人の前で申し開きすることができないとなれば、投獄命令が下されるほかはない」。

[5] アッピウスにとって護民官による救済はもとより、民衆の好意に期待できるような状況ではなかった。それにもかかわらず、護民官に助力を訴え続けたが、取り合う者は一人としてなかった。そしてついに執達吏の手が伸びてきたとき、彼は「上訴する」と叫んだのである。[6] 自由を担保する唯一の言葉が、一人の娘の自由を不当な裁定によって奪ったばかりの男の口から発せられたことに、人々は呆然として黙り込んだ。[7] しかし、やがて人々のつぶやきが聞こえるようになった――やはり神々は見てくださっていた。この世の出来事をなおざりにはなさらない。傲慢と残虐に対する罰を下されるまでにはたしかに時間がかかった。しかしそれは決して軽い罰にはならないだろう――。[8] また、次のような声も聞こえた――上訴権を人々から奪った本人が、上訴を訴えている。人々のありとあらゆる権利を踏みにじった本人が、人々の保護を求めている。自由な者を隷従へと追いやろうとした本人が、自由の権利を奪われて牢獄に引き立てられていく――。このように人々がつぶやいているうちにも、ローマ市民に保護を乞い願うアッピウス自身の声が聞こえ続けていた。[9] 彼はこう訴えた――まず、私の祖先が内政、軍事の両面でいかに国家に対して大きな貢献をしたか思い出してほしい。あるいは、報われることはなかったが私自身のローマの平民に対する熱い思いのことも思い浮かべてほしい。私は貴族の反感をも顧みず、コーンスル職をなげうってまで(1)して公平な法律を作ろうとした。

そして、十二表法そのものについても考えてみてほしい。その法律はいまも有効であるにもかかわらず、その起案者本人が投獄されようとしている。[10]それ以外の私自身に関することは、功績であれ罪過であれ、抗弁の機会が与えられたときに詳しく述べることにして、目下のところは、告訴されたローマ市民にすべからく与えられるべき権利を要求するにとどめたい。すなわち弁明する機会と市民の前での裁判を受ける権利を私は要求する。[11]私は、私に対する市民の憎悪を恐れるあまり、公平さや温情などは期待できないなどと思ったりはしない。しかし、弁明の機会を与えられないまま収監されるようなことになるならば、もういちど護民官に訴えて、いかに憎悪する相手であれそのやり方のまねをしてはならない、と忠告しなければならない。[12]しかしもし護民官たちが、上訴権廃止規定（十人委員が共謀してそれを作ったというのがわれわれに対する罪状なのだが）に自分たちも縛られていると言い張るのならば、私は市民に向かって訴えかける。コーンスルと護民官が今年成立させた上訴に関する法律はいったいいかなるものだったのか、と。[13]もし上訴権が、弁明の機会を与えられる前の、すなわち、まだ有罪と確定していない者に認められないというのならば、それはいったいだれにとっての上訴権なのか。もし法による保護がアッピウス・クラウディウスに及ばないとすれば、身分の低い平民にそれが及ぶことがあるだろうか。これは、新しい法律によって専制と自由のどちらが確立したのかの試金石となるであろう。そして、公職者の不正に抗議する上訴権は文字の羅列にすぎないのか真の権利なのかが証明されることになるだろう――。

（1）アッピウスは十人委員に選出される前にコーンスルに選ばれていたが、まだ公務は開始していなかった。第三三章参照。

ウェルギニウスの反駁

五七　これに対してウェルギニウスは、アッピウス・クラウディウスだけは法律の埒外であり、市民ばかりか人間そのものと繋がりをもつような権利を与えられていないと主張した——[2]諸君、あの審判人席を見るがよい。あれはすべての犯罪行為の砦であった。あの場所でアッピウスは終身十人委員として市民の財産と身体と生命に狙いを定め、すべての人々を杖と斧で脅し、神々と人間を軽んじたのである。[3]あの男の周りを囲んでいたのは先導警吏ではなく、拷問吏であった。最初にあの男の頭にあったのは人の物を奪うこと、そして人を殺すことだった。しかし情欲がやがてそれに取って代わった。そして自由民として生まれた娘を父親の腕から引き離し、太鼓持ちのごとき子分に褒美として与えようとした。あたかも戦争奴隷となった女であるかのようにあの娘をローマ市民の目の前で扱ったのだ。[4]あの審判人席から娘を奴隷と決め付ける非道な裁定が下された。そして父親の右手には娘を殺すための武器が握られることになった。さらに、まだ息のある娘の身体を抱え上げようとしている婚約者と叔父に対する投獄命令が下されたのもあの場所からである。あれは殺害に対する処罰ではなく、自分自身の情欲が満たされなかったことに対する腹いせ以外のなにものでもなかった。アッピウス、お前は牢獄のことをつねづね「ローマの平民のあばら家」と呼んでいた。しかしそのあばら家は平民だけではなくお前も入るために建てられたのだ。[5]お前が何度上訴しようが、その都度、私はこう要求するだろう。「自由身分の娘を奴隷として引き渡した事実はないというなら、審判人の前に出て、それを証明しろ」と。もし審判人の前には出ないというのならば有罪確定である。私はお前の投獄命令を出す——。[6]これに対してだれも反対を表明する者はなかった。しかし人々の気持ちのなかに大きな動揺があったのも事実である。というのもこれほどの有力者を罰するということ自体、平民自身から見ても、自由に歯止めがきかなくなっている証拠のように思えたからである。アッピウスは投獄され、護民官によって裁判の日程が公示された。

[7] こうした一連の騒動が起こっているあいだに、ラテン人とヘルニキ人の使節が、貴族と平民の宥和に対して祝意を示すため、ローマにやってきた。彼らは、カピトリウムの至高至善のユッピテルへの捧げ物として黄金の王冠を携えてきていた。彼らは豊かではなかったため王冠の重さはさほどではなかったが、彼らの信仰は体裁ではなく信心そのものによって成り立っていた。[8] この使節はアエクィ人とウォルスキ人が総力を結集して戦争準備に取りかかっているという情報をもたらした。[9] 元老院から両コーンスルに対して担当領域決定の指示が出され、サビニ人(1)はホラティウスが、アエクィ人(2)はウァレリウスが対応することに決まった。その戦争準備のため軍の徴集が布告された。平民は両コーンスルに好意的であったため、兵役年齢の者だけでなく、すでに退役していた者も多くが志願兵として名簿に名前を登録した。こうして古参兵が加わったことで軍は量的にも質的にも強化された。[10] 両コーンスルはローマを出発する前に、十人委員会が制定した法律の条文を青銅板に刻み、公共の場所に掲げた。これがいま十二表法と呼ばれているものである。なお、護民官

(1) このサビニとの戦争は第五一章で言及されている。
(2) アエクィ人の記載しかないが、ウォルスキ人もその担当領域であった。第六〇章参照。

の命を受けてアエディーリスがその役目を果たしたとする歴史家もいる。(1)

アッピウスの最期

五八　ガイウス・クラウディウス(2)は、十人委員会の横暴、とりわけ甥の傲慢を嫌って、父祖の地であるレギルム(3)に引きこもっていた。しかし隠遁の理由がまさに甥の悪行にあったにもかかわらず、人々にその処遇について取りなしを求めるため、高齢をも顧みずにローマにやってきた。弊衣をまとった彼は親族や郎党とともに中央広場を往来し、出会った者を呼びとめてはこう懇願した——[2]どうか、クラウディウス一族に消しがたい不名誉の烙印を押すことはやめてほしい。このままではわれわれは牢獄と鎖にふさわしい一族と見なされてしまう。基本法を制定しローマの法体系を確立した者がいま夜盗や盗賊たちとともに縄に繋がれている。本来は後世の者たちにこの上ない称賛とともに語り継がれるべき人物である。[3]しばらくのあいだ、気持ちを怒りから吟味と熟考に切り替えてはくれまいか。一人の男に対する憎悪ゆえに多数の人々の懇願をはねつけるのではなく、クラウディウス一族こぞっての嘆願に免じて一人の男を許してやってほしい。[4]私は一族の名誉を思って嘆願にきている。たしかにあの男を苦境から救い出したいとは思っているが、あの男と和解したということではない。自由が勇気によって回復したのならば、階級間の宥和は寛容によって揺るぎないものとなる——。

[5]気持ちを動かされた者もたしかにいた。しかしそれは、彼の嘆願の対象［アッピウス］を憐れんだというよりは彼の一族を思う誠心のゆえだった。一方、ウェルギニウスも人々にこう訴えかけた——憐れみがかけ

られるべきは私であり、私の娘である。耳を傾けるべきは、平民を支配する暴君として生まれてきたクラウディウス一族の願いではなく、ウェルギニアの親族である三人の護民官の願いである。われわれ三人は、平民を守るために選出されたが、いまは平民の支えを必要としている――。[6]この涙ながらの訴えのほうが説得力があった。こうしてアッピウスはすべての望みを失い、開廷日より前に自らの命を絶った。

[7]この直後にスプリウス・オッピウスがプブリウス・ヌミトリウスによって捕らえられた。オッピウスは、あの不当な裁定を同僚［アッピウス］が下したときに、ローマにいながらそれを止めなかったという理由で、アッピウスの次に大きな反感を買っていた。[8]しかし彼が防ごうとしなかった［アッピウスの］残虐行為よりも、彼自身が実際に行なった残虐行為のほうがさらに大きな反感を人々に抱かせた。一人の証人が登場した。彼は二七年間にわたって軍務に就き、(4)顕著な戦功により八つの勲章を授けられるほどの男で、このときもその勲章をすべて携えていた。彼は着ていた服を脱ぎ捨てると、笞打ち痕がいくつも残る背中をみなに見せながら、こう申し立てた。「この笞打ちに見合うような落ち度が私にあったというのならば、オッピウスにはぜひその一つでよいから言ってみてほしい。もしそんなことができるのならば、いまは一人の私人にすぎない

---

(1) この歴史家はおそらくはリキニウス・マケル。平民アエディーリスに与えられた文書管理の役目については第五五章参照。

(2) 前四六〇年のコーンスル。

(3) サビニの都市でクラウディウス一族の出身地。別名インレギウム。第二巻第一六章参照。

(4) 当時のローマでは兵役開始年齢は一七歳であった。現役兵の上限年齢は四五歳とされていたので、この証言者は兵役年齢にあるあいだじゅう軍務に就いていたということになる。

あの男にもう一度笞打たれてもかまわない」。[9]オッピウスも投獄され、裁判の日がやってくる前に自らの命を絶った。護民官たちはクラウディウスとオッピウスの財産を没収した。他の同僚十人委員は国外追放となり、財産も没収された。[10]また、ウェルギニアの身柄を請求したマルクス・クラウディウスは告訴され有罪とされたが、ウェルギニウス自身によって極刑を免じられ、釈放されたのちはティブル(1)に追放の身となった。[11]ウェルギニアは生きているあいだよりも死んだ後のほうが幸せであったのかもしれない。彼女の死に責任のある者たちはすべて姿を消し、復讐を求めて家々をさまよっていた彼女の霊もついに安らぎを得ることになった。

護民官の穏健策

五九　貴族は大きな恐怖に襲われた。護民官たちの顔つきがまるで十人委員たちのそれと同じように見えたからである。護民官のマルクス・ドゥイリウスは自分たちの権限が行きすぎたものにならないよう歯止めをかけ、良識の範囲内におさめようとした。そしてこう発言した。[2]「われわれの自由はすでに十分に確保され、われわれを迫害してきた者たちの処罰も完了した。それゆえ私の在任中(2)にこれ以上の告訴や投獄が行なわれることはない。[3]私としては、長いあいだ忘れ去られていた昔の罪過を掘り起こすようなことには賛成できない。そして、直近の罪過は十人委員たちが支払った罰によって償いが終わっている。また、両コーンスルは、諸君の自由を守るためにつねに配慮してくれており、これによって護民官の権力を必要とするようなことはなに一つとして起こらないと保証されているようなものである」。

護民官の穏健な考え方は貴族を一安心させたが、コーンスルに対する貴族の憤りは逆に強くなった。[4]というのもコーンスルは完全に平民の味方としかいえなくなっており、一方、貴族の安全と自由を守るのは貴族の公職者ではなく平民の公職者の役割になってしまっていたからである。そして今回のことも、コーンスルが平民の暴慢に立ち上がってくれるより先に、平民が貴族に処罰を与えることに疲れてしまっただけだと考えるまでになった。[5]元老院の弱腰を批判する者も多くいた。たしかに国家の混乱のなかで元老院が状況に流されてしまったということは間違いない。

戦争再開

六〇　こうしてローマがともかくも落ち着きを取り戻し、平民の地位も安定したことをうけて、両コーンスルはそれぞれ担当領域に向けて出発した。アルギドゥス山近郊ではアエクィ人とウォルスキ人がすでに合流を終えていた。[2]ウァレリウスは敵と遭遇してもすぐに戦闘を開始しなかったが、これは実に賢明な策であった。もしここで拙速に戦いに入っていたら、大きな代償を支払わざるをえなかったにちがいない。十人委員が指揮した不幸な戦争(3)の結果、敵味方の士気には大きな違いが生じていたからである。[3]ウァレリウスは敵から一マイル離れた地点に陣営を築いたものの、決して軍勢をそこから出そうとしなかった。敵は何度か戦

(1)ローマ東方、約二〇マイルの町。現在のティボリ。
(2)護民官の任期は一年である。
(3)第四二章参照。

列を布き、双方の陣営のあいだを兵で埋めた。しかしローマ軍はだれ一人として敵の挑発に乗らなかった。[4]戦闘はいつまでたっても始まらず、アエクィ人とウォルスキ人は待ちくたびれた。そしてローマが戦いに出てこないのは実質的には白旗を掲げたのと同じと見なし、それぞれ軍を割き、掠奪のためヘルニキ人とラテン人の土地に向かった。陣営に残した戦力はあくまでも万一の場合の防御用であり、会戦に対応したものではなかった。

[5]この状況を見てとったコーンスルは、自分たちがこれまで感じていた恐怖を敵に与えるため、戦列を布き、戦いを挑んだ。[6]戦力不足を自覚している敵は挑発に乗らなかった。しかしそのことでローマ軍の士気はたちまちにして上がり、塁壁の内側で震えている敵を敗者も同然と見なした。[7]ローマ軍は戦闘意欲を切らさずに一日中戦列を保持していたが、日暮れを機に陣営に戻った。ローマ軍が意気盛んなまま休息をとったのに対し、敵はまったく逆の心理状態となり、慌てて伝令を各方面に送って掠奪に出た者たちを呼び戻そうとした。近くにいた者たちは急いで陣営に戻ってきたが、遠くに行ってしまった者は居所さえつかめなかった。

[8]ローマ軍は夜明けとともに陣営を出た。もし会戦にならなければ、敵の塁壁を襲撃するつもりだった。敵がまったく動きを見せないまま半日以上が経過したとき、コーンスルは軍旗を前に進めるよう命じた。戦列が近づいてくるのを見て、アエクィ人とウォルスキ人も戦う気になった。強いはずの自分たちの軍が気概と武器ではなく塁壁で守られていると見られるのは名折れだと考えたのである。兵士自らが指揮官に出陣命令を要求し、指揮官もそれに応えた。[9]ローマ軍のコーンスルは、敵の一部が営門から外に出て、さらにそれに続く残りの兵士が持ち場につく頃合いを見計らっていた。そして敵の戦闘態勢が整う前に攻撃命令を出した。

[10] このとき敵のなかにはまだ陣営を出ていない者もかなりいた。また、すでに出ていた者も戦列を整えるまでにはいたっていなかった。彼らは慌てふためく烏合の衆にすぎず、右往左往しながら自軍の様子を眺めているばかりで、身動きが取れなかった。そこにローマ軍が雄叫びを上げて襲いかかった。[11] 敵は思わず退却しかけたが、やがて勇気を取り戻した。彼らの指揮官たちもいたるところに現われては、かつて打ち負かした相手に勝ちを譲るつもりかと叱咤して回った。こうして攻防戦が再び始まった。

檄を飛ばすウァレリウス

六一　ローマ側では、コーンスルが兵士らにこう命じていた――諸君、次のことを想い起こしてほしい。今日、諸君は自由な都市ローマのために、自由の身として戦っている。勝利は諸君自身のものであり、勝利の果実が十人委員たちのものとなるわけではない。[2] この戦いの指揮官はアッピウスではなく、コーンスルのウァレリウスである。私はローマ国民の解放者を先祖に持ち(1)、私自身もローマの解放者である。前の戦いにおいて勝利を手にできなかった原因は兵士の側にあったのではなく、指揮官に問題があったことをはっきりさせてほしい。[3] 自国の市民［である十人委員］に対して諸君は勇敢に戦った。しかし敵に立ち向かう勇気がそれに劣るとすればなんとも不甲斐ない。ローマにおいてあれほど隷従を恐れた諸君が、外敵に隷従すること

（1）ローマが共和政に移行した最初の年（前五〇九年）のコーンスル、プブリウス・ウァレリウスを指す。彼は王一族追放の立役者の一人であった。

は恐れないということであれば筋が通らない。ウェルギニア以外の娘に貞操の危機が訪れなかったのは戦時でなかったからである。アッピウス以外の男の欲望が猛威を振るわなかったのも同じ理由である。しかしもしここで戦況が傾けば、われわれの子どもたちに何千という敵からの危険が迫ることになるだろう。[4] だが私はそのような不吉な予言はしたくない。ユッピテルや父なるマルス神も、吉兆のもとに建設されたローマの都がそのような危機に陥ることを決して許さないだろう。アウェンティヌスの丘と聖山を思い起こしてほしい。数ヵ月前、諸君が自由を獲得したあの場所に、つつがなく支配権を持ち帰ろうではないか。[5] いまこそ証明してほしい。ローマの兵士には、十人委員排斥後も、十人委員登場前と同じ気概が備わっていることを。[6] そして、ローマ人の気概は平等な法の下でも決して衰えることがないということを――。

[7] 彼は歩兵隊の軍旗の前で檄を飛ばすと、馬を駆って騎兵隊のところに向かい、こう鼓舞した。「若者たちよ。勇気において歩兵に引けを取るようなことがあってはならない。諸君は名誉においても階級においても彼らにたちまさっているのだから。[8] 歩兵がまず敵の戦列を崩す。諸君は馬を駆り立て、敵を戦場から蹴散らせ。諸君の攻撃の前に敵はひとたまりもないだろう。いまですら、踏みとどまっているというよりはためらっていると言ったほうがよい状態である」。[9] 騎兵隊は馬に拍車をかけ、すでに歩兵との戦闘で混乱に陥っていた敵に襲いかかった。そしてそのまま戦列を突き破り敵の背後に回った。敵の側面に向かった別の騎兵隊は散り散りになって戦場から逃げ出してくる敵を見つけると、その前に立ちはだかり、彼らが陣営に戻ろうとするのを阻止した。[10] さらに歩兵の戦列とコーンスル自身が敵の陣営に総攻撃を仕掛けた。彼らは多くの敵を殺して陣営を奪取し、厖大な戦利品を手にした。

[11]この戦闘の結果はローマだけでなくサビニと戦っているもう一つの軍隊にも届いた。ローマは喜びでわき上がったが、［対サビニ戦の］陣営では「引けを取るわけにはいかない」と兵士らの心に火が付いた。[12]ホラティウスはまず、自軍の兵士たちに奇襲や小規模な戦闘を命じた。十人委員たちに率いられていたときのぶざまな戦いの記憶をぬぐい去り、自信を持たせるのが狙いであった。兵士たちは小さな戦いを積み重ねていくうちに、この戦争は勝利に終わるにちがいないと確信を強めていった。[13]しかし前年の戦勝におごり高ぶるサビニ人は挑発と威嚇をやめず、こう罵倒した——なぜ山賊のように小さな襲撃と退却を繰り返し、時を無駄に費やすのか。一つの戦争を数多くの小さな戦闘に分割していったいなんのためになるのか。[14]戦列を組んで戦えば、一挙に雌雄を決することができるのではないか——。

戦闘開始

六二　すでに士気を高めていたローマ軍であったが、この挑発によってさらに闘志に火が付いた——ウァレリウス軍はすでに勝利者としてローマに帰還しようとしている。一方、われわれは敵に侮辱され罵倒されるままになっている。この時を逃して、いったいいつ敵と戦うというのか——。[2]コーンスルは陣営内で兵士たちがこのようにつぶやいているのに気がついた。そして彼らを集会に呼び集めてこう言った。「アルギドゥスにおける戦いがいかなる首尾であったか、兵士諸君はすでに聞き知っているものと思う。彼らは、自由な市民による軍隊であればかくあるべしという、まさにそのとおりの仕方で戦った。勝利が得られたのは、私の同僚コーンスルの戦略と兵士の勇敢さのたまものである。[3]私に関して言えば、諸君が私に求めるとおりの作戦を実行し、期待するとおりの決心をするつもりだ。戦いを引き延ばして優勢を保つこともできるし、すぐさま決着をつけることもできる。[4]もし引き延ばすべきであるというのならば、私は、諸君の希望と勇気が日ごとに増すように、いままでどおり軍事訓練のような作戦を継続することにしよう。だがもし、気力は十分、いますぐ決着をつけよう、というのなら、戦場と同じ鬨《とき》の声をここで上げ意思と勇気を高らかに示してほしい」。[5]兵士たちから熱狂的な叫び声が上がった。コーンスルは神々の加護を願ってから、「諸君の望むとおりにしよう、明日が決戦だ」ときっぱりと言った。その日の残りは、武具の手入れに費やされた。

[6]翌日サビニ軍はローマの戦列が形成されるのを見ると、すぐさま戦場に進み出た。彼らもすでに戦いを渇望していたからである。戦いは双方とも自信に満ちあふれた軍隊によって行なわれた。ローマ軍は連戦連勝だった頃の気分が蘇っていたし、サビニ軍は直近の勝利による士気の高まりがまだ残っていた。[7]サビニ軍は正面衝突以外に、一つの作戦を用意していた。すなわちローマ軍と同数の兵士を戦列に配しただけでなく、二〇〇〇の兵士を別働隊として用意し、戦いのここぞというときにローマ軍の左翼に向けて投入しようというのである。[8]たしかにこの側面からの攻撃は有効だった。ローマ軍の左翼はほぼ包囲され、制圧される寸前までいった。そのときローマの騎兵二軍団、数にして約六〇〇騎が馬を降り、苦戦を強いられていた歩兵の前に飛び出した。歩兵は、騎兵がまさに身を挺して敵と戦い、自分たちと同じ危険を分かち合ってくれることに、心を強くすると同時に、恥じる気持ちを抱いた。[9]騎兵に騎兵として以外の戦いを強いること自体が恥ずべきことであるだけでなく、歩兵の訓練を受けた自分たちが馬を降りた騎兵に劣るとなればまさに名折れ

であった。

凱旋式をめぐる議論

六三　統率を欠いていた歩兵が再び戦闘態勢を取り、敵を押し戻した。一瞬にして攻守ところを変え、サビニ軍の右翼が崩れた。[2]ローマの騎兵は歩兵に守られて再び馬にまたがると、自軍の右翼に向かって馬を飛ばし、味方にこの勝利を伝えた。そして、強い翼の敗北に浮き足立つ敵に向かって時を移さず攻撃を仕掛けた。この戦いにおいてこの騎兵隊ほど勇敢に戦った者はいなかった。[3]コーンスルの視線は戦いのあらゆるところに向いていた。勇敢に戦う者がいれば称賛し、戦いが低調になれば叱咤した。彼に叱責された者はすぐさま戦いの気概を示した。称賛が人を鼓舞するように、恥辱の念が彼らを突き動かした。[4]ローマ軍は再び鬨《とき》の声を上げ、一斉攻撃を仕掛けた。敵にはローマ軍の攻撃を支える余力は残っていなかった。総崩れになったサビニ軍は戦場から逃げ出すことで精一杯だった。ローマ軍に掠奪を許すことは分かっていても、陣営を放棄せざるをえなかった。ローマ軍がアルギドゥス山の戦いで取り戻したのはアエクィ人とウォルスキ人が同盟国から奪った物品(1)であったが、このときサビニの陣営から取り戻したのはローマの領地から奪われた自分たちの物品であった。

(1)ローマ軍がアルギドゥスで戦ったアエクィとウォルスキの連合軍は、ローマの同盟国であるヘルニキ人とラテン人の土地で掠奪を繰り返していた。第六〇章参照。

[5] こうして両コーンスルはそれぞれの敵に対して勝利を収めた。しかし偏狭な元老院(1)がこの二人のために用意したのはわずか一日だけの戦勝感謝祭（スップリカーティオー）(2)だった。しかし民衆は自発的に次の日も大挙して神殿詣でを行なった。この民衆による自然発生的な参拝は前日よりも熱がこもっていたといえるほどであった。[6] 両コーンスルは、あらかじめ打ち合わせしていたとおり、互いに日を置かずローマに戻り、マルスの野で元老院を招集した。両コーンスルが戦争報告を始めたとたん、貴族の長老たちから不満の声が上がった。「元老院を武装兵の真ん中で開くのは、われわれを怖がらせるためなのか」というわけである。[7] それに対して、両コーンスルはこのような批判の余地をなくすために、現在アポロンの神殿が建っているフラミニウスの牧場(3)（当時もすでに、アポロンの聖域と呼ばれていた）に会場を移した。[8] 凱旋式の挙行が元老院の反対多数で否決されると、護民官のルキウス・イキリウスから凱旋式についての動議が民会に提出された(4)。多くの者が反対を表明したが、とりわけガイウス・クラウディウスの舌鋒は鋭かった――[9] 両コーンスルは敵を打ち負かしたがために凱旋式を欲しているのではない。元老院に勝利したことを記念して凱旋式をしたがっているのだ。彼らが求めているのは、一人の護民官に個人的な便宜を図ったことに対する褒美であり、武勇に対する栄誉ではない。いまだかつて民衆の意見で凱旋式が決定されたためしはない。だれがこの栄誉に浴するにせよ、それを評価し判断するのはつねに元老院の役割だったはずだ。[10] 王たちの時代でさえ、国家の指導層に託された権限がないがしろにされたことはない。護民官の権力が際限なく膨れあがり、公的な議論が排除されるようなことになってはならない。いずれにせよ国家が自由であり、法律が公正であるためには、それぞれの階級がそれぞれの権利と尊厳を互いに尊重しあうことが必要である――。[11] 同様の意見が他の

長老元老院議員からも数多く出たが、すべてのトリブス［地区］が護民官の提案に賛同した。こうしてはじめて凱旋式が元老院の承認なしに民衆の決定によって挙行されることとなった(5)。

護民官再選の策動

六四　この護民官と平民の勝利はあやうく権力の乱用に結びつくところであった。というのも、護民官たちは共謀して自分たちの再選を画策していたのである。そしてさらにその野望を目立たなくするために、両コーンスルの職務継続まで視野に入れていた。[2]護民官たちの言い分は、元老院が両コーンスルを不当に扱っ

---

(1)両コーンスルはウァレリウス・ホラティウス法制定の経緯および内容からも分かるとおり平民よりの姿勢をとっていた（第五五章参照）。元老院の冷淡な態度はそのことが尾を引いている。

(2)スップリカーティオーは国家の危機に際しての祈禱式あるいは大勝利の後の感謝祭である。神殿が公開され、長椅子に横臥する神像に対して人々が直接祈願あるいは感謝した。

(3)アポロンはローマにとっては外来の神であり、ポーメーリウム（ローマの城壁の外を取り巻く区画で、神聖不可侵の聖域。その外側がローマ市外ということになる）の外側に神殿があった。なおこの場所に元老院開催場所が移されたのはコーンスルと元老院のあいだで一種の妥協が成立したためであると思われる。つまり、フラミニウスの牧場はマルスの野と同じくポーメーリウムの外側にあるものの、市域にはより近いという位置にあるからである。

(4)ウァレリウス・ホラティウス法の成立によって、トリブス（地区）の投票を経た平民会の決定には国民全体が従わなければならないものとされていた。

(5)通常、凱旋式は国庫からの支出によって催行される。しかし元老院の承認なしで行なわれる場合は、凱旋指揮官の自費となり、場所もローマ市外のアルバ山であった。

たのは、平民の権利の拡大を抑えつけるためだったというものであった。[3]彼らはこう主張した。「法律がまだしっかり定着しているとはいえないいまの段階で、新しい護民官が選ばれれば、貴族がなにをするか分かったものではない。自分たちの階級に属するコーンスルを通じて、護民官を攻撃することも考えられる。ウァレリウスやホラティウスのように、自分たちの利益より平民の自由を優先するようなコーンスルばかりがこれからも選ばれるとかぎったわけではない」。[4]この危険な動きを未然に防いだのは、選挙の管理者を決める籤であった。幸運にもマルクス・ドゥイリウス[(1)]が選ばれたのである。明敏さで知られるこの人物は、ここで公職者が職務を継続すれば大きな批判を招くにちがいないという見通しを立てた。[5]ドゥイリウスが、現職護民官の立候補は受け付けないと宣言すると、護民官同僚たちはそれに異議を唱え、各部族に自由な投票を認めるか、選挙管理の職務を同僚に譲れと迫った。そうなれば選挙は、貴族の希望に沿うかたちではなく、法律に基づいて行なわれるだろうというのである。

[6]このような議論がはじまると、ドゥイリウスは両コーンスルを護民官席に呼び、コーンスル選挙についてどのように考えているか尋ねた。両コーンスルは新しいコーンスルが選出されるべきだと答えた。平民に人気の二人が、平民に不人気な施策の後押しをしてくれることを確信して、ドゥイリウスは彼らとともに市民集会に向かった。[7]両コーンスルは市民の前で見解を求められた——ローマ市民は、自由を再び獲得できたのはあなた方の功績だと考えている、戦争における活躍のことも忘れていない。もし再びコーンスルになってほしいと言われたら、いかがするつもりか——。[8]両コーンスルは、そのような考えはない、ときっぱり答えた。ドゥイリウスは、十人委員を見習うことなく最後まで筋を通した両コーンスルを称賛してから選挙を実

施した。その結果、当選したのは五人だけだった。というのも、［ドゥイリウスを除く］九人の現職護民官が公然と選挙活動をしたために、他の候補者たちはトリブス［地区］の過半数の票を集めることができなかったからである(2)。

9 ドゥイリウスはそのまま解散を宣言し、補充選挙は行なおうとしなかった。彼はこう主張した――この選挙は要件を満たしている。なぜなら法律には選挙で選ぶ護民官の数についての規定はなく(3)、ただあるのはかならず選ばなければならないという規定である(4)――。さらに、選ばれた五人に残りの同僚を選ぶよう命じた。10 そして、選挙規定を読み上げた。「十人の護民官の選出が求められたにもかかわらず、選挙当日、定数に満たない人数しか選ばれなかったとすれば、当選した護民官が残りの同僚を選ばなければならない。そのように選ばれた護民官は選挙当日に選ばれた者たちと同様、合法的な護民官である」。11 ドゥイリウスは、ローマが一五人の護民官を持つことはありえない(5)という主張を貫き通した。こうして同僚たちの野望を打ち砕き、

---

(1) この年の護民官の一人で貴族とも宥和的な穏健派の平民。第五九章参照。

(2) ドゥイリウスは現職護民官に投じられた票を無効票とした。

(3) 前四九四年の聖山事件の後に選出された護民官は二名であった。前四七一年以降五名定員となり、前四五七年には一〇名に増員された。第二巻第三三章参照。

(4) 護民官職を空白にしてはならないという規定はドゥイリウス自身が宣言している（第五五章参照）。

(5) 一五名という数は、前年の護民官一〇名とこの選挙で選出された五名の合計である。しかし実際にはドゥイリウス自身は再選を求めていないため、正確には一四名とすべきであろうと思われる。

貴族平民双方からの高い評価を受けて、職を下りた。

トレボニウス法

前448年

六五　選挙で選ばれた護民官たちは同僚を選ぶに際して元老院の意向に配慮した。いや、配慮どころか彼らはコーンスル経験者の貴族[(1)]であるスプリウス・タルペイウスとアウルス・アテルニウス[(2)]の二人を同僚に選んだのである。[2]コーンスルにはスプリウス・ヘルミニウスとティトゥス・ウェルギニウス・カエリモンタヌスが選ばれた。彼らは、貴族側にも平民側にも大きく傾くことがなく、国内においても国外においても平和が維持された。

[3]護民官の一人、ルキウス・トレボニウスは元老院に対して憤った。護民官同僚の選出が元老院の思惑どおりの結果となり、同僚にも裏切られたというのがその言い分であった。[4]そこで彼は、平民に対して護民官選出を呼びかけた場合、選挙は一〇人の護民官が選ばれるまで続けなければならないという法案を提出した。彼は貴族を罵倒しながら護民官の職務を遂行したため、ついには「怒鳴り屋（アスペル）」という呼び名がつくにいたった。

前447年

[5]翌年、コーンスルにはマルクス・ゲガニウス・マケリヌスとガイウス・ユリウスが就任した。彼らの職務は護民官と若手貴族の抗争への対応に費やされた。しかも護民官の権力を無理に制限するようなことも、貴族の尊厳を犠牲にするようなことも避けなければならなかった。[6]その頃、元老院はウォルスキ人とアエクィ人に対する軍の徴集を決めていた。一方両コーンスルはそれを保留にして平民が騒ぎを起こすのを未然に防

いだ。そして、国内が平和であれば国外もすべて安泰であるが、市民の不和は敵に付け入る隙を与えると力説した。[7]外敵との平和が保たれれば国内の宥和につながることも事実であった。しかし貴族と平民のどちらかが節度を保てば他方がそれにつけ込むのもつねであった。こうして穏健な平民に対して若手の貴族が攻撃を開始した。[8]護民官はむろん弱い立場の平民を助けようとしたが、当初から思ったとおりにはいかなかった。そしてやがて彼ら自身も攻撃の的になっていった。とりわけ任期終盤の数ヵ月が深刻だった。というのも、強い立場の貴族が結託して不正を働いたのに対して、いかなる種類の権力であれ、任期が終わりに近づけば、衰えていくのはやむをえないことだからである。

[9]平民たちが護民官職に希望をもつかどうかは、ひとえにイキリウスのような人物が護民官になるかどうかにかかっていた。たしかにこの二年間は名ばかりの護民官であったと言えたのである。[10]一方、長老貴族たちは若手の貴族が攻撃的にすぎると考えていたが、貴族と平民のどちらかが一線を越えなければならないとなったときには、当然相手ではなく自分たちがその一歩を踏み出すべきだとも考えていた。

[11]このようにひとことで自由を守るといっても、節度を保ちながらそれをするのはきわめて難しい。ひとはだれでも平等が理想だといいながら、他人を貶めることによって自分自身を優位に立たせる。だれかを恐れ

(1) 貴族が護民官になることは禁じられていたが(第二巻第三三章参照)、この場合、選挙の結果ではなく、護民官による同僚推薦であるために容認されたものと思われる。いずれにせよ、平民側の貴族に対する配慮の表われである。

(2) 前四五四年のコーンスル。

ないですむようにするために、自分自身を他人から恐れられる存在にする。不正を避けるために、進んで不正をなす。あたかも不正をなすか不正を蒙るかの二つに一つしかないかのようである。

前446年

ローマの城壁に迫る敵

六六　翌年のコーンスルにはティトゥス・クィンクティウス・カピトリヌス（四度目）とアグリッパ・フリウスが就任した。彼らが職務を引き継いだときには表立った内紛や外敵からの脅威はなかったが、実はその両方の危機が迫っていた。[2]市民の衝突はもはや抑えがたいところまできていた。貴族に対して怒りを募らせた護民官と平民は次から次へと貴族を告訴し、そのたびに騒動が持ち上がり、市民集会は混乱の極みに陥った。[3]一連の騒動の始まりをアエクィ人とウォルスキ人は、あたかも号令を聞いたかのように受け止め、武器を手にした。彼らの指揮官は、いまこそ掠奪の好機だと勢い込み、兵士にこう話して聞かせた――この二年間、ローマは軍の徴集を布告したものの実行できないままである。平民たちがそれを拒んでいる。[4]われわれの領土にローマが軍勢を送り込んでこないのは、それが理由である。ローマの軍律は度を超した自由によって崩壊し、ローマはもはや一つの共同体ではない。彼らが外敵に対して抱いていた不信や敵意はすべて身内に向けられている。いまこそが仲間内の敵意で盲目になっている狼（1）どもを押しつぶす絶好の時である――。

[5]アエクィ人とウォルスキ人は連合軍を形成して、ラティウムの田畑の掠奪を開始した。それを阻止しようとする動きがまったくないことに指揮官たちは勢いづき、軍をローマの城壁まで押し進め、エスクィリナ門

周辺で掠奪を始めた。ローマ人の目の前で行なわれるこれ見よがしの行動であった。彼らはここでも反撃を受けることはなかった。そして略奪品を掲げながら隊列を組んでコルビオに引き返していった。コーンスルのクィンクティウスが人々を市民集会に集めた。[6]

ティトゥス・クィンクティウスの現状分析

六七　このときの演説は次のようなものであったと私は聞き及んでいる。「市民諸君、私になんらかの落度があったとは考えていないが、市民集会で諸君の顔を見るにあたっては、大いに恥じ入る気持ちを押さえきれないでいるのも確かである。というのも諸君は、このティトゥス・クィンクティウスが四度目のコーンスルのときに、ごく最近までヘルニキ人たちにも引け取っていたアエクィ人とウォルスキ人が、ローマの城壁まで武器を携えてやってきて、しかも無傷で帰って行ったと記憶に留めるであろうと思うからだ。また、子々孫々までの語り草にもなってしまうであろうとも思う。[2]たしかにローマは近年惨憺たるありさまであり、私自身も国家の状況が好転する見通しは持っていなかった。しかし、この不名誉な出来事がよりにもよって今年起こるとは考えていなかった。もしそれが分かっていたら、私はコーンスルに就任することはなかっただろう。この職に就かないですむならば、国外に逃れることも死を選ぶことも厭いはしなかった。[3]もし城門のすぐ前まで武器を携えてきた男たちが本当の意味での兵士であったのなら、ローマは陥落していたに相違

(1) 狼の乳を吸って育ったロムルスとレムスを想起させる。さらにはローマ人そのものを指してもいる。

ない。そしてそれは、この私がコーンスルのときに、ということになってしまっていたのだ。私にはすでに十分な栄誉が与えられている。年の数にももはや不足はない。私は三度目のコーンスルのときに死ぬべきであったのだ。[4]あの卑劣きわまりない敵に見くびられているのはいったいだれであろうか。われわれコーンスルなのか、市民諸君なのか。もしわれわれに責任があるのならば、任に堪えぬとしてわれわれから命令権を剝奪するがよい。それでは手ぬるいというのならば処罰も加えるがよい。[5]もし諸君に責任があるのならば、ただ悔い改めてほしい。神々や人間のだれかに諸君の罪を罰してもらう必要はない。彼らが見くびるのは諸君の臆病ではない。彼らが傍若無人なのは武勇に自信を持っているからではない。彼らはこれまで幾度も敗北と逃走を経験している。陣営から掃討され、領地を取りあげられ、軛の下に送られたこともたびたびある。彼らは自分のことも諸君のこともよく知っているのだ。[6]階級間の不和こそローマの害毒であり、貴族と平民の抗争が敵の士気を高める要因である。貴族が支配権に一定の制限を設けると同時に平民が自由に一定の制約を課さないかぎり、抗争が止むことはない。また、平民が貴族の公職を嫌っているかぎり、また、貴族が平民の公職を嫌っているかぎり、敵の士気は高いままである。[7]諸君はいまなにを望んでいるのか。まず、諸君は護民官を欲した。われわれは宥和のためにそれを認めた。次に諸君は十人委員を望んだ。われわれはそれに同意した。ところがやがて諸君は十人委員を敵視するようになった。われわれは彼らに職を辞すよう求めた。[8]諸君の憎悪は彼らが私人になったあとも已まなかった。そこでわれわれは、生まれにおいても公職経験においても傑出した人々を死または国外追放に追いやった。[9]諸君は護民官職の復活を求めた。そしてそれも実現した。諸君は平民寄りのコーンスルを求めた。(1) われわれはそれが貴族にとって不利になることは分かっていたが、貴族の公職が平民に対しての贈り物になるのを見て見ぬふりをした。護民官による平民救済、民会に対する上訴、貴族にも効力が及ぶ平民会決議、公平な法律という名の下における権利の制限をわれわれは受け入れてきたし、いまも受け入れている。[10]この不和が終わりを告げるのはいつのことだろうか。いつになればローマは一つになれるのだろうか。いつになればローマをわれわれ全員の祖国と呼ぶことができるのだろうか。われわれ貴族は負けを受け入れ、勝利を手にした平民諸君よりも、冷静で落ち着いている。[11]われわれを恐れさせるのはもう十分ではないのか。アウェンティヌスの丘の奪取はわれわれに対抗するためであり、聖山の占拠も同様である。一方、エスクィリナ門があやうく敵に攻め落とされそうになり、ウォルスキ人がローマの城壁に手をかけるのを目の当たりにしながらも、だれ一人として敵を追い払おうとはしなかった。諸君はわれわれだけに対して戦う者であり、われわれに対してだけ武器を取っている。

平民に対する批判

六八　さて諸君はいま、元老院議事堂を包囲し、中央広場を戦場とし、牢獄を有力貴族で満たしている。[2]われわれに対してそのように強い気持ちでいるのならば、いますぐエスクィリナ門から出撃して敵に対しても同じ気持ちでいることを示してほしい。もしそうする度胸がないのならば城壁の上から、諸君の田畑が武器と炎で蹂躙され、諸君の財産が持ち去られ、火を放たれた諸君の家から炎が上がるのをただ見ているほか

(1)前四四九年のコーンスル、ウァレリウスとホラティウスを念頭に置いている。第五五章参照。

はない。[3]なるほど、田畑が焼かれようが、町が包囲されようが、あるいは戦いの誉れをすべて敵が持って行こうが、損害を受けるのは公共の財産だけであると言う者があるかもしれない。だがそれは本当だろうか。諸君の個人財産はいまどうなっているだろうか。まもなく諸君一人ひとりのところに、諸君の所有する田畑がどれほど大きな被害を受けたか、その知らせが届くにちがいない。[4]このまま市内に留まっていて、その損失を補うどんな手段があるというのか。護民官が奪われた物を取り返してくれるだろうか。たしかに護民官は諸君の望みのとおりに熱弁を振るってくれるだろう。諸君が望めば、貴族の指導者を非難することも、次々に法律を制定することも、市民集会の開催もしてくれるだろう。しかしそうした市民集会から諸君が家に帰るとき、実際に状況が良くなったり、なんらかの利益があったりしたためしはこれまでなかったはずだ。[5]それどころか、妻や子どもたちに持って帰るのは、国家や指導者に対する、憎悪、不平、怨恨だけだったのではないだろうか。諸君は困難の解決を人任せにし、自分自身の気概や意思で立ち向かおうとはしない。[6]諸君が護民官の意のままに操られる群衆ではなく、われわれコーンスルの指揮下にある兵士であったとき、あるいは、諸君の持ち場が中央広場ではなく陣営であったとき、あるいはまた、諸君の叫びに震えあがるのが市民集会におけるローマの貴族ではなく、戦列における敵であったとき、諸君は敵の領地を占領して戦利品を奪い、一人の人間としても国家としても大いなる成功と栄光を手に入れ、家屋敷に勝利の帰還をするのがつねであった。しかしいまや、敵が諸君の財産を抱えて立ち去るのを黙って見ているだけである。[7]そうしたいのならば、いつまでも市民集会に留まり、中央広場で暮らしていればよい。だが、いかに避けようとしても戦いはいやおうなく向こうからやってくる。アエクィ領、ウォルスキ領に遠征するのは、たしかに大仕事である。しかしいま戦いは城門の前まできているのだ。撃退しなければ、戦いは城内に移り、敵はたちまち砦（アルクス）とカピトリウム(1)にまで駆け上がり、諸君の後を追って諸君の家に襲いかかるだろう。[8]元老院が軍の徴集とアルギドゥス山への派兵を決定してから二年目に入った(2)にもかかわらず、われわれは女のように口論にあけくれ無為に国内に留まっている。そして目先の平和にわれを忘れ、わずかな閑暇の代償をその何倍もの大きさの戦争で支払うことになりかねない未来から目をそむけている。[9]このような言葉よりも耳障りのよいものが別にあることは私も分かっている。しかし、たとえ私が諸君を喜ばせたいと思っても、この状況では真実を語らないではいられない。市民諸君、むろん私も諸君を喜ばせたいとは思っている。しかしそれ以上に諸君の安全を強く望んでいる。諸君が私に対して将来いかなる感情を抱くことになろうともかまわない。[10]人間は本性的に、ひたすら国家のためだけを考える者よりも、自分の利益になることを人々の前で堂々と語る者のほうを好ましく思うようになっている。その本性から逃れるためには、諸君のためを思うふりをして諸君を煽り、駆り立て、諸君を戦争でも平和でもない状態に置く者は唾棄すべき二枚舌の人間と見なす必要がある。[11]要するに諸君は自分の出世や利益を目指す連中の口車に乗せられているのである。彼らは貴族と平民の宥和のなかに自分たちの居場所はないとよく分かっている。それゆえに、平時の指導者ではなく混乱時の指揮官でありたいと願い、つねに騒乱と不和を引き起こそうと考えている。[12]もし諸君がこうした

（1）アルクスとカピトリウムはカピトリヌス丘の二つの頂。アルクスは北東部、カピトリウムは南西部に位置する。

（2）前四四七年に元老院は軍の徴集を決定している。第六五章参照。

ありように嫌悪感を抱き、目新しい生き方を捨て諸君の父祖や諸君自身のかつての生き方を取り戻したいということであれば、ことは簡単である。数日あれば、[13]われわれの田畑を荒らしている者どもを蹴散らし、連中の陣営から撃退させることができる。いま諸君を脅かしている戦争の恐怖をわれわれの城門と城壁から敵の町へと追いやることもできる。もしそれができないならば、私はどのような罰も受ける覚悟でいる」。

反撃開始

六九　コーンスルの演説は容赦のない内容であったにもかかわらず平民の心を強く動かし、その点で人気のある護民官のどの演説と比べても引けを取らなかった。[2]兵役年齢にある者たちは非常時における兵役拒否を貴族に対する最大の武器と見なすのがつねであったが、彼らでさえも武器と戦争に目を向けるようになった。さらに掠奪の被害を受け、傷を負いながら田園から逃げ帰った者たちがその惨状を伝えると、ローマは怒りに満たされた。それは城壁から自分たちの目で見たありさまよりさらに悲惨な状況だった。

[3]元老院が開かれると、すべての視線がクィンクティウスに集まった。彼こそがローマの尊厳を守る最後の砦であるというわけである。元老院議員の長老がこう発言した――クィンクティウスの演説はコーンスルの責任を十二分に果たす立派なものだった。そしてそれはこれまで彼が務めてきた三度のコーンスル職と彼の人生のすべてを裏切らない立派なものであった。彼の人生はこれまでも顕職で彩られてきたが、これから先もさらにそうした栄誉を得るにふさわしいものとなるにちがいない。[4]彼以外のコーンスルは、平民に迎合しようとして貴族の権威を売り渡すか、貴族の権利を厳密に守ろうとして力による支配に訴え、かえって民衆

の激しい反発を買った。ティトゥス・クィンクティウスの演説は貴族の尊厳、階級間の宥和、そしてとりわ
け現下の情勢を視野に入れたものだった――。[5]さらに彼らはクィンクティウスと彼の同僚コーンスル［アグ
リッパ］に、「どうか国家のために労力を惜しまないでほしい」と懇願した。護民官たちにも、「両コーンス
ルと心を一つにして、戦争の脅威をローマの町と城壁から遠ざけたいと思ってほしい。また、非常事態に鑑
みて平民を元老院の指示に従うようにさせてほしい。田畑はすでに荒らされ、ローマの町も攻め落とされる
寸前である。貴族も平民もなく、一つの祖国が護民官とその力を必要としている」と訴えた。
[6]全会一致で軍の徴集が決定し、すぐさま実施の運びとなった。両コーンスルは市民集会で兵役免除を調査
する時間はないと告知し、すべての兵役年齢の者は翌日の夜明けにマルスの野に集合するよう命じた。[7]そし
て、「兵員名簿に名前を登録しなかった者については、戦争終結後に審査の機会を設ける。正当事由がない
場合は逃亡者と認定する」とした。その結果、兵役年齢で翌日に集合しなかった者は一人もいなかった。[8]各
大隊(1)のなかでそれぞれの百人隊長が選ばれた。さらに一つの大隊に二人の元老院議員が責任者として配属さ
れた。こうした手続きはきわめて迅速に執り行なわれたと聞いている。すなわち、国庫（アエラーリウム(2)）か

（1）ポリュビオス（『歴史』第六巻第二〇章）によれば一つの軍団（レギオー）は歩兵四二〇〇人の兵力を備えていた。一箇軍団は十箇大隊（コホルス）からなり、一箇大隊は六つの百人隊（ケントゥリア）で編成されていた。一般にケントゥリアは百人隊と訳出されるが実際の人員は八〇人以下の場合も一〇〇人以上の場合もあった。

（2）サトゥルヌス神殿の内部に置かれた宝物庫で、金銀以外に公文書などの貴重品が収められていた。

らクアエストルによって軍旗が出されたのがその日の朝、そしてそれがマルスの野に運ばれたのち、さらにマルスの野を出発したのが十時前であったというのである。こうして新しく編成された軍隊は、古参の志願兵からなる数大隊とともに、十里程標のところで野営に入った。[9]翌日、彼らは敵の姿を認めると、コルビオの敵陣近くに自分たちの陣営を築いた。[10]三日目、ローマ軍の戦意は最高潮に達した。敵もこれまで幾度も講和を反故にしてきた過去の罪状を自覚し、もう一度許しが得られるとは思っていなかった。もはや決戦を繰り延べする理由はどこにもなかった。

ローマ軍の勝利

七〇　ローマ軍においては通常、二人のコーンスルの権限は同じであった。しかしアグリッパは同僚コーンスル［クィンクティウス］に最高指揮権を委ねたいと自発的に申し出た。この緊急事態にあってはそのほうが間違いなく良策であると考えたからである。クィンクティウスは、この謙虚な申し出を受け入れるとともに「私はすべての作戦と称賛を分かち合い、あなたを同格として扱うつもりだ」と気遣いを示した。[2]戦闘隊形が組まれ、右翼をクィンクティウスが、左翼をアグリッパが受け持った。戦列中央は副官のスプリウス・ポストゥミウス・アルブスに託された。もう一人の副官のプブリウス・スルピキウスは騎兵隊の指揮をとることになった。[3]右翼の歩兵隊は猛烈な勢いで突撃したが、ウォルスキ軍の抵抗も手強かった。

[4]プブリウス・スルピキウスは騎兵隊を率いて敵の戦列中央を突破した。彼はそのまま来た道を味方のいるところまでとって返すこともできたが、乱れた陣形を敵が立て直す前に背後から攻撃するほうが効果的であ

るように思えた。たしかに挟み撃ちにすることができれば、敵の戦列は一瞬にして崩壊するにちがいなかった。しかし、ウォルスキ人とアエクィ人の騎兵隊が妨害に入ったため、しばらく騎馬隊同士の戦いを余儀なくされた。[5]このときスルピキウスはこう叫んだ――ここでぐずぐずしている時間はない。もしこの騎兵戦を全力で切り上げるよう努力しなければ、自分たちは包囲され孤立してしまうだろう。[6]しかも敵をただ追い払えばすむというものではない。打ちのめす必要がある。そうでなければ連中は再び戦場に舞い戻り、新たな戦いに加わるにちがいない。馬も兵士も一緒に片付けるのだ。われわれはすでに敵の密集歩兵戦列を混乱に陥れた。われわれがすぐにとって返せば、連中にはもはや抵抗するすべはない――。[7]彼の決意は兵士たちの胸にしっかり届いた。一度の攻撃で敵の騎兵隊を総崩れにさせると、大多数の騎兵を馬から引きずり落とし、騎兵と馬に槍を見舞った。[8]こうして騎兵戦が終わった。すぐさま彼らは敵の歩兵隊に襲いかかった。そして敵の戦列が崩れ出したところで、両コーンスルに伝令を送り、戦況を知らせた。その知らせはすでに勝勢にあったローマ軍の士気をさらに高めた。一方、敗勢のアエクィ軍にとってはさらなる追い打ちとなった。[9]敵の敗走は、ローマの騎兵隊の突撃によって隊列が崩れていた戦列中央から始まった。[10]次に敵の左翼がコーンスルのクィンクティウスの攻撃によって崩れた。一方、敵の右翼では一進一退が続いていた。ローマ軍の左翼を指揮していたアグリッパは血気盛んな年齢で腕力にも自信があった。彼は、自分の持ち場より他の戦場のほうが華々しい戦果を上げていると見てとると、軍旗を旗手から取りあげ、自らそれを掲げて突進し、その何本かを敵の密集のなかに投げ込んだ。[11]彼の部下たちは軍旗を失う不面目を恐れ、敵に向かって突撃した。こうしてついにローマ全軍が勝利を収めた。そのときクィンクティウスからアグリッパに知らせが届いた

――右翼は勝利を収め、いまは敵の陣営に圧力をかけているところである。しかし左翼においても戦闘が決したという知らせがあるまでは、攻め込むのを待つつもりである。もし[12]、すでに敵を打ち破っているのであれば、こちらに戦旗を運び合流してほしい。そうすれば全軍そろって戦利品を手に入れることができるだろう――。勝利[13]を手にしたアグリッパは同じく勝利を手にした同僚と合流し、互いに勝ち戦さを祝った後、敵陣に向かった。そこには少数の守備隊がまだ残っていたが、一瞬で蹴散らすと、あとは小競り合いすらなくただ塹壕を越えるだけだった。ローマ軍は厖大な戦利品を手にして自分たちの陣営に戻った。その戦利品のなかには、自分たちの田畑から奪われた物品も含まれていた。

伝[14]えられるところによれば、両コーンスルは凱旋式を要求しなかった。また元老院からの提案もなかったということである。元老院が提案しなかった理由も、両コーンスルが望まなかった理由も伝わっていない。す[15]でにはるか昔のことなのでいまとなっては推測するほかはないが、筆者としては次のような理由があったのではないかと考える。すなわち、元老院はこの前年にウァレリウスとホラティウスの両コーンスルがウォルスキ人とアエクィ人との戦いだけでなくサビニ人との戦いにも勝利したにもかかわらず、凱旋式を認めなかった。クィンクティウスとアグリッパにしてみれば、その半分の功績しかない自分たちが凱旋式を要求すれば、功績ではなく人物を評価せよと要求することと同じになってしまう。それを二人は恐れたのではないかというのが筆者の推測である。

同盟国の領土問題

七一　敵から奪ったせっかくの輝かしい勝利も、同盟国の領土に関するローマ市民による恥ずべき裁定が台無しにした。[2] アリキア(1)とアルデア(2)の住民が、係争地をめぐって戦闘を繰り返していた。双方とも勝敗の決まらぬ戦いに疲れ果てローマに仲裁を求めてきた。[3] 主宰公職者によって民会(3)の開催が決まると、双方が申し立てのためにローマにやってきた。そして激しい議論が展開された。それぞれの証拠の吟味が終わり、投票のためにトリブス［地区］代表が呼び出される時間となったとき、年老いた平民、プブリウス・スカプティウスが立ち上がって発言した。「両コーンスルに申し上げる。国家の重大事について発言することを許可していただきたい。そうすればローマ国民は道を誤らずにすむだろう」。[4] 両コーンスルはこのような得体の知れぬ男の発言などは聞く必要がないとその願いを却下した。そして男がなおも「国家の利益が失われるぞ」と叫ぶのを見て、排除命令を下した。すると男は護民官に向かって上訴を叫んだ。[5] 護民官というものは大衆を支配するというよりは大衆に支配されるのがつねである。彼らは平民が話を聞きたがっているのを察知すると、スカプティウスに「なんでも思っていることを言え」と発言許可を与えた。

---

(1) ラティウムの町。ローマの南東一五マイルに位置する。
(2) ルトゥリ人の中心都市。ローマの南南東二〇マイルに位置する。
(3) トリブス民会（concilium populi）は、平民だけの会議である平民会（concilium plebis）とは異なり、全市民参加による会議であり、コーンスルによって主宰された。投票権は各トリブス（選挙区）に一つ与えられ、ケントゥリア民会のように個人単位ではなかった。

[6]彼はこう話しはじめた――私はいま八二歳であり、問題の土地で軍務に就いたことがある。そのとき私は兵役年齢に入って二十年目(1)のさほど若いとはいえない年齢で、コリオリとの戦いがあった年だった(2)。[7]ずいぶん昔のことでほとんどの人々は忘れてしまっているが、いま議論になっている土地はそもそもコリオリ人たちのものであった。そしてコリオリを征服したときにローマはあの土地を戦争の権利として自分たちの財産にしたというのが事実である。以上のことは自分の記憶にはっきり刻み込まれている。私にとって不思議なのは、コリオリ陥落前は一度も権利を主張したことのない土地を、アルデア人とアリキア人はどうしていまごろになってローマから横取りしようと思ったのかということである。しかも連中はその仲裁者としてその土地の正当な所有者を選んだのだからなおさらである。[8]私の寿命はもうわずかしか残っていない。しかし老人にも声だけは残っている。その声の続くかぎり、あの土地は私も一兵士としての力を尽くして獲得したものだと主張することをやめるわけにはいかない――。このように彼は、つまらぬ遠慮をして自分たちの財産を他国に渡すべきではないと市民に対して熱弁をふるった。

市民の下した裁定

七二　市民はスカプティウスの発言に耳を傾けただけでなく、同意する素振りも見せた。それに気づいた両コーンスルは、「神々であれ人間であれ、だれに誓ってもよい。これは途方もない不正である」と言った。そして元老院の有力者たちに助けを求めた。[2]両コーンスルは彼らとともに各トリブス［地区］をまわり、説得を試みた――仲裁者が係争案件を自分たちに有利なようにねじ曲げるのはきわめて悪質な罪である。悪しき前例となるならなおさらである。百歩譲って仲裁者が自分たちに有利な取りはからいをするのが許されるとしても、土地を横取りして得られる利益より同盟国の心証を害する損失のほうが大きい。[3]名声と信用に及ぼす悪影響は計り知れない。本当にこんな結論を使者たちに持って帰らせるつもりなのか。噂はあっというまに広まり、味方だけでなく敵も耳にすることになる。味方がいかに失望するか、敵がいかに喜ぶか分かっているのか。[4]近隣諸国がスカプティウスというあの口達者の老いぼれだけに責任を負わせるだろうと諸君は考えるのか。たしかにあの男が死ねば、その死仮面の下には、この一件のことがはっきり刻まれることになるだろう。ところがローマ国民にも他の国民の財産を横取りしたペテン師の烙印を押されることになるのだ。[5]いずれにせよ、個人の財産に関する係争の仲裁に入った者が、その財産は自分に帰属するなどという裁定を下すなどということがまかり通るわけがない。自分の命よりも恥を先に失ったスカプティウスでさえ［仲裁者となれば］そんな裁定はしないだろう——。

[6]両コーンスルと元老院議員の真剣な説得にもかかわらず、人々の浅ましい欲望とスカプティウスの演説が上回った。トリブス［地区］による投票が行なわれ、この土地はローマ人の公有地であるとの裁定が下った。[7]もしトリブス民会以外にこの案件が持ち込まれていたとしても、結果は違わなかったのかもしれない。いず

(1) 兵役年齢は一七歳から始まるので、二十年目というのが正確であれば、このとき三六歳になっていたということになる。

(2) ローマ南東一五マイルに位置するラティウムの町。ローマがコリオリを陥落させたのは前四九三年（第二巻第三三章参照）。なお、この時点は前四四六年である。

れにせよ、この裁定が［土地に関して］いかに大きな利益をもたらしたにせよ、裁定そのものの不名誉を帳消しにできるわけではない。この一件はアリキアやアルデアの人々にとってと同じくらいローマの貴族にとっても忌まわしく耐えがたい出来事となった。これ以降この一年は国内外ともに静かに過ぎた。

第四巻

前445年

カヌレイウス法

一　翌年のコーンスルにはマルクス・ゲヌキウスとガイウス・クルティウスが就任した。この年は国内、国外ともに多難だった。まず年初に、護民官のガイウス・カヌレイウスが貴族と平民の通婚に関する法案を提出した。[2]貴族はこれによって自分たちの血が汚され、氏族の特権(1)が失われてしまうのではないかと恐れた。また、複数の護民官がコーンスルのうち一名は平民から選んでもよいことにしてはどうかとほのめかし、やがて九人の護民官(2)から、市民は、適任と見なせるならば、平民からも貴族からも区別なくコーンスルを選出できるという趣旨の法案(3)が上程されるまでにいたった。[3]貴族たちは、もし法案が成立すれば、その意味するところは下層市民との最高権力分担にとどまらず、指導層から平民への権力移行であると考えた。

[4]そのとき、異変を告げる知らせが相次いでローマに届いた。それを聞いた元老院はかえって好都合と感じた。その知らせとは、領土に関する不当な裁定を不服としてアルデア人がローマから離反(4)したこと、ウェイイ人がローマの国境周辺を荒らし回っていること(5)、そしてウォルスキ人とアエクィ人がウェルゴの要塞(6)近くで不穏な動きをしているという三つであった。[5]元老院にとっては厄介な戦争をするほうが屈辱的な平和より望ましかった。そこで彼らはこの知らせをさらに大げさに人々に伝え、多方面との戦争の混乱に乗じて護民官の提案を立ち消えにさせようとした。そして軍の徴集と、戦争準備を全力で行なうよう命じた。そして、

できることならばティトゥス・クィンクティウスがコーンスルであった前年よりも強力な軍編成をするべきだと付け加えた。

すぐさま、ガイウス・カヌレイウスは元老院に対して簡潔かつ強硬な反対意見を述べた――両コーンスルが、脅しをかけて平民の関心を新しい法律からそらそうとしても無駄である。私と私の同僚によって上程された法案が成立する前に、軍隊を徴集するのは不可能である。それは私が命をかけてでも阻止する――。そして彼はすぐさま市民集会を招集した。[6]

(1) 貴族は氏族ごとに固有の祭儀を有していた。また鳥占いをする権能は貴族だけのものであった。軍隊の召集を含む国事の重要案件は鳥占いによる承認を得なければならなかったので（第一巻第三六章参照）、結果的に平民はコーンスルにはなれなかった。

(2) コーンスル職の平民への開放要求はカヌレイウス以外の九名の護民官によるものであった。

(3) 前三六七年に成立するリキニウス・セクスティウス法（借財や公有地制限のほかに、コーンスルの一名を平民から選出する規定が織り込まれていた）のさきがけとなる提案である。

(4) ローマとアルデアのあいだになんらかの協定が結ばれていたことを前提としている。

(5) ウェイイとは前四七一年に、四〇年間の停戦協定が結ばれていた（第二巻第五四章参照）ので、ここでは協定違反すれの行為であることが示唆されているのかもしれない。なお、本格的にウェイイ人がローマと戦争するのは前四三八年のことになる（本巻第一七章参照）。

(6) アルバ山頂に築かれた要塞で、ローマからアルギドゥスに向かうラティナ街道の警備に当たっていた。

元老院におけるカヌレイウス批判

二　カヌレイウスがコーンスルを批判し平民を煽り立てようとするのをみて、両コーンスルは間髪を入れずカヌレイウス批判を展開し、元老院を煽り立てた――護民官たちの狂気はもはや耐えがたく、国家は危機的状況にある。国外の戦いよりも国内の戦いのほうが激しく燃え上がっている。責任は平民にも貴族にも均等にある。護民官とコーンスルの責任も同様である。[2]いかなるものであれ、褒美が与えられれば勢いが付く。それはいかなる国家においても同じである。すなわち、平和に褒美が与えられれば、善良な市民が勢いを増し、戦争に褒美が与えられれば、勇敢な兵士が勢いを増す。[3]しかるにローマにおいては政治的不和に最大の報酬が与えられ、だれもが不和を作り出した者を称賛する。[4]父祖から受け継いできた元老院の権威を子孫にどのように伝えていくべきか、よく考えてみてほしい。平民は権力と地位の向上を子どもたちに向かって誇らしげに語っている。それに対してわれわれはどうか。煽動が成功すればするほど煽動者がのし上がっていくというあり方を変えないかぎり、この流れは止められないし、これからも止まらない。

[5]ガイウス・カヌレイウスの提案がいかに途方もないものであるか諸君は分かっているのか。あの男が狙っているのは氏族の解体であり、また、公的なものにせよ、私的なものにせよ、神々に伺いを立てる鳥占い権の形骸化である。(1) もしあの男の言うとおりになってしまえば、純粋なもの、混じりけのないものはすべて消え去ってしまう。あらゆるものの境がなくなり、だれも自分が何者でありどの一族に属しているか分からなくなる。[6]そもそも通婚とはなにを意味するのか。平民と貴族が動物のように番うということにすぎないのではなかろうか。そのような結婚から生まれた者は自分がだれの血を引いているかも、どのような祭儀に与る

べきかも分からない。身体の半分は貴族で残りは平民ということになれば、自分自身のなかで軋轢が生ずるにちがいない。

[7] しかも煽動者たちはさらにコーンスル職に狙いを定めている。それによって引き起こされる［政治的］混乱と比べれば、宗教や慣習の面での(2)混乱などなにほどでもないかのように思える。最初に彼らは、コーンスルの一人を平民から選んでもよいようにしてはどうか、と探りを入れてきた。しかしやがて、貴族からであれ、平民からであれ、市民は気に入ったコーンスルを選ぶことができるとする法案が提出されるまでにいたったのである。もしそのような法案が成立すれば、平民から最も煽動的な人間がコーンスルに選ばれるだろう。すなわち、カヌレイウスやイキリウスのたぐいがコーンスルになるのだ。[8] それだけは至高至善のユッピテルに止めていただかねばならない。そうでなければ王に等しい権威(3)が地に落ちることになってしまう。そんな馬鹿げたことを黙って見過ごすくらいならば、千回死んだほうがましである。[9] われわれの父祖も、譲

---

(1) 第二代王ヌマ・ポンピリウスの時代に祭儀および祭司職の整備が行なわれたが、その際に公的私的祭祀の継続性・正当性を担保することが主たる目的となっていた。第一巻第二〇章参照。また、第五代王タルクィニウス・プリスクスの時代に鳥占いが大きな意味を持つにいたった経緯については同巻第三六章参照。このとき以降、民会や軍隊の召集といった国事重要案件は鳥占いの承認が前提となる。

(2) 宗教の面としては鳥占い権、慣習の面としては通婚が念頭にある。

(3) 前五〇九年に王政ローマが倒れ共和政が始まったとき、王が有していた権限はすべてコーンスルにも賦与されたとされる。ただし任期制および同僚制によって権力が集中しない仕組みができていた。

歩は平民をなだめる手段ではなくかえって増長させるものと分かっていれば、あるいは、平民は一つの要求が通れば次から次へとさらに非常識な要求をしてくると分かっていれば、[10]いかに［平民の］抵抗が激しかろうが、最初の段階でしっかり対処していたにちがいない。むろんこのような法律を押しつけられるような状況に陥ることもなかったはずである。しかし、われわれの父祖は護民官職創設(1)で譲歩をしてしまった。その結果、いまここで再び譲歩を迫られることになってしまっているのである。

[11]一つの国家に護民官職と元老院がともに存在するかぎり、要求と譲歩の繰り返しはとめどがない。貴族階級が退場するか、あの役職を取りあげるか、二つに一つである。彼らの暴慢と無分別に立ち向かうのはいまである。立ち後れてはいるものの、手を拱いている場合ではない。[12]護民官たちをこのまま野放しにしておいてよいものだろうか。彼らはまず、不和の種を植え付けて近隣諸国の戦争機運を高めた。次にそうやって戦う気にさせた敵に対してわれわれが武器を取って国を守ろうとするのをやめさせようとしている。連中は敵を呼び寄せたに等しい。それでいてわれわれの軍隊編成の前に立ちはだかっている。[13]カヌレイウスはなにかの勝者にでもなったつもりなのか、もし貴族が自分たちの提案を受け入るつもりがないのならば、徴兵登録を阻止すると元老院に向かって臆面もなく言い放った。これは脅し以外の何物でもない。自分の祖国を裏切るのもいとわない、ローマが敵に攻撃されてもかまわないと言っているのである。彼の言葉はローマの平民に勇気を与えるために放たれたのではない。ウォルスキ人、アエクィ人、ウェイイ人に向けられたものである。[14]近隣諸国は、カヌレイウスを指揮官とすれば、カピトリウムとアルクスに登れると思っているにちがいない。たとえ元老院議員が護民官によって権利と権威のみならず気概までも奪われてしまって

いるとしても、われわれ二人のコーンスルは、敵と戦う以前に、市民の害悪との戦いの先頭に立つ覚悟である――。

カヌレイウスの主張

三　元老院でこうした議論が行なわれているのとまったく同じときに、カヌレイウスは自分の法案を補強し両コーンスルを批判する演説を行なっていた。[2]「市民諸君、貴族が平民をひどく蔑むさまを垣間見ることはいままで幾度もあったように思う。彼らはわれわれと同じ町、同じ城壁の中に住むことを屈辱とまで思っているにちがいない。[3]しかし今回の法案に対する彼らの強硬姿勢ほどそれを思い知らされたことはない。とはいえ、われわれがいますべきことは、われわれは同じ市民であり、同じ権力は有していないとしても同じ祖国に暮らしているのだということを彼らに理解させること以外にない。[4]一つ目の法案でわれわれが求めている通婚は、これまで近隣諸国や異国の人々(2)ともしばしば行なわれてきたことである。さらに言えばわれわ

---

(1) 前四九四年に聖山事件が起こり、貴族は平民の要求を受けて護民官の選出を認めた。第二巻第三三章参照。

(2) 近隣諸国とはおおよそラティウム地方を指すものと思われる。王政ローマの最後の王であるタルクィニウス・スペルブスが自分の娘をトゥスクルムの有力者オクタウィウス・マミリウスに嫁がせた例がある（第一巻第四九章参照）。なおラティウム外の異国との通婚はこの時点におけるローマの活動範囲からは考えにくく、リウィウスによるアナクロニズムと見なすべきである。なお、第二三巻第四章にはカンパニアとの通婚の例が言及される。前二一六年のことである。

れは打ち負かした敵に市民権を与えたことさえある。[1] これは通婚よりもさらに大きな出来事ではないだろうか。[5] もう一つの法律でわれわれが提案していることも目新しいことではない。われわれは市民としての当然の権利を要求しているにすぎない。すなわち、顕職はローマ市民がふさわしいと思う人間に与えよ、と言っているだけなのである。[6] 彼らが上を下への大騒ぎをする理由はいったいなんなのだろうか。なぜたったいま、私はあやうく元老院で暴力を振るわれそうになったのだろうか。なぜ彼らは、手心を加えるつもりはないなどと公言するのだろうか。なぜ彼らは、われわれのもつ神聖不可侵の権威など踏みつぶすだけだと脅してくるのだろうか。[7] もしローマ市民に自由な投票が認められ、これと思う人物であればだれにであれコーンスル職を委ねることにしたとして、あるいはまたふさわしい人物でありさえすれば平民にも最高の顕職を手に入れる道を開くことにしたとして、それでいったいこのローマが存立しえないなどということがあるだろうか。それで支配権が崩壊するなどということがあるだろうか。平民をコーンスルに、という主張は、奴隷や解放奴隷をコーンスルに、という主張と同じであろうか。[8] 諸君はどれほど蔑まれつつ生きているのか分かっているのだろうか。連中は、できることならば、われわれからこの日の光の分け前を奪ってしまいたいと思っている。われわれが息をすることにも、声を出すことにも、人間の姿を持っていることにも我慢がならないのだ。

[9] さらに言わせてもらえれば、連中は平民がコーンスルになることは宗教的禁忌を犯すことであるかのように言っている。[2] これはまことにおかしな話である。よく聞いてほしい。われわれには祭暦[3]や神祇団記録簿[4]の閲覧は許されていないが、どの外国人でも知っているようなことは知っている。すなわち、コーンスルはただ単に王の地位に取って代わっただけであり、権利においても権威においても王に備わっていたものだけを

引き継いだのである。[5] 10 まさか、あのヌマ・ポンピリウス[6]の話を聞いたことがないということはないだろう。ヌマは貴族でないどころか、そもそもローマ市民ですらなかったが、サビニの地から呼び寄せられ、国民の要請と元老院の承認によってローマの王となった。11 またルキウス・タルクィニウス[7]の話も知っているはずである。彼は、コリントスのデマラトゥスの息子である。すなわち、ローマ人でないばかりか、イタリア人の血すら引いていなかったのである。それにもかかわらず彼はタルクィニアからローマにやってきて、アンクスの息子たちがまだ生きているうちに、王になったのである。12 彼の次の王のセルウィウス・トゥリウス[8]にいたっては、コルニクルムの女奴隷の子どもにすぎない。名もない父親と奴隷の母親から生まれたのにもかかわらず、その才能と能力だけで王座を獲得したわけだ。さらに言えば、祖国ローマの父ロムルスと王権を分

(1) ロムルス王のときのサビニ人（第一巻第一三章）、トゥルス王のときのアルバ人（同巻第三〇章）、アンクス王のときのラテン人（同巻第三三章）などが念頭に置かれている。

(2) 貴族にのみ認められていた鳥占い権のことを念頭にした発言。第二章参照。

(3) 祭暦（fasti）には祭儀の日付等が記載されていただけでなく、裁判の開廷日や判決日に関する情報も含まれていた。それらの日程は神祇官の管理下におかれており、恣意的な運用も可能な側面があった。なお、祭暦がローマの中央広場に掲示公開されるのは前三〇四年のことである。第九巻第四六章参照。

(4) 祭儀や訴訟の手順などが記された覚書で祭暦同様に神祇官によって管理されていた。

(5) 第二巻第一章九参照。

(6) 王政ローマ第二代の王。

(7) 王政ローマ第五代の王。

(8) 王政ローマ第六代の王。

かち合ったサビニ人のティトゥス・タティウスの名前もわざわざ付け加える必要はあるまい。

つまり、ローマの支配がここまで拡大してきたのは、資質に恵まれた指導者が出自を理由に排除されなかったからともいえるのである。このようにわれわれの祖先は異国の王をも忌み嫌うことはなかった。とすればいまとなって、平民のコーンスルを不満とする理由があるだろうか。王を追放したあとも、ローマは国外の優れた人材を受け入れてきた。たとえば、サビニ出身のクラウディウス氏族が市民権を与えられただけでなく、貴族の一員としてローマに受け入れられたのは王の追放後のことである。国外からやってきた者が貴族となり、のちにコーンスルとなった例まであるにもかかわらず、ローマ市民でありながら、ただ平民であるという理由で、コーンスル職から排除されるということがあってよいだろうか。平民から、ヌマやルキウス・タルクィニウスやセルウィウス・トゥリウスのような、勇敢で、行動的で、平時においても戦時においても有能な人物が登場することなどありえないという言い分に、いまさら耳を傾ける必要はない。もしそのような人物が新たに登場すれば、われわれはその者に国家の舵取りを任せることに躊躇する必要はない。そうでなければ、あの悪辣きわまりない十人委員のようなコーンスルを、貴族出身であるというだけで再び選んでしまうことになりかねない。そもそも新人（ノウス・ホモー）[(1)]であったにもかかわらず優れた王になった者がいるではないか。

四 通婚に関するカヌレイウスの見解

たしかに、王の追放ののち平民からのコーンスルは一人も生まれていない。だが、それがどうだというのか。この新しい国家にはまだなすべきことが数多くあるのだから、前例がないからといって、有益な改革をしないですませるわけにはいかない。ロムルス王の時代には神祇官も卜鳥官もいなかった。これらはヌマ・ポンピリウスの時代にできた役職である。戸口調査や、百人組、等級（クラッシス）のない時代もあった。これらを整備したのはセルウィウス・トゥリウス王である。コーンスルもむろんいなかった。この公職ができたのは王の追放後である。独裁官も最初は権限だけでなく名称すらなかった。独裁官がはじめて任命されたのはわれわれの父の時代である。護民官もアエディーリスもクアエストルも置かれていなかった。これらは必要に応じて制度化されてきたのである。われわれが法律の成文化のために十人委員会を設置し、設置した委員会を国家から追放したのはここ一〇年のことである。永遠の都となるべくして建国され、限りなく成長するローマにおいては、新しい職権、新しい祭祀、氏族と個人の新しい権利が整備されていくのも当然のことではなかろうか。

（1）共和政ローマにおいて「新人（ノウス・ホモー）」とは高位公職に就いた祖先がおらず、家系のなかではじめてコーンスルやプラエトルなどの顕職に就いた者を指す。代表的人物としてはマルクス・ポルキウス・カト・ケンソリウス（大カト）やマルクス・トゥリウス・キケロが挙げられる。しかしこの箇所においては、歴代の王たちがいずれもローマ以外の生まれでありながら、その地位を獲得したということが念頭にある。初代王ロムルスから第四代王アンクス・マルキウスまでがラテン系またはサビニ系、第五代王タルクィニウス・プリスクスから第七代王タルクィニウス・スペルブスまでがエトルリア系であった。

（2）最初の独裁官の任命は前五〇一年とされる。第二巻第一八章四以下参照。

[5] そもそも貴族と平民のあいだの結婚禁止もほんの数年前に十人委員会が決めたことではなかったのか。それが、社会にはきわめて深刻な損害を与え、平民にはこの上ない恥辱を与えた。市民の一部を穢れと見なし自分たちとの結婚を許さないという態度以上に不当かつ露骨な侮辱があるだろうか。[6] これでは、同じ市壁の内側にいながら追放刑を受けたのと、あるいは国外退去を命じられたのと、本質的には変わらない。貴族は婚姻や親類づきあいを通じてわれわれと交わることを警戒している。血が混じるのを避けようとしていると言い換えてもよい。[7] さてここからは貴族に向けてである。諸君のほとんどはアルバかサビニの出身であり、(1) 貴族の地位を手に入れたのは生まれや血のせいではない。王に選ばれたのか、王の追放後は国民の信任を受けて選ばれたにすぎない。もし平民との結婚が諸君の高貴さとやらを汚すというのなら、「わざわざ法律を作らなくとも」自分たちの内部で取り決めて、純血を維持すればすむことではないか。平民から花嫁を娶らず、自分たちの姉妹や娘たちを貴族以外の者に嫁がせなければよいだけのことである。[8] 貴族の娘に狼藉を働くような平民は一人としていない。乱心は貴族の領分である。(2) 平民は無理やり結婚の約束を求めたことはいままでに一度もない。

[9] 繰り返しになるが、法律によって貴族と平民の結婚を禁止することは、平民に対する侮辱以外のなにものでもない。いっそのこと、金持ちと貧乏人との結婚を禁止する法律も作ればよい。[10] どの国であれ、どの時代であれ、結婚というものは私的な取り決めに基づいて行なわれてきた。女は自分の決められた家に嫁ぎ、男は自分が申し入れをした家から女を娶ってきたのである。ところが諸君は、きわめて傲慢な法律を持ち出して、結婚に足かせをはめようとしている。市民社会を崩壊させ、一つの市民団を二つに分断しようとしてい

る。それならば、平民は貴族のそばには住んではならないとか、同じ道を歩いてはいけないとか、同じ食卓を囲んではならないとか、同じ中央広場に立ってはならないとかいった法律を作ればいいのだ。ところで、貴族の男が平民の女を娶るのと、平民の男が貴族の女を娶るのと、いったいどこに違いがあるというのか。どのような権利が侵されるというのか。生まれてきた子どもは当然父親と同じ身分となる。(3) われわれが貴族との婚姻において求めているのは、われわれもまた人間であり市民の一員として数えられるべきだということにすぎない。また貴族諸君にしても、どこまで平民を侮辱して貶めることができるか互いに競い合って喜ぶこと以外に、われわれと戦って得るものはない。[11][12]

徴兵登録に対する拒否権

五　最後に質《ただ》しておきたいのは、最高権力はローマ国民のものなのか、それとも、貴族のものなのかということである。王の追放の意味するところは、貴族による支配の確立なのか、それとも市民全体の自由なの

(1) ユリウス、セルウィリウス、クィンクティウス、ゲガニウス、クロエリウスの各氏族はアルバ・ロンガ出身である（第一巻第三〇章参照）。またアッピウス・クラウディウスの一族はサビニ出身である（第二巻第一六章参照）。これらの氏族はすべて前四五〇年より前にコーンスルを輩出している。

(2) 十人委員アッピウス・クラウディウスのウェルギニアに対する欲望を念頭に置いている。

(3) これは通婚権の認められた婚姻から生まれた子に関する原則である。後二世紀の法学者ガイウスによる『法学提要』（第一巻第七六—九六章）では、通婚権の枠外にある婚姻から生まれた子どもは万民法によって母親の身分に従うとされている。

か。[2]ローマ国民には必要なときに必要な法律を制定する権利があってしかるべきである。それとも諸君は法律が提案されるたびに、懲罰の代わりに徴兵登録を行なうつもりなのか。護民官として私がトリブスに［法案への賛否を問う］投票を呼びかければ、コーンスルはすぐさま兵役年齢の者たちに忠誠の誓いを強要し、平民と護民官に脅しをかけながら、陣営に引き立てていくつもりなのか。[3]そのような脅しが平民の団結に対してどれほどの効き目があるのか、いままで二度[(1)]も思い知らされたはずではなかったのか。それとも貴族が二度とも武力衝突を避けたのは、平民のためを思ってのことだったと言い張るつもりなのか。あるいは、戦力的にまさる側が自制心の点でもまさっていたがために、戦いが起こらなかったと言い張るつもりなのか。[4]市民諸君、今回も戦いは起こらない。彼らは諸君の度胸を試すことはこれからも止めないが、腕力を試すことは決してない。

[5]ここで両コーンスルに言っておきたい。戦争の脅威が掛け値なしであれ、でっち上げであれ、平民はあなた方に従って戦場に赴く覚悟はできている。ただしそれには条件がある。通婚権を回復して最終的に市民の一致をもたらすこと。平民と貴族が一つになり、家族関係を通じて協力、協調していけるようにすること。また、才能と能力をもつ者であればだれでも顕職に就くことができるという希望を与えること。平民が貴族と並んで国家運営の一翼を担っていけるようにすること。そして、これこそが自由と平等の要諦であるが、一年ごとの公職交替を担保し、統治者と被統治者が固定化しないようにすること。[6]もしこれらの条件がのめないというのならば、あなた方がいくら戦争の脅威について言葉を連ね、作り話で誇張したとしても、兵員名簿に名前を登録し、武器を取ろうとする者は一人もいない。われわれは、国家の顕職からわれわれを排除

し、私的生活の面では通婚権を認めようとしない独裁者的な主人のために戦うつもりはまったくない」。

准コーンスル

六　両コーンスルが市民集会に姿を現わした。カヌレイウスは長い演説を打ち切り、直接攻撃を開始した。彼はまず、平民がコーンスルになれない理由はなにかと尋ねた。[2] コーンスルの返事は、たしかに本音を語っただけなのかもしれないが、結果から見て論争に火をつけることになった。すなわち、「平民には鳥占い権が与えられていない。十人委員会が異なる階級間の結婚を禁じたのは、鳥占い権が血筋のはっきりしない者によって毀損されるのを防ぐためであった」と答えたのである。[3] 平民たちは烈火のごとく怒った。というのも、鳥占い権がないのは平民が神々に快く思われていないからだと言われたも同然であると解釈したからである。平民はひときわ攻撃的な護民官カヌレイウスを先頭に押し立て、激しく抗議した。議論は貴族の歩み寄りによって終止符が打たれた。通婚に関する法案の成立に同意したのである。[4] 貴族側が譲歩したのは、護民官がコーンスル職の平民への開放要求を完全に取り下げるか、少なくとも戦争終結後まで先送りしてくれるのではないかという期待があったからである。そして平民全体も通婚権の獲得にひとまず満足して軍隊の徴集に応じてくれるのではないかと考えた。

（1）平民は前四九四年と前四四九年の二度にわたって聖山に退去し、市民団から離脱をしている。第二巻第三一―三三章、および第三巻第五二―五四章参照。

[5] たしかに、貴族の譲歩を勝ち取ったカヌレイウスに対する平民の支持は絶大なものになった。しかしかえって、それに刺激を受けた他の護民官が、自分たちの提出した法案[1]の成立に向けてさらに全力を傾けることになった。彼らは、日ごとに戦争の噂が深刻になっていくにもかかわらず、軍隊の徴集拒否の姿勢を崩さなかった。[6] 両コーンスルは、元老院では護民官たちの拒否権発動[2]によってなに一つ案件処理ができないため、主だった者の私邸で会合を開いた。外敵に勝ちを譲るか、市民に勝ちを譲るかのどちらかしかないのは明らかだった。

[7] この会合にはウァレリウスとホラティウスを除くすべてのコーンスル経験者が集まった。ガイウス・クラウディウスは、両コーンスルは力ずくで護民官を抑えつけるべきである、と主張した。一方、二人のクィンクティウス、すなわち、キンキンナトゥスとカピトリヌスは、暴力行為は慎むべきだと主張した。貴族は平民とのあいだで護民官の身体不可侵の取り決めをした以上、それを守るべきだという考えである。[8] 最終的に、准コーンスル[3]を選出するという代案を示すことで議論がまとまった。そしてその役職には貴族からでも平民からでも就くことができるとし、コーンスル選出に関するこれまでの慣行[4]には手を付けなかった。この提案を護民官も平民も納得して受け入れた。

[9] 三名の准コーンスルを選出するための民会開催が公示された。それと同時に、これまで人々を煽動し、争乱を引き起こしてきたような人物、とりわけ護民官経験者たちが候補者として名乗りを上げた。彼らは純白のトガ[5]を着て中央広場に赴き、会う人ごとに自分への支持を呼びかけた。[10] 一方、貴族側は当初、立候補者を出すのをためらっていた。そもそも平民たちの熱狂を見ているかぎり当選の望みは薄かったし、また平民と

顕職を分かち合うことに対して嫌悪感もあったからである。とはいうものの最終的には、貴族側からも立候補者が出た。指導層に背中を押されたこともあったし、国家運営から身を引いたと見られたくなかったということもあった。[11]選挙の結果、自由と尊厳を求めるときの高ぶった気持ちと、抗争が終結したのちの偏見のない気持ちとはまったく別物であることが示された。というのも、准コーンスルはすべて貴族から選ばれたのである。平民は立候補の道が開けたことだけで満足した。(6) [12]このときの市民が全体として示した中庸、公正、

---

(1)第一章二参照。

(2)これは護民官による拒否権発動の最初の例であるが、おそらくはアナクロニズムである。

(3)この公職名（tribunus militum consulari potestate）を逐語的に訳せば「コーンスル権限を有する軍団司令官」となるが、本訳では煩雑を避けるために「准コーンスル」という訳語をあてる。なお、単に tribunus militum と記載されている場合には、コーンスル権限の有無によって「准コーンスル」と「軍団司令官」と訳し分けた。准コーンスルもコーンスル同様に軍隊指揮権を有していた。軍団司令官については第一九章参照。

(4)コーンスルと同じくケントゥリア民会で選出された。

(5)トガは一枚布の上着であるが、階級や年齢、あるいは着る機会によって色が異なった。通常の庶民のトガは生成りのベージュ色、喪に服するときは黒あるいは黒褐色であった。公職者に立候補する者は純白のトガを着用した。ちなみに英語の candidate（「立候補者」の意）の語源となったラテン語の candidatus は「白い服を着た」の意味である。

(6)一般に、ケントゥリアは軍団の編成単位として「百人隊」、投票単位として「百人組」と訳される。第六代王セルウィウスは財産の多寡に応じてローマ市民全体を一九三のケントゥリアに分けた。騎士階級には一八のケントゥリア、歩兵の第一階級は八〇のケントゥリアが割り当てられたので、投票結果は事実上これら上位二階級の意向によって決定されたと言ってよい。この最初の准コーンスル選挙に際しても、平民が立候補者となることが認められただけで、当選する可能性はきわめて低かったということになる。

気高さを、いまの時代に、持ち合わせている者が一人でもいるだろうか。

前444年

准コーンスルの辞任

七　ローマ建国以来三百十年目にしてはじめて准コーンスルがその職務に就いた。アウルス・センプロニウス・アトラティヌス、ルキウス・アティリウス、ティトゥス・クロエリウス[(1)]の三名[(2)]である。彼らがその役職にあるあいだは、国内の宥和が保たれ、それがさらに国外の平和をもたらした。[2]歴史家のなかには、平民コーンスル選出に関する法案についてまったく言及しない者もいる。そしてコーンスル権限と標章を有する指揮官が三名も必要になったのは、二人のコーンスルでは対応しきれないほど多方面から同時に戦争の脅威が押し寄せてきたことをその理由としている。たしかにこのとき、アエクィ人とウォルスキ人との戦争、そしてアルデアの離反に加えて、ウェイイ人との戦いが新たに起こっていた。[3]いずれにせよ、この新しい公職にはまだ確固たる政治的基盤がなかったことは確かである。というのも彼らは職務に就いて三月目に、卜鳥官から選挙手続きの瑕疵を指摘され、職を辞することになったからである。具体的には、この選挙の管理者だったガイウス・クルティウスが鳥占いのための天幕を間違った場所に設置したというのがその理由とされた[(3)]。

[4]アルデアから係争地に関する裁定[(4)]の不当を訴えるために使節団がやってきた。そして、土地が返還され、不正が解消されるならば、従来の盟約に従い友好関係を続ける用意があると述べた。[5]元老院はこう返答した——国民による裁定を覆すことは元老院にはできない。そのような前例も、それを可能とする法律も存在しない。さらにいえば、貴族と平民の宥和を乱すようなことはできない。[6]しかしもしアルデア人がしばらく時

を待つ気持ちになり、不正の埋め合わせ方をわれわれ元老院に任せてくれれば、ここで怒りを抑えたことをやがて良かったと思ってくれるようになるにちがいない。そして、貴族はあのような不正を阻止するつもりであったことも、不正が起きてしまった以上は早急に原状を回復するつもりであることも、いずれ分かるだろう――。[7]使節たちは、間違いなく国元に報告する、と返事し、丁重な見送りを受けて行った。国家にはこのとき高官椅子に座る公職者は一人もいなかった。[(5)]そこで貴族が集まって中間王を指名した。コーンスルを選ぶべきか、准コーンスルを選ぶべきかの議論のため、中間王の体制が数日間続いた。[8]中間王と元老院はコーンスル選挙を、護民官と平民は准コーンスル選挙を目指した。勝ちを譲られたのは貴族側であった。というのも平民にしてみれば、どちらの公職であれ貴族の就任が確実視される以上、争ってもさほどの意味

---

(1)ルキウス・アティリウスはこの箇所では貴族とされているが、第五巻第一三章三では平民とされ、リウィウスの記述に混乱が生じている。

(2)前三六七年のリキニウス・セクスティウス法によってコーンスルのうち一人は平民から選出されることになる。それまでに准コーンスルの選出となったのが五一回、コーンスルの選出となったのが二二回である。

(3)卜鳥官には貴族しかなれなかったので、この手続き上の瑕疵の指摘には貴族側の政治的意図があった可能性が高い。ローマ建国時のロムルスとレムスによる鳥占いについては第一巻第六章参照。また、民会開催地聖別のための鳥占いについては第三巻第二〇章六参照。

(4)土地をめぐる係争でアリキアとアルデアがローマに仲裁を求めてきたとき、トリブス民会はその土地をローマの公有地であるとする不当な裁定を下していた。第三巻第七一―七二章参照。

(5)高官椅子（sella curulis）は象牙でできた床几の形の椅子で、公職者のうちでも、コーンスル、プラエトル、高等アエディーリスだけが使用を許されていた。

はないと思えたからである。[9]さらにいえば平民の指導層は、平民には荷が重いと見られて落選者の出る選挙よりも、最初から立候補資格のない選挙のほうがましだと判断したということもある。護民官も実りのない争いを放棄し、元老院の指導層の意見に従った。[10]中間王のティトゥス・クィンクティウス・バルバトゥスは、ルキウス・パピリウス・ムギラヌスとルキウス・センプロニウス・アトラティヌスをコーンスルに選んだ。彼らのコーンスル在任中に、アルデアとの条約が更新された。このことだけが、彼らがこの年のコーンスルであったことを示す唯一の証拠である。彼らの名前は古い年代記にも、公職者名簿一覧にも見つけられない。[11]筆者の推測では、年初に選ばれた准コーンスルがそのまま一年間在職していたかのように誤解されたために、補充コーンスルの名前が抜け落ちてしまったのである。[12]リキニウス・マケル(2)によれば、両コーンスルの名前はアルデアとの協定文書とモネタ神殿(3)の亜麻布記録簿(4)に記載されていたということになっている。この年は、近隣諸国に不穏な動きが数多く見られたものの、対外的にも国内的にも大きな事件は起きなかった。

前443年

監察官職の創設

八　この年に関しては、准コーンスルだけの体制だったのか、准コーンスルの辞任を受けてコーンスルが別に就任したのかはっきりしないが、翌年にはマルクス・ゲガニウス・マケリヌス(二度目)とティトゥス・クィンクティウス・カピトリヌス(五度目)がコーンスルに就任したことは確実である。[2]監察官(ケーンソル)職(5)が創設されたのもこの年だった。この役職は最初こそ小さな権限しか持たなかったが、徐々に重みを増し、やがてローマの道徳と風紀を規定する力を持つまでにいたった。元老院議員と騎士の身分査定や、品行、不品行の監視、さらには公有地と私有地に関わる係争処理は彼らの裁量下に置かれた。ローマ市民の租税も彼らのさじ加減一つであった。そもそもこの役職が必要とされるにいたった背景には、長期間にわたって戸口調査が行なわれておらず先延ばしにできない状況であったことと、コーンスルは近隣諸国との数多くの紛争を抱えており、この仕事に着手する余裕がなかったことがあった。[3] こうして元老院において一つの提案がなされた——戸口調査はきわめて複雑な作業を伴うものであって、コーンスル本来の職務では決してなく、専門の役職を必要とするものである。そしてその者に書記官の監督、登記簿の管理および調査方法の決定を委ねるべきである——。[4]

職務内容そのものには見るべきものはなかったが、元老院議員たちからすれば、貴族の公職数が増加する[5]

(1) コーンスルが在任期間中に死亡または辞任したときに選ばれて任期の残りを務める。

(2) ローマ共和政期の政治家で年代記編者。前七三年の護民官で、前六八年のクアエストル。ローマ建国に始まる全一六巻からなる『年代記』を著した。リウィウスは「マケルは自らの家系の功績を求めた」として彼の歴史記述の態度を批判している(第七巻第九章五参照)。

(3) モネタ(moneta)は「忠告の」の意味でユノ女神の添え名。神殿は前三四五年にカピトリウムに建設され、公文書が保管されるとともに、神域内に貨幣製造所が置かれていた。第六巻第二〇章参照。

(4) 公職者名を記載する台帳。リキニウス・マケルがしばしば彼の年代記執筆に際して典拠とした。第一三、二〇、二三章参照。

(5) 貴族のなかから二名がケントゥリア民会で選出された。任期は二年である。なお、前三三九年に監察官の一人はかならず平民から選ばれることとなった。

ことは間違いなく、歓迎すべき提案であった。(1) さらに、これは筆者の推測ではあるが、この役職に影響力のある者を据えれば、役職自体の権威と威厳もすぐに高まるという予想が彼らのなかにあったのではなかろうか。護民官[6]たちも、この役職は（少なくともこの時点では）実務的なものにすぎず、名誉を伴う顕職とは見なしていなかったために、あえて異議を唱えることはなかった。些細な事柄に難癖をつけていると思われたくなかったということもあったはずである。

[7]国家の主だった指導者はみなこの職務に興味を示さなかった。そして結局、パピリウスとセンプロニウスが選挙によって戸口調査の責任者に選ばれた。なお、彼らが前年の途中からコーンスルに就任したかどうかは疑問視されるところもあったが、(2) いずれにせよ、この職は彼らによって不完全なコーンスル職の埋め合わせとなったことは確かである。なお、この役職は職務内容がケーンスス［戸口調査］であったため、ケーンソル［監察官］と呼ばれることとなった。

アルデアの内紛

九　このようなことがローマで行なわれている最中に、アルデアから使節団がやってきて、古くからの同盟関係と新たに更新された条約にかけて、自分たちの町を滅亡の危機から救ってほしいと懇願した。[2]アルデアで内紛が起こり、これまで互いの良識によって築き上げてきたローマとの平和も、もはや維持できなくなったというのである。この内紛は党派間の対抗意識によって引き起こされたと言われている。[3]たしかに党派抗争は、外敵との戦いや飢饉、疫病、あるいは神々の怒りに原因を求めるほかない国家的災難のどれよりも、多くの国家を滅亡させてきたし、これからも滅亡させ続けるにちがいない。

[4]［アルデアからの使節団の話は以下のとおりである］――美貌で名高い平民の娘がいた。二人の若者が彼女を見初めて求婚した。一人は娘と同じ平民で、娘の後見人(3)が味方してくれることに期待していた。後見人もむろん平民であった。もう一人は貴族階級で、ただひたすら彼女の美しさに魅了されていた。[5]この男の後ろ盾には名門の者たちが付いていた。このようにして党派争いがこの娘の家にも入り込んだ。娘の母親は、娘にはできるかぎりの良縁をと思っていたので、貴族の男のほうに肩入れした。一方、娘の後見人たちは、このような私的な案件においても、党派的利益を忘れることなく、自分たちと同じ階級の男の支援にまわった。[6]この問題は私的に解決することができず、法廷に持ち込まれた。公職者は母親と後見人の訴えをそれぞれ聞いた後、この結婚に関しては母親に決定権があると裁定を下した。[7]しかし裁定より腕力が上回った。というのも、後見人たちは仲間を中央広場に集めて不当な裁定を糾弾すると、徒党を組んで、娘を母親の家から連れ去ったのである。[8]これに対して、好戦的であることでは決して引けを取らない貴族の一団も立ち上がった。

(1)戸口調査を締めくくる完了の大祓い（ルーストルム）が祭儀であったため、この役職に貴族が就くことは当然のことと見なされた。鳥占い権に関する議論については第六章参照。また完了の大祓いについては第一巻第四四章参照。

(2)前四四四年に中間王が彼らを補充コーンスルに指名したとされる。その真偽については第七章一〇参照。

(3)ローマでは、未婚女性は父親、または父親を亡くした場合は後見人の法的支配下に置かれた。相続財産が父親の家系から別の家系に移動しないようにするのがその主たる目的であった。ここではアルデアの家族制度もローマと同じであることが前提とされている。

彼らは、娘をさらわれて憤る若者のあとに従った。こうして激しい衝突が起こった。平民はいったん蹴散らされたものの、武器を持ったまま町を出て、一つの丘を確保した。しかしここからがローマの平民と異なる点であるが、彼らは、剣と火を手にして貴族たちの領地の襲撃にかかったのである。[9]さらに平民はアルデアの町そのものを包囲することも考えていた。これまで「平民と貴族の」抗争にはなんの関わりもなかった職人集団に戦利品の期待をちらつかせて、仲間に引き入れていた。[10]ここには戦争のおぞましい形相で欠けるものは一つもなかった。国家は、祖国の滅亡と引き替えにしてでも呪われた結婚を求めようとする二人の若者の狂気に汚染されてしまった——。

[11]「平民と貴族の」双方とも、アルデア内部からだけでは十分な武具も戦力も調達できないと考えた。そこで貴族は、包囲されたアルデアに救援の手を差し伸べてほしいとローマ人に懇請し、平民はウォルスキ人にアルデア攻略の手助けを求めた。[12]アルデアに最初に到着したのは、アエクィ人のクルウィリウス(1)に先導されたウォルスキ軍であった。彼らは貴族が守る城壁の周りに塁壁を築いた。[13]この知らせがローマに届くと、すぐさまコーンスルのマルクス・ゲガニウスが軍勢を引き連れて出発し、敵から三マイル離れた地点に陣営のための場所を確保した。日が傾きはじめると彼は兵士たちに休息を取るよう命令し、第四夜警時になったところで、戦旗を押し進めた。この作戦はあまりに機敏に行なわれたため、夜が明けてウォルスキ人が気づいたときには、アルデアを取り囲んでいるつもりだった自分たちが逆に周りを厳重に取り巻かれてしまっていた。[14]さらにコーンスルは一箇所、敵の包囲網に穴があるのを見つけると、アルデアの城壁まで外堡をつなげて、味方が出入りできるようにした。

アルデアの内紛の結末

一〇　ウォルスキ軍の指揮官は、この日まで糧秣の蓄えというものをもたず、毎日田畑を掠奪することによって食料を手に入れ、軍を維持してきた。しかしローマ軍の塁壁で包囲されたとたんに、あらゆる物資が不足することとなった。そこでコーンスルに和平交渉を申し入れ、もしローマの指揮官がアルデア包囲を解くためにやってきたのであるならば、自分はここからウォルスキ軍を率いて撤退することもやぶさかではない、と伝えた。[2]それに対してコーンスルはこう答えた――敗北した側は条件をただ受け入れるべき立場にあり、提示する立場にはない。ウォルスキ人は自らの意思でローマ国民の同盟国を攻撃するためにここにやってきた。だが、撤退するときにも自らの意思でというわけにはいかない――。[3]コーンスルは指揮官の引き渡しと武装解除を求めるとともに、敗北を認めて指示に従うよう命令した。そして、もしその命令に従わないならば、ウォルスキ人が撤退しようがしまいが、自分は断固として戦い、うわべの平和ではなく本当の勝利を携えてローマに戻るつもりであると述べた。[4]退路を断たれたウォルスキ人は、戦闘というわずかな希望の光に賭けるほかなくなった。悪条件はさまざまにあったが、なによりも包囲されているという状況が最悪だった。困難な戦いを強いられるだけでなく、逃走するのはさらに困難であった。彼らはいたるところで切

(1)「アエクィ人」と訳したAequusを個人名としないかぎり、クィとウォルスキの同盟軍の記述にはなんらかの混乱が生じウォルスキ軍をアエクィ人が率いるということになってしまう。このようなことは通常では考えられないので、このアエクィとウォルスキの同盟軍の記述にはなんらかの混乱が生じている可能性が高い。

り崩され、結局、戦闘を放棄して許しを請うほかなかった。そして、指揮官［クルウィリウス］の身柄を引き渡し、武器を捨てて頸木についた。その後、彼らは放免され、一人につき一枚の着物を与えられて、屈辱と失意のうちに帰途についた。[5]しかし、トゥスクルムの近くで露営しているところを、彼らに宿年の恨みをいだくトゥスクルム人が襲った。ウォルスキ人は丸腰のまま徹底的な制裁を受け、生き残ってこの虐殺を伝える者はほぼ皆無だった。

[6]ローマの指揮官は、暴動の首謀者たちの首を斧で刎ね、彼らの財産を没収してアルデアの国庫に収め、内紛から生じたアルデアの混乱を収拾した。アルデアの人々は、ローマ国民の手厚い支援に感謝し、先年の不当な裁定(1)はこれで十分に相殺されたと考えた。しかしローマの元老院は、国民の犯した貪欲の罪を人々の記憶から消し去るには、なすべきことがまだ残っていると感じていた。[7]コーンスルはローマに戻って凱旋式を挙げた。凱旋車の前にはウォルスキ人の指揮官クルウィリウスを歩かせた。その後に敵兵を武装解除して頸木にかけたときに奪った戦利品の列が続いた。

[8]さて、もう一人のコーンスルであるクィンクティウスもトガを着たままで(2)、武装した同僚コーンスルに劣らぬ誉れを手にしたが、実はこれはそれほど容易なことではない。というのも彼は、国家のあらゆる階層を公平に扱い、国内の調和と宥和の維持に努めたため、貴族からは厳格なコーンスルと見なされ、平民からは穏健な人物であると評価されたのである。[9]また、護民官には戦う姿勢ではなく自らの威厳で対抗した。彼は五度のコーンスル職をつねに変わらぬ信条で勤め上げたが、彼の生き方そのものもコーンスルにふさわしい威厳に満ちたものだった。彼に対する畏怖の念はコーンスルの職務に基づくというよりは人間性に基づくも

のであったといっても過言ではないだろう。このようにして、この二人がコーンスル職にあるあいだは、准コーンスルの話はどこからもでなかった。

前442年

アルデアへの植民策

一一　マルクス・ファビウス・ウィブラヌスとポストゥムス・アエブティウス・コルニケンがコーンスルに選ばれた。[2]ファビウスとアエブティウスは、自分たちがコーンスル職を引き継いだのは、内政面でも外交面でも赫赫たる成果を上げた年のすぐ翌年であることを十分に自覚していた。たしかに、ローマがアルデアの危機を救おうとして示した本気度は、敵味方を問わず、近隣諸国の人々の心に刻まれ、この年を忘れがたいものにしていた。[3]そこで両コーンスルはさらに一歩進んで、「アルデアの土地に関する」恥ずべき裁定を人々の記憶から完全に消し去るための取り組みに着手した。まず彼らは元老院に諮って次のような決議を出した――内紛のために減少したアルデアの人口を補充するため、移住者を募り、これをもってウォルスキに対する備えとする――。[4]決議はこの文言のとおりに掲示公表された。しかしこの決議にはある意図が隠されていて、それは平民と護民官には伏せておきたいものだった。(3)「アルデアの土地に関する」裁定を有名無実にする

(1)アルデアとアリキアのあいだで係争になった土地をローマは自分たちの公有地であると裁定した。第三巻第七一章および本巻第一章参照。

(2)軍事行動に加わらず市中に留まっていたという意味。

(3)元老院決議はケントゥリア民会における承認を経なければ有効にはならない。

狙いである。元老院議員たちのあいだではひそかに次のような合意ができていた――移住者として選ぶのはローマ人よりルトゥリ人(1)のほうを多数とする。恥ずべき裁定で接収した土地以外は分配の対象としない。すべてのルトゥリ人に対する土地分配が終了するより前には、たとえ一握りの土塊であれローマ人には分け与えない――。[5]こうして実質的にアルデア人への土地返還が行なわれた。アルデアへの植民を軌道に乗せるための三人委員として、アグリッパ・メネニウスとティトゥス・クロエリウス・シクルスとマルクス・アエブティウス・ヘルウァが選ばれた。[6]これはきわめて損な役回りだった。彼らの仕事は、ローマ国民が自国のものと裁定した土地を同盟国に割り当て直すということにほかならなかった。彼らは平民を憤慨させただけでなく、貴族の上層部からも決してよい目で見られることはなかった。平民、貴族のどちらにとっても得になることはなにもなかったからである。[7]彼らは国民の前で釈明するよう護民官から出廷日の指定を受けたが、面倒を避けるため移住先から動かなかった。そしてそのことを、自分たちの潔白と無私の証拠にした。

前441年

飢饉

一二　この年は国内的にも対外的にも平穏無事な一年であった。ガイウス・フリウス・パクルスとマルクス・パピリウス・クラッススがコーンスルに就任した翌年も同様であった。[2]この年、競技祭が開催された。これはそもそも平民が貴族から離脱して［聖山に］退去しているあいだに、十人委員が元老院決議を受けて実行を誓約していたものである。(2)

[3]内紛の火種がポエテリウスという護民官によってもたらされた。彼はこれが二度目の護民官就任であった

が、掲げた公約はすべて一度目と同じものであった。そしてそのいずれの公約も実現せず、内紛にもいたらなかった。一つ目は、両コーンスルを説き伏せて平民に対する土地分配を元老院に提案させてみせるという公約であったが、不首尾に終わった。二つ目は次年度に関してコーンスルと准コーンスルのどちらを置くことにするかの問題であった。彼は激しい議論の末、そのどちらをとるか元老院に投票させるところまではこぎ着けた。しかし結果はコーンスルを置くことになったのである。さらに彼は軍の徴集があれば断固阻止するとすごんでみせたが、これは物笑いの種になっただけだった。近隣諸国にはさしたる動きはなく、戦争はもとより戦争準備の必要すらなかったからである。

前440年

平穏な一年が過ぎ、翌年はプロクルス・ゲガニウス・マケリヌスとルキウス・メネニウス・ラナトゥスがコーンスルになった。この年は苦難と試練のうち続く特筆すべき一年となった。内紛があり、飢饉があり、人々が施しに惑わされてあやうく王権の頸木を受ける寸前までいった。ただし、外敵との戦争だけはなかった。もし戦争まで加わって事態がさらに悪化していたならば、すべての神々の助けを借りたとしても、この危機は乗り越えられなかったにちがいない。苦難は深刻な飢饉から始まった。天候不順で穀物が育たなかったためなのか、あるいは人々が議論や町の暮らしにかまけて耕作に熱を入れなかったためなのか、原因につ

(1) アルデアはもともとルトゥリ人の中心都市であった。トゥルヌス率いるルトゥリ人とアエネアス一行との戦いについては第一巻第二章参照。

(2) 十人委員時代の記述のなかでは、この競技祭の誓約は言及されていない。

いては両方の説が伝わっている。貴族は平民の怠慢を非難し、護民官は両コーンスルの不誠実と無責任を糾弾した。

[8]最終的に、平民は護民官たちの勧めに従い、ルキウス・ミヌキウス(1)を食料長官に選出した。元老院も反対意見を出さなかった。ミヌキウスは在任中、与えられた職務をうまく遂行したというより、むしろ自由の守り手として大きな働きをしたといってよい。とはいうものの、やがて、食料不足の改善に対しても功績に見合うだけの感謝と栄誉を受けることになるとあらかじめここで記しておきたい。[9]彼はまず食料調達団を陸路はもとより、船を仕立て海路を通じて周辺諸国に送り出した。しかしエトルリアからごくわずかな量の穀物が調達できただけで、食料事情にさしたる改善は見られなかった。[10]そこで彼は方針を切り替えて、わずかながらも残っている食料をうまく流通させる方策をとることにした。まず、人々に手持ちの穀物の量を申告させ、一ヵ月分の必要量を超える穀物は売却するよう命じた。また、奴隷からも日々の配給の一部を取りあげ、さらには穀物業者を糾弾し、市民の怒りにさらした。[11]しかしこうした苛酷な措置も食料事情の改善にはつながらず、ただ食料不足の実態を見せつけるだけに終わった。希望を失った平民の数多くが、生きながらえて餓えに苦しむより、頭をヴェールで隠して(2)ティベリス河に身を投げることを選んだ。

スプリウス・マエリウスの野望

一三　このとき、騎士階級のスプリウス・マエリウス(3)という男が立ち上がった。彼は当時の大富豪であった。彼の行なったことは一定の効果はあったが、結果的にはきわめて悪しき前例となった。動機という点で

前439年

いえば、結果以上に悪辣であった。まず、[2]彼は友人や庇護民を仲買人に仕立て、自費でエトルリアから穀物を調達し(ただしこの行為自体が、筆者の見るところ、穀物の価格を下げようとする公的な取り組みの妨げとなった)、無料で人々に穀物を配った。平民はこの施しに心を奪われ、彼の行くところにはどこにでも付いて回った。[3]マエリウスが平民を従えて歩く姿は壮観とも偉容とも言いうるものであったが、一人の私人の領分を超えてしまっていたのも確かである。平民の熱狂と期待はあたかも将来における彼のコーンスル就任を約束するもののように思えた。[4]しかし彼自身が目指していたのは、さらに大それたこと、決して許されざることであった。運命が約束してくれるものでは飽き足らないのが人間の本性であるとすれば、彼はまさにその典型であった。コーンスル職を奪い取ることでさえ貴族の反対を乗り越えなければならないのならば、いっそのこと王権を奪ってしまおう、そして、これまでの計画的な散財と、これから先に待ち構える激しい闘争に見合う報酬はそれしかない、と思い定めたのである。[5]すでにコーンスル選挙が目前に迫っていた。このときマエリウスのもくろみはまだ機が熟しているとはいえなかった。

[6]しかもコーンスルに就任したのがティトゥス・クィンクティウス・カピトリヌス(六度目)であった。こ

(1)前四五八年のコーンスルで、前四五〇年と翌年に十人委員を勤めた。
(2)頭を隠すことは、死、とくに自死の前に行なう儀礼的慣行。
(3)マエリウスは一八箇からなる騎士ケントゥリアの一員で平民であった。ロムルスの時代には貴族から騎士が選ばれたが、第六代王セルウィウスによって国家体制が整備され、資産評価に応じて等級(クラッシス)が定められた。騎士は平民の最上位に位置する等級である。

れから事を起こそうとする［マエリウスの］立場からすれば最もありがたくない人物であった。同僚コーンスルにはラナトゥスという添え名（1）をもつアグリッパ・メネニウス（2）が選ばれた。[7]さらにルキウス・ミヌキウスが前年に引き続き食料長官の役職に就いていた。再選されたのか、事態が収まるまでという当初からの申し合わせだったのかは不明である。いずれにせよ、亜麻布記録簿に他の公職者とともに彼の名前がこの二年間の食料長官として記載されていることは事実である。[8]ミヌキウスの仕事は言ってみれば、マエリウスが個人で行なったのと同じことを公的に行なうことにほかならなかった。したがって同じ種類の商人（3）が両方の屋敷を行ったり来たりすることもよくあった。彼らからもたらされた情報をミヌキウスは元老院に報告した――[9]マエリウスの屋敷に武器が集められている。彼は屋敷で謀議を凝らし、王となる計画を練っているのは間違いない。実行の時期は定まっていないが準備はすべてでき上がっている。護民官はすでに買収されて自由を裏切るばかりとなっており、大衆を扇動する者たちの役割分担もすでに終わっている。私は不確かなこと、些細なことを報告するべきではないと考えていたため、国家の安全という観点ではあやうく手遅れになるところであった――。

[10]この報告を聞いて長老元老院議員たちが非難の声を上げた。前年のコーンスルに対しては、なぜあのような大盤振る舞いを許し、なぜ個人の屋敷で平民が集会を開くことを許したのか、この年のコーンスルに対しては、なぜ食料長官からこのような重大事が元老院に報告されるまで模様眺めを決め込んでいたのか、さらにはコーンスルの仕事はただ報告することではなく、処罰することなのではないかという非難である。[11]それに対してクィンクティウスはコーンスルに対する非難は不当であると反論した――コーンスルは上訴（プ

ローウォカーティオー）に関する法律によって制約を受けている。悪辣な罪業にふさわしい処罰を下す意思があっても、この役職はそれを行なうに十分な職権を有していない。いま求められているのは、ただ強い意思をもつだけでなく、［上訴の］法律に縛られない立場の人間である。それゆえ私はルキウス・クィンクティウス［・キンキンナトゥス］を独裁官として指名したい。彼にはこの強大な権力にふさわしい高邁な精神が宿っている――。[12]この意見に全員が賛成した。しかしクィンクティウス［・キンキンナトゥス］は当初、固辞する姿勢を崩さず、「自分のような老いぼれになにを期待して、これほど深刻な抗争の処理を任せるのか」と問い返した。[13]それに対して元老院議員は「いかに高齢であれ、あなたの心には深い思慮だけでなく、ここにいるすべての者を合わせたよりも大きな勇気が宿っている」と一斉に声を上げた。そして、さらに心にもない世辞ではなく、真の賛辞を呈した。もとよりコーンスルも一歩も引かなかった。[14]そしてついにキンキンナトゥスは神々に向かって、「高齢が非常事態にある国家の足手まといになったり、国家の名誉を汚すことになったりしないようにしてほしい」と祈願してから、コーンスルによって独裁官に任じられた。そして独裁官になるとすぐさまガイウス・セルウィリウス・アハラを騎兵長官に任命した。

（1）この添え名は直訳すれば「羊毛でおおわれた」となるが、キンキンナトゥス（「巻き毛の」）と同様に、彼の家系に特徴的な髪質（「柔らかな髪をした」）を表わしているものと思われる。

（2）前年（前四四〇年）も同じ添え名のついたルキウス・メネニウス（・ラナトゥス）がコーンスルに就任しているが、このアグリッパ・メネニウス（・ラナトゥス）はそれとは別の人物である。

（3）すなわち穀物商人である。

マエリウスの最期

一四　翌日キンキンナトゥスは、警護の者たちを要所に配置してから、中央広場に入った。そのかつてない物々しいありさまに平民の視線はおのずから独裁官の動きに集まった。マエリウス配下の者たちとその頭目であるマエリウス自身は、強大な権力の矛先が自分たちに向けられていることをすぐに理解した。[2]しかし王権を目指すたくらみがあるなどとは思いもよらぬ人々は、いかなる反乱、いかなる突発的な戦争のゆえに独裁官の権威が必要となったのか、そしていかなる理由で八〇歳を超えたクィンクティウス［・キンキンナトゥス］に国家の舵取りを任せることになったのか、互いに問いかけた。[3]そのとき、独裁官からの指示を受けた騎兵長官のセルウィリウスがマエリウスに向かって、「独裁官が出頭を命じている」と言った。怯えながらマエリウスが独裁官の真意を尋ねると、セルウィリウスは「お前は法廷に立って、ミヌキウスが元老院でお前にかけた嫌疑を晴らす必要がある」と答えた。[4]それを聞いたマエリウスは配下の者たちのあいだに紛れ込み、周りをうかがいながら逃げ道を探った。そして騎兵長官の命令を受けた警吏が彼を捕らえるために近づくと、手下に抱えられるようにしてその場から逃げ出した。そしてローマの平民に向かってこう叫んだ――諸君の信義にかけて頼む。助けてほしい。私は貴族の陰謀によって葬り去られようとしている。[5]平民のためを思って行なったことが罪とされている。どうか絶体絶命の私を助けてほしい。諸君の目の前でこの私が殺されることのないようにしてほしい――。[6]こう叫びながら逃げていくマエリウスにセルウィリウス・アハラが追いついて斬り殺した。返り血を浴びたままセルウィリウスは、若い貴族の一団に護られて独裁官のもとに戻り、「出頭を命じられたマエリウスは警吏に抵抗し群衆を扇動したため当然の報いをうけた」と報告した。[7]すると独裁官はこう言った。「汝の勇気に栄えあれ。ガイウス・セルウィリウスよ。国家は汝によって救われた」。

マエリウスの死についての説明

一五　次にキンキンナトゥスは、この事件をどのように評価すればよいか判断できず動揺している群衆を市民集会に集めるよう命じた。そして、マエリウスは、たとえ王権奪取の企てが事実でなかったとしても、騎兵長官から独裁官の前に出頭するよう命じられたにもかかわらず、それに従わなかった以上、死に値すると宣言した。[2]さらに次のように言葉をつないだ――私は弁明を聞くために待機していた。もし取り調べに応じていたならば、マエリウスは有罪無罪の如何にかかわらず適切な処遇を受けていたはずである。しかし彼は審理を逃れようとして力に訴え、結果として力によってねじ伏せられた。[3]そもそも、われわれはあのような男をローマ市民と見なすべきであろうか。規範と法律の支配する自由な国家ローマに生まれたマエリウスは、われわれと同様に、王政が打倒されたときの経緯を十分に承知していたはずである。また同じ年に、王[1]の妹の息子たち（彼らは国家を開放したコーンスル[2]の子どもでもある[3]）が王政の復活を企んで露見し、父親

(1) 第七代王タルクィニウス・スペルブス。
(2) 初代コーンスルのルキウス・ユニウス・ブルトゥス。
(3) この箇所の記述は不正確である。ブルトゥスはタルクィニウス・スペルブスの妹タルクィニアの息子である。したがってブルトゥスの息子たちはタルクィニアからみれば孫にあたる。第一巻第五六章参照。

の命令によって首を刎ねられたことも知っていた。[1] 4 さらにまた、ローマからコーンスルのタルクィニウス・コラティヌスが、単にその名前に対する人々からの憎悪ゆえに職を追われ、国外退去となったことも知っていた。[2] その数年後、スプリウス・カッシウスが王権を手に入れようとした罪で処罰されたことも知っていた。[3] また、近年では、王のように傲慢に振る舞った十人委員たちが、財産没収、国外追放、死刑といった処罰を受けたことも当然知っていた。5 こうしたことをすべて知っていたにもかかわらず、スプリウス・マエリウスは、よりにもよってこのローマで王になるという野望を抱いたのである。[4] となると、いったいあの男は何者なのだろうか。だがその前にまず確認しておかねばならないのは、いかなる高貴な生まれであろうとも、いかなる顕職に就いていようとも、いかなる功績があろうとも、王権への道はだれにも開かれていないということである。たしかに、クラウディウス氏族[5]やカッシウス氏族[6]の者たちが禁断の高みを目指した背景には、自分自身や一族の者がコーンスルや十人委員の顕職に就いたという名門ゆえのおごりがあったのかもしれない。

6 しかしスプリウス・マエリウスは単なる金持ちの穀物商人であった。護民官になることはあの男の希望であったかもしれないが、実は夢想にすぎなかった。わずか二リーブラ[7]の小麦を施しただけで、同胞市民の自由を買ったつもりになっていた。食料さえあてがえば、近隣諸民すべてを征服したローマ市民を奴隷にすることができると考えたのだ。7 あのような男が元老院議員になると考えるだけでわれわれは耐えられない。ところが本人はこの国が自分を王として迎えてくれるものと思い込み、神々から生まれ、神々のもとに還った建国の祖ロムルスの標章と支配権を自分の手で握ろうとしたのである。ここまでくれば罪悪であるというだけでなく、怪異とでも呼ぶほかあるまい。[8]それゆえ、彼の血が流れただけでは十分な罪の償いにはならない。あれほどの狂気を育んだ家屋敷を取り壊し、王権を購うための汚れた資産を競売に付す必要がある。私は、その資産を売却し、売り上げを国庫に納めるようクアエストルに命ずる——。

前438年

准コーンスルに選出されたキンキンナトゥスの息子

一六　こうしてクィンクティウス［・キンキンナトゥス］は即座にマエリウスの家を破壊するよう命じ、その跡地は神をも恐れぬ野望が砕け散ったことを記念するため更地のまま残すことにした。いま、この場所は

(1) ブルトゥスが王政復活を企てた息子たちを処刑した経緯については第二巻第五章参照。

(2) タルクィニウス・コラティヌスはブルトゥスとともに初代コーンスルとなったが、一方、第五代王タルクィニウス・プリスクスは彼の大叔父でもあった。その血筋、名前が人々の疑心暗鬼を生み、国外追放となった。第二巻第二章参照。なお、王政から共和政への移行の契機となったとされる事件の主人公ルクレティアは彼の妻である。第一巻第五七章参照。

(3) 第二巻第四一章参照。

(4) マエリウスが、人々の王権に対する憎悪を知っていながら、王になる野望を抱いた以上、市民に見なすべきではないという理屈である。

(5) 十人委員のアッピウス・クラウディウスを念頭に置いている。

(6) 前四八六年のコーンスルのスプリウス・カッシウスが念頭にある。彼は市民の支持を得るために現金を配ろうとして、王権への野望を疑われた（第二巻第四一—四二章参照）。

(7) リーブラは重量の単位で一ローマポンド（三二六グラム）。

アエクィ・マエリウム①と呼ばれている。[2]ルキウス・ミヌキウスにはトリゲミナ門②の外で、角に金箔が巻かれた雄牛が贈られた③。平民もこれに対して反対はしなかった。というのもミヌキウスはマエリウスの残した穀物を一モディウスにつき一アス④で彼らに分配したからである。[3]何人かの歴史家の伝えるところによれば、このミヌキウスは身分を貴族から平民に変えたのち⑤、護民官同僚の推挙によって十一人目の護民官になり、マエリウスの死をきっかけとして生じた政情不安を鎮めたことになっている。[4]しかしながら貴族がここで護民官の追加を許したとは信じがたいし、そもそも、［実現すれば］きわめて影響力の大きな前例となるにちがいない定員増を貴族側の人間が進んで行なったなどということは決してありえない。同様に、平民が一度勝ち取った譲歩をやすやすと手放すことも考えにくい。少なくともこの前例を盾に執拗な要求をしつづけていたはずである。しかしなによりもまず彼の彫像⑥に刻まれた［護民官という］肩書きに信憑性がないのは、これを遡る数年前に、同僚合議による護民官選任は認められないという法律が定められているからである⑦。

[5]護民官のうち、クィントゥス・カエキリウスとクィントゥス・ユニウス⑧とセクストゥス・ティティニウスの三名だけがミヌキウス顕彰の提案に対して反対の立場を取った。そして彼らは平民を前に、あるときはミヌキウスを、あるときはセルウィリウスを糾弾し、マエリウスの殺害は不当であったと訴え続けた。[6]その結果彼らは、コーンスルではなく准コーンスルを選ぶ選挙の実施を勝ち取った。彼らは、［平民の］候補者がマエリウスの殺害を糾すつもりだと公約すれば、最大六名と決まっていた定員のうち、何人かは平民が選ばれるものと確信していた。[7]しかし平民は、この年さまざまな不満を抱えていたはずであったにもかかわらず、三人の准コーンスルしか選ばなかった。しかもそのなかにはキンキンナトゥスの息子のルキウス・クィンク

ティウスが含まれていた。一連の騒ぎは父親の独裁官による不人気施策によって引き起こされたにもかかわらず、選挙の結果には影響がなかったのである。[8] なお、クィンクトゥスよりも先に名門の誉れ高いアエミリウス・マメルクスが当選した。三番目にルキウス・ユリウスが選ばれた。[9]

(1) アエクィ・マエリウムは、形容詞 aequus と Maelius の合成語である。aequus には「正当な」と「平坦な」という二つの意味がある。したがって全体としては「正当に平坦にされたマエリウス」とでもいうような意味になる。

(2) アウェンティヌス丘北側の麓にあったとされる門で、この故事にちなんでミヌキア門と呼ばれる場合もある。

(3) 犠牲に捧げるための牛である。

(4) モディウスは穀物の単位で八・七五リットル。アスは貨幣の単位で時代によって大きく価値が変わるが、ここではきわめて安価であったことが示唆されている。

(5) 当時、このような身分変更をすること自体は不可能ではなかった。しかしリウィウスは、護民官同僚の推挙による選出および護民官定員の拡大という二つの問題点を指摘し、ミヌキウスの身分変更は考えられないとしている。

(6) 名家の応接広間には先祖の像がおかれており、公職等に関わる経歴が刻まれていた。そこには誇張や虚偽の余地もあったと思われる。

(7) 前四四八年のトレボニウス法で、護民官同僚の合議・推挙による護民官選任は禁じられていた。第三巻第六五章参照。

(8) 前五〇九年のコーンスルであったマルクス・ユニウス・ブルトゥスが貴族であったことはほぼ間違いない。したがって、その後どこかの時点でユニウス家は平民に属することになったと思われる。あるいはブルトゥスが自分の息子たちを処刑したため(第二巻第五章参照)、ユニウス家はいったん断絶し、その後解放奴隷を出自とするクィントゥス・ユニウスが家名だけを継いだという可能性もある。

(9) 結局のところ選ばれた三人はすべて貴族階級である。

フィデナエの離反

一七　彼らの任期中に、ローマの植民市であったフィデナエが離反し、ウェイイ王ラルス・トルムニウスの側についた。[2]裏切りだけでなく、さらに許しがたい凶行が加わった。変節の事情を調査するために使節としてローマから遣わされたガイウス・フルキニウス、クロエリウス・トゥルス、スプリウス・アンティウス、ルキウス・ロスキウスの四名がトルムニウス王の命令によって殺害されたのである。[3]王の行為を言い繕おうとする向きもある。彼らによれば、王はさいころ遊びをしていて良い目を出した。そのときに王が発した言葉を聞いて、フィデナエ人の使節たちは「殺せ」(1)という命令と勘違いし、ローマからの使節を殺すことにつながったというのである。[4]これは実に信じがたい話である――新しく友邦になったフィデナエ人から万民法違犯となる使節殺害の相談を受けながら、王がさいころ遊びに熱中して、真剣に対応しなかったということになるからである。単なる聞き間違いが原因でこの恐ろしい犯罪が行なわれたという説明はあとから考えた言い逃れにすぎない。[5]むしろ、大罪を犯させて、もはやローマとの和解という後戻りはできないとフィデナエ人に覚悟させるという確固たる意図が王にはあったとみるべきである。

[6]フィデナエで殺害された使節の像が国費でロストラ［演壇］(2)の上に建てられた。ウェイイ・フィデナエ連合軍との戦争はもはや避けがたいものとなった。そしてその戦いは、近隣の敵を相手にするからというだけでなく、許しがたい大罪がきっかけであったために壮絶なものになることは必定だった。

前437年

[7]このような国家的な危機を前にしては平民も護民官もなりをひそめるほかはなく、コーンスル選挙が滞りなく行なわれた。マルクス・ゲガニウス・マケリヌスが三度目のコーンスルとなり、同僚にはルキウス・セ

ルギウス・フィデナスが選ばれた。[8]このフィデナスという添え名は、このときの戦争に由来すると筆者は考えている。というのも、アニオ河のこちら側でウェイイの王と戦って勝利を収めたのは彼が最初であったからである。ただし勝利したとはいえ、それはローマ側にも多くの血が流れた戦いであり、敵を倒した喜びよりも市民を失った悲しみのほうが大きかった。この状況を非常事態と見てとった元老院は、前例に従って独裁官を立てることとし、マメルクス・アエミリウスが指名されることとなった。

[9]彼は、前年に准コーンスルとして働いたときの同僚を騎兵長官に任命した。すなわち、ルキウス・クィンクティウス・キンキンナトゥス(3)である。彼は父親の名に恥じない立派な若者であった。[10]コーンスルによって召集されていた兵士たちに加えて、戦争経験豊かな古参兵からなる百人隊が追加徴集され、直近の戦闘で失われた兵士の補充が行なわれた。またアエミリウスはティトゥス・クィンクティウス・カピトリヌスとマルクス・ファビウス・ウィブラヌスを軍団副官として自分に従うよう命じた。[11]強大な権力とその権力にふさわしい人物を前に、敵はローマ領地内からアニオ河の対岸まで撤退を余儀なくされた。そしてフィデナエとア

---

(1)ローマにはチェスのようなゲームがあり、敵の駒を取るときに「殺せ(occide)」と叫ぶ習慣があった。さいころ遊びにおいても良い目が出たときに同じようなかけ声が発せられたということかもしれない。

(2)ローマの中央広場に置かれた演壇。演説や弁論などはここから行なわれた。ただしロストラと呼ばれるようになったのは、前三三八年のアンティウムの戦いで獲得した敵艦の舳先(ロストラ)が演壇に飾られたとき以降のことである。

(3)父親のキンキンナトゥスと同名である。

ニオ河のあいだにある高台まで移動して陣営を築き、ファリスキ軍[1]が救援にやってくるまで平地に下りようとはしなかった。[12]その頃やっと、エトルリア人[2]の陣営がフィデナエの城壁の前に置かれた。ローマの独裁官もそこからほど遠からぬ地点に陣取った。そこは二つの河[3]の合流点の土手であったため、敵と対峙する方向だけに塁壁を築けば事足りた[4]。翌日、アエミリウスは軍を押し出し、戦列を布いた。

アニオ河畔における戦い

一八　敵の内部では意見が分かれていた。ファリスキ人は本拠地から遠く離れた遠征に鬱積した思いを抱いているとともに武力にも自信があったため開戦を主張した。一方、ウェイイ人とフィデナエ人は戦いを遅らせたほうが勝算があると考えていた。[2]トルムニウス王は自分たちの作戦のほうが上策であると考えたが、一方、これ以上遠征が長引いた場合ファリスキ人は離脱するかもしれないと恐れて、翌日戦闘を開始すると宣言した。[3]独裁官もローマ軍も、敵が開戦にためらいをみせているなか、はやる気持ちを抑えられずにいた。そのまま夜が明けた。ローマ兵たちは、もし敵に交戦する気がないならば、こちらから敵の陣営と町に攻撃を仕掛けようと口々に言いつのっていた。しかしやがて双方の陣営のあいだに広がる平野に両軍が歩み出た。[4]戦力に余裕のあったウェイイ軍は、一つの部隊を割き、会戦中にローマ軍の陣営を急襲しようと丘の背後に回り込ませていた。三国の混成軍は、ウェイイ軍が右翼、ファリスキ軍が左翼、そしてフィデナエ軍が中央という布陣であった。[5]独裁官は自軍の右翼でファリスキ人に対峙し、左翼ではカピトリヌス・クィンクティウスがウェイイ人と向かい合った。騎兵長官は騎馬隊を率いて戦列中央に進み出た。

[6]しばしの沈黙と静寂が訪れた。エトルリア人は、相手から仕掛けられないかぎり戦いを始めなかったし、独裁官はローマの砦（アルクス）の方角を振り返って、(5)卜鳥官からの開戦の合図を待っていた。鳥が吉兆を示せばすぐさま合図が送られる手はずとなっていた。[7]その合図が届くと、独裁官はまず騎兵に突撃命令を下した。彼らは鬨《とき》の声を上げて敵に向かって突進した。その後を歩兵の戦列が続き、大規模な攻撃を仕掛けた。エトルリアの軍団はどの方面においてもローマ軍の攻撃を持ちこたえることができなかった。[8]しかし敵の騎兵隊だけはなんとか踏ん張りをみせた。そして騎兵隊のなかでも群を抜いて勇猛果敢であったのはトルムニウス王本人であった。彼は自ら馬を駆り、追跡に躍起となって隊列を離れたローマ騎兵に襲いかかって、戦いを長引かせた。

---

(1)ローマの北約三〇マイルにあるエトルリア人の町ファレリイの住民。
(2)ファリスキ人。
(3)アニオ河とティベリス河。
(4)この箇所は写本のままでは意味が通らないので、Ogilvieの解釈に従った。
(5)彼らが戦っているフィデナエ平野はローマからは五マイルほど離れている。そのため直接なんらかの合図を目視することは難しい。

コッススの活躍

一九　このとき、騎兵隊のなかに軍団司令官(1)のアウルス・コルネリウス・コッススがいた。彼はとびきりの美丈夫であったが、その外見に劣らず、勇気の点でも体力の点でも他に抜きんでていた。また、自らの氏族に対する誇りを忘れることなく、引き継いだときにすでに輝いていたコルネリウスの名前を、より大きく、より立派なものとして子孫に伝えることになった。[2]コッススは自分が向かう先々でトルムニウスの攻撃によってローマの騎兵隊が混乱に陥るのを見た。そして目も綾な王の装束を着て戦場を飛び回っている姿を見て、この男がだれなのか理解した。[3]彼は叫んだ。「あの男こそ国家間の同盟を破壊し、万民法を冒瀆した張本人ではないのか。もし神々がこの地上に聖なるものをお望みになるならば、私はあの男をすぐさま血祭りに上げて、使節たちの霊に捧げよう」。[4]彼は馬に拍車を当て、槍先を前に向けたまま真っ直ぐ王を目指した。一撃を加えて落馬させると、コッススはすぐさま槍で自分の身を支えて馬を降りた。[5]そして、立ち上がろうとする王を盾で押し倒して仰向けにし、何度も槍を見舞って地面に突き刺した。彼が死体から戦利品を剝ぎ取り、斬り落とした首級を槍先に付けて誇らしげに掲げると、敵兵たちは王の死に動揺して算を乱して逃げ出した。こうして唯一戦いの帰趨を不明確にしていた騎兵隊もついに総崩れとなった。[6]独裁官は敗走する敵の軍団を追走し、陣営に追い詰めて壊滅させた。フィデナエ人の多くは土地勘があったので山中に逃げ込んだ。コッススは騎馬隊を率いてティベリス河を渡り、ウェイイの領地から奪った厖大な戦利品をローマに運んだ。

[7]この戦闘のさなか、ローマの陣営近くでも戦いが行なわれた。すでに述べたとおり、トルムニウスによっ

て戦力の一部が陣営を襲うため送り出されていたのである。[8]ファビウス・ウィブラヌスはまず塁壁に兵を配置して防御線とした。しかし、敵の意識が塁壁に集中しているのを見てとると、彼は右側の陣営主営門から予備兵ともども押し出して襲いかかった。虚を突かれた敵は殺されるか、逃げるしかなかった。もともと襲撃してきた敵兵は数が少なかったため、死者こそさほどの数ではなかったが、壊滅的な敗北という点では会戦で破れた本隊と変わりはなかった。

栄誉戦利品（スポリア・オピーマ）

二〇　完全勝利を収めた独裁官はローマに戻り、元老院の決定と市民の追認を受けて凱旋式を行なった。[2]この凱旋式でだれよりも大きな注目を集めたのはコッススであった。彼は敵王を殺して奪った栄誉戦利品（スポリア・オピーマ）を掲げて行進し、兵士らは彼をロムルス(2)に重ね合わせ、即興の歌で誉め称えた。[3]コッススは、奉献式を厳粛に執り行なった後、戦利品をユッピテル・フェレトリウス神殿に奉納した。この神殿にはロムルスの栄誉戦利品が置かれていたが、コッススは自分の戦利品をその隣に置いた。ロムルスの戦利

(1) アエミリウスによる二名の軍団副官（legatus）任命については第一七章に言及があるが、軍団司令官（tribunus militum）についてはこの箇所まで言及されていない。なお、コッススはこのとき、軍団司令官であって、「准コーンスル（tribunus milirum consulari potestate）」ではない。

(2) スポリア・オピーマを獲得した指揮官はローマの歴史のなかで三人のみである。最初がロムルス（第一章第一〇章参照）、二人目がコッスス、そして三人目がマルクス・クラウディウス・マルケルスである（前二二二年）。

品は最初の栄誉戦利品と呼ばれているが、コッスス以前はそれが唯一の栄誉戦利品でもあった。コッススは市民の注目を独裁官の凱旋車から自分のほうに奪い取り、賑やかな祝祭の栄誉をほとんど独り占めした。[4]独裁官アエミリウスは、市民の要請に応え、黄金の冠をカピトリウムのユッピテルに奉納した。冠の重さは一リーブラであった。

[5]さて、筆者はこれまでのすべての歴史家に従って、ユッピテル・フェトリウス神殿に二度目となる栄誉戦利品を納めたとき、アウルス・コルネリウスは軍団司令官であったと記述した。[6]しかしながら、正式に栄誉戦利品（スポリア・オピーマ）と認められるのは、最高指揮官が相手の最高指揮官から奪った場合である。さらにわれわれの認識では、戦争遂行の最高指揮官と呼ばれるためにはそれが鳥占い権(1)を持つ者でなければならない(2)。そして、栄誉戦利品に刻まれた公職名が、コッススはコーンスルとして戦利品を獲得したことの確かな証拠であり、それゆえにいままでの歴史家も筆者もこれを栄誉戦利品と見なしている。[7]筆者は、すべての神殿の建堂者もしくは修復者であるカエサル・アウグストゥス(3)が、古くなって崩れかかったユッピテル・フェレトリウス神殿を修復したとき、自ら神殿のなかに入って亜麻布の胸甲に書かれた［コーンスルという］公職名を読み上げたと聞いている。カエサルはまさにこの神殿の再建者である。そのカエサルを栄誉戦利品の証人として認めないということは、ほとんど神聖冒瀆に等しいというのが筆者の見解である。

[8]とすれば、この件に関してはどこかに行き違いがあったはずで、その原因がどこにあるのかの判断は歴史家それぞれに委ねられている。まず、そもそもリキニウス・マケルがつねに根拠として用いる古くからの年代記や公職者記録簿は、亜麻布に書かれてモネタ神殿に保管されているが、それにはアウルス・コルネリウ

ス・コッススがティトゥス・クィンクティウス・ポエヌスを同僚としてコーンスルになったのはこの年から数えて十年目(4)であったと記載されている。とすれば、この有名な［ウェイイとの］戦いの時期を一〇年後にずらすことも考えうる。ただし、そうするわけにいかない理由も他方にある。というのも、コッススがコーンスルであった年の前後合わせて三年間は、ほとんど疫病と食料不足しかなかった期間であって戦争をするような状況にはなく、いくつかの年代記にはコーンスルの名前のみが記されていて、あたかも物故者名簿の感を呈しているほどだからである。また、コッススはコーンスルであった年から数えて三年目(5)に准コーンス

(1)鳥占い権は内政事案に関してはすべての公職者が有していたが、戦争遂行に関しては最高指揮官にしか認められていなかった。この時点ではコーンスルあるいは独裁官しか戦争に関する鳥占い権を持っておらず、准コーンスル（「コーンスル権限を有する軍団司令官」）はここでいうところの「鳥占い権を持つ最高指揮官」とは見なされていなかった。なお、公的な鳥占いのほかに家父長が行なう私的な鳥占いがあり、これに関しては平民も行なうことができた。

(2)表面的には、コッススがスポリア・オピーマを奉献したのが、軍団司令官であった前四三七年なのか、コーンスルであった前四二八年なのかが問題になるわけであるが、背景にはリウィウスがこの箇所を執筆した時点における微妙な政治情勢がある。前二九年にマルクス・リキニウス・クラッスス（前三〇年のコーンスル）はバスタルナエの王を倒して奪った戦利品をスポリア・オピーマとして奉納すると主張したが、オクタウィアヌスはクラッススに指揮権がなかったことを理由にして、それを阻止した。そうした事情がこのコッススのスポリア・オピーマに関する挿入的説明に投影されている。

(3)オクタウィアヌスがカエサル・アウグストゥスの称号を得たのは前二七年のことである。

(4)この時点は前四三七年であり、コッススがコーンスルになったのはここから十年目の前四二八年である。

(5)前四二六年。

ルとなり、またその同じ年に騎兵長官になり、その肩書きで別の有名な騎馬戦闘を戦ってもいる。[11]さまざまに推測することは可能であるが、筆者の考えるところによれば、いずれの推測も徒労にすぎない。というのも、いかなる見解も提示可能であるとはいえ、核心部分は変わりようがないからである。コッススは戦争指揮官として獲得したばかりの戦利品を聖域に奉納するとき、願立てした当のユッピテルに加えてロムルスをも目の前にしているのである。公職を詐称する相手としてはあまりにも畏れ多い神々である。したがって彼が自らコーンスルのアウルス・コルネリウス・コッススと署名したというのは疑いない事実である(1)。

前436年

悪疫と独裁官の指名

二一　マルクス・コルネリウス・マルギネンシスとルキウス・パピリウス・クラッススがコーンスルになった年、ローマ軍はウェイイ人とファリスキ人の土地に侵攻した。そして戦利品として捕虜と家畜を持ち帰った。[2]戦場に敵の姿は見当たらず、戦う機会すらなかった。しかしローマ軍は敵の町を攻撃することは控えた。というのも疫病がその住民を襲っていたからである。[3]ローマ内部においては、護民官スプリウス・マエリウス(2)によって内紛の種が播かれたが、大きな動きにはならなかった。彼は、自分の名前が大衆に人気があると見込み、なにがしかの騒動を起こしうると考え、ミヌキウスを法廷に召喚するとともに、セルウィリウス・アハラの財産没収の法案を提議した。[4]ミヌキウスは（自分と同名の）マエリウスにいわれなき罪を着せ、セルウィリウスは裁きを受ける前の市民を殺害したというのが彼の主張であった。だがこの告訴に対して人々は仕掛け人［マエリウス］が期待したほどは関心を示さなかった。[5]むしろ彼らの関心はその頃勢いを増してきた疫病や、さまざまな怪奇現象、天変地異に向けられていた。とりわけ頻発する地震によって農村部の建物が倒壊しているという知らせがローマにもたらされていた。そのため祭祀二人委員会[3]の司式のもと国民による祈禱式が執り行なわれた。

翌年、[6]疫病はさらに勢いを増した。ガイウス・ユリウスが二度目にコーンスルとなり、同僚にルキウス・ウェルギニウスが選ばれた年である。人々は市中にいるか市外にいるかにかかわらず、悪疫の猛威を恐れ、だれ一人としてローマの領地から外に出て掠奪をしようとは思わなかった。また、貴族にせよ平民にせよ戦争を仕掛けるなどということは思いもよらなかった。[7]ところがフィデナエ人が動いた。彼らはしばらくのうちは山地や城砦に身を潜めていたものの、掠奪のためローマの領地に襲来してきたのである。[8]彼らはウェイイからも援軍を呼び寄せた。ただ、ファリスキ人たちを新たな戦争に駆り立てることはできなかった。彼らはローマに逆風が吹いていることを知りながらも、また、同盟国からの要請を受けながらも、動こうとしなかった。フィデナエ軍とウェイイ軍はアニオ河を渡り、コリナ門からさほど遠くない場所に戦旗を立て

(1)コッススはこれらの神々を前にして、真実でない公職名を書くなどという冒瀆行為を行なうはずはないという含意が認められるものの、どことなく煮え切らない表現である。アウグストゥス自身が政治的意図をもってあえてコッススの役職名を軍団司令官ではなくコーンスルとした可能性が示唆されているととれなくもない。

(2)王になる野望を抱いたとされる騎士階級のスプリウス・マエリウスとは同名であるが、別人である。第一三章から第一五章参照。

(3)ローマには臨時の職務を任される各種二人委員会が設けられたが、祭祀二人委員は祭儀に際して詠唱の先唱役となった。

た。[9]ローマ市内の狼狽は城外のそれに劣らぬものがあった。コーンスルのユリウスは兵を塁壁と城壁に配置し、ウェルギニウスはクィリヌスの神殿(1)で元老院と対応策を協議した。[10]そして、クィントゥス・セルウィリウスを独裁官に任ずべしという結論が出された。彼の添え名については、プリスクスと伝える者と、ストルクトゥスと伝える者とがある。ウェルギニウスは同僚コーンスルと相談するまでは独裁官の指名はできないといって時間を取った。そしてユリウスの同意を得て、セルウィリウスを独裁官に指名した。セルウィリウスは騎兵長官にポストゥムス・アエブティウス・ヘルウァを任命した。

フィデナエ攻略

二二　独裁官は、全員に対してコリナ門外集合を命じた。刻限は夜明けであった。武器を持つ力のある者はすべて姿を見せた。戦旗が国庫（アエラーリウム）から出され、独裁官のもとに運ばれた。[2]その動きを見て、敵は高台に退避した。そこに向けて独裁官は戦闘隊形の軍を進めた。ノメントゥムの町(2)からさほど離れていない地点でエトルリア軍と交戦に入り、総崩れにさせた。さらにそこからフィデナエの町まで追撃し、町全体を塁壁で取り囲んだ。[3]しかし、フィデナエの町は高台にあり防御も堅かったので、攻城梯子で攻め落とすことは難しかった。また、包囲戦も効き目がなかった。というのも、備蓄食料が必要最低限どころか、必要以上に厖大な量が事前に確保されていたからである。[4]要するに攻め落とすのも降伏に追い込むのも望み薄であった。しかし、フィデナエはローマからさほど遠からぬ町であるため、ローマ軍は周囲の地形を熟知していた。［ローマ軍から見て］町の反対側が天然の要害となっていたが、それゆえに敵の守りが手薄になっていた。それに目を付けた独裁官はその地点から城中まで隧道を掘る作戦に出た。
5 独裁官率いる本隊は四隊に分かれ、各方面から城壁に近づいていった。そして持ち場を交替しながら昼夜を分かたず戦闘を続け、敵の注意を掘削作業から逸らせた。6 そしてついに掘削開始地点から城中の砦まで地下通路が丘をくりぬいて完成した。本当の危険に気づかず陽動作戦に振り回されていたエトルリア人は自分たちの頭の上から敵の叫び声がするのを聞いて、町が陥落したことを知った。
7 この年、監察官のガイウス・フリウス・パクルスとマルクス・ゲガニウス・マケリヌスは、マルスの野に公共集会場（ウィラ・プーブリカ）(3)を建てることを承認した。これがこの建物で戸口調査が行なわれるようになったはじまりである。

前434年

エトルリア連合軍に対する備え

二三　リキニウス・マケル(4)によれば、この翌年も同じコーンスルが選任されたことになっている。すなわち、ユリウスが三度目、ウェルギニウスが二度目である。一方、ウァレリウス・アンティアス(5)とクィントゥ

(1) クィリヌスはサビニ系の神とされるが詳細は不明。戦いの神マルスや、死後に神格化されたロムルスと同一視される場合がある。なお、元老院は鳥占いによって聖別された場所で開く必要があったため、しばしば神殿がその場所となった。
(2) ローマの北東一五マイルにあるサビニ人の町。
(3) 戸口調査や徴兵のための施設。外国使節の宿舎としても用いられた。
(4) 共和政期の政治家で年代記編者（前六六年没）。前七三年の護民官。第七章参照。
(5) 前一世紀の年代記編者。第三巻第五章参照。

ス・トゥベロ(1)はマルクス・マンリウスとクィントゥス・スルピキウスがこの年のコーンスルであったと記している。[2]このようにそれぞれの見解には大きな食い違いが見られるが、トゥベロにせよ、マケルにせよ、典拠は亜麻布記録簿であるとはっきり認めている。さらに双方とも、彼ら以前の歴史家たち(2)がこの年は「コーンスルではなく」准コーンスルが就任したと伝えているという事実を伏せてはいない。[3]つまるところ、リキニウスは亜麻布記録簿にそのまま従うべきであると判断し、トゥベロは確信が持てなかったということになるわけである。他の事例同様、この件についても時間の経過を理由に結論は出さずにおくほかない。

[4]フィデナエが陥落したことでエトルリア中に衝撃が走った。ウェイイ人が同じような破滅に恐れおののいたのはむろんのこと、今回は蜂起に加わらなかったファリスキ人も、先般のローマ攻めでフィデナエと組んだことは帳消しにはできないと恐怖に駆られた。[5]それゆえ、両国は近隣の［エトルリア系］十二都市(3)に使節団を派遣し、全エトルリアによる会合をウォルトゥムナ(4)の神域で開くところまでこぎつけた。［一方ローマでは］大規模な戦争が目前に迫っていると感じた元老院が、マメルクス・アエミリウスを再び独裁官に指名した。(5)[6]独裁官によって、アウルス・ポストゥミウス・トゥベルトゥスが騎兵長官に任命された。ローマは前年と比べてより周到な戦争準備を行なった。全エトルリアを相手にする以上、二ヵ国相手よりもそれだけ危険度が高いと考えたからである。

監察官任期の短縮

二四　しかしこの騒動は予想外にあっけなく収束した。[2]商人たちから次のような情報が寄せられた。それによれば、ウェイイ人はエトルリア諸都市に援軍を要請して拒まれ、自分たちの判断で始めた戦争は自分たちの力だけでやり抜くべきだと意見されたうえに、最初に勝利の望みを共有していなかった相手に旗色が悪くなってから協力を求めるのは筋違いもはなはだしいと諫められた、というのである。[3]アエミリウスにしてみれば、自分がなんのために独裁官になったのか分からなくなるような事態は避けたかった。そして、戦争で名声を得る方法が失われてしまった以上、平時であって独裁官にふさわしい記念碑的な業績を残したいと考え、監察官の権限を弱めることにした。その権限を過大であると見なしたのか、あるいは、権限の大きさそのものより任期の長さを問題視したのか、どちらかがその理由であったはずである。[4]彼は市民集会を開いて、こう語った――国家を外敵から守り、万事をつつがなく収める役割は不死なる神々が受け持ってくださった。そこで私は、この市壁の中においてなさねばならぬこと、すなわち、ローマ市民の自由を守るために働くつもりである。さて、自由を守るための安全弁として最も有効なのは、強大な権力に持続性を持たせないことである。[5]すなわち、権限範囲という点で制約を課することのできない役職には任期という制約が課されねばならない。しかるに、他の公職が一年任期であるのに対して、監察官は五年任期である。一人の人

---

(1)クィントゥス・アエリウス・トゥベロ。前一世紀の政治家で年代記編者。

(2)ファビウス・ピクトル、カルプリニウス・ピソ、マルクス・ポルキウス・カト（大カト）。

(3)いわゆるエトルリア同盟に属する都市。

(4)エトルリアの女神であること以外はほとんど不明であり、いかなる権能を有するのか、あるいは神域がどこにあるのかなども分からない。

(5)マメルクスの一度目の独裁官就任は前四三七年。第一七章参照。

間が、長い年数、人生のかなりの期間にわたって、同じ人間に服従しなければならないということは実に憂慮すべき事態である。それゆえ私は、監察官の任期は一年半を越えてはならないとする法案を提出しようと考えている——。

[6]その翌日、市民の熱狂的な賛成を得てこの法が成立すると、マメルクスはこう宣言した。「市民諸君、私にとっていかに持続的な権威が厭わしいものであるか、はっきり諸君に分かってもらうために、私はいまここで独裁官の職を辞することにする」。[7]マメルクスは自らの退任と引き換えに監察官任期の制限を成し遂げて屋敷に戻っていった。彼のあとには市民が付き従い、感謝と支持をその行動で示した。一方監察官たちは、ローマ市民の官職から権威を剝ぎ取ったといってマメルクスを非難した。そしてマメルクスからトリブス［地区］民としての権利を剝奪するとともに、(1)以前の八倍の税を課し、最下層市民（アエラーリイー）(2)の身分に落とした。[8]マメルクスはこの処遇を黙って受け入れ、度量の大きさを示したと伝えられている。権利剝奪そのものよりも権利剝奪の背景になにがあるのか見通していたということでもあろうか。また、［監察官に就任しうるような］有力貴族は、監察官権限の縮小には当初反対の立場にあったが、このときの監察官の苛酷な仕打ちには大いに憤ったと伝えられている。一人ひとりよく考えて見れば、自分が監察官の職に就くよりも、他の監察官に服従する期間のほうが長く、また頻度も高いことに気がついたというわけでもあろうか。[9]いずれにせよ一般市民の監察官に対する怒りは非常に大きく、監察官を襲撃する一歩手前にまでいった。それをすんでのところで押しとどめたのはほかならぬマメルクス自身の権威であったと伝えられている。

平民からの准コーンスル選出に向けての動き

前433年

二五 ［翌年］コーンスルを選出することに対して、護民官たちは執拗に反対し、中間王を立てるほかはないというところまで事態は紛糾した。そして、最終的に護民官は准コーンスルの選出に持ち込むことに成功した。[2]この成功の果実として護民官たちは平民からの准コーンスル選出を期待したが、その点では得るものはなかった。すなわち選ばれたのは全員が貴族だったからである。マルクス・ファビウス・ウィブラヌスとマルクス・フォリウスとルキウス・セルギウス・フィデナスの三名である。

[3]この年は疫病が流行り、その対応に追われたため、それ以外の動きはほとんどなかった。快癒のためにアポロン神殿建立の誓願が行なわれた。祭祀二人委員会(3)が、神々の怒りを鎮めるため、そして人々の疫病退散のため、シビュラの書に書かれているとおりの多くの定めを実行した。[4]しかしその甲斐もなく、ローマ市内においても田園地帯においても甚大な被害が発生した。人間も家畜も死んでいった。人々は疫病の結果としてもたらされる飢饉を恐れた。土地を耕す農民たちが数多く病に倒れていたからである。そこで、エトルリアやポンプティヌス地方やクマエ、さらにはシキリアにまで穀物調達のために人が送られた。

前432年

[5]［次の年は］コーンスル選挙が話題に上ることはなく、准コーンスルが選出されることとなった。全員が貴

---

(1) この処置によって兵役不適格となり、ケントゥリア民会の投票権も剥奪された。

(2) 人頭税（青銅＝アエス）を支払うのみの最下層市。公職に就くことはおろか兵役に就くこともできなかった。

(3) 第二二章参照。

族であった。すなわち、ルキウス・ピナリウス・マメルクス、ルキウス・フリウス・メドゥリヌス、スプリウス・ポストゥミウス・アルブスの三名である。[6]この年、疫病の勢いは衰えを見せ、食料不足の心配もなかった。というのも前もって対策が講じられていたからである。

[7]さて、ウォルスキ人とアエクィ人はそれぞれ集会を開いて、この機に戦争を仕掛けるべきだという議論を行なっていた。エトルリアにおいても、ウォルトムナの神殿の前で同様の議論が行なわれたが、[8]戦争は一年先送りすべきであり、その時が来るまではいかなる会合も開かないという結論になった。ウェイイ人たちは、自分たちにも滅亡したフィデナエと同じ運命が迫っていると訴えたが、エトルリア人たちがそれを聞き入れることはなかった。

[9]その間ローマでは平民の指導者たちが護民官の屋敷で会合を開き、秘密の相談を重ねていた。彼らは、ここ数年、外敵からの脅威がないにもかかわらず、宿願となっているさらなる顕職への道が閉ざされているのはなぜなのか、意見を交わしていた。[10]彼らは、平民自身から軽んじられていることに納得がいかなかった――ここ何年か続けて准コーンスルが選出されているにもかかわらず、平民からはだれ一人としてその顕職に到達した者がいないのはなぜなのか。[11]たしかに自分たちの祖先が、貴族に対して平民の公職への道を開かなかったのは大いに先見の明があった。もしそうしていなかったならば、自分たちは貴族の護民官に仕えることになっていただろう。それほどまでに自分たちは自らの階級から軽く見られており、平民からの軽蔑は貴族からの軽蔑に負けず劣らず大きい――。[12]一方、平民に罪を着せるのではなく、貴族にこそ科ありと主張する者たちもいた――顕職に至る道が平民に閉ざされているのは、貴族の巧妙な票集めのためである。もし

平民が貴族の懇願と恫喝をない交ぜにした選挙運動から逃れることができれば、(1) 投票に行くときに自分の階級のことを思い浮かべるであろうし、そうすればすでに獲得している［護民官による］平民保護に加えて、［准コーンスルによる］軍団指揮権をも手に入れることができるであろう——。
[13] そのため彼らは護民官を動かし、公職選挙に立とうとする者は白いトガを着てはならぬ(2)という選挙運動規制法案を提出することとした。いまからみればきわめて些細なことであり、真剣に議論するに値しないように思えるが、当時はこのことで、貴族と平民のあいだにすさまじいまでの闘争の火蓋が切って落とされたのである。[14] しかし最終的には護民官が勝ちを収め、法案が成立した。［もし准コーンスルの選挙が決まれば］いきり立っている平民たちが自分たちの階級［からの候補者］を支持するであろうことは明白であった。元老院はそのような可能性を摘み取るために、［次年度は］コーンスル選挙実施を決議した。

前431年

アエクィ人とウォルスキ人の挙兵

二六　元老院決議の背景には、ラテン人とヘルニキ人からもたらされた、アエクィ人およびウォルスキ人が不穏な動きをしているという報告があった。[2] コーンスルに選ばれたのは、ルキウス・キンキンナトゥスの息子で、ポエヌスという添え名のあるティトゥス・クィンクティウス・キンキンナトゥスとガイウス・ユリ

(1) 当時は秘密投票ではなかったので、平民は貴族の監視の下で心理的圧迫を受けて投票を行なわねばならなかった。

(2) 立候補者が純白のトガを着るしきたりについては第六章参照。

ウス・メントであった。事態はまもなく戦争を懸念しているだけではすまなくなった。[3] というのもアエクィ人とウォルスキ人は、彼らの奉じる「神聖法[(1)]」の名の下にすでに徴兵登録を終えていたからである。この神聖法こそ彼らが兵を集めるのに最も有効な手段であった。強力な軍隊がそれぞれの領地を出発し、アルギドゥス山で合流した。[4] ただし彼らは陣営の設営は別々の場所にした。指揮官たちは、堡塁を築くにも、兵士を訓練するにも、これまで以上に細心の注意を払った。こうしたことがローマに伝わると、人々の恐怖はさらに大きなものとなった。[5] このとき元老院は次の理由で独裁官選出の決断を下した――これらの部族は幾度も敗北を経験した教訓から、今回はかつてないほど周到な構えで新たな戦いを挑んできている。一方、ローマの側では相当数の若者が疫病によって命を落としている――。[6] しかし実のところ、人々が恐れたのは、両コーンスルの頑迷であり、二人の不和であり、あらゆる施策に関して互いに争わずにはおかぬその態度であった。なお、アルギドゥス山においてこの二人のコーンスルは敗北を喫し、それが独裁官選出の理由となったと述べる歴史家もいる。[7] いずれにせよすべての歴史家は、あらゆる点で反発しあった両コーンスルも、この元老院による独裁官指名の決議に対してだけは口を揃えて反対したということで意見の一致をみている。さて、ローマに知らせがもたらされるたびに、状況は深刻度を増していくにもかかわらず、両コーンスルは頑として元老院の意向に従おうとしなかった。見るに見かねて、クィントゥス・セルウィリウス・プリスクス[(2)]がこう呼びかけた。彼はこれまでさまざまな公職を経験し、すぐれた実績を残してきた人物である。[8]「護民官諸君。事態はもはや待ったなしの局面である。元老院は諸君に要請する。この国家の重大危機に際し、諸君のもつ権限を用いて、両コーンスルが独裁官を指名するよう働きかけてほしい」。[9] その発言を聞いて護民官たちは自分たちの権威を高める好機が訪れたと考えた。彼らはその場を離れて検討に入ると、護民官団全体の意思として、両コーンスルは元老院の決定に従うべきである、と宣告し、さらにもし両コーンスルが最も敬意を受けるべき階級(3)の決定にこれ以上異議を唱えるならば、自分たちとしては彼らの投獄命令を下さざるをえないと付け加えた。[10]両コーンスルは、元老院に従うよりも護民官に屈服するほうがまだましだと考えた。しかしこう毒づくことも忘れなかった――もしコーンスルでありながら護民官の権力によってなにかを強制されたり、さらには軛に掛けられるようなことがあったりすれば(市民にとってこれよりも恐ろしいことが他にあるだろうか)、国家の最高権限が元老院の裏切りにあい、コーンスル職が護民官の権力の軛の下に送られたということにほかならない――。

[11]独裁官を指名する役割は籤で決められた。というのも、このようなことですら両コーンスルのあいだで意見の一致を見なかったからである。籤が当たったのはティトゥス・クィンクティウスであった。彼はきわめて厳格な指導者として知られる岳父アウルス・ポストゥミウス・トゥベルトゥスを独裁官に指名した。騎兵長官にはルキウス・ユリウスが独裁官によって任命された。[12]すぐさま徴兵登録と国事行為停止の布告がなされ、市中において戦争準備以外のことをしてはならないという命令が下った。軍務免除に相当するかどうか

(1)彼らのあいだでは、戦争参加は宗教的義務であり、召集に応じない者は「神々に呪われた者」と見なされ、殺されてもしかたないとされていた。

(2)前四三五年の独裁官。第二一章参照。

(3)元老院階級。

の調査は戦争が終わってから行なうと決まったため、いずれともいえない市民は徴兵登録に応ずるほうを選んだ。また、ヘルニキ人とラテン人にも援軍を差し出すよう要請が出され、両部族とも独裁官に忠実に従った。

戦場における独裁官ポストゥミウスの手腕

二七　すべての措置がきわめて迅速に行なわれた。ローマには、コーンスルのガイウス・ユリウスが防備のために残った。また騎兵長官のルキウス・ユリウスも、戦争が始まってから緊急に物資が必要となる事態を想定してローマに残った。軍隊が物資不足によって苦戦を強いられることのないようにという備えである。[2]独裁官は、大神祇官アウルス・コルネリウスを先唱者(1)として誓いの言葉を述べ、この一斉蜂起を鎮圧したあかつきには大競技祭を開催するという願を立てた(2)。そしてコーンスルのクィンクティウスと軍を二分してローマを発つと敵の陣営に向かった。[3]敵の陣営が互いに少し距離を置いて設営されているのを見て、ローマ軍も同様に軍を分け、敵からほぼ一マイル離れたところに陣営を築いた。独裁官の陣営はトゥスクルム寄りに、コーンスルの陣営はラヌウィウム寄りに置いた。[4]こうして四つの軍隊が四つの陣営に入って対峙することになった。敵と味方を隔てる土地は、小競り合いはもとより、双方が戦列を布いて戦うのに十分な広さがあった。[5]ローマ軍は敵陣に相対するように陣営を築いた直後から、間断なく小競り合いを仕掛け続けた。辛抱強く自軍の兵士を送り出した独裁官の意図は、小さな戦いに勝利するうちに最終的な勝利も手にできるという自信を兵士らに持たせることにあった。[6]一方、通常の戦闘では勝利は得られないとみた敵はコーンスルの陣営に夜襲をかけ、一か八かの危険な賭けに出た。突然わき起こった鬨《とき》の声に、まずコーンスル陣営の哨兵が反応し、すぐさまコーンスル軍の全体が目覚め、独裁官も眠りから覚めた。[7]即応が求められる緊急事態にあって、コーンスルは度胸も判断も申し分なかった。営門防御のために兵の半分を割り当て、残りの半数に命じて塁壁全体を固めた。[8]独裁官が指揮するもう一つの陣営においては、混乱はコーンスル陣営よりも小さく、それゆえにいかなる行動が必要かについても冷静な判断が可能であった。すぐさま副官スプリウス・ポストゥミウス・アルブス率いる援軍がコーンスル陣営に送られた。独裁官も自ら軍の一部を率いて陣営を出たが、少し迂回して、戦場からまったく死角となっている場所を目指した。敵の背後から不意打ちする狙いであった。[9]陣営防御のためには副官クィントゥス・スルピキウスを残した。また、騎兵隊の指揮は副官マルクス・ファビウスに委ねたが、彼には夜明け前に行動することを禁じた。夜間、混乱したなかで人馬を統御するのは困難であるというのがその理由である。以上はこのような状況に置かれたとき、冷静沈着な指揮官であればだれであれ実行可能なことばかりである。独裁官もそのとおり命令し実行したにすぎない。[10]しかし敵が大多数の兵士を陣営から繰り出してしまっていることを、斥候の報告で知った独裁官がとった作戦は、

(1) スポリア・オピーマを奉献したアウルス・コルネリウス・コッスス。

(2) ローマ競技祭とも呼ばれる「大競技祭」の創設は第五代王タルクィニウス・スペルブスの時代に遡る。第一巻第三五章九では毎年開催されたとなっているが、実際に十二月に行なわれる例祭となったのは前三六六年以降のことである。この当時は戦争などの特別な場合の祈願に対する還願の行事として行なわれた。

彼の判断力と胆力を如実に示す例であり、彼が破格の評価を受けるゆえんである。すなわち彼は「手薄となった」敵陣に攻撃を仕掛けるため、マルクス・ゲガニウスを指揮官とする精鋭部隊を送り出したのである。[11]敵陣に残っていた兵士らは必死の覚悟で出撃した仲間の運命をただひたすら案ずるだけで、陣営の防御については気が回っていなかった。ゲガニウスは哨兵も警備兵も配置されていない陣営を急襲し、ほとんど敵が攻撃に気づかないうちに陣営の占領を完了した。[12]手はずどおりに合図の狼煙が上がるのを見て、独裁官は、敵陣が落ちたぞと叫び、各部隊に知らせを送るよう命じた。

激戦

二八　夜が明けるにつれて、戦場のすべての様子が見えてきた。ファビウスは騎兵隊を率いて攻撃を開始し、コーンスル［のクィンクティウス］も出陣し、浮き足立っている敵に襲いかかった。[2]一方、別の箇所では、独裁官が敵の予備軍と第二列に対して攻撃を仕掛けていた。敵は［ローマ軍の］激しい鬨《とき》の声と突然の攻撃に立ち向かうため戦列の向きを変えたが、独裁官は精強な歩兵と騎兵を駆って周りを囲んだ。[3]こうしてローマ軍に包囲された敵は、もしウォルスキ人のウェッティウス・メッシウスが大声を上げなければ一人残らずローマに叛旗を翻した罪の報いをうけていただろう。彼は出自よりも武勇で名高い男であったが、部下が小さく円陣を作って身を寄せ合っているのを見てこう叱咤した。[4]「お前たちは、抵抗することも反撃することもなく、このままただ敵の武器に身を任せるつもりなのか。なんのために武器を取ったのか、なんのためにこちらから戦争を仕掛けたのか。平時に意気盛んで、戦時に意気地なしとはお前たちのことか。立ちすくむことに、いかなる希望があるのか。あるいは、いずれかの神が助けに来てくれて、ここからどこかへ連れて行ってくれるとでも思っているのか。[5]道は武器で切り開かねばならない。さあ、自分の家と両親と妻と子を再びその目にとらえたいと思う者は、前を行く私を見失わないよう、しっかり後に付いてくるがよい。乗り越えなければならないのは城壁でも堡塁でもない。武装兵が武装兵を乗り越えていくだけのことだ。お前たちは武勇の点では対等である。しかるに最終かつ最大の兵器である苦難の状況という点では、そのまっただ中にいるお前たちのほうが優位に立っている」。

[6]こう言い終わるとメッシウスは言葉のとおり、行動に移った。部下たちは新たに鬨の声を上げて、彼のあとに従い、ポストゥミウス・アルブスの歩兵隊が立ちはだかっているところを目がけて突進した。勝勢にあったローマ軍もこれにはたまらず後退を余儀なくされた。ところが総崩れになる寸前、独裁官が救援に駆けつけ、この場所で激戦が繰り広げられることになった。[7]敵の運命はメッシウスという一人の男にかかっていた。両軍とも負傷者は数知れず、死体もいたるところに転がっていた。ローマ軍は指揮官でさえ血を流しながら戦っていた。[8]投石で撃たれて頭を割られたポストゥミウスだけは戦場から退いたが、肩に重傷を負った独裁官も、腿を槍で貫かれてほとんど馬に釘付け状態のファビウスも、腕をもぎ取られたコーンスルもこの熾烈な戦いから身を引くことはなかった。

勝利

二九　メッシウスは屈強な若者の一団とともに、ローマ兵の亡骸を踏み越えながら、まだ陥落していなかったウォルスキ軍の陣営にたどり着いた。[2]ローマ軍は戦力をすべてこの陣営に差し向けた。コーンスルは算を乱して逃げる敵を塁壁まで追走し、陣営そのものと塁壁に攻撃を加えた。別の箇所にいた独裁官もこの陣営に部隊を移動させた。[3]この攻撃も直前の包囲戦に劣らず苛烈だった。伝えられるところによると、コーンスルは突撃の勢いを増そうと軍旗を塁壁の内側に投げ入れた。兵士らは軍旗を取り戻すために突進し、それが塁壁の突破口となったという。塁壁が破れると、独裁官も自ら兵を率いて陣営に突入した。[4]これを見て敵は次々に武器を手放し投降をはじめた。陣営制圧後、敵は元老院議員[(1)]を除いてほかはすべて奴隷として売られた。戦利品は、ラテン人とヘルニキ人の所有物と確認されたものは持ち主に返却され、それ以外は独裁官が競売に付した。独裁官は陣営の統括をコーンスルに委ねると、自身はローマに凱旋し自ら職を辞した。

[5]このようにアウルス・ポストゥミウスは独裁官として赫々たる成果を上げたが、一方で、彼に関する悲しい言い伝えも残っている。彼に一人の息子があった。この息子は、戦いのさなか、いまなら勝てると自ら判断すると、命令が下る前に持ち場を離れて出撃した。父親は勝利して戻った息子の首を斧で切りおとさせたというのである。[6]そのような話は信じたくないという者もいるだろう。また、さまざまな見解も存在し、これを事実誤認とみることも可能である。たとえば、われわれには「マンリウスの家父長権」という言葉はあるが、「ポストゥミウスの家父長権」という言葉はない。このような冷酷きわまりない行為の先駆けとなった者がいるならば、当然その者が非情という譴責印[(2)]を押されるのが当然であろう。しかもマンリウスには「暴君」という添え名が付けられているのである。むろん、ポストゥミウスがそのような不名誉な呼び名で呼ばれることはない。

[7] コーンスルのガイウス・ユリウスは、同僚コーンスルがローマに戻る前、籤引きの手順を経ずにアポロン神殿の献堂を行なった。(3) 軍隊を解散し、ローマ市内に戻ったクィンクティウスはこれに大いに立腹し、元老院に不平を訴えたが得るものはなかった。[8] 以上のような大事件が起こったことで記憶されるべきこの年に、当時はローマにとってなんの関わりもないと見なされていた事件が起こっている。やがてローマの宿敵となるカルタゴが、シキリア人の内紛に乗じ、一方の党派に肩入れするため軍隊をシキリア島に送り込んだのである。

迷　信

三〇 [翌年] ローマでは、准コーンスル選出に向けて護民官が活発な動きを見せたが、失敗に終わった。そしてルキウス・パピリウス・クラッススとルキウス・ユリウスがコーンスルになった。アエクィ人のもとから元老院に使節が送られてきた。彼らは和平協定の締結を求めてきたが、元老院は協定締結の代わりに降伏を要求した。それに対して使節たちは八年間の休戦を要望し、元老院の承認を得た。[2] 一方、アルギドゥス

(1) ウォルスキ人の長老会議メンバー。ラテン語の元老院議員(senator)は他民族の元老院相当会議メンバーを指す場合がある。
(2) 譴責印(nota)は専門用語で、監察官によって不品行と見なされた元老院議員、騎士の名簿に記される印のこと。
(3) アポロン神殿の建堂は二年前(前四三三年)に誓願されていた。第二五章三参照。

山で大敗を喫したウォルスキ人は、和平派と主戦派が執拗な闘争を展開し、論争と衝突を繰り返して大混乱に陥っていた。[3]こうしてローマ人にとっては近隣諸国からの脅威のない時が訪れた。護民官の一人が同僚を裏切ってコーンスルにこう密告した——われわれ護民官は罰金換算に関して、より市民受けのする法律(1)を準備している——。それを聞いた両コーンスルは先手を打って、自ら法案を提出した。

[4]翌年のコーンスルにはルキウス・セルギウス・フィデナス（二度目）とホストゥス・ルクレティウス・トリキピティヌスが就任した。彼らがコーンスルであったこの年はなに一つ特筆すべきことは起こらなかった。

その翌年にコーンスルになったのは、アウルス・コルネリウス・コッススとティトゥス・クィンクティウス・ポエヌス（二度目）であった。[5]ウェイイ人がローマの領地を荒らすために侵入した。この掠奪にフィデナエの相当数の若者が関わっているという噂が流れた。[6]真偽を確かめる任務がルキウス・セルギウスとクィントゥス・セルウィリウスとマメルクス・アエミリウスに与えられた。その結果、何人かがオスティアに追放となった。なぜなら、掠奪が行なわれた時期に彼らはフィデナエにおらず、その理由が判然としなかったからである。そして多数の入植者がフィデナエに入り、彼らには戦争で命を落とした人々の所有地が割り当てられた。

[7]この年、ローマは旱魃で大きな被害を蒙った。雨が空から降らなかっただけでなく、大地に蓄えられているはずの水分も十分ではなく、これまで涸れたためしのない河川にもほとんど水が流れ込まなくなった。[8]水不足で涸れた泉や小川の周りには、渇きで息絶えた家畜の群れが横たわった。また別の場所では疥癬病に罹って死んだ家畜もいた。そして疥癬病は人間にも伝染した。最初この伝染病は農民や奴隷を襲ったが、や

がてローマ市内にも蔓延した。しかしこのとき、疫病が人々の肉体を冒すだけではすまなかった。[9]ありとあらゆる種類のほとんどが外来の迷信が人々の心に巣くったのである。迷信に傾きがちな人々を担いで一儲けしようと企む連中が、予言者を装い、家々のなかに奇妙な犠牲式を持ち込んだ。やがてそうした恥ずべき儀式は指導的な立場の市民にまで広まった。[10]そして神々の怒りを鎮めるためといって、ありとあらゆる通りや礼拝堂に外国の見慣れぬ供物が捧げられているのをだれもが見るまでにいたったのである。このとき以来、[11]アエディーリスの仕事として、ローマ以外の神々の信仰を禁じ、人々に父祖伝来の祭式を守らせる役割が加わった。

前427年

[12]ウェイイ人に対する反撃は翌年まで先送りされることとなり、ガイウス・セルウィリウス・アハラとルキウス・パピリウス・ムギラヌスがコーンスルに選ばれた。[13]年度が改まっても、迷信の影響が色濃く残り、即座に宣戦布告することも、軍隊を送ることもできなかった。元老院はまず賠償を求めるために外交神官(2)を派遣する決定を下した。[14]ノメントゥムとフィデナエでウェイイ人と戦ったのはそれほど昔のことではなく、また戦いの後は、講和協定ではなく、休戦協定が結ばれただけになっていた。しかも、その期限はすでに切れ

(1)リウィウスには言及はないが、前四五四年に成立したアテルニア・タルペイア法では牛一頭は羊一〇頭あるいは青銅一〇〇リーブラに相当するという罰金の換算比率が定められていた。しかし人々の要望に答えて、この年(前四三〇年)に支払いは貨幣で行なうとする法(ユリウス・パピリウス法)が成立した。

(2)本来は宣戦布告と条約締結を結ぶための神官であるが、ここでは賠償請求を行なっている。広義の戦争処理と見なすことができる。

ており、さらに言えば、彼らはその期限が切れる以前に再び武器を取っていた。それにもかかわらず外交神官が送り込まれたのである。外交神官による定式に則った宣誓と賠償請求は一顧だにされなかった。[15]次に、戦争は民会の決定に従って行なう必要があるか、それとも元老院の決議で十分であるかという議論が起こった。(1)［元老院決議だけでは］徴兵登録は許さないという護民官の恫喝に押し切られ、コーンスルのクィンクティウス(2)は市民に開戦についての意見を聞くことを余儀なくされた。[16]全ケントゥリアが開戦を支持した。このとき、平民は自分たちの意思で戦争を決めただけでなく、もう一つ別の成果も手に入れた。というのも翌年はコーンスルを選出しないことに決まったからである。

前426年

ウェイイ、フィデナエ連合軍による攻勢

三一　准コーンスルに選出されたのは、ティトゥス・クィンクティウス・ポエヌス（前年のコーンスル）、ガイウス・フリウス、マルクス・ポストゥミウス、アウルス・コルネリウス・コッススの四名であった。[2]彼らのうちコッススがローマに残る役割を引き受け、他の三名は徴兵登録を行なったのち、ウェイイを目指して出発した。しかし彼らは最高指揮権を分割することがいかに無益なことかを身をもって示すことになった。というのも、各人が個別に戦略を練り、個別に指揮したため、敵に付け入る隙を与えてしまったのである。[3]一人の指揮官が突撃命令を出すと、別の指揮官が退却命令を下した。そうした混乱に乗じてウェイイ軍が攻撃を仕掛けてきた。ローマ兵は算を乱し、敵に背を向けて近くの陣営に逃げ込んだ。こうして彼らは敗北し、さらに、敗北以上に惨めな恥辱を受けた。[4]敗北に慣れていない国民は悲嘆にくれた。人々は護民官を糾弾し、

独裁官選出を要求した。ローマの光明は独裁官にしか見出せないと考えたのである。ところがここにも迷信のたぐいといってよい足かせが存在した。独裁官はコーンスル以外には任命できないというのである。そこで、人々は卜鳥官に諮り、その障害を取り除いた。(3)

5 アウルス・コルネリウス［・コッスス］がマメルクス・アエミリウスを独裁官に指名し、(4) 自身は独裁官によって騎兵長官に任じられた。かつてマメルクスは監察官から、不当ではあったが譴責印を押された。しかし真の指導者が必要とされるやいなや、人々は譴責印のついた者に国の舵取りを任せることに躊躇しなかった。(5)

6 勝ち戦さに有頂天となったウェイイ人はエトルリア各部族に使節を派遣し、ローマの三人の指揮官を一度

(1) このウェイイとの戦争が前年からの継続と見なされれば、あらためて民会に諮る必要はない。

(2) 本章一二で、リウィウスはこの年（前四二七年）のコーンスルをガイウス・セルウィリウス・アハラとルキウス・パピリウス・ムギラヌスとしている。一方第三一章一では、前四二六年の准コーンスルとなったクィンクティウスを前年のコーンスルとしている。リウィウスが典拠とした資料の食い違いがこの混乱のもととなっていると思われる。リキニウス・マケルが前四二七年のコーンスルをアウルス・コルネリウス・コッススとクィンクティウスとするのに対して、ウァレリウス・アンティアスはセルウィリウスとパピリウスとしている。

(3) 独裁官はコーンスルによって指名されるが、この年は准コーンスル体制であったため、次善の策として前四二八年にコーンスルを経験しているコッススに独裁官指名の役割が与えられた。

(4) マメルクスの独裁官就任は前四三七、四三四年に続いて三度目となる。

(5) マメルクスは二度目の独裁官のとき、監察官の任期を短縮したことによって彼らの恨みを買い、譴責印を受けた。第二四章参照。

の戦闘で破ったと吹聴した。彼らは、エトルリア同盟からの一致した協力は得られなかったものの、各地から志願兵を集めることはできた。しかし集まってきたのは掠奪だけが目当ての連中であった。[7]ただしフィデナエ人だけは戦争再開に同意した。彼らは罪を犯さずに戦争を始めることは不敬なことでもあるかのように、以前ローマの使節を殺害した例にならい、新しい入植者を殺して武具を血で染めてからウェイイ人と合流した。[8]その後、ウェイイとフィデナエのどちらに戦争の本拠を置くかで双方の指導者たちが協議した。フィデナエが適当と判断されると、ウェイイ軍はティベリス河を渡り、主戦場をフィデナエに定めた。[9]ローマには大きな動揺が走った。そこでウェイイと戦って敗北を喫した軍勢をローマに戻し、コリナ門の前に堡塁を築かせた。市壁の上に武装兵を配置し、市中における法行為および国事行為の停止と商店閉鎖の布告がなされた。ローマ全体が町というよりは陣営のような様相を呈した。

戦闘開始

三二　独裁官は告知人を市内各所に送り、浮き足だった市民に呼びかけて市民集会を開くと、こう檄を飛ばした。「諸君は運命のほんのわずかな変化に気を動転させている。だがわれわれが蒙った損害は軽微なものであり、[2]しかもそれは敵の武勇によるものでも、ローマ軍の臆病によるものでもなく、指揮官たちの意思統一のなさが原因である。ところが諸君はいままで六度も打ち破ったウェイイ人を恐れている。フィデナエ人にいたっては、われわれは攻撃したよりも多くの回数にわたって占領したといえるくらいの相手なのである。[3]ローマ人の本質は幾世代経とうが変わらない。外敵もまた同じである。精神にせよ肉体にせよ武器にせ

西洋古典叢書

月報 122

2016＊第2回配本

アレイオス・パゴス（アレスの丘）
【アテナイのアクロポリスから岩場を見下ろす。
写真の右端外の下方にアゴラー（公共広場）が広がっている】

目　次

2016年7月
京都大学学術出版会

歴史的な事変と小さな事件

比佐　篤

共和政ローマについて記された古代人の手による歴史書は、残念ながらその大部分が散逸してしまっている。従って、現存しているものはすべて貴重な史料なのだが、その中でも特に重要なものは、リウィウスが執筆した『ローマ建国以来の歴史』であろう。ローマの成立から地中海世界を勢力下に収めていくまでが取りあげられ、ローマの発展と苦難の歴史が詳しく綴られている。本分冊に収録されている第三巻から第五巻には、共和政初期のローマがたどった平坦ではない道程が記されている。

内政面でいえば、いわゆる身分闘争である。共和政下にて、政務と軍事を司る公職者は選挙を経て毎年新たに就任していたが、それらの公職は貴族によって独占されていた。そのため貴族以外の大多数を占める平民は、政治的な権利を要求する。その結果、しばしば貴族と対立していき、武力を伴う内紛へと至る場合さえあった。対外的には、近隣の都市や部族との衝突を繰り返した。たとえば、王政期にローマを勢力下に置いていたエトルリア人や、同族であるラテン人との苛烈な戦いが幾度も生じている。なおローマは、常に勝利できたわけではない。敗北も被っている。そのなかでも最大の悲劇として記録されているのが、前三九〇年のガリア人によるローマ占領である。考古学的な調査からは、このときの被害はそれほど大きなものではなかったと判明している。とはいえ、ローマにとっては屈辱を感じざるを得ない歴史的な事変だったであろう。

その二百数十年後、ローマは再び危機的な状況へと追い込まれている。第二次ポエニ戦争でのハンニバルによるローマの城壁への肉薄である。ただし、ハンニバルでさえもローマへの侵入は果たし得なかった。リウィウスによって描写されている同じローマの危機であっても、時代を経てその厳しさが異なっているのは、ローマが置かれた状況の違いを間接的に物語っていると言えよう。

ところで私事になるが、初めて読んだ『ローマ建国以来の歴史』の巻は、そのハンニバルを退けてまもなくの第二次マケドニア戦争の開戦から始まる第三一巻であった。大学での最初の発表としてハンニバルを取りあげたのち、ローマがどのように対外発展を遂げたのかに興味を持って調べていくなかで、現存している『ローマ建国以来の歴史』の第三一巻から第四五巻までを読み進めていった。そこには、イタリア征服期から第二次ポエニ戦争に至るまでに直面したような都市そのものの危機や体制への反抗、もしくは存亡をかけて挑んだ戦争はもはや見られない。確かに、ローマが地中海世界へ進出していくなかで実施した戦争にて、ローマ軍が敗れた場合もあり、劣勢に陥った経験もある。それでも前二世紀前半のローマは、ガリア人の占領やハンニバルの肉薄ほどの危機に直面したわけではない。内部においても、平民や貴族もしくは政治家同士の武力衝突も生じていない。そうした制度的な安定のなかで、前二世紀前半のローマは地中海世界を徐々に勢力下へと置いていったのである。

ただし、『ローマ建国以来の歴史』を初めて読んだ際に印象に残ったのは、ローマの国制や対外発展にからむような歴史的な事変ではなかった。むしろそこから少し外れているような小さな出来事や事件の方が興味をそそられた。たとえば、しばしば報告されている怪奇現象である。神像が涙を流す、家畜が階段から屋根へ駆け上がる、牛が人の言葉を話す、など様々な事例が記されている。しかも稀に現われるわけではない。毎年のように起きて、それに伴う儀式が実施されている。たいていは選挙によって選ばれた公職者たちの列挙に続いて記録されており、まるで選挙と同じ年中行事のようですらある。予兆と呼ばれたこうした現象は、初期ローマにも確認できる。なかでも『ローマ建国以来の歴史』の第三巻に収められた、前四六一年の予兆はかなり風変わりである。その年、空から肉の雨が降ってきたとされる。さらに、無数の鳥が現われて空を飛びながら、それらの肉をかっさらっていた。地面に落ちた肉も、何日経っても異臭を放たなかったという。

当時のローマ人からすれば、神々や人知を越えた存在が人間に対して示した、逃れようのない恐ろしい予言に思えたのであろう。だからこそそれらに対する儀式が行なわれて、不吉な思いをぬぐい去ろうとしたに違いない。そこから、ローマ人の宗教観を探ることももちろんできる。ちなみに、初期ローマの予兆は観測場所がローマとその周囲に限られているものの、前二世紀にはイタリア半島の各地の予兆もローマへ報告されており、ローマの勢力の拡大を見て取れる。ここには、ガリア人によるローマの占領とハンニバルのローマへの肉薄の相違と同じように、ローマの置かれた状況の違いが映し出されている。とはいえ、そうした研究の観点から外れて眺めてみれば、こうした予兆は不可思議な事件に他ならない。ローマが幾度も戦争を行ないながら対外発展を遂げていくという大きな歴史的な流れを記しながら、一方で奇妙な怪異事件も収められているのが何だか面白く感じた。

予兆はいわば天変地異でもあるが、人間が起こした小さな事件も収録されており、初めてリウィウスを読んだ際にそれらも同じように印象に残った覚えがある。たとえば、第三一巻の最初の方で記されたエピソードだが、ローマが東地中海へと本格的に進出する契機となった第二次マケドニア戦争の開戦を、市民たちがいったんは民会にて否決している。さらにのちの第三次マケドニア戦争後には、戦利品の分配に不平を持った兵士たちが、コーンスルを訴えている。その少し前の前一八〇年には、在任中に死去したコーンスルについて不穏な噂が流れた。補充コーンスルとして選ばれたのはその義理の息子だったのだが、このときの選挙も含めてすでに三度も落選した息子をコーンスルに就けるべく、母親が夫を害したのだ、という。新聞の社会面に掲載されているようなこうした事件がこの時代にも起きていたのだな、と妙に納得した記憶がある。

これを踏まえた上で、共和政初期の歴史を綴った第三巻から第五巻を眺め直してみると、存亡をかけた戦争や体制に挑むための反乱といった不可避の戦いとは異なった、人間の欲望が映し出されたかのような諍いも記されている事実に気づかされる。たとえば、先に見たガリア人によるローマ占領の直前の出来事もそのひとつである。前四世紀初頭、指揮官であるM・フリウス・カミルスに率いられたローマ軍は、エトルリアの都市であるファレリイを占領した。その際に兵士たちは、戦利品を獲られると期待していた。ところが、思ったほどの戦利品を獲られなかったことに憤慨した兵士たちが、指揮官は戦利品を不正に分配した、とカミルスを告発したのである。これは、カミルスの亡命へとつながった事件である。ただし、カミルスは再びローマへと呼び戻されて、ローマからガリア人を撃退した。このカミルスの弾劾は、ローマの大きな歴史的事変に関わるエピソードのひとつと見なすこともできる。けれども、人間の欲深さと愚かしさが垣間見える出来事であるという見方もできる。

前二世紀と同じく殺人事件をめぐる物語もある。これは、先程の肉の雨の予兆と同年の出来事である。カエソ・クィンクティウスという貴族の青年が自分たちに反抗的な平民に暴力をふるったため、護民官によって法廷に召喚されてしまった。カエソを弁護する者たちが現われるなかで、元護民官であるM・ウォルスキウス・フィクトルが数年前に自分の家族に対してカエソが引き起こした事件をさらに告発した。フィクトルの兄は、カエソたちの一団と町中で喧嘩になって殴り倒されてしまった。そして、そのまま亡くなったのだという。この話を聞いた平民たちは怒り狂ったのだが、カエソはローマを去って亡命してしまった。しかし話はこれで終わらない。フィクトルの兄はそもそも病に伏せっており街を歩いた事実はなく、それどころかそのときカエソは従軍中であり、事件を起こすことなどそもそもできなかった、と判明したのである。こうしてフィクトルは偽証の罪で訴えられ、投獄されてしまった。

冒頭でも述べたとおり、リウィウスの『ローマ建国以来の歴史』は、ローマの政治史や外交史を学ぶにあたって貴重な史料である。ローマの風俗や慣習などの社会史的な観点から、さらには儀式などから宗教史の面についても考察を進めうるであろう。しかしながら、リウィウスの史書は、通俗的な事件簿という装いも垣間見える。アウルス・ゲリウス『アッティカの夜』やウァレリウス・マクシムス『記憶すべき言行録』などには、共和政ローマに関するそうした様々な逸話が数多く記されている。同じようにリウィウスの史書にも、今も昔も変わらぬ人間たちによる滑稽な振る舞いや卑屈な行ないが現われる。真面目に研究へ取り組む傍らで、そうした逸話を拾い読むのもまたリウィウスの史書の楽しみ方ではなかろうか。

（古代ローマ史・関西大学非常勤講師）

連載

西洋古典名言集 (38)

ヘシオドスの『仕事と日』

ヘシオドスは、小アジア沿岸中部、アイオリス地方のキュメという町に生まれた。父親は海上貿易を生計《なりわい》としていたが、事業に失敗したためであろうか、ギリシア本土のボイオティアに渡り、その地方の寒村アスクラに移り住んだ。当時のことを詩人は、「父はアイオリスのキュメを後にして、黒き船で大海を渡りこの地にやって来た。豊かさや富や至福から逃れたのではない。ゼウスが人間どもにあたえた悪しき貧困からであった」（『仕事と日』六三六以下）と述懐している。冬は厳しく夏は耐えがたいこの村で、ヘシオドスは貧困にあえぎながら羊を飼っていたのであるが、『神統記』の冒頭に記されているように、ヘリコン山麓でムーサたちの霊感を受け、詩歌に目覚める。後には、エウボイア島のカルキスでおこなわれた競技会の歌くらべで優勝し、詩人として名を馳せるにいたった。

ヘシオドスの作品には『神統記』と『仕事と日』がある。ほかにも彼の名で伝わっている作品があるが、これら二作品のみが真作として認められている。ここでは『仕事と日』を紹介することにしよう。ギリシア語の原題は Erga kai Hēmerai で、その名からもわかるように二部構成になっている。後半の「日」の部分は、前半との齟齬も指摘され、偽作説もあるが、今はそのような学者の詮索には頓着することなく、興味ある箇所をつまみ食いしながら読んでみたい。作中に述べられているように、弟ペルセスと父の財産を分けることになったが、この弟は後に零落してしまう。本作品は何度か彼に語りかけながら、兄ヘシオドスが勤労の大切さを教えるという構成になっている。ホメロスに現われた英雄の世界とは異なり、ヘシオドスではボイオティアの農民生活が描かれ、そこでは武勇ではなく勤勉が徳となる。作者は「裸になって種を蒔き、裸になって耕せ」（三九一）と呼びかける。汗して農業に従事せよということである。以前にも引用したことがある「神々は徳の前に汗を置いた」（二八九）という言葉は、悪徳に至る道は平坦で容易であるが、すぐれた人間になる道は長く険しいことを教えている。哲学者プラトンはこの言葉が気に入ったのだろうか、『プロタゴラス』（三四〇D）や『国家』（三六四D）において引用している。「妬み（ギリシア語ではプトノス）」という言葉がある。アリストテレス（『弁論術』一三八七b

二三）は、妬みとは「自分と同等の人が恵まれた状態にあることに苦痛を感じること」と定義して、家系、血縁、年齢、性格、評判、財産などで同等の人たちが、自分より恵まれている場合に妬むのだと説明をあたえている。このように概して「妬み」には良い意味がない。「妬みは悪のなかでも最悪のもの」（メナンドロス「断片」五三八）とか、「シケリアの王たちの拷問ですら、妬みよりひどいものではない」（ホラティウス『書簡詩』第一巻二-五八）などいくらでもある。ところが、ヘシオドスでは「陶工は陶工に、大工は大工に敵意をいだき、乞食は乞食に、歌人は歌人を妬む」（二五―二六）と言われる。争い（エリス）は二種類のものがあり、ひとつは忌まわしい戦いを引き起こすが、もう一つの争いは人びとに羨望の念を抱かせ、勤労に駆り立てる「善き争い」だからである。

途中に置かれたいわゆる「五時代説話」（一〇六以下）では、黄金、銀、青銅、そして英雄の時代に続いて、現代は鉄の時代であると言われている。今は苦労や悲惨が絶えることがない辛い時代なのであるが、作者は心に憂いがなく悲哀も知らなかった黄金の時代からの下降を語るというような、ペシミスティックな歴史観を説いているわけではない。作者の目は、伝説的な黄金の時代でなく、むしろ現代に向けられている。現代がそのような時代ではないからこそ、勤労は大切なものであると言っているように思われる。「鷹とナイチンゲール」の譬え話（二〇二以下）もこの作品でとりわけ目を引く一節である。鷹の爪にかけられて哀れに泣き叫ぶナイチンゲールに、鷹がお前はいくら歌が上手でも、俺の心ひとつで喰うことも逃がすこともできるのだと語りかける。強者を相手に争いをしかけるのは愚かだと諭している。この譬え話が終わると、ペルセスに向かって、お前は正義の声に耳をかし、非道のふるまい（ヒュブリス）をつのらせることがあってはならない、強者が支配する世の中にあっても、不正の手段に頼ってはならないと語っているのを見ると、寓話の意味もおのずと明らかになってくる。正直に働かずに、他人のものをあてにしてはならない。「正義は非道のふるまいに打ち勝ち、愚かな者は痛い目に遭ってはじめて悟るものだ」（二一七―二一八）からである。一見、雑多な話を並べているように見えるこの作品も、勤労の徳を伝え、われわれがどのような時代に生きているかの認識と、そのなかでいかに生きるべきかの教訓を伝えているという点から読むならば、一貫した形式をもった作品だと言うことができるだろう。

（文／國方栄二）

西洋古典叢書

［2016］全6冊

★印既刊　☆印次回配本

●ギリシア古典篇

エウリピデス　悲劇全集　5★　丹下和彦 訳

ガレノス　身体諸部分の用途について　1　坂井建雄他 訳

ギリシア詞華集　3☆　沓掛良彦 訳

ギリシア詞華集　4　沓掛良彦 訳

●ラテン古典篇

クインティリアヌス　弁論家の教育　4　森谷宇一他 訳

リウィウス　ローマ建国以来の歴史　2★　岩谷　智 訳

●月報表紙写真――アテナイのアクロポリスの北西端部中腹からわずかな鞍部をへて突き出た大きな岩場がアレイオス・パゴス（アレスの丘）である。路面につづく平地よりわずかに高い頂上部は平坦に削られ、広場をなしている。かつて古代民主制が成立する以前、この一郭にアテナイの有力貴族の長老たちによる最高会議と重大犯罪を裁く最高法廷の場があり、アテナイの政治的実権は彼らの手にあった。その権限はソロン、エピアルテスらの改革によって民会に移されていったが、その象徴的権能は前四世紀以降まで維持された。この丘はまたしばしば歴史の表舞台ともなった。前四八〇年にアテナイに侵攻したペルシア軍はこの一帯に陣営を敷いた。後五一年に聖パウロがこの丘の中央からアテナイ市民に呼びかけを行なったことはさらによく知られていよう。（一九八二年五月撮影　高野義郎氏提供）

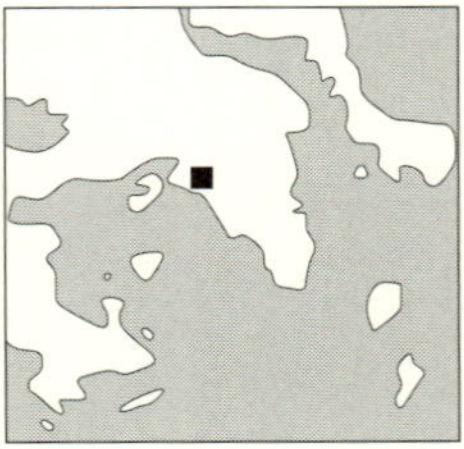

よ、互いの根幹に変化はない。この私は、かつてノメントゥムにおいてウェイイ人、フィデナエ人を掃討したときの独裁官(1)マメルクス・アエミリウス本人である。しかもあのときはファリスキ人も［敵として］加わっていた。[4] また、騎兵長官として戦列に加わるアウルス・コルネリウス［・コッスス］も、先の戦争において准コーンスルとしてウェイイ人の王ラルス・トルムニウスを両軍の見ている前で殺し、スポリア・オピーマをユッピテル・フェレトリウス(2)に奉納した人物である。(3) [5] さあ、諸君、敵が万民法に反してわれわれの使節団を殺害するという大罪を犯し、平和時にフィデナエの住民を虐殺し、休戦協定を破り、七度も叛乱を起こしそのたびに失敗を重ねたのに対し、われわれは凱旋式を行ない、戦利品を運び、勝利したということを思い出して、武器を手に取ろうではないか。[6] ひとたび諸君が敵の陣営に対抗して陣営を築けば、あの卑怯きわまりない敵がローマ軍の怯懦を笑っていられる時間はそう長くはないものと自信を持って言える。[7] また、私はこうも確信している。すなわち、私は二度目の独裁官時代に監察官から専制的な権力を奪った。そしてまさ

(1) マメルクスは最初に独裁官に就任した前四三七年にはウェイイ人、フィデナエ人、ファリスキ人の掃討に成功しているが、ノメントゥムの戦い（前四三五年）のときの独裁官はマメルクスではなく、クィントゥス・セルウィリウスであった（第二二章）。リウィウスによる不正確な記述であると考えられる。

(2) ユッピテルの添え名。敵を打ち倒す神としての側面を強調するときに用いられ、スポリア・オピーマ奉納の対象となる。

(3) コッススがスポリア・オピーマを奉納したのはコーンスルとしてであったのか、あるいは准コーンスルとしてであったのかの問題については第二〇章参照。そこではコーンスルであったと結論づけられているにもかかわらず、この箇所では准コーンスルとされている。

にその理由で私に汚名を着せた者たちがいる。私を三度にわたって独裁官に指名したローマ国民と彼らとを比べて、どちらか国家の役に立つ存在であるか、諸君はかならずや理解するであろう」。

[8]この後、独裁官マメルクスは神々に対する誓願を終えてローマを出発し、フィデナエの手前一マイル半のところに陣営を築いた。右手には山が迫り、左側にはティベリス河が流れるという天然の要害だった。[9]独裁官は副官のティトゥス・クィンクティウス・ポエヌスに、右手の山を占拠し、敵の背後に位置する尾根をひそかに確保するよう命じた。[10]翌日、エトルリア軍は意気揚々と戦場に姿を現わした。緒戦の勝利は果敢な戦いの結果というよりはむしろ偶然の産物であったということを理解していなかった。一方、独裁官はしばらく時を待った。やがて自軍の斥候から、クィンクティウスがフィデナエの城砦近くの尾根に姿を見せたという知らせが入った。その機を逃さず彼は戦旗を掲げた。軍勢は戦闘隊形を崩すことなく全速力で敵に向かって突進した。[11]独裁官は騎兵長官に命令があるまで戦闘開始してはならないと指示した——騎兵の援助が必要となったときには、合図を送る。そのとき、ウェイイ王との戦争のこと、スポリア・オピーマのこと、そしてロムルスとユッピテル・フェレトリウスのことをもう一度思い出すがよい——。両軍は激しく衝突した。[12]ローマ軍は憎悪に燃えていた。フィデナエ人を裏切り者、ウェイイ人を山賊と呼んだ。停戦破りの卑怯者、使節を殺した冒瀆者、入植者の血にまみれた背信者、不実な友邦、臆病者どもと激しく罵った。また、言葉だけでなく行動によってその怒りを相手にぶつけた。

敵の新戦法

三三　ローマ軍は最初の攻撃で敵を撃破したが、そのとき突然、フィデナエの城門が開き、このときまで聞いたことも見たこともないような新しい軍勢が飛び出してきた。火[2]を武器にした大軍であった。彼らは燃え上がる松明であたり一面を照らし、あたかも狂気に駆られたかのようにローマ軍を目がけて突進してきた。経験したことのない戦い方にローマ軍は一瞬たじろいだ。そのとき[3]、独裁官は騎兵長官と騎兵を叱咤するとともに、クィンクティウスに山を下るよう指示を出した。また独裁官自身は兵を鼓舞しながら、自軍の左翼に駆け寄った。そこでは、兵士らがあたかも戦列ではなく大火事に包まれてしまったかのように怯えて後退しはじめていた。独裁官[4]はこう大声で叫んだ。「お前たちは、ミツバチの群れのように煙に負けて持ち場を離れ、武器を持たない敵に背を向けるつもりか。なぜ剣で火を消そうとしないのか。たとえもし武器ではなく火で戦わねばならないということになったとしても、一人ひとりがあの松明を奪って、敵に立ち向かえばよいのだ。さあ[5]、ローマの名と父祖の武勇、そして諸君の武勇を想い起こし、この火を敵の町に向けるがよい。そしてフィデナエを彼らの炎で焼き滅ぼすのだ。諸君の善意ではあの町は手なずけられなかったのだから。使節たちと入植者たちの血と掠奪されたローマの領地が諸君にそれをなせと命じている」。独裁官の命令に全軍がすばやく動いた。ある[6]者は投げられた松明を拾い、ある者は敵から力ずくで奪い取った。こうして両軍が火で武装することとなった。

騎[7]兵長官のコッススも新しい騎馬戦法を編み出した。騎兵に各自手綱を放すよう命ずると、自分自身も手綱を放し、拍車をかけ、先頭を切って火の中に飛び込んでいった。他の馬も手綱を解き放たれ、それぞれまっしぐらに敵に向かっていった。そのとき、舞い上がった砂埃と松明の煙が兵士と馬の視界を奪った。[8] そのため、あれほどまで兵士を恐れさせた炎の光景も馬たちにとっては脅威でなくなった。騎兵の行くところは、どこもかしこも死骸の山となった。そのとき、新たな叫び声が聞こえた。[9] 両軍とも、なにごとかと驚いて、声の方向を見た。それは「副官のクィンクティウスとその部下が敵の背後を突いた」という独裁官の叫び声であった。鬨《とき》の声が再び上がり、独裁官はこれまで以上に勢いよく軍旗を前に押し出した。[10] こうしてローマの二つの戦列、二つの方面からの攻撃によってエトルリア人は囲まれ、正面からも背後からも激しい攻撃にさらされた。陣営に撤退することは難しく、かといって山中に逃れようとしても新しい敵に道をふさがれてかなわなかった。手綱を緩められたローマ軍の馬たちは兵を乗せて縦横無尽に走り回った。ウェイイの軍勢は大部分が散り散りになってティベリス河に向かい、生き残ったフィデナエ人は自分の町に戻ろうとした。[11] しかし怖じ気づいて逃げ出してはみたものの、それはまるで死に向かって走っているようなものだった。ある者は川岸で斬り殺され、ある者は川に追い詰められ流れに飲まれていった。泳ぎの達者な者も、疲労と怪我と恐怖のために溺れ、対岸まで泳ぎきったのはほんの一握りの者にすぎなかった。[12] フィデナエの軍勢は陣営を通り越して町まで戻っていこうとした。ローマ軍もその後を追った。とくに山を下りて最終盤の戦闘に加わったばかりのクィンクティウスとその部下の兵士らはまだ消耗しておらず、猛烈な勢いで敵を追走した。

フィデナエの陥落

三四　クィンクティウス軍は敵と入り乱れるようにして城門から城内に雪崩れこんだ。そして城壁の上まで駆け上がると、合図を送り、町の陥落を自軍に知らせた。[2]独裁官はその合図を見ると——すでに彼は敵が放棄した陣営の中に入っていたのだが——戦利品を求めて血眼になっている兵士らを制止し、町の中にはもっと立派な戦利品があるはずだと言って期待させ、城門まで率いていった。彼は城壁の中に迎え入れられると、城砦（アルクス）まで突き進んだ。そこに敵の敗残兵が逃げ込もうとしているのが見えたからである。[3]町の中でも戦場と劣らぬ規模の殺戮が行なわれた。やがて敵は武器を捨て、命以外はなにも求めないと言って独裁官に投降した。[4]町からも陣営からも戦利品がかき集められた。翌日、騎兵と百人隊長は籤を引き、一人につき一人の捕虜を選んだ。とくに軍功のあった者には二人の捕虜が与えられた。残りの捕虜は奴隷として競売に付された。独裁官は多数の戦利品を手にした勝利軍を率いてローマに凱旋帰還した。[5]そして、騎兵長官に職を辞すよう命じたのち、自らも独裁官職を辞した。こうして戦争と国家の危機のなかで受け取った指揮権を一六日後に平和を回復して返上したのである。

[6]年代記編者のなかにはフィデナエの近くでウェイイ人との船戦があったと記す者もいる。これはまずありえないことであり、信じるべきではない。というのも現在もこの川はさほどの川幅がないが、昔の記録によれば、いまよりもかなり狭かったとされているからである。[7]たしかに敵が渡河するのを防ぐために何艘かの船が集められたくらいのことはあったかもしれない。よくあるように年代記編者たちはそれを誇張し、船戦の勝利という記事に仕立てあげたということにちがいない。

護民官による煽動

前425年

三五　翌年も准コーンスルが選出された。アウルス・センプロニウス・アトラティヌス、ルキウス・クィンクティウス・キンキンナトゥス、ルキウス・フリウス・メドゥリヌス、そしてルキウス・ホラティウス・バルバトゥスの四名である。ウェイイ人には二〇年の休戦が、アエクィ人には三〇年の休戦が与えられた。[2]ともにそれ以上の期間の休戦を求めてきたが、それだけの期間しか認められなかった。また、国内においては市民間に際だった対立は見られなかった。

前424年

[3]さらにその翌年のこととして特筆すべきは、他国との戦争でも国内の争乱でもなく、先の戦争時の誓願において約束がなされていた大競技祭の華々しい開催である。准コーンスルによって周到な準備が行なわれ、近隣諸国からも数多くの人々が集まってきた。[4]その准コーンスルとは、アッピウス・クラウディウス・クラッスス、スプリウス・ナウティウス・ルトゥルス、ルキウス・セルギウス・フィデナス、そしてセクストゥス・ユリウス・ユルスの四名であった。外国からの客もローマ人の好意によって公式に参席を認められた。それゆえ彼らにとって競技祭見物はいっそう居心地のよいものとなった。

[5]大競技祭のあと、護民官たちは人々を扇動するために市民集会を開き、人々を非難する演説を行なった——諸君は憎悪すべき相手を逆に賛美し、愚かにも自らを永遠の隷属状態においている。[6]すなわち、諸君はコーンスル職への関心を示さないばかりか、准コーンスル選出に際しても、自分自身のことも自分の仲間のことも頭から締め出してしまう。選出される道は貴族にも平民にも等しく開かれているはずではないのか。[7]それゆえ、なぜだれも平民の利益のために行動しないのかと不思議がるのは止めるがよい。人が努力を惜し

まず、危険を顧みずに行動するためには、あとから褒美と名誉が付いてくるという期待がなければならない。逆に、大きなことをなそうとする場合に、それに見合うだけの大きな報酬が約束されているのならば、人はどんなことであってもためらわずに実行するものである。[8]それゆえ、護民官のだれかが、なんの利益も得られないにもかかわらず大きな危険を伴う［貴族との］抗争を始めることを、諸君は期待したり、要求したりするべきではない。護民官にはそのような行動の結果がどうなるか、はっきり分かっている。すなわち、抗争相手の貴族からは容赦なく追及され、身体を張って守ろうとする平民からはなんの感謝も得られないに決まっているのである。[9]大きな職権を手にすれば大きな自信も生まれる。平民も軽んじられない地位に就けば、自らのことを軽んじることもなくなるはずである。いまこそ高位の官職に就くにふさわしい平民がいるかどうか実際に一度、二度と試してみるべき時期である。それとも、平民出身でありながら勇気と情熱をもった人間が存在することは、予兆や奇跡のようにまれなことなのだろうか。[10]われわれは努力の結果、准コーンスルを平民からも選出できるところまでこぎ着けた。そして国内政治においても対外戦争においても目覚ましい成果を上げた人物が幾人も候補者として名乗りを上げた。しかし最初の数年間に彼らは侮辱され、排斥され、貴族たちからもの笑いの種にされた。そして結局のところ彼らは侮辱に自らの身をさらすことを止めてしまったのである。[11]それならば、現実に起こらないことを規定している法律ごと廃止してしまったほうがよい、となるはずだが、そうした動きはない。その理由が私には分かりかねる。というのも、いずれにせよ役職に就けないならば、能力がないからと言われるよりも、不公平な法律のせいにするほうが体裁は悪くないといえるのではなかろうか——。

一計を案ずる准コーンスルたち

三六　この種の演説が繰り返しなされ、平民たちはその趣旨を前向きに受け止めた。やがて刺激を受けて准コーンスルを目指すと言い出す者が現われた。彼らは口々に自分がこの役職に就いたら平民に有利な施策を講ずるつもりだと約束した。[2]公有地の配分や植民地の建設といった夢が語られた。さらには、土地所有者に税を課して、その金を兵士の給金とすると約束する者もいた。[3]それに対し准コーンスルは、多数の住民がローマから出る機会をうまく利用した。秘密裡に元老院議員をローマに呼び戻し、護民官不在のうちに、二つの決定を下すことに成功したのである。[4]すなわち、ウォルスキ人がヘルニキ人の領地に掠奪のために侵攻したという情報があり、それを調査するため准コーンスルは現地に赴くということ。その間にコーンスル選挙を実施するという二つの決定である。[5]准コーンスルは出発するにあたって市長官としてアッピウス・クラウディウスを任命した。このアッピウスは例の十人委員の息子である。この上なく攻撃的な性格であり、揺り籠の中にいたときから護民官と平民に対する憎悪を吹き込まれていた。このような周到な準備がされてしまっている以上、護民官には、元老院決議を得て出発した准コーンスルに対しても、アッピウスに対しても対抗するすべはなかった。

前423年

苦戦を強いられるローマ軍

三七　ガイウス・センプロニウス・アトラティヌスとクィントゥス・ファビウス・ウィブラヌスがコーンスルに選出された。この年、ローマとは直接関係のない出来事であるが、記憶に留めておくに足る事件が起こったと伝えられている。エトルリア人の町ウォルトゥルヌムがサムニウム人[1]によって占領されたのである。しかし記憶に留めておくべきなのはその経緯である（なお、この町は現在のカプアであり、サムニウム人の指揮官カピュスにちなんで名付けられたとも、あるいはこちらのほうがより真実に近いと思われるが、周囲の平たい土地からこの名がついたとも言われている[2]）。2 サムニウム人はもともとこの町のエトルリア人から受け入れられ、町と農地の共同所有を許されていた。エトルリア人が戦いに倦んでいたということも理由であったろうが、ある祭りの日に、古い住民[3]がたらふく飲み食いしたあと、眠り込んでしまうと、好機到来とばかり、新しい住民[4]が真夜中に彼らを襲い、みな殺しにしてしまったということであった。

3 このような事件が起きている頃、先ほど名前を挙げた二人のコーンスルが十二月十三日に職務に入った[5]。その就任の前に、ウォルスキの情勢を探りに出かけていた者たち[6]がローマに戻り、ウォルスキ人との衝突は避けがたいという報告を伝えていた。4 また、ラテン人とヘルニキ人からも使節が送られてきて、ウォルスキ

（1）中部イタリアの山岳地帯に住む好戦的な部族。ローマは前四世紀後半から前三世紀後半にかけていわゆるサムニウム戦争を三度にわたって戦うことになる。

（2）カプア（別名ウォルトゥルヌム）は前五世紀前半にエトルリア人によって建設された。周囲の平たい土地とはカプアの位置するカンパニア（Campania）を指す。Campania という地域名は平原を意味する campus を連想させる、ということである。

（3）エトルリア人。

（4）サムニウム人。

（5）政治的年度始まりの時期については一五頁註（3）参照。

（6）前年、准コーンスルがウォルスキ人のヘルニキ侵攻を調査するために派遣されている。第三六章四参照。

人がこれまでにないほど熱心に指揮官選びと兵士召集に取り組んでいると様子を伝えてきた。[5]それによると、ウォルスキ人たちは口々に、「武器を取り戦争を行なうのを永久に放棄して隷従するか、あるいは、覇権を争う相手に武勇の点でも忍耐力の点でも軍の規律の点でも勝ってみせるか二つに一つだ」と言っているというのである。[6]この報告は間違っていなかった。しかし元老院議員たちはまともに耳を貸そうとはしなかった。また、抽籤によってウォルスキ担当となったコーンスルのガイウス・センプロニウスも、戦勝国民を率いて敗戦国と戦う(1)以上、勝利はゆるぎないことのように思い込んでいた。指揮官として彼は無分別で軽率だった。[7]ローマ本来の規律をより厳密に保っていたのはむしろウォルスキ人のほうであった。幸運は美徳に付いてくるというのが世のつねであるが、このときも例外ではなかった。

[8]センプロニウスは、補充兵(2)による戦列補強を十分に行なわず、騎兵隊の適切な配置もしないまま、無為無策で最初の戦闘に突入した。[9]鬨《とき》の声を聞いただけで、形勢がどちらに傾くかすぐに分かった。敵が威勢良く何度も大声を出すのに対し、ローマ軍は鬨の声といっても不揃いで、とうてい敵に太刀打ちできるようなものではなかった。しかも声を上げるたびに勢いが失われていった。それはローマ軍の心のうちの怯えを物語っていた。敵はそれを察知していっそう狂暴になり、盾を押し立て、剣をきらめかせて攻撃を加えてきた。[10]ローマ軍のある箇所などはただ単に兵士の被る兜が揺れ動いているだけだった。彼らは恐怖に震えながら一箇所に固まっていた。[11]一時、戦列第一線の退却にともない戦旗が取り残され、次の瞬間かろうじて自軍に回収された。これはまだ完全な敗北ではなかったが、むろん勝利でもなかった。ローマ軍は戦うというよりは、自らの身を守ることに汲々としていた。ウォルスキ軍は戦旗を押し立て、ローマの戦列目がけて突進した。

このとき逃げおおせた兵より殺された兵のほうが多かった。

騎馬分隊長テンパニウスの活躍

三八　こうしてローマ軍は総崩れになりかけた。コーンスルのセンプロニウスがいかに叱咤激励しても無駄であった。彼のもつ指揮権も威厳も役に立たなかった。[2]絶望的な状況であった。このとき、もし騎馬分隊長のセクストゥス・テンパニウスが勇気を奮い起こして救援に駆けつけなかったら、ローマ軍は敵に背を向けて敗走しはじめていただろう。彼が「国家を救いたいと思う騎兵は、馬から飛び降りよ」と大声で叫ぶと、[3]彼の率いる騎兵全員があたかもコーンスルの命令に従うかのように行動した。テンパニウスはさらにこう付け加えた。「われら丸盾(3)をもつ騎兵が歩兵となって敵の攻撃を支えきれなければ、ローマの支配権も潰えることとなる。この槍を軍旗と思って私の後に続け。諸君は、馬に乗ればいかなる騎兵にも劣らない。ならば、歩兵となっても他のいかなる歩兵にも引けを取らないということを、ローマ人にもウォルスキ人にも示そうではないか」。[4]兵士たちは歓声でこの鼓舞に応えた。テンパニウスは槍を高々と掲げて走り出した。相手か

(1) ウォルスキ人に対する勝利については第二九章参照。
(2) 軍団最後列に位置し、戦況が混戦に陥ったときや味方の敗色が濃厚になったとき、いわば最後の砦として戦闘に投入される役割の軍勢。
(3) 騎兵あるいは軽装歩兵のもつ円形の小ぶりの盾(parma)。一般の歩兵は長方形あるいは楕円形のより大きな盾(scutum)を持つ。

まわず彼らは力ずくで道を開いていった。盾を押し立て、自軍が最も苦戦していると見た場所に突き進んでいったのである。[5]彼らが姿を現わすとたちまちに戦況が一変した。彼らは寡勢ではあったけれども、もし［このようなかたちで］同時多発的に攻撃できたならば、敵を敗走させることも不可能ではなかったにちがいない。

両軍の錯覚

三九　ウォルスキの指揮官はテンパニウスの部隊の勢いは止められないと見てとると、自軍に合図を出し、新手の歩兵隊とでもいうべき丸盾を持ったローマ兵にはかまわず道を譲るよう命じた。勢いのまま突進させて、ローマ軍本体から切り離してしまおうという狙いだった。[2]この作戦は功を奏した。孤立したテンパニウス隊は来た道を引き返そうと試みたが、囲みを破ることはできなかった。[3]彼らの戻ろうとする道にウォルスキ軍が集結し、しっかりすきまをふさいでしまっていたからである。コーンスルとローマ軍本隊は直前まで全軍の盾となってくれていた部隊の姿がどこにも見えないことに気づくと、「あれほど勇敢な兵士らが敵に包囲されたまま惨殺の憂き目にあってはならぬ、いかなる危険を冒してでも救出しなければならない」といきり立った。[4]ウォルスキ軍は二方面の戦いを強いられた。一方ではコーンスル軍の攻撃を食い止めねばならず、他方ではテンパニウス率いる騎兵に対応する必要があった。テンパニウス隊は、幾度も囲みを破って自軍に合流しようと試みたが、すべて失敗に終わった。結局、彼らはある小高い丘を占拠し、円陣を作って身を守った。そして襲いかかってくる敵があれば返り討ちにした。この方面の戦いは夜になるまで終わらなかった。[5]コーンスル側においてもいたるところで戦いが行なわれ、日の光が少しでも残っているうちは敵を戦場に釘付けにしていた。[6]夜が訪れ、勝敗が定かでないまま戦闘休止となった。ところが両軍とも自分たちが負けたと思い込み、負傷者や大量の輜重を残したまま近くの丘に退却した。戦いの帰趨が見えないというだけで、それほど大きな恐怖心が両軍を捕らえたのである。

[7]一方、テンパニウスの立てこもる丘は真夜中を過ぎるまで包囲が解かれなかった。ところが包囲を続けていたウォルスキ兵に、自軍陣営はすでに放棄されているとの知らせが届いた。彼らは味方が敗北したにちがいないと思い込み、恐怖にかられ、暗闇のなかを散り散りになって逃げていった。[8]テンパニウスは待ち伏せを恐れ、明け方まで待機するよう部下に命じた。夜が明けると彼は数人の兵士を伴って偵察に出た。負傷した敵兵を見つけて問いただしてみると、ウォルスキ軍の陣営はすでに放棄されていることが分かった。テンパニウスは喜び勇んで部下を丘から呼び下ろし、ローマ軍の陣営に向かった。[9]しかし彼がそこで目にしたのは、すべてがうち捨てられ、放置されたままの自陣だった。それは放棄された敵陣となんら変わるところがなかった。テンパニウスは、ウォルスキ軍が勘違いに気づいて戻ってくることを恐れ、できるだけ多くの負傷兵を助け起こすと、一番の近道を通ってローマを目指した。コーンスルの行方は彼には皆目見当が付かなかった。

騎馬分隊長のローマ帰還

四〇　その頃すでにローマには、戦争が不首尾に終わり、陣営が放棄されたとの噂が伝わっていた。とりわけ騎兵隊が帰還しないことを悼む気持ちが人々のあいだだけでなく国家全体にあふれていた。[2]コーンスルのファビウスは、ローマ市中にまで不安感が広がっていたので、各城門前に歩哨を配置していた。するとはるか彼方に騎兵の姿が見えた。最初はいったい何者なのか分からず、少なからぬ恐怖が走ったが、まもなくローマの騎兵隊と確認されると、恐怖は一瞬にして歓喜に変わった。町中に、騎兵隊の無事と勝利の帰還を喜ぶ者たちの叫びが響き渡った。また、ついいまし方まで身内を失ったと思い込み悲しみに打ちひしがれていた家々から人々が通りに飛び出してきた。[3]母も妻も震えながら兵士らの列を目がけて走り出した。歓喜の前には慎みなどはお構いなしだった。それぞれが自分の愛する者の腕のなかにわれを忘れて飛び込んでいった。喜びのあまり自制することなどできなかった。

[4]護民官たちは、ウェイイ戦の敗戦(1)の責任を問うかたちですでにマルクス・ポストゥミウスとティトゥス・クィンクティウスを告訴していたが、人々がこのたびのコーンスルのセンプロニウスの不首尾に不満を抱くのをみて、告訴済みの両コーンスルへの批判をもう一度行なう良い機会が到来したと考えた。[5]そこで護民官たちは市民集会を開き、大声でこう非難した——ウェイイとの戦いにおいて国家は指揮官たちによって裏切られた。そして彼らが罰を逃れているうちに、今度はウォルスキとの戦いにおいて軍隊が一人のコーンスルによって裏切られた。勇猛果敢な騎兵隊が敵の手に落ち、あやうくみな殺しにあうところであった。また、陣営放棄という恥ずべき事件も起こった——。[6]次に、護民官の一人であるガイウス・ユニウスが騎馬分隊長のテンパニウスを呼ぶよう命じ、人々の前で次のように話しかけた。「セクストゥス・テンパニウスよ、尋ねたいことがある。君の目から見て、コーンスルのガイウス・センプロニウスは果たして正しい時機に戦闘

を開始したのだろうか。あるいは戦列は補充兵によって十分に補強されていたのだろうか。つまるところ、立派なコーンスルとしての職務をしっかりと果たしていたのだろうか。[7]また君自身についても尋ねたい。ローマ軍が敗勢に陥るなか、騎兵を馬から下ろし、歩兵とすることによって戦いを立て直そうとしたのは君自身の考えだったのか。またその後、君と部下の騎兵がローマ本隊から孤立してしまったとき、コーンスル自身が救援にやってきたのか、あるいは救援隊を送ってきただけなのか。[8]さらにもう一つ尋ねたい。戦いの翌朝、なんらかの助けの手が差し伸べられたのか。それとも、君と君の部隊は自らの武勇のみを頼りとして、陣営に戻る道を切り開いたのか。陣営にコーンスルの姿はあったのか。兵士らは残っていたのか。君が目にしたのはうち捨てられた陣営と見捨てられた負傷兵だけではなかったのか。[9]このたびの戦争においてわが国を救ったのは君の勇気と忠誠心以外にはない。その勇気と忠誠心にかけて、君は以上の質問に答えなければならない。最後に尋ねる。ガイウス・センプロニウスとわが軍勢はいまいったいどこにいるのか。君は見捨てられたのか、それとも君がコーンスルと軍勢を見捨てたのか。ひとことで言って、われわれは負けたのか、勝ったのか」。

騎馬分隊長の報告

四一　以上の質問に対するテンパニウスの返答は、演説といえるほど洗練されていないものの、自らの功

（1）前四二六年。第三一―三二章参照。

績を誇示することもなく、また、自分以外の者を批判して事足れりということもなく、兵士としての矜持に満ちあふれたものであったと言われている。[2]——ガイウス・センプロニウスがどれくらい戦争に精通していたかに関していえば、指揮官の評価は一介の兵士のなすべきことではないと考える。それはローマ市民が、民会において彼をコーンスルに選んだときにすべきことであった。[3]それゆえ、指揮官のとった戦術やコーンスルの技量については尋ねないでもらいたい。そのようなことを吟味するのは思慮と分別を兼ね備えた者のすることである。しかし、この目で見たことは報告することができる。[4]私が本隊から切り離されてしまう直前、コーンスルは最前列で戦い、部下を鼓舞しながらローマの軍旗と敵の投げ槍のあいだを動き回っていた。[5]やがて私は、ローマ軍本隊を視野に捉えられないところまで入り込んでしまった。しかし物音や叫び声から判断して、戦闘は陽が沈むまで続いていたにちがいない。ただしわれわれが立てこもった丘までコーンスル軍が救援に駆けつけるのは、敵の数からみて不可能だったと思われる。[6]軍隊がいまどこにいるかは承知しない。これは推測であるが、自分もあのとき窮地に陥って自分と部下を守るための避難場所を確保したが、コーンスルも軍勢を守るために陣営よりさらに安全な場所を探して移動したのではあるまいか。[7]また、ウォルスキ軍のほうがローマ軍よりも大きな戦果を上げたとは思わない。折しも夜闇が訪れ、両軍は疑心暗鬼に陥った——。この後、テンパニウスは立ち去る際に、コーンスルが帰還しても、疲れて傷も受けているはずだから拘束することのないようにと懇願したと言われている。彼は大きな称賛とともに集会の場から送り出されたが、その称賛は勇気に対してだけでなく、彼の節度に対しても送られた。[8]このようなやりとりが行なわれているあいだ、コーンスルはラビカナ街道(1)沿いのクィエス神殿(2)までたどり着いていた。戦闘と夜を徹しての行軍に疲れた軍隊を収容するため、ローマから荷車とそれを牽く馬やロバが差し向けられた。[9] ほどなくローマに入ったコーンスルは必死に責任回避を図ったが、それと同じくらい熱心にテンパニウスの功績を称揚した。

[10] 国民は敗北を嘆き悲しみ、戦争指導者たちに対する怒りを募らせていた。准コーンスルとしてウェイイ戦を指揮したマルクス・ポストゥミウスは被告人として人々の前に引き出され、一ポンド鋳造銅貨一万枚の罰金刑を言い渡された。[11] 一方、彼の同僚だったティトゥス・クィンクティウスは、対ウォルスキ戦において独裁官ポストゥミウス・トゥベルトゥスの指揮下に入って首尾よく勝利を収め、また、フィデナエにおける戦いにおいては、もう一人別の独裁官マメルクス・アエミリウスの副官として同じく勝利に貢献したという理由で、今回の遠征失敗の責任をすでに有罪判決を受けていた同僚にすべて押しつけることに成功し、すべてのトリブス［地区］から無罪放免を勝ち取った。[12] クィンクトゥスにとっては、国民の敬意を一身に集めた彼の父親、ルキウス・クィンクティウス・キンキンナトゥスへの追慕の念がいまだに残っていたことが幸いしたと言われている。また、クィンクティウス・カピトリヌス(3)が、「もはや老い先短い自分に、悲しい知らせ

(1)ローマから東南東にのびる街道で、トゥスクルムを経てラティウムのラビキ（現在のモンテ・コンパトリ）に至る。

(2)平静、平和、休息を意味する抽象名詞「クィエース（quies）」が神格化されたものと考えられる。

(3)ティトゥス・クィンクティウス・カピトリヌス・バルバトゥス。前四七一、四六八、四六五、四四六、四四三、四三九年のコーンスル。ルキウス・クィンクティウス・キンキンナトゥスの弟で、この前四二三年の時点では九〇歳前後の高齢と考えられる。

を泉下のキンキンナトゥスに運ぶ役割を与えないでくれ①」と哀訴嘆願したことも助けになったという。

前422年

センプロニウスに対する告訴

四二　平民は護民官としてセクストゥス・テンパニウス、マルクス・アセリウス、ティベリウス・アンティスティウス、そしてスプリウス・プリウスの四名を選出したが、彼らは選挙活動をしたわけではなく、騎馬隊がテンパニウスの指揮下で戦ったとき②、自分たちの百人隊長として選んでいた者たちであった。[2]元老院は、センプロニウスに対する人々の憎悪からみて、コーンスルという役職名は人々の神経を逆なでしかねないと判断し、准コーンスルを選出することを決定した。そしてルキウス・マンリウス・カピトリヌス、クィントゥス・アントニウス・メレンダ③、そしてルキウス・パピリウス・ムギラヌスが選出された。

[3]この年度が始まるとすぐさま護民官のルキウス・ホルテンシウスは、前年のコーンスルのガイウス・センプロニウスを告訴した。新しく選ばれた四人の同僚護民官は人々の集まる公の場で「自分たちの指揮官を苦しめないでほしい、運が悪かったということを除けば、後ろ指を指されるようなことはしていない」と懇願した。しかしホルテンシウスは自分の堅忍が試されていると考え、彼らの声に耳を貸そうとはしなかった。[4]また、被告人が頼みとしているのは、［四人の］護民官の体面を取り繕うためだけの懇願ではなく、彼らによる拒否権の発動に相違ないと見込んでいた。[5]そこでホルテンシウスは被告人のほうを向いて、「かの名高き貴族精神とやらはどこに行ったのか。高潔さに依拠立脚する勇気はどこにあるのか。前年のコーンスルでありながら護民官の庇護の影に隠れて、なんとするつもりか」と尋ねた。[6]さらにすぐさま同僚護民官に向かっ

てこう問いただした。「諸君は、もし私が被告人の追及を続けたら、どうするつもりか。国民から司法権を奪い、護民官の権限を覆すつもりか」。[7]同僚護民官たちは「ローマ国民の権限は、センプロニウスにせよだれにせよ、その上に立つものである。われわれは国民の判断を棄却したいなどとは思わないし、またそのようなことはできることでもない。だがもし、われわれにとって父親のような位置を占める指揮官を救ってほしいという願いが聞き入れられない場合には、[8]自分たちは彼とともに弊衣(4)に着替えるつもりだ」と答えた。するとホルテンシウスはこう言った。「ローマの平民は弊衣をまとった護民官の姿をみることにはならないだろう。私はこれ以上ガイウス・センプロニウスを拘束しない。なぜなら、彼は指揮官として兵士からそれに値するだけの愛情を獲得していたからである」。[9]四人の護民官の忠誠心に劣らず、正当な懇願に対するホルテンシウスの真摯な態度は、平民の目にも貴族の目にもきわめて好ましく映った。

[10]アエクィ人たちはウォルスキ人たちがすっきりしないかたちではあるものの勝利を手にしたのを見て、あ

---

(1)新たに死んだ者が冥界への使者になるというモティーフは、ホメロス『イリアス』第一三歌四一四―四一六行やウェルギリウス『アエネイス』第二歌五四七―五四九行にもみられる。ただしローマ人の終末観からすれば、この場面のようにきわめて耐えがたい屈辱であったようである。

(2)第三八―三九章参照。

(3)平民階級に属する。前四〇〇年以前に平民で准コーンスルに選ばれたのは、前四四四年のルキウス・アティリウスとこのメレンダのみである。ただし、アティリウスの身分についてはリウィウスの記述に混乱がみられる。一六九頁註(1)参照。

(4)嘆願者およびその支援者が弊衣をまとう習わしについては第三巻第四七章参照。

たかも自分たちも勝利したかのように見なした。しかしその幸運は長続きしなかった。[1]

前421年

クアエストル定員増をめぐる貴族と平民の争い

四三　翌年、ヌメリウス・ファビウス・ウィブラヌスとカピトリヌスの息子のティトゥス・クィンクティウス・カピトリヌス[2]がコーンスルに就任した。対アエクィ戦は籤によってファビウス担当と決まったが、記録すべきことはなにも起こらなかった。[2] というのも、アエクィ人はかたちばかりに戦列を繰り出してきたものの、すぐさま腰砕けとなり、惨めに敗走していったからである。コーンスルの手柄とすべきものはほとんどそこにはなかった。それゆえ凱旋式は認められなかった。とはいうものの、センプロニウスの失態が招いた［指揮官に対する］不信をある程度は払拭することができたため、小凱旋式のかたちでローマに入ることが認められた。

[3] 戦争は心配していたよりも小さな規模の戦いで終結したが、ローマ市内ではしばらくの平穏ののち、平民と貴族のあいだに予想できかったほど大きな不和が生じた。きっかけとなったのはクアエストルの数を二倍にしようとする提案であった。[4] すなわち、これまでの都市を管轄するクアエストル二名のほかに、戦争監理でコーンスルを補佐するクアエストルを二名増員しようというものであった。両コーンスルの提案に対して、元老院は諸手を挙げて賛成した。しかし護民官はクアエストルの少なくとも半数は平民から選出すべきであるといって異議を申し立てた。このときまでクアエストルは貴族から選ばれることになっていた。[5] 当初、コーンスルと元老院議員たちはこの要求に対して真っ向から拒絶の姿勢を示したが、やがて、准コーンスル

選出と同様に、クアエストルの場合も国民の選択は自由であるというところまで妥協した。しかし、彼らは実際には前向きな作業はほとんど行なわず、結局クアエストルの数を増やす提案は手つかずのまま放置されることとなった。[6]この事案を護民官が再び取りあげた。またこれ以外にもいくつもの過激な提案がなされた。そのなかには農地法も含まれていた。こうした動きに対して、元老院は准コーンスルよりもコーンスルを選出するべきであると判断したが、護民官が拒否権を発動したため、元老院は決定を下すことができなかった。[7]こうして国家の舵取りはコーンスルから中間王にもう一度委ねられることとなった。しかしそのように落ち着くまでには大きな混乱があった。護民官たちは貴族が会議を開こうとするたびに妨害行動に出たのである。

[8]翌年の大半は新しく就任した護民官と何人かの中間王とのあいだの争いに費やされた。護民官は、あるときは元老院議員が中間王を指名するために集まるのを妨害し、あるときは中間王に対して拒否権を発動し、元老院がコーンスル選挙開催を決議するのを阻止した。[9]最後にルキウス・パピリウス・ムギラヌスが中間王になった。彼は貴族を非難すると、その返す刀で平民を糾弾した――人間によってうち捨てられ見捨てている国家はいま、神々の叡智と賢慮によってかろうじて守られているといってよい。[10]ウェイイ人との休戦協定とアエクィ人の優柔不断のおかげで存立しているということを肝に銘ずるがよい。もし、これらの敵からな

（1）リウィウスは、前四二三年のウォルスキ人との戦いにアエクィ人が参戦したとは記述していない。別の資料からの記述が紛れ込んでいるものと考えられる。

（2）前四七一年以降六度にわたってコーンスルになったティトゥス・クィンクティウス・カピトリヌス。この前四二一年のコーンスルは同名の息子である。

んらかの危険な動きがあった場合、諸君は、国家が貴族の公職者を持たぬまま討ち滅ぼされることを望むのか。軍を持たぬまま、あるいは、兵に召集をかける指揮官を持たぬままでよいのか。まさか内戦によって外敵を撃退するつもりなのではあるまい。[11]もし敵が一度に押し寄せてきたら、いかに神々の助力があろうとも、ローマは破滅を免れない。さあ諸君、それぞれの一方的要求を少しずつ譲り、互いに歩み寄って宥和を目指そうではないか。[12]たとえば、元老院議員は、コーンスルではなく准コーンスルの選出に同意するべきではないか。一方、護民官は、四人のクアエストルを平民と貴族から分け隔てなく自由に選ぶという提案に対して拒否権を行使することを控えるべきではないのか――。

クアエストル選挙

四四　まずはじめに准コーンスルの選挙が行なわれた。選ばれたのはすべて貴族で、ルキウス・クィンクティウス・キンキンナトゥス（三度目）、セクストゥス・フリウス・メドゥリヌス（二度目）、マルクス・マンリウス、アウルス・センプロニウス・アトラティヌスの面々だった。[2]最後に名前を挙げたセンプロニウスがクアエストル選挙の管理をすることとなった。候補者として名乗りを上げた幾人かの平民のなかに、護民官ティベリウス・アンティスティウスの息子アウルス・アンティスティウスと、別の護民官の兄弟、セクストゥス・ポリウスがいた。しかし彼らの政治的影響力も支援活動も、人々が高い身分の候補者を選ぶのに待ったをかけることはできなかった。こうした候補者の父親や祖父はみなコーンスル経験者であり、人々は彼らの在任期間中の姿を実際にその目で見ていたのである。

[3] この結果にすべての護民官が憤慨したが、とりわけポンピリウスとアンティスティウスは家族の落選を受けて激怒した。[4] ――いったい全体、これはどうしたことなのか。われわれの応援も、貴族の不実も、これまで許されておらずやっと手に入れたばかりの権利行使の喜びも、役に立たなかったということなのか。准コーンスルのことはさておくとしても、（1）クアエストルにさえ平民から一人も選ばれなかったというのはどうしたことなのか。[5] 国民の自由を守るために創設され、神聖不可侵の権限を付与された護民官職にあるわれわれが、父として息子のために、兄弟として兄弟のために懇願したにもかかわらず、不当な結果となった。どこかに不正があったにちがいない。アウルス・センプロニウスはまっとうな選挙を行なわず、なにか策を弄したのだ――。このように彼らは、自分たちの家族の落選はセンプロニウスの不正のせいにちがいないと不満を募らせた。[6] ただしセンプロニウス自身に直接攻撃を加えることはできなかった。確たる証拠もなかったし、［准コーンスルの］在任中でもあったからである。そこで彼らは怒りを［アウルス・センプロニウス・］アトラティヌスの従兄弟のガイウス・センプロニウスに向けることとした。そして同僚護民官マルクス・カヌレイウスの応援を得て、ウォルスキ人との戦いで蒙ったローマの屈辱を理由に（2）彼を告訴した。

（1）リウィウス自身の記述に混乱があるものの、前四四四年の准コーンスルのルキウス・アティリウスと前四二一年の准コーンスルのクィントゥス・アントニウス・メレンダは平民であった可能性がある。一六九頁註（1）および二三九頁註（3）参照。

（2）前四二三年のコーンスル。なお、ガイウス・センプロニウスはすでに同じ罪状で告訴されている。第四二章三以下参照。

[7]その直後、同じ護民官たちから土地分割に関する議論が元老院に投げかけられた。こうした提案に対して、ガイウス・センプロニウスはつねに反対の急先鋒に立った。護民官たちは事態の成り行きをこう正しく予想した――被告人とされたセンプロニウスは土地分割に関する持論を放棄し、結果として貴族たちからの支持を失うか、あるいは決して節を曲げず、平民の怒りを買ったままで自分の裁判の日を迎えるか、そのどちらかである――。[8]彼は平民の憎悪に身を委ねることを選択した。自分の裁判に不利となることよりも、国家の利益を優先させ、三名の護民官の得点になるだけのばらまき政策はとってはならないという持論を次のように展開した――[9]彼らが要求しているのは平民に賦与する土地ではなく、私に対する憎悪である。私も他の者たちと同じように強い心を持ってこの嵐に立ち向かうつもりである。いずれにせよ元老院は、私に限らず他のだれであれ、一人の人間を過大に評価してはならない。そして一人の人間を助けるために国家に損害をもたらすようなことがあってはならない――。[10]裁判の日がやってきても、彼の決意は少しも変わっていなかった。彼自身が自分の弁護に立ち、元老院議員たちも平民をなだめようとしてありとあらゆる方策を講じたが、ことごとく失敗に終わった。結局彼は一万五〇〇〇アスの罰金を課せられることとなった。

[11]これと同じ年、ポストゥミアという名のウェスタの巫女が貞節を疑われて裁判にかけられた。実際は無実であったが、たしかに彼女の服装な派手と自由な立ち居振る舞いは巫女にふさわしいとは言いがたく、嫌疑をかけられるのも無理からぬところがあった。[12]長期間の審理を経て彼女は釈放されたが、大神祇官は神祇官団を代表して、軽はずみな行動を慎み、見た目ではなく聖性に配慮した服を着るよう命じた。(1) 同じ年、ギリシア人によってこれまで支配されていたクマエをカンパニア人が奪った。(2)

前419年

次[13]の年の准コーンスルにはアグリッパ・メネニウス・ラナトゥス、プブリウス・ルクレティウス・トリキピティヌス、そしてスプリウス・ナウティウス・ルトゥルスが就任した。

ラビキ人の離反

四五　この年は、大きな危機が訪れたものの、ローマ人の幸運のおかげで大惨事とはならなかったということで注目に値する。奴隷が共謀してローマ市内各所、それぞれ離れた場所に放火しようとしたのである。彼らの魂胆は人々が家を守ろうと右往左往しているうちに、砦（アルクス）とカピトリウムを力ずくで奪ってしまおうというものだった。ユ[2]ッピテルの加護により、この忌まわしいたくらみは未遂に終わった。二人の奴隷の密告により、犯人は逮捕され罰を受けた。密告者にはそれぞれ一万アス(3)の報奨金が国庫から支給されたが、当時これは相当の大金であった。また、彼らには自由が褒美として与えられた。そ[3]の後、またしてもアエクィ人が戦争準備を開始した。さらに、信頼できる筋から、ラビキ人が新たにローマの敵となり、古くからのローマの敵と誼みを通じているという情報が伝わった。ロ[4]ーマにとってアエ

(1) このポストゥミアは、ティトゥス・クィンクティウス（第二六章参照）に嫁いだ（同名の）ポストゥミアの妹であり、この嫌疑の背景にはなんらかの政治的意図があったものと思われる。なお、瀆神の罪で処刑されたウェスタの巫女オッピアについては第二巻第四二章参照。

(2) サムニウム人。彼らは、前四二三年にカンパニアの都市カプアをエトルリア人から奪っていた。

(3) 一ポンド鋳造銅貨一万枚。

クィ人との戦争は毎年の行事のように習慣となっていた。一方、ラビキ人に向けて送った使節は、曖昧な返答を持ち帰ってきた。そこから判断するに、ラビキ人はすでに戦争準備を始めているわけではないが、平和も長くは続かないことが明らかであった。そこで、ラビキ人がなにか新しい不穏な動きをしないよう見張る任務がトゥスクルム人に与えられた。

前418年

[5] 翌年、准コーンスルにルキウス・セルギウス・フィデナス、マルクス・パピリウス・ムギラヌス、ガイウス・セルウィリウスが就任した。なお最後に名を挙げた准コーンスルは、フィデナエを陥落させたときの独裁官(1)クィントゥス・セルウィリウス・プリスクスの息子である。[6] 彼らが職務に就いた直後に［トゥスクルムから］使節がやってきて、ラビキ人が武器を取り、アエクィ人の軍隊とともにトゥスクルムの領地を荒らし、アルギドゥスに陣営を築いたと告げ知らせた。[7] すぐさまラビキに対して宣戦布告がなされた。元老院は、准コーンスルのうちの二人を前線に派遣し、残りの一人にローマ内の政務を委ねるという決定を下した。するとたちまち准コーンスルのあいだに諍いが起こった。三人とも、自分に戦争を指揮させればだれと競っても引けを取らないと主張する一方、ローマの内政については割の合わない、つまらぬ仕事だといって軽んじたのである。[8] 貴族たちは准コーンスル同士のみにくい諍いを呆れて見ていたが、ついにクィントゥス・セルウィリウスがこう叫んだ。「彼らが己の職責と国家に対する敬意を持ち合わせていない以上、私は父親としてこの諍いに終止符を打つことにしたい。私の息子がローマ担当となる。籤引きで決める必要はない。しかし戦争指揮権を手に入れた二人にはひとつ頼みがある。どうか指揮権を熱望したときより、戦場ではより慎重に、そしてより協力的に事を進めてほしい」。

指揮官同士の諍い

四六　徴兵登録が行なわれることが決定した。しかし全国民から満遍なく兵が集められることにはならなかった。まず籤で一〇地区（トリブス）が選ばれると、そのなかから兵役年齢の若者が登録され二人の准コーンスルに率いられて戦場に赴いたのである。[2]ローマにいるときから始まっていた二人の准コーンスルのつばぜり合いは、指揮権をわが手に握りたいという欲求が原因であったがゆえに、陣営においてはさらに激しいものとなった。彼らのあいだではいかなることも意見の一致を見ず、それぞれ自分の考えるとおりに戦った。互いに相手を軽蔑し、自分の戦術だけが採用されることを望み、自分の指揮権のみが有効であると主張した。互いに相手から軽蔑された。[3]やがて副官たちにもたしなめられるほどになってから、最終的に一日交替で最高指揮権を行使するということで折りあいをつけた。[4]ローマに彼らの様子が伝わると、老練なクィントゥス・セルウィリウスは、准コーンスルたちの不和がウェイイ戦のとき以上に（2）壊滅的な損害を国家に与えないよう、不死なる神々に祈りを捧げたと言われている。そして、もはや敗戦は必至とばかり、息子に進言して、軍隊の召集と武器の準備をさせた。

[5]彼の予言は的中した。ルキウス・セルギウスに指揮権が委ねられていたある日のことである。彼の指揮するローマ軍は敵陣近くまで押し寄せたものの、戦闘には不利な場所だった。そのときアエクィ人は恐怖に襲

（1）前四三五年の出来事。第二一―二二章参照。
（2）前四二六年のウェイイ戦における准コーンスルたちの不和とそれに起因する敗北については第三一章参照。

われたふりをして塁壁まで後退した。ローマ軍は陣営を奪取する好機と思い込み、敵陣におびき寄せられてしまった。そこを突然アエクィ人が突いてきた。ローマ軍は押し返され、谷に向かう斜面を逃走というよりはむしろ転落といったほうがよいありさまで駆け出したが、追いつかれ殺害された者が多数出た。[6]この日、ローマ軍の陣営はなんとか持ちこたえることができた。しかし翌日になると敵に周囲をほとんど囲まれてしまったため、兵士は裏口から不名誉な逃亡をするほかはなかった。こうして陣営は放棄された。指揮官と副官、そして軍旗に従う力の残っている兵士はトゥスクルムを目指した。[7]戦場で散り散りになった者たちは、さまざまな道をたどってローマに急ぎ戻り、自分たちの蒙った被害を実際より誇張して報告した。[8]ところがこの報告は思ったより人々を震撼させなかった。というのもこのような敗戦はいわば危惧していたとおりの結果であって、緊急時の頼みの綱となる予備軍もすでに「ローマに留まった」准コーンスル(1)によって用意されていたからである。

[9]また同じ准コーンスルの命令で下級官吏がローマ中をまわり人々の動揺を抑えた。また急遽送り出しておいた偵察兵から、指揮官たちとその部下はいまトゥスクルムに入っており、敵はまだ陣営の移動を開始していないという報告が届いた。[10]そして人々の士気をこの上なく高める出来事が起こった。元老院決議によってクィントゥス・セルウィリウス・プリスクスが独裁官に指名されたのである。彼がこれまでも政治に携わるなかで先見の明を発揮し、度重なる国難に対処してきたことは市民のだれもが承知のことであったが、このときほど心強く思えたことはなかった。というのも、敗戦云々以前に准コーンスル同士の諍いそのものを不安視していたのは彼一人だったからである。[11]准コーンスルの息子から独裁官の指名を受けたプリスクスは、

いくつかの記録によれば、当の息子を騎兵長官に任命したとされている。ただしその年の騎兵長官はセルウィリウス・アハラであったという記録も残っている。[12] 独裁官は新たに徴兵登録されていた軍隊を率いて戦場に向かった。そしてトゥスクルムにいた兵士たちに合流を命じ、敵から二マイルの地点に陣営を置いた。

ラビキへの移民

四七　勝利に酔いしれていたアエクィ人にはローマの准コーンスルたちの傲慢と軽率がそっくりそのまま乗り移っていた。戦闘が開始されたとたんに独裁官は騎馬隊を突撃させ、一瞬にして敵の最前列を混乱させることに成功した。[2] さらに歩兵軍団に対して戦旗をすばやく押し出すよう命じた。そのとき緩慢な動きをした軍旗手が一人いたが、なんのためらいもなく斬り捨てた。[3] ローマ軍の戦意はきわめて高く、アエクィ人はその攻撃を支えきれなかった。戦列が打ち破られるとアエクィ人は陣営に向かって算を乱して逃げ出した。[4] ローマ軍がその陣営を奪取するには、戦闘にかけたよりもさらに短い時間と手間で十分だった。陣営の占拠と掠奪が完了すると、独裁官は戦利品を兵士たちに分け与えた。そのとき、陣営から逃げ出した敵を追っていった騎兵隊から報告が入った。それによれば、ラビキの敗残兵の全員とアエクィ人の敗残兵の大部分がラビキの町に逃げ込んだということであった。[5] 翌日、ローマ軍はラビキに進撃し、包囲網を張ってから攻城梯子をかけ、町を奪い戦利品を獲得した。

---

(1)ガイウス・セルウィリウス。

[6]勝利を手にした軍隊とともにローマに帰還した独裁官は、指名から八日目に職を辞した。元老院は、護民官がラビキの領地分配を持ち出して土地問題で騒ぎ出す前に大規模な集会を開き、ラビキに植民地を建設することを決定した。[7]一万五〇〇〇人からなる植民団がローマから派遣され、一人につき二ユーゲラ（1）の土地が配分された。

前417年

ラビキを手に入れた翌年、准コーンスルに、アグリッパ・メネニウス・ラナトゥス、ガイウス・セルウィリウス・ストルクトゥスとプブリウス・ルクレティウス・トリキピティウス（以上三名すべて二度目）とスプリウス・ルティリウス・クラッススが就任した。

前416年

[8]さらにその翌年は、アウルス・センプロニウス・アトラティヌス（三度目）、マルクス・パピリウス・ムギラヌスとスプリウス・ナウティウス・ルトゥルス（この二名は二度目）が准コーンスルに選ばれた。この二年間は対外的には平穏な時期であったが、国の内部では農地法をめぐって騒動が巻き起こっていた。

農地法をめぐる対立

四八　民衆を扇動したのは、護民官スプリウス・マエキリウス（四度目）と同じく護民官マルクス・メティリウス（三度目）であった（2）。二人とも選挙運動をすることなく護民官に選ばれた。[2]彼らは、敵から奪った土地は国民一人ひとりに分配されるべきであるとする法案を提議した。これは平民にとっては実に好都合な提案であった。もしこのような法案が通れば、貴族から財産の大部分を没収することができるのである。[3]他人の領土に建設された都市であれば、当然のことながら、武力以外で獲得した土地などほとんどない。一方、国家による売却や割当があったとしても、平民がそれを入手できる機会はきわめて限られていた(3)。
[4]平民と貴族のあいだに激しい争いが起こるのは避けがたい情勢となった。准コーンスルたちは、あるときは元老院で、あるときは主だった貴族を集めた私的な会合で策を練ったが、妙案は浮かばなかった。[5]そのとき、十二表法制定十人委員であったアッピウス・クラウディウスの同名の孫で、最年少の元老院議員だったアッピウス・クラウディウスが(4)、次のように語ったと伝えられている——[6]わが家に古くから伝わる策がある。私の曾祖父アッピウス・クラウディウス(5)は元老院議員たちにこう教えていた。「護民官の横暴を挫く唯一の方法は同僚護民官の拒否権をうまく使うことである。[7]身分の高い指導者がその権威を使って新人（ノウス・ホモー）(6)の意見を変えるのは難しいことではない。権威を振りかざさず、状況に応じた話のもっていき方を

(1)ユーグルム（複数形ユーゲラ）は地積単位でほぼ二五アールに相当する。もともとは一軛（ユグム）の牛が一日で耕す広さ。
(2)二人とも複数回目の護民官就任であるが、これ以前の就任についてはリウィウスは記載していない。
(3)この箇所はテクストに乱れがある。Ogilvie の解釈に従った。
(4)前四〇三年に准コーンスルに就任するアッピウス・クラウディウス。第五巻第一章参照。
(5)前四八〇年に農地法をめぐって貴族と平民が争ったとき、護民官の意見不一致に導く策を提案したアッピウス・クラウディウスは前四九四年のコーンスルである（第二巻第四四章）。彼の息子で同名のアッピウス・クラウディウスは前四七一年にコーンスルとなり、前四七〇年に没している（同巻第六一章）。そして、前四五一年から前四四九年の十人委員のアッピウス・クラウディウスはその息子である。とすると、この演説を行なっているアッピウス・クラウディウスからみれば、前四九四年のコーンスルは曾祖父ではなく、曾曾祖父にあたることになる。
(6)「新人（ノウス・ホモー）」については一六一頁註（1）参照。

すればいいことだ。彼らは周囲の状況によって態度を変える。同僚がなんらかの政策を提唱するとしよう。それが平民の支持を独り占めして、自分には入り込む隙がないと見てとれば、躊躇なく元老院の主張に与するのがあの連中である。貴族全体からはもとより、元老院の有力者からも歓心を買うことができるからである」と――。[8][9]

その場にいた全員がこの策に賛同したが、とくにクィントゥス・セルウィリウス・プリスクスは、さすがクラウディウス家の血筋を引く若者だけのことはあるといって称賛した。そして護民官に拒否権行使を促す役割が各自に与えられた。元老院は一時休会となり、貴族の指導層による護民官の切り崩し工作が始まった。彼らが用いたのは説得であり、忠告であり、約束であった――自分たちの言うとおり行動してくれれば、むろん個人として恩に着る。しかしそれと同時に元老院全体としても感謝は忘れない――。彼らは拒否権行使を六名の護民官に約束させることに成功した。翌日、事前打ち合わせのとおり元老院はマエキリウスとメティリウスによる前代未聞のばらまき政策に対応するため協議を開始した。元老院の長老たちが次々に同じ趣旨の発言をした――ことここにいたっては、われわれ自身による解決策を見つけることは難しい。唯一望みがあるとすれば、それは護民官の助力である。いま国家は苦難のさなかにあって、あたかも無力な個人のように護民官の力にすがるほかはないのだ。護民官および護民官職にとっての誉れとはなんだろう。元老院に無理難題を押しつけ、階級間に不和を引き起こす権能を有していることだけを誇りとしているわけではあるまい。同僚の不正に対して毅然とした態度をとる権能を有していることもその誇りの源泉となっているのではなかろうか――。[10][11][12][13][14]

[15]元老院全体から大きな歓声が上がり、護民官の見解を求める声が議事堂のいたるところから聞こえた。そうした声が鎮まるのを待って、元老院の有力者によって懐柔されていた護民官が立ち上がり、「同僚護民官から提示された施策については、元老院が国家の崩壊につながるものと判断している。ゆえにわれわれは拒否権を行使する」と宣言した。[16]拒否権を行使した者たちは元老院から公式の謝辞を聞いた。施策の提唱者二人は市民集会を開き、［拒否権を行使した］同僚に対して、平民の利益を考慮しない裏切り者、コーンスルの奴隷などと痛烈に批判し、さらに罵詈雑言の限りを尽くしたが、結局提案を引き下げざるをえなかった。

ボラをめぐる戦いとポストゥミウスの暴言

四九　翌年、プブリウス・コルネリウス・コッスス、ガイウス・ウァレリウス・ポティトゥス、クィントゥス・クィンクティウス・キンキンナトゥス、そしてヌメリウス・ファビウス・ウィブラヌスが准コーンスルとなった。もしこの年、ウェイイ人が神の怒りを恐れて開戦を先送りにしていなかったならば、ローマは二方面の戦争を強いられていたにちがいない。[2]ティベリス河が氾濫してウェイイ人指導者たちの農地を水浸しにし、とりわけ農家に大きな被害が出たことが、彼らに戦争開始に二の足を踏ませる要因となった。(1)[3]同じ頃、アエクィ人も三年前の敗戦に懲りて、同じ部族のボラ(2)に援軍を出すのを躊躇していた。[4]ボラ人はこの

(1)このような洪水は神々の怒りを示す予兆と見なされ、適切な措置が講じられないかぎり、さらなる災いが生ずると考えられていた。

(2)ローマの東南東約二〇マイルに位置する町。現在のポリ。

ときすでに隣国のラビキの領地に侵入し、［ローマから］新しく移り住んだ入植者たちを襲撃していた。[5]ボラ人たちは、このような不法行為の結果として覚悟すべき事態も、全アエクィ人の協力があれば、避けうるものと思い込んでいた。しかしその頼みの綱に見捨てられてしまったのである。となれば、ローマ軍に包囲され一撃を受けただけで、町と領地を失うほかはなかった。特筆すべき戦闘場面はなかった。[6]護民官のルキウス・デキウスから、ラビキのときと同じようにボラにも入植者を送るべきであるという提案がなされた。しかし、同僚護民官の何人かが、元老院の同意がないかぎりいかなる民会決議も通させないといって拒否権を発動したため廃案となった。

[7]ところが翌年、アエクィ人はボラを奪還した。そして入植すると、新しい軍隊を投入して町を固めた。ローマでは准コーンスルとして、グナエウス・コルネリウス・コッスス、ルキウス・ウァレリウス・ポティトゥス、クィントゥス・ファビウス・ウィブラヌス（二度目）、そしてマルクス・ポストゥミウス・レギレンシスが選ばれた。[8]最後に名前を挙げたポストゥミウスにアエクィ掃討が委ねられた。この男は実に偏狭な人物であったが、その邪悪さは戦争指揮中よりも、勝利を得たのちにいっそう顕著なものとなった。[(1)] [9]彼は積極的な軍隊募集活動を行なったのちボラに軍を進めた。そして何度かの小競り合いによってアエクィ人の戦意を喪失させ、町を制圧した。ところがそのとき彼は戦う相手を敵からローマ市民に切り替えた。戦闘中、戦利品はすべて兵士のものとすると公言していたにもかかわらず、町を陥落させたとたんにその約束を反故にしたのである。[10]この約束破りが兵士らの反発を買った原因であるというのが筆者の見るところである。ただしアエクィ人が奪還して入植したばかりのボラの町にはそもそも准コーンスルが約束したような豊富な戦

利品はなかったということを兵士らの怒りの要因とする見方もある。

いずれにせよ、兵士らの怒りにさらに油を注いだのが、ポストゥミウスの市民集会における愚かでほとんど狂気の沙汰ともいえる発言だった。彼は護民官による騒動に対処する必要があるとして、同僚准コーンスルによってローマに呼び戻されていた。この集会で護民官のマルクス・セクスティウスが農地法を提案するとともに、ボラにも植民団を送るべきであるとの主張を展開した。ボラの町と農地は武器を取って獲得した兵士のものとするのが正しいあり方だというのがその言い分であった。それに対してポストゥミウスは叫んだ。「わが兵士らよ、おとなしくしていないと痛い目にあうぞ」。この発言はすぐさま元老院にも伝わり、市民同様の怒りを買った。実は護民官セクスティウスは抜け目なく弁も立つ人物であった。彼は、討論相手のなかに傲慢で放言癖のあるこの男を見つけると、刺激して挑発してみようと考えた。平民の憎悪をかき立てるような発言を引き出せるかもしれないと考えたのである。その憎悪は本人だけでなく、主張そのもの、そして貴族階級全般にも及ぶようなものになるかもしれなかった。そこで、准コーンスルのなかからポストゥミウスをとくに選んでこの議論に巻き込んだのである。

(1) 次々に有力者を輩出したポストゥミウス家であるが、さまざまな出来事がこの家系に暗い影を落としている。前四三一年の独裁官アウルス・ポストゥミウス・トゥベルトゥスには息子を殺したという言い伝えが残り（第二九章）、前四二六年の准コーンスルであるマルクス・ポストゥミウスはウェイイ戦の失敗で罰金刑を受けた（第四一章）。さらに、ウェスタの巫女のポストゥミアも派手な行動ゆえに裁判にかけられている（第四四章）。そしてこのマルクス・ポストゥミウス・レギレンシスも自分の兵士たちに石を投げられて命を落とすことになる（第五〇章）。

セクスティウスはポストゥミウスの高圧的で冷酷非道な発言を引き出すとすぐさまこう言った。[13]「市民諸君、いまの発言が聞こえただろうか。この男は配下の兵士に対して、奴隷と同じ罰を与えると言って脅している。[14]にもかかわらず諸君は、この化け物のような男のほうが、諸君に町と農地を用意して入植の世話をし、老年の住まいを提供し、諸君の利益を守るため残忍かつ傲慢な連中と戦おうとする者よりも、顕職に就かせるにふさわしいと見なし続けるつもりなのか。[15]諸君のためを思って行動する人物がほとんど出てこないのは何故なのか、そろそろ不思議に思ってもよい時期に来ている。そういった人間がなにを必要としているのか、諸君がなにを与えることができるのか考えてみてほしい。それはしかるべき役職である。諸君が、ローマ国民の擁護者ではなく、諸君の敵対者に委ねてしまっている役職である。[16]諸君はあの男の発言を聞いて憤慨したたばかりだ。ところがそれでもなにも変わらないのではないのか。もしいま投票となったら、諸君に土地と家と財産の保証をしようとする人間よりも、諸君に懲罰を与えると脅したこの男のほうを諸君は選ぶにちがいない」。

ポストゥミウスの最期

五〇　ポストゥミウスの発言は［ボラにいる］兵士の耳にも届いた。陣営内にはローマ以上に激しい怒りが広がり、兵士たちは「戦利品を横取りした泥棒が、そのうえさらに兵士に懲罰を与えると脅しをかけたというのか」と不満をならした。[2]このような声が公然と聞かれるようになると、クアエストルのプブリウス・セスティウスは、暴力がきっかけに騒動が起きるのであれば、同様に暴力で［騒動は］押さえ込めると考え、大声で叫びを上げている一人の兵士に警吏を差し向けた。これが大きな反発を招いた。[3]怒号の飛び交うなかセスティウスは石を投げられ、やっとのことで人の輪を抜け出した。その背中に向かってセスティウスに傷を負わせた当の本人がこう叫んだ――准コーンスルが兵士に向かって振りかざした罰を、いま、クアエストルが受けとった――。[4]この騒動に対処するため陣営に呼び戻されたポストゥミウスは厳しい詮議と苛酷な処罰によって事態をさらに悪化させた。そして最後に怒りのあまりわれを忘れてしまった。彼は［セスティウスに］石を投げつけた者たちを編み枠の刑（1）に処するよう命じた。彼らの助けを求める大きな声に応えて多くの兵士たちが集まってきた。ポストゥミウスはそれを見て、愚かにも演壇から飛び降り、処刑を邪魔しようとする者たちのところに走り寄った。[5]そこに警吏と百人隊長も加わり、兵士らの群れを排除しようと手当たり次第に暴力を振るった。それが兵士らを激昂させた。准コーンスル［ポストゥミウス］は配下の兵士から一斉に石を投げられ、命を落とした。

[6]この恐ろしい出来事の知らせがローマに届くと、准コーンスルたちは元老院に同僚の殺害に関する調査を依頼した。しかしそれに対して護民官は拒否権を行使した。[7]この対立の裏に別の綱引きが発生していた。平民がこの調査に対して示した不安と怒りを目の当たりにした貴族たちは、もし次年度も［コーンスルではなく］准コーンスルが国に置かれることになれば、平民は自分たちの階級からの准コーンスルを選ぶことにするかもしれないと危惧した。そのため、貴族はコーンスル選挙に持ち込もうと躍起になった。[8]護民官は元老

（1）第一巻第五一章にも同じ処刑の記録がある。逃げられないようにして石を投げて殺した。

院決議の可決を許さず、コーンスル選挙に対して拒否権を行使したため、政治体制は中間王政に戻った。

前413年

平民の不満と農地法

五一　ところが最終的には貴族側の思惑どおりになった。クィントゥス・ファビウス・ウィブラヌスが中間王のとき、コーンスル選挙が実施され、アウルス・コルネリウス・コッススとルキウス・フリウス・メドゥリウスが選出された。[2]この年の初めに元老院決議が出され、民衆の面前で行なわれたポストゥミウスの殺害に関する調査を護民官が行なって結果をできるかぎり早急に平民に示すこと、さらに調査の責任者には平民が望む者を据えることとされた。[3]平民は全員一致してこの調査を両コーンスルに委ねることにした。コーンスルはきわめて穏当で寛大な措置を取った。というのも、処罰の対象としたのはきわめて少人数であっただけでなく、すでに自殺したことが確実であるとみられる者ばかりであったからである。それにもかかわらず、この措置に対して平民が憤ることを防ぐことはできなかった。[4]というのも、平民は自分たちの利益のために提出された法案が長いあいだ放置されているのに対し、自分たちの生命と処罰に関して提案された案件についてはきわめて迅速かつ効果的な処理がなされたと感じたからである。[5]騒動の処理をすませたこのときが、ボラの土地の配分を提示して平民の気持ちを鎮める最良の機会であった。もしそれを行なっておけば、貴族が不当占拠している公有地から彼らを追い出すことがそもそもの狙いだった農地法から平民の目をそらすこともできただろう。[6]ところが実際には、平民の怒りに油を注ぐことになってしまったのである。というのも平民からみれば、貴族たちは力で占有している公有地を引き続き所有することに固執しているだけでなく、敵から奪ったばかりでまだ所有者のいない土地でさえ平民に分配せず、いままでどおり少数の有力者たちで分け合うつもりだとしか思えなかったからである。

[7]この同じ年ヘルニキの領地をウォルスキ人が掠奪した。それに対処するためコーンスルのフリウスに率いられた軍団が派遣された。ヘルニキ領内では敵を発見できなかったため、ウォルスキ人の大部分が集結していたフェレンティヌム(1)の町を攻略することにした。[8]そこには期待したほどの戦利品はなかった。というのも、ウォルスキ軍は防衛できる可能性はまずないものと判断して、夜のうちに所持品を運び出し町を放棄していたからである。翌朝、ローマ軍が町を占拠したときにはすでにもぬけの殻だった。フェレンティヌムの町とその領地はヘルニキ人に与えられた。

前412年

護民官イキリウス

五二　この年は護民官たちが自制したこともあり平穏に過ぎていった。翌年、ルキウス・イキリウス(2)が護民官になり、コーンスルにはクィントゥス・ファビウス・アンブストゥスとガイウス・フリウス・パクルスが就任した。[2]イキリウスはこの年度が始まるとすぐに、あたかもそれが自分と自分の家系に割り当てられて

(1)ローマ東南東約四〇マイル、ラティナ街道沿いにある小都市。現在のカシリナ。

(2)おそらく、十人委員のアッピウス・クラウディウスに対抗した護民官ルキウス・イキリウスの息子。第三巻第四四―四六、四八―四九、五一、五三―五四章参照。

いる任務であるかのように農地法を提議し、平民を扇動しはじめた。[3]ところが疫病が発生した。実際にはこの疫病は国家に壊滅的な損害を与えるほど深刻なものではなかったが、人々に不安感を与えるには十分であった。その結果、人々の関心は、中央広場や政治的闘争から家屋敷と病人の世話へと向かった。いずれにせよ、もし争乱が生じていたとすれば、この疫病による損害よりも大きなものとなったにちがいないと考えられている。

[4]疫病に罹った市民の数は非常に多かったものの、死者はきわめてわずかだった。しかし、よくあるように疫病のために耕作が十分になされず、翌年は穀物不足となった。その年、マルクス・パピリウス・アトラティヌスとガイウス・ナウティウス・ルトゥルスがコーンスルに就任した。[5]この年もし穀物調達がうまくいかなかったならば、疫病よりも飢饉のほうが国家に悲惨な結果をもたらしたにちがいない。エトルリアの海岸地帯やティベリス河流域に食料買い付けのための使節団が送られた。[6]当時カプアとクマエを支配していたサムニウム人は高圧的な態度をとり、使節たちに取引を禁じた(1)。一方、シキリアの支配者たち(2)は彼らを好意的に扱った(3)。量としては、エトルリア人たちが全面的な支援を申し出てくれたため、ティベリス河の水運で運ばれてきた食料が最も多かった。[7]このとき、コーンスルたちは疫病に襲われたローマには満足に動ける人間がほとんどいないことに気づいた。そして、一つの使節団に一人の元老院議員しか参加させられないと分かると、やむをえず騎士階級から二人の人間をそれぞれの使節団に加えることにした。

[8]この二年間は、疫病と食料不足を除いては、国内的にも対外的にも大きな混乱は生じなかった。しかしこれら二つの懸案事項がなくなると、すぐさま、これまでつねに国家を苦しめてきた二種類の混乱、すなわち

国内の不和と外敵との戦争が始まった。

アエクィ人の挙兵

五三　マルクス・アエミリウスとガイウス・ヴァレリウス・ポティトゥスがコーンスルになった。この年、アエクィ人が戦争準備に入った。ウォルスキ人は、国家全体の方針としての参戦には踏み切らなかったが、報酬目当ての志願兵として戦列に加わる者があった。敵がラテン人とヘルニキ人の領地を横断したという知らせを受けて、コーンスルのヴァレリウスは徴兵登録の手続きを開始した。ところが、農地法の提唱者である護民官マルクス・メネニウスがその妨害に入った。また徴募に不服な者は護民官による保護を頼みとして入隊の誓いを拒否した。そのとき突然、カルウェントゥムの城砦が敵の手に落ちたという知らせが入った。この屈辱的な出来事は、貴族たちのメネニウスに対する憎悪を掻き立てただけでなく、すでに農地法に対する拒否権行使を決めていた他の護民官たちの背中を押すことにもなった。メネニウスに対抗する口実として

（1）前四二三年にサムニウム人はエトルリア人からカプアを奪っていた。第三七章参照。また、前四二〇年にはギリシア人からクマエも奪っていた。第四四章参照。

（2）支配者と訳出した tyrannus は本来「僭主」を意味する。しかしこの時点のシキリアには僭主は存在していなかった。シュラクサイのディオニュシオス一世が権力を握るのは前四〇九年以降のことであり、全権を掌握して僭主になったのは前四〇五年のことである。

（3）これまでにもローマはシキリアから何度も食料を調達している。第二巻第三四、四一章、本巻第二五章参照。

（4）トゥスクルムおよびラビキの南方に位置し、アルギドゥス山への峠道を守っていた。

は、申し分ない出来事だと考えたのである。

[5] こうして事態は紛糾し、長い議論が始まった。両コーンスルは、神々と人間を証人に立て、敵からなんらかの損害あるいは屈辱を受けたとするならば、あるいはいまなんらかの脅威を受けているとするならば、それは徴兵登録を妨害しているメネニウスこそが元凶である、と指弾した。[6] 一方メネニウスは、公有地を不当に占拠している者たちが退去するならば、徴兵登録反対を取り下げる用意がある、と切って返した。このとき、［メネニウス以外の］護民官九人が割って入り、一つの提言によって議論を終わらせた。彼らは護民官団の見解として次のように述べた――[7] われわれはコーンスルのガイウス・ウァレリウスを支持するが、それには前提条件が一つある。われわれの同僚［メネニウス］の拒否権発動にもかかわらず徴兵登録を推し進めるためには、軍務に就こうとしない者たちに対して罰金を課すなり、他のなんらかの強制手段を講ずるなりしなければならない――。[8] この意見に後押しされたコーンスルが、護民官［メネニウス］に助けを求めようとした何人かを無理やり引き立てようとすると、それを見た残りの者たちは恐怖に駆られて入隊の誓いを口にした。

[9] ローマ軍はカルウェントゥムの城砦まで行軍した。兵士たちとコーンスルは互いに反感を抱いていたものの、到着するとすぐさま猛烈な勢いで敵の守備隊を駆逐し、城砦を奪還した。敵は油断して、掠奪のため城砦を抜け出すなど、攻撃に対する備えが手薄になっていたのである。[10] 彼らは掠奪を日常的に行なっていたとみえ、かなりの量の掠奪品が一箇所にまとめて保管されていた。コーンスルはこれを競売にかけ、国庫に収めるようクアエストルに命じた(1)。そしてそのとき、こうひとことつけ加えることを忘れなかった――兵士らも、もし徴兵拒否をしていなかったならば、分け前に与ることができたであろうに――。[11] この言葉に平民と

兵士は、コーンスルに対する怒りを募らせた。そして元老院決議により小凱旋式を許されたコーンスルがローマに入るとき、兵士たちは傍若無人な振る舞いをした。それぞれ口々に即興の歌を歌い、コーンスルを罵る一方、[12] メネニウスの名前を何度も口にして称賛したのである。(2) その場に集まった群衆もそれを支持し、護民官の名前が叫ばれるたびに、兵士たちと競うように歓呼と喝采の声を上げた。[13] この様子をみて貴族たちは、兵士らのほとんど習性ともいえるコーンスルに対する無礼に、眉をひそめただけではなかった。そして、もし准コーンスルを選出する事態になれば、メネニウスが選出されるのは間違いないと考え、それを回避するために貴族たちはコーンスル選挙を実施することとした。

前409年

平民からのクアエストル選出

五四　翌年、グナエウス・コルネリウス・コッススとルキウス・フリウス・メドゥリヌス（二度目）がコーンスルとなった。[2] このときほど、准コーンスルの選出が実現しなかったことに平民たちが憤ったことはなかった。彼らはその怒りをクアエストル選挙にぶつけて、屈辱を晴らした。このときの選挙ではじめて平

(1) 財務官と訳されることのあるクアエストルには、国家財政を管理する者（quaestor urbanus「都市の財務官」）と、軍や軍事行動の財政を担当する者（quaestor militaris「軍の財務官」）の二種類があった。戦利品の競売は後者の役割であるが、リウィウスはこの二種類のクアエストルを厳密には区別していない。第五巻第一九章参照。

(2) 凱旋式における兵士たちの振る舞いおよび囃し言葉については第三巻第二九章参照。

民がクアエストルに選ばれた。四つある椅子のうち一つだけは貴族に譲られるかたちとなり、カエソ・ファビウス・アンブストゥスがその席に座った。[3]ほかはクィントゥス・シリウス、プブリウス・アエリウス、プブリウス・パピウスという三人の平民だった。彼らに、選り抜きの名家の若者たちより多くの票が集まったというわけである。

筆者は、[4]人々にこれほど自由な投票をさせた黒幕はイキリウス家の面々であったと考えている。イキリウス家というのは貴族に対して最も敵対的な家柄であり、この年、護民官として三人もの人物を送り込んでいた。これは、平民が熱狂するような数多くの大きな公約を提示した結果である。[5]またそれと同時に彼らは、「平民にも貴族にも開かれている唯一の選挙であるクアエストル選挙においてすら、平民がこれまでずいぶん長いあいだ望んできて、法律的にも許されていることを成し遂げる決意をもたないのならば、自分たちは平民のために今後なんの活動もしない」と宣言していた。[6]平民たちにしてみれば、これは大いなる勝利であった。たしかにクアエストル職は顕職ではあるものの職務的な限界もある。しかし彼らはその役職そのものの重さよりも、これで自分たち「新人」にコーンスル職や凱旋式への扉が開かれたと考えたのである。[7]一方、貴族たちは、この顕職を平民と分かち合ったというよりは、奪われたと見なして憤慨した。そして、このような事態に陥ったからには、もはや子どもなど生み育てるべきでないとまで言い出す者まで出た。生まれてくる子どもは、父祖の就いた地位からすでに締め出されており、本来自分たちのものであった権威を他人が手にしているのを見るだけになる。そして、サリウスかフラーメン(1)にでもなって、政治的な権力や権威を持たず、ただひたすら国民のために犠牲式を執り行なう役割しか残っていない、というわけである。

[8]双方とも感情を高ぶらせていた。平民は意気盛んであった。自分たちのために働いてくれる三人の傑出した指導者を持つことができたからである。一方、貴族は、平民にも門戸が開かれている選挙はすべてクアエストル選挙と同じ結果になるのではないかと恐れた。そこで平民には就任資格のないコーンスル選挙の実施に向けて邁進することにした。[9]これに対してイキリウス家の者たちは、准コーンスルを選出すべきであると主張した。平民にその官職が分け与えられるべき時がついにやってきたというのである。

徴兵登録をめぐる争い

五五　しかし、両コーンスルは、護民官が言いがかりを付けて望みのものを奪い取れるような行動はなにも起こさなかった。ところが、驚くべき巡り合わせと言うべきか、ウォルスキ人とアエクィ人が掠奪のために国境を越え、ラテン人とヘルニキ人の領地に進入したという知らせが入った。[2]この侵攻に対抗するため、両コーンスルが元老院決議を受けて徴兵登録手続きを開始すると、護民官たちは、自分たちにとっても平民にとってもこれは逃すべからざる好機であると宣言して、全力で徴兵阻止にかかった。[3]中心となったのは三人の護民官で、みな勇猛果敢な男たちであった。しかも平民とはいえ、もはや名家と呼ぶにふさわしい家柄

(1) サリウスもフラーメンも古くからある神官職で平民には就任の道が閉ざされていた。サリウスはマルスに仕える神官で、天からヌマ・ポンピリウス（王政ローマ第二代王）に授けられた盾（ancilla）を守って祭儀を執り行なった。フラーメンはユッピテル、マルス、クィリヌスに仕える神官。

だった。彼らのうちの二人はそれぞれ両コーンスルに密着して行動を見張る任務を担い、残りの一人は市民集会を開いて、あるときは平民をなだめ、あるときは扇動する役割を引き受けた。[4]両コーンスルは徴兵登録の手続きを始められず、一方護民官も目標としていた選挙(1)を勝ち取ることができなかった。やがて状況は平民に有利な方向に傾いていったが、そのとき伝令がやってきて次のような報告をもたらした——カルウェントゥムの城砦の守りについていたローマ兵が掠奪のために持ち場を離れたとき、アエクィ人に急襲され、数人の守備兵が殺されて城砦が占拠された。[5]城砦に引き返そうとした兵士も、野原をさまよっていた兵士も相当数が殺された——。この国家的な失態は護民官たちの姿勢を逆に強硬にした。彼らは何度も徴兵妨害の態度を変えるよう説得されたが、聞く耳を持たなかった。国家の非常事態と言われても、人々に憎まれることになるぞと脅されても、ひるまなかった。最終的に、元老院決議を出させて、翌年は准コーンスルを選出するという約束を取り付けることに成功した。[6]しかしながら、この年度に護民官だった者が候補者となることは認められないという留保が付いていた。さらに、だれであれ護民官の再選は許されないという条件もついた。[7]これを見れば元老院がイキリウス家に標的を定めていたことは明らかである。元老院は、イキリウス家の者どもは扇動の報酬としてコーンスル職(2)を狙っているとつねに非難をしていたからである。こうして貴族と平民、両階級の合意のもと、徴兵登録が行なわれ、戦争準備が開始された。[8]このとき、コーンスルが二人ともカルウェントゥムの城砦に向かって出発したのか、それとも一方は選挙実施のためにローマに残ったのかは不明である。歴史家のあいだでも意見が分かれ、結論は出ていない。しかしながら、以下のことについては確実であるとみられており異論はない。すなわち、ローマ軍は長期間にわたって戦ったものの確かな戦

前408年

果を上げることができず、カルウェントゥムの城砦から撤退した。そして同じ軍勢をウォルスキの領土内にあるウェルゴに差し向けて、それを再占拠した。(3) さらに、彼らはアエクィとウォルスキの両方の領土に侵攻し、掠奪を行なって厖大な戦利品を得た。

独裁官指名をめぐる貴族同士の争い

五六　ローマにおいては、望みどおり［准コーンスル］選挙実施にこぎ着けるまでは平民側の勝利であったが、選挙の結果においては貴族の勝利に終わった。[2] というのも准コーンスルに選ばれたのは、大方の予想に反してすべて貴族だったからである。すなわち、ガイウス・ユリウス・ユルス、プブリウス・コルネリウス・コッスス、そしてガイウス・セルウィリウス・アハラの三名であった。[3] この選挙において貴族がなんらかの策を弄したという噂がある。当時すでに、この件でイキリウス家の者は貴族を非難していたという。その噂とは、貴族が立派な平民の候補者のなかにわざと質《たち》の悪い候補者を加え、彼らの素行の悪さを嫌う人々が平民からの候補者全体を拒絶するように仕向けたというものである。

[4] 次に、ウォルスキ人とアエクィ人が、カルウェントゥムの城砦を奪還して強気になったのか、あるいは、

(1) 准コーンスル選挙。
(2) 平民はこの時点ではコーンスルにはなれなかったので、実際には准コーンスル職を狙っていたということを意味する。
(3) 第一章でウェルゴの城砦はローマが獲得していた。その後、ウォルスキ人に奪回されていたことになるが、その経緯についてはリウィウスは言及していない。

ウェルゴの砦を失ったために頭に血が上ったのか、いずれにせよ総力を結集して戦争に取りかかっているという噂が聞こえてきた——[5]中心となっているのはアンティウムの人々のようである。彼らは使節団をウォルスキとアエクィの諸部族に送り、「腰抜け」となじった。そして「前年、ローマ軍が両国の領地を荒らし、ウェルゴの守備隊を全滅させたにもかかわらず、両国の兵士は城壁に閉じこもったまま手を拱いていたではないか」と非難したうえで次のように話した。[6]ローマはすでに武装兵だけでなく入植者も一緒に、［ウォルスキ、アエクィ］両国の領土に向けて送り出そうとしている。さらに、ローマ人は両国のものを自国民のあいだで分配しただけでなく、両国から奪ったフェレンティヌムをヘルニキ人に贈り物として与えてしまった。[7]このような話に人々の心は燃え上がり、アンティウムの使節団が赴いたところでは、［ウォルスキ、アエクィの］多くの若者が徴兵登録に応じている。こうしてありとあらゆる部族から兵役年齢の若者がアンティウムに集結し、陣営を設営してローマ軍の襲来を待ち受けている——。

[8]以上のような報告がローマにもたらされると、元老院は必要以上に混乱を来し、すぐさま緊急時における最終手段である独裁官指名の決定を下した。[9]この措置に対して［准コーンスルの］ユリウスとコルネリウスは大いに憤り、激しく感情的な議論を巻き起こしたと言われている。[10]指導的立場の元老院議員たちから、准コーンスルたちが元老院の権威に従おうとしないことに対して苦言が呈されたが、なんら効き目はなかった。そのため彼らは護民官にまで助けを求めた。「このような事態に陥った場合には、護民官には、たとえコーンスルが相手であっても、諫め立てする権能があることを思い起こしてほしい」と頼み込んだのである。しかし護民官たちは、貴族同士の不和をむしろ歓迎し、「[11]われわれを市民とも、さらには人間とも思っていない連

中を助ける手立ては持ち合わせていない」と切って捨てた。そして、「顕職がすべての人間に開かれ、国家運営が［貴族と平民の］合同で行なわれるようになったあかつきには、元老院決議が公職者たちの横暴によって覆されることのないような措置を講ずることもやぶさかではない。それまでは、貴族は法律や公職に対する敬意を払わないで生きていけばよい。そしてわれわれ護民官の職権には口を出さないでくれ(1)」と言明した。[12][13]

前407年

アハラの演説

五七　この諍いは、大きな戦争が迫る局面にあってきわめて時宜にかなわぬものであったが、それでも人々の心を捉えて放さなかった。ユリウスとコルネリウスは交互に演壇に立ち、自分たちはこの戦争を遂行するに十分な能力を有しており、国民が自分たちに委ねた職務を剥奪されるのは不当であると論じた。その[2][3]とき、もう一人の准コーンスルであるセルウィリウス・アハラがこう発言した。「私は長いあいだ黙っていたが、それは意見が定まっていなかったからではない。善良な市民のだれがいったい、自分の利益と国家の利益とを別のものとして考えるだろうか。私は二人の同僚が自分たちの意思で元老院の権威に従うことを期待していた。元老院議員たちが准コーンスルの行動を抑えるために護民官の力を頼みにするなどということになるなどとは思ってもみなかった。むろん、もし状況が許すのならば、私は喜んで二人に十分な時間を与え、強硬な意見を取り下げてもらうようにしていただろう。しかし、戦争の危機は一人ひとりの熟考を待つ[4]

(1) テクストに乱れがあり、かならずしも文意が通っているとはいえない。

だけのゆとりを与えてくれない。私は、准コーンスルとしての同僚意識よりも国家全体の安全を優先するべきだと考える。[5]それゆえ、もし元老院の見解に変更がないのならば、私は今夜、独裁官を指名しようと思う。そしてもしだれか元老院決議に拒否権を行使しようとするような者があれば、私は元老院の権威に従うつもりである――。

[6]この演説によってセルウィリウスは［その内容に］ふさわしい称賛を受け、独裁官を指名することに関して全員の同意を取り付けたうえで、プブリウス・コルネリウスを独裁官に指名した。そしてその独裁官から彼自身が騎兵長官に任命された。彼と同僚を比べてみれば、これは政治的な評価や顕職は往々にしてそれを追い求めない者の手に収まるということの良い例であることが分かる。[7]戦争自体に関しては特筆すべきものはなにもなかった。ローマ軍はわずか一度の、しかも容易な戦闘で敵を打ち倒した。勝利を収めた軍隊はウォルスキ人の領地を掠奪した。またフキヌス湖(1)のほとりの城砦を急襲し、そこで三〇〇〇人の敵を捕虜にした。それ以外のウォルスキ人は城壁の中に押し込められ、領地を守る者はだれもいなかった。[8]独裁官は、単に幸運に恵まれたとしか思えない戦争を終え、武勲の誉れというよりは僥倖の結果という評価とともにローマに帰還し、独裁官の職を辞した。[9]准コーンスルたちは、コーンスル選挙の実施についてはひとことも言及することなく（それは、筆者の見るところ、独裁官が選出された経緯に対する怒りゆえである）、次年度も准コーンスルを選出するという告示を出した。[10]このとき、以前にまして大きな不安が貴族を襲った。というのも、自分たちのもくろみが仲間の貴族を通じて外部に洩れる可能性があったからである。[11]前年は、平民からきわめて適性を欠く候補者を擁立して、まっとうな者を含むすべての平民の候補者に対する不信感を

醸成する策を取ったが、今回は貴族のうちでもとりわけ輝かしい業績や人気を誇る候補者を立てることにした。その結果すべての席を貴族が占め、平民には一つの席も譲らなかった。[12] 選ばれたのは次の四名であり、全員がこの役職の経験者であった。すなわち、ルキウス・フリウス・メドゥリヌス、ガイウス・ウァレリウス・ポティトゥス、グナエウス・ファビウス・ウィブラヌス、そしてガイウス・セルウィリウス・アハラである。最後に名を挙げたアハラは前年からの再任であるが、その理由としては、彼がさまざまな徳を備えた人物であることはもとよりとして、今回の出来事のなかで彼が見せた希有な思慮深さが評価されたということが挙げられる。

ウェイイとの戦い

五八　この年、ウェイイとの休戦協定が期限切れになった。(2) ローマは協定の更新に取りかかるため使節団と外交神官を派遣した。一行がウェイイの国境までやってくると、ウェイイの外交使節が待ち構えていて、こう要請した――。[2] 自分たちからローマの元老院に出向くつもりである。それまではウェイイの領地に足を

(1)ローマ南東約六〇マイルにあるイタリア半島中央部山岳地帯にある湖。

(2)ウェイイと二〇年間の休戦協定が結ばれたのは前四二五年のことであり（第二五章）、この前四〇七年には実際には期限切れにはなっていなかった。なお、ウェイイとの戦争再開は前四〇六年であり（第五八章六以下）、休戦協定締結後二十年目にあたる。

踏み入れないでほしい――。ウェイイが国内になんらかの内紛を抱えているとみた元老院は協定更新を見合わせることに同意した。当時のローマ人は他国の困難につけ込むような態度は決して取らなかったのである。

[3]一方、ローマはウォルスキ方面ではウェルゴ城砦の守備隊を失うという大きな痛手を蒙った。対応の遅れが致命傷になった。ローマは、ウェルゴの守備隊から「ウォルスキ人に包囲されている。援軍求む」という知らせを受けた。すぐさまそれに応えて急行していれば防衛することができたかもしれない。しかし、ローマ軍が救援に駆けつけたときには、すでに守備隊は撃破されたあとであった。ローマ軍がかろうじてできたのは掠奪のために散開していたウォルスキ軍を威嚇するくらいのことであった。[4]手遅れになったのは、元老院というよりはむしろ准コーンスルたちに原因があった。守備隊が全力で防戦に努めているという知らせを受けた彼らは、いかなる武勇も戦力の数的限界を乗り越えることはできないという原則を忘れてしまったのである。[5]しかし、生き残った者にせよ、命を落とした者にせよ、ここで勇敢に戦った者たちの無念がそのまま晴らされずに終わることはなかった。

前406年

[6]翌年、准コーンスルにプブリウス・コルネリウス・コッスス、グナエウス・コルネリウス・コッスス、グナエウス・ファビウス・アンブストゥス、ルキウス・ウァレリウス・ポティトゥスが就任した。ローマはウェルゴ城砦に関する賠償を求めて使節を送ったが、ウェイイ議会の対応はきわめて傲慢なものであった。これがウェイイとの戦争の端緒となった。[7]すなわち彼らはローマの使節に向かって、「すぐさまウェイイの町、ウェイイの領地から立ち去れ。ぐずぐずしているようなら、かつてラルス・トルムニウス王が与えたもの(1)をお前たちにも与えよう」と言い放ったのである。[8]この対応に憤った元老院議員たちは、准コーンスルた

ちに対して「可及的すみやかにウェイイに対する宣戦布告を国民に提案すべし」と命じた。[9]この件が公になると、兵役年齢の若者たちは声を大にして不満を述べた――ウォルスキとの戦いはいまだ終結しておらず、しかも二つの守備隊が攻略されたばかりであり、ほかにも風前の灯火となっている場所がある。[10]このところ戦列を布いての大きな戦いがなかった年はない。ところが、そのくらいの労苦では飽き足らないかのように、新しい戦争が始まろうとしている。敵は近隣で最も強大な相手であり、しかも彼らはいま全エトルリアを仲間に入れようと画策している――。

[11]これは自然にわき起こった不満の声だったが、そのうえさらに護民官が「元老院議員は平民を最大の敵と見なしている」と言いつのって、人々を煽り立てた――[12]彼らが平民に軍務を課す狙いはわれわれを疲弊させることにある。さらに言えば敵の餌食として差し出すつもりなのだ。平民をローマから遠ざけ、戦地に送り出そうとするのにはわけがある。国内で平穏な暮らしをさせれば、自由や植民地に思いをめぐらせ、公有地分配や自由な投票権行使のために騒ぎ出すにちがいないと考えているからだ――。[13]護民官は戦争経験者を訪ねてまわり、それぞれの戦歴を聞き、受けた傷、残った傷跡を数え上げた。そして身体にはじめて傷を受けるような場所が残っているかどうか、国家のために流しうる血がまだ残っているかどうか尋ねた。[14]護民官たちがこうしたことを会合や市民集会で繰り返した結果、平民は武器を取る気持ちを失ってしまった。准コーンスルたちは宣戦布告の提案を延期せざるをえなかった。このような反対の機運の高まるなかでそれを強行

(1) 前四三七年にローマの使節団が殺された事件を指す。第一七章参照。

しても、拒否されるのは歴然としていたからである。

アンクスル攻略

五九　とはいうもののしばらく冷却期間を置いたのち、准コーンスルがウォルスキ領に軍隊を率いることに決まった。グナエウス・コルネリウス[2]が一人ローマに残った。他の三人の准コーンスルたちは、ウォルスキ軍の陣営がどこにも見当たらず、戦いを挑んでくる気配もなかったので、軍を三つに分け、掠奪のために別々の作戦行動をとることにした。ウァレリウス[3]はアンティウムを目指し、コルネリウスはエケトラを目指した。彼らは行く先々の農家や農地を広範囲に掠奪し、ウォルスキ人の勢力を分断した。ファビウスは掠奪に時間を取ることなく、最大の目標であるアンクスルの町に急行し、攻略に取りかかった。アンクスルは[4]、現在のタラキナエであるが、沼地に向かって傾斜したような町であった。ファビウスはこの沼地側から攻撃する構えを見せた。一方、ガイウス・セルウィリウス・アハラ[5]の指揮する四つの歩兵大隊は迂回路をたどって町を見下ろす丘を占拠した。この高台側には守備隊は配置されていなかったので、彼らは雄叫びを上げながら城壁を急襲した。

ファビウス[6]の攻撃に備えて沼地側を守っていた兵士らは、この不意打ちに浮き足だち、ローマ軍に攻城梯子をかける隙を与えた。一瞬にして町はローマ兵で埋め尽くされた。ローマ軍は長時間にわたって情け容赦ない殺戮を繰り広げた。逃げる者も抵抗する者も、武器を持つ者も丸腰の者も区別しなかった。敵のほうも[7]、敗北は不可避とはいえ、戦う以外に手はなかった。降伏しても命が助かる見込みはなかった。ところが突然

「武器を持たぬ者に危害を加えることはない」という通告が〔ローマ軍から〕なされた。そのため、生き残った者はすべて自分から武器を置いた。こうして二五〇〇人が捕虜となり命を拾った。[8] ファビウスは、同僚准コーンスルの率いる軍が到着するまで、自分の兵士たちにまだ残っている掠奪品には手を出さぬよう命じた。[9] そして、「わが同僚准コーンスルの軍もまたアンクスル陥落の一翼を担ったといえる。というのも、他のウォルスキ人の注意をこの町の防衛から別のところに向けてくれたからだ」と理由を言って聞かせた。[10] 同僚軍の到着後、三つの軍隊は、長年の繁栄によって豊富な富を蓄えた町の掠奪を開始した。准コーンスルたちの寛大な態度が貴族と平民を和解させるきっかけとなった。[11] そればかりか、こののち国家の指導者たちは国民に対してきわめて時宜にかなった恩恵を与えた。元老院は平民や護民官からの要請を待たず、兵士の出征費用は今後国庫からまかなうことを決定したのである。むろんそれまでは自費で戦いに臨んでいたわけである。

出征費用の国庫負担

六〇　この施策ほど平民から大きな歓迎をもって迎えられたものはかつてなかったと言われている。大勢の人々が元老院議事堂の前に集まり、中から出てくる元老院議員たちの手を握っては、「あなた方こそ真に父たちと呼ぶにふさわしい。[(1)] われわれはこの寛大な国家のために力の限り心血を注ぐ所存だ」と自分たちの

---

(1) 原語は patres であり、原義は文字どおり「父たち」である。もともと元老院議員には有力者が家父長の資格で選出されていた。第一巻第八章参照。

気持ちを伝えた。平民がこのはからいに対して感謝した理由は単に、国家に対する義務を果たすべく軍務に就いているあいだは少なくとも家計上の不安がなくなるということだけではなかった。この措置が、護民官たちの恫喝や平民の執拗な要求の結果ではなく、貴族の側からの自発的な申し出によるものであったからである。そのために彼らの喜びは何倍にもなり、感謝の念もより大きなものとなった。

しかし[3]護民官だけは、両階級の歓喜と宥和の輪に加わらなかった。彼らの考えるところでは、この措置はそもそも貴族にとって受け入れがたく、平民にとっても想像するほど有利なものではなかった。最初は好ましく思えても、実際に運用されてみればかならずしもうまく行かないと判明するだろうというのである。彼らはこう人々に問いかけた。「[4]いったい全体、その財源はどこから集めてくるのか。民衆に課税するほかはあるまい。つまり元老院議員たちはだれかの金をだれかに回して大盤振る舞いをしようとしているにすぎない。そしてこのようなやり方は、他の者は容認したとしても、すでに軍務を終えた者たちが黙っているはずがない。自分が戦ったときよりも他人が良い条件で戦いに行くことになり、すでに自分の費用で戦いに行った者がさらに別の者の兵士俸給を負担することにほかならないからだ」。

この[5]反対意見は平民の一部を動かすにとどまったが、最終的に徴税布告がなされたのちも、護民官たちは、兵士俸給のための納税を拒否する者があれば自分たちは支援を惜しまないと言ってはばからなかった。[6]一方、貴族たちは上々の滑り出しをみせたこの制度を定着させることに努力した。彼らは率先して税を納めた。当時まだ銀貨がなかったので、青銅貨を荷車に積んで国庫に運び、拠金を見せびらかすような者まで現われた。[7]元老院議員たちが戸口調査によって定められた額をきわめて忠実に支払ったのちに、貴族に友好的な平民の指導者層が事前に割り当てられていたとおりの額を納税しはじめた。[8]人々は、このように納税する者が貴族から称賛され、兵役年齢にある者たちからも良い市民として評価されるのをみると、護民官の援護の申し出を振り払い、互いに先を争うかのように納税した。
[9]ウェイイに対する宣戦布告の決定が下されると、新しく任命された准コーンスルが軍を率いてウェイイに向かった。このとき、軍の大半は志願兵で構成された。

前405年

ウェイイ包囲戦

六一　さてこのとき、准コーンスルに就任したのは、ティトゥス・クィンクティウス・カピトリヌス、クィントゥス・クィンクティウス・キンキンナトゥス、ガイウス・ユリウス・ユルス（二度目）、アウルス・マンリウス、ルキウス・フリウス・メドゥリヌス（三度目）、およびマニウス・アエミリウス・マメルクスの六名であった。[2]ウェイイの包囲がはじめて行なわれたのは、このときのことである。包囲戦が始まるとエトルリア人はウォルトゥムナの神殿で大規模な会合を開き、ウェイイ防衛のために全部族を挙げて対応すべきかどうか議論したが、はっきりとした結論を出すことはできなかった。[3]この包囲戦は翌年まで長引いた。准コーンスルの何人かとその軍勢が対ウォルスキ戦に振り向けられたことがその理由である。

前404年

[4]翌年の准コーンスルには、ガイウス・ヴァレリウス・ポティトゥス（三度目）、マニウス・セルギウス・フィデナス、プブリウス・コルネリウス・マルギネンシス、グナエウス・コルネリウス・コッスス、カエソ・ファビウス・アンブストゥス、そしてスプリウス・ナウティウス・ルトゥルス（二度目）が就任した。

[5]ローマ軍はフェレンティヌムとエケトラの中間地点でウォルスキ軍と会戦を行ない、首尾よく勝利を手にした。[6]続いて、准コーンスルたちはウォルスキ人の町アルテナ(1)を包囲した。敵は包囲網をなんとか突破しようと出撃したものの、押し返されて城内に逃げ込んだ。この機をローマ軍は逃さなかった。彼らは城内に突入し、城砦以外はすべて占拠した。しかしこの城砦は天然の要害となっており、武装兵の大きな一団が立てこもっていた。[7]ローマ軍は、城砦の麓で多くの者たちを殺し、捕虜にしたあと、城砦そのものを包囲した。しかし力ずくで攻め落とすのは難しかった。狭い場所のわりに多くの守備兵が配備されていたからである。さらに、町が陥落する前に、すべての国家の食料がこの城砦に運び込まれていたため、投降を期待することもできなかった。[8]このときもし一人の奴隷が裏切って城砦を売り渡さなかったならば、ローマ軍は無念の撤退という結末を余儀なくされていたであろう。奴隷の手引きを受けた数人のローマ兵が急峻な崖道を上り、たちまちのうちに城砦を占拠した。敵の守備隊は歩哨兵を殺されただけで一挙に浮き足立ち投降した。[9]ローマ軍はアルテナの城砦と町を破壊してウォルスキ領を離れ、ようやくウェイイ戦に総力を結集することができるようになった。

[10]アルテナを裏切った奴隷には、自由の身分のほかに二家族分の財産が褒美として与えられ、セルウィウス・ロマヌスという名前も授けられた。なお、歴史家のなかには、このアルテナはウォルスキの町ではなくウェイイの町であると主張する者がいる。[11]この間違いは、同じ名前の別の町がカエレとウェイイのあいだにあったことに起因する。しかし、ローマの王たちによって破壊されたその町は、ウェイイではなくカエレの支配下に置かれていた。筆者がいまその滅亡について記した町は、それとは別のウォルスキ領にある同名の

町である。

(1)フェレンティヌムおよびエケトラ近郊にあったとされるアルテナの正確な位置については不詳である。また同名のウェイイ人の町との混同については第六一章一〇以下参照。

第五巻

王を擁立するウェイイ

一　こうして確立すべき平和は残すところ一方面のみとなった。ローマとウェイイは戦争を継続しており、
両者の怒りと憎悪の大きさからみて、敗北はすなわちどちらかの国家の終焉を意味することは明らかであっ
た。両国民はそれぞれまったく異なるやり方で選挙を行なった。[2]ローマ人は准コーンスルを八人に増やした。(1)
これまでにない大人数である。就任したのは、マニウス・アエミリウス・マメルクス（二度目）、ルキウ
ス・ウァレリウス・ポティトゥス（三度目）、アッピウス・クラウディウス・クラッスス、マルクス・クィ
ンクティリウス・ウァルス、ルキウス・ユリウス・ユルス、マルクス・ポストゥミウス、マルクス・フリウ
ス・カミルス、(2)マルクス・ポストゥミウス・アルビヌスであった。
[3]一方、ウェイイ人は、毎年の選挙運動が往々にして不和をもたらすことに倦み、王を選んだ。(3)このときの
王の選出決定はエトルリア人の心をいたく傷つけた。というのも彼らにとって王政そのものも疎ましいもの
であったが、なによりも選ばれた王が問題であった。[4]この男はかねてより、金にものをいわせようとする態
度と傲慢な性格でエトルリア人全体から危険人物とみられていた。とくに、彼が神聖な祭を途中でぶちこわ
しにしてしまったことが問題だった。祭りを途中で止めるということはこれ以上ない不敬な行ないである。
[5]そもそものきっかけは、［エトルリア］十二部族(4)が祭礼の祭司役として彼以外の者を投票で選んだことであっ

た。選外とされたことに憤った彼は、祭礼行事の演者(5)（ほとんどが彼の奴隷であった）を祭りの最中でいきなり引き上げ、国に戻ってしまったのである。[6]エトルリア人は、ウェイイ人がこの王に服しているかぎり決して援助は送らないと決議した。宗教儀式を遺漏なく執り行なうことにかけてエトルリア人の右に出る民族はなかった。彼らはそれほど宗教に対する献身の度合いが強かった。[7]エトルリア人の意思決定の噂はウェイイ人のなかで表立って語られることはなかった。人々は王を恐れていた。このような情報を伝える者を王は単なる無駄話の話し手とは見なさず、叛乱の首謀者として取り扱ったのである。

[8]ローマ側には、エトルリア方面には動きはないという情報が届いていた。しかしエトルリア人の会議ではかならずウェイイの件が話題になっているという情報も伝わってきた。[9]そこで、ウェイイ駐留のローマ軍は、二方面の動きに備えた土塁を築くことにした。一方はウェイイの町に向けてのもので、町の中から敵の住民

---

(1) リウィウスは准コーンスルとして八名の名を挙げているが、実際にはフリウス・カミルスとポストゥミウス・アルビヌスは監察官であったと考えられる。リウィウス自身、第四巻第一六章で、定員を最大六名としている。

(2) 本巻の主要登場人物であるカミルスはこの箇所が初出で、前歴などは不明である。彼の家名（Camillus）はおそらくは祭儀の従者となる若者を意味する camillus に由来する。カミルスは一貫して信仰心篤い人物として描かれる。

(3) 第四巻第一七章にラルス・トルムニウス王がウェイイ人を支配しているという記述がある。しかし、その後、他のエトルリア諸都市のように寡頭政治が行なわれていたとする記述は見当たらない。

(4) エトルリア人諸部族全体を言い表わす表現。十二都市がいわゆるエトルリア同盟を結び、重要事項に関してはウォルトゥムナの神域で会合をもった。第四巻第二三章参照。

(5) 役者、踊り手、格闘士など。

が突撃を仕掛けてくるのを防ぐためである。もう一方はエトルリアへの備えで、もし万一この方面からなんらかの援助が［ウェイイに］送られるようなことがあったとしても、それに対処できるようにするためである。

冬期の戦争に対する護民官の反対意見

二　ローマの准コーンスルたちは、ウェイイの町を落とすには総攻撃をかけるより包囲戦に持ち込むほうが有利であると考え（これはローマ兵にとってははじめての経験であった）、冬期陣営の建設に着手した。冬のあいだも戦争を継続する方向性が示されたのである。[2]この報せがローマに届くと、長いあいだ民衆を扇動する口実を見つけられずにいた護民官たちが市民集会の場に躍り出て、[3]平民の心を煽るために弁舌を振るった——兵士に賃金が支払われたのはこれが目的だったのだ(1)。われわれは敵対者(2)からの贈り物には毒が塗られていると考えていたが、それは間違いではなかった。[4]平民の自由は金で買われたのである。兵役年齢にある者たちは町からも政治からも永遠に遠ざけられ追放された。冬になろうが、年が変わろうが、家に帰って自分のしたいようにすることは許されない。[5]年間を通じて軍務に就かせることにどんな理由があるか、考えてみるがよい。おそらく次の理由しか思い浮かばないはずだ。すなわち、もし平民階級の屋台骨を担う多数の若者を市内に残せば、なにかしら平民のための動きをみせるのではないかと准コーンスルたちは恐れているのだ。[6]さらに言えば、若者たちはウェイイ人よりもはるかに過酷な仕打ちを受け、疲れ切っている。ウェイイ人は自分の家で冬を越し、[7]強固な城壁と地の利で自分の町を守っているのに対し、ローマの兵は雪と霜に苦しめられ、天幕の下で労苦と危険に耐えるほかない。海陸すべての戦争が休止となるはずの冬でさえ、われらが兵には武器を置くことが許されない。[8] このように兵士を奴隷扱いしたことは王政時代にもなかった。護民官権が確立する前のコーンスルも、情け容赦ない命令権を持つ独裁官も、尊大な十人委員も思いつきさえしなかった。ところがいまや准コーンスルは通年の軍務を強要し、ローマの平民に対して専制君主のように振る舞っている。准[9]コーンスル権限のあり方をこのように過酷で残忍なものにしてしまったあの連中がもしコーンスルや独裁官になったとしたら、いったいなにをしでかすことになるだろう。だが平民にとってこれは身から出た錆のようなものである。准コーンスル職に八つもの枠(3)がありながら、一人の平民も選ばなかったからである。[10] これまで貴族は毎年三つの枠(4)を独占してきたが、それでもそれは彼らのそれなりの努力の結果であった。しかしいまや彼らは八頭立ての馬車のように一致団結して権力保持に邁進している。准[11]コーンスル職は大人数になったが、そこに平民は一人も含まれていない。もしそこに一人でも平民が加わっていれば、他のことはおくとして、兵役に就いているのは奴隷ではなく、自由な同胞市民であると同僚に向かって意見することだけはできただろう。[12] つまり兵士というものは、少なくとも冬場は屋根のある家に戻し、一年の一定期間、両親や子どもたち、そして妻たちの顔を見てすごさせるべきであり、また、その間

---

(1) 出征費用の国費負担については第四巻第五〇章参照。なお、貨幣鋳造の開始は前四世紀以降のことであり、この当時は銅がそのまま支給されたか、戦争に必要な各種用品が現物で支給された。
(2) ローマの貴族を暗示する。
(3) 准コーンスルの定員については第四巻第一六章および本巻第一章参照。
(4) 前四四五年にはじめて准コーンスル職ができたときの定員は三名であった(第四巻第六章参照)。

に市民としての自由権を行使して公職者の選出もさせるべきである、と准コーンスルとして意見を述べることができたはずである――。

護民官[13]が声を大にしてこのような議論をしているところに現われたのが、弁舌では決して引けを取らぬ好敵手、アッピウス・クラウディウス(1)である。准コーンスルの同僚たちは、護民官の扇動に備え、若い頃から平民との論争に慣れていた彼を一人だけローマに残していた。[14]なお、彼はすでに述べたように(2)、護民官権力を無力化するための方策として護民官同僚による拒否権発動を提案したのと同じ人物である。

アッピウスの反論(1)

三　さて、アッピウスは生まれつき頭の回転も速かったが、経験によってその弁舌も鍛え上げられていた。彼は次のように論を展開した。[2]「ローマ市民諸君、これまで諸君は次のような疑問を抱いたことはなかったか。護民官はつねに騒動の中心にいたが、あれは市民の利益を思ってのことだったのか、それとも護民官自身の利益のためだったのか、と。その疑問は今年になってはっきり解消されたと私は確信している。[3]私は市民諸君の長いあいだの誤解に終止符が打たれたことをうれしく思っているだけでなく、その誤解の解消が諸君にとってきわめて恵まれた時期に行なわれたことが、市民諸君にとっても、市民諸君を通じて国家にとっても、喜びに堪えないと考えている。[4]今回の護民官の憤りと逆上はいままで以上に激しいと思わない者がいるであろうか。たしかにかつて諸君にはなんらかの不正が加えられていたかもしれない。しかし彼らはそうした不正に対して憤っているのではなく、貴族が平民に恩恵を与えるために兵士に俸給を出す仕組みを作ったことに対して憤っているのである。[5]諸君は、護民官がこれまでなにを恐れていたのか、そしていまなにを打ち砕こうとしているのか考えたことがあるだろうか。それは階級間の宥和にほかならない。彼らはそれが護民官権限を根底から覆すと見なしている。[6]さらに言えば、腹黒い医者のように仕事を求めてうろつき回っているのが彼らである。国家になにか不具合があることをつねに望み、それを治すために諸君から呼ばれることを期待しているのだ。[7]さあ、護民官諸君、諸君は平民を助けようとしているのか、それとも攻撃しようとしているのか。兵士の敵対者なのか、代弁者なのか。いや、おそらく諸君は『貴族がすることは平民のためになるかならないかにかかわらず、我慢がならない』と言うにちがいない。[8]それはちょうど、家の主人が奴隷にいかなる状況であれ、外部の人間との接触を禁ずるようなものである。奴隷にとってためになろうがなるまいが、接触を控えさせることは正しいことであると主人は思っている。それと同じように護民官諸君よ、諸君は、貴族に平民との交流を禁じている。われわれが思いやりと雅量をもって平民に訴えかけ、彼らがわれわれに対して恩義を感じ忠誠を尽くすようになることを恐れている。[9]もし諸君がほんの少しでも、愛国心とは言わぬまでも、人間性というものを持ち合わせているならば、貴族の思いやりと平民の恭順の心に対してどれほど大きな後押しができたことだろう。諸君はあらゆる力をふりしぼってその支えとなるべきだったのだ。[10]そしてこの市民宥和が続きさえすれば、近い将来ローマの支配権は近隣諸国において最大になるとだれしもが請け合うことになるにちがいない。

（1）十人委員アッピウス・クラウディウスの孫。
（2）第四巻第四八章。

アッピウスの反論(2)

ている。

四　さて准コーンスル同僚たちは、戦争に決着をつけないままウェイイから撤退するべきではないと考えている。その作戦が有益であるだけでなく、どれほど必要であるかについては後ほど論ずることにするが、その前に、兵士たちが置かれている状況について説明させてもらいたい。[2]もしこの話を諸君の前だけでなく、陣営の中でもすることができるのならば、これから私が話すことに嘘偽りはないと兵士たち自身が判定を下してくれるにちがいないと思う。さて、まず確認しておきたいのは、たとえ私の側から主張すべき事柄が見つからないとしても、批判勢力の議論を吟味するだけで十分言うべきことは言えるだろうということである。[3]護民官たちはこのところ、兵士に俸給を与えてはならないと主張している。前例がないから、というのが彼らなりの理屈である。さて、なんらかの新しい便宜を受けた者に応分の新しい負担が課せられることに対して、彼らはどのような理屈をこねて反対するのだろうか。[4]報酬を伴わない労働はどこにもない。また、労働を提供せずに報酬を手にすることもまずありえない。労苦と快楽は、性質的にまったく異なるものであるが、ある種の自然の関連性があり、互いに結びついている。[5]かつての兵士を悩ませていたことは、自分の出費で国家に奉仕しなければならないことであった。しかしそれでも一年の半分は自分の田畑を耕すことができることに喜びを感じていたのである。それさえできれば、家にいようが戦場にいようが、自分と自分の家族を養うことができたからである。[6]いまや兵士は、国家が収入源となったことを歓迎し、喜んで俸給を受け取っている。出費で苦しまずにすむようになった彼らは、いままでよりも多少長く家と家族を離れることになっても、平常心で耐えることができるはずである。[7]また、国家が兵士を貸借精算に呼び出して、こう告げるのは理にかなっている。『一年分の給料を受け取ったなら、一年分の働きをせよ。半年の軍務で一年分の賃金を受け取るのが正しいことだとはまさか思うまいな』と。[8]市民諸君、私としては俸給に関するこのような話をいつまでも続けるつもりはない。というのも、このような議論は傭兵を雇う者たちにこそふさわしいと考えるからである。私たちは諸君を同胞市民として遇したいと思っている。諸君も私たちを祖国そのものとみて遇することが正しい道であると思う。[9]もしかすれば戦争を始めるべきではなかったのかもしれない。しかし始めた以上は、ローマ国民の威信をかけて行動し、できるだけ早く決着をつける必要がある。[10]いま包囲している相手にもう少し圧力をかけさえすれば、そして、ウェイイを落とすというわれわれの目的を達成する前に撤退という愚を犯しさえしなければ、かならずこの戦いを終わらせることができる。このような忍耐をわれわれに強いるのは、ほかでもないわれわれの恥辱の記憶である。[11]かつて一つの都市がただ一人の女のせいで一〇年間にわたり全ギリシアから攻め立てられたことがある。(1)ギリシア人たちは祖国を離れ、なんと遠くまで行ったことだろうか。どれほどの陸地をたどり、どれほどの海原を越えたことだろうか。[12]ところがわれわれは二〇里程ほどしか離れていない、ほとんどローマから見えるところにある町をわずか一年のあいだ包囲することに倦んでいる。たしかに、こう反論する者がいるかもしれない。『戦争の原因は些細なものにすぎず、また、われわれは、これほどまでの艱難辛苦に向かわせるほどの大きな屈辱を受けたわけではな

(1)トロイアの王子パリスにさらわれたヘレネ(スパルタ王妃)を奪還するためギリシア連合軍がトロイアを一〇年間にわたって攻撃した。ホメロスの英雄叙事詩『イリアス』はその十年目の出来事を描きだしている。

い』と。[13]しかし彼らはこれで七度も戦争を仕掛けてきたのである。講和を尊重したこともいまだかつてない。幾千度もわれわれの田畑を荒らし、フィデナエ人をたぶらかしてわれわれから離反させ、フィデナエに入ったわれわれの入植者の殺害まで行なった(1)。[14]万民法を破り、われわれの使節団を殺して不敬を働いたのはあの連中である。彼らのこれまで一貫した望みは、全エトルリアを扇動してローマの敵とすることであったが、今日にいたってもまだそれに余念がないようである。われわれの使節団が賠償を求めたときも、彼らは暴力を振るう寸前までいったのである。

アッピウスの反論(3)

五　このような敵を相手にして、われわれは弱腰でいたり、時間を浪費したりしていいものだろうか。われわれには〔先ほど述べたように〕憤るべき正当な理由がある。もしそれでも背中を押されないというのならば、どうか次のような状況に現在あるということを思い起こしてもらいたい。[2]われわれはいま敵の町を大がかりな包囲網で囲んでおり、敵は城壁内に封鎖されている状態である。彼らは土地を耕すことはできず、いままでに耕されてきた土地も戦争によって荒れ果ててしまっている。[3]もしいまここで軍を引き上げれば、敵がわれわれの領土に侵入してくることはだれの目にも明らかである。それは報復を目的とするだけではない。耕地を失った彼らにとって他国の領土を掠奪する以外に方法がないからである。とするならば、護民官の提案に従うということは、[4]戦争を先送りにするのではなく、自分たちの領土のなかでの戦いを受けて立つということにほかならない。次に、ほかでもない兵士たちについて考えてみよう。われわれのご立派な護民官たちはかつて兵士から俸給を奪おうとしたにもかかわらず、手のひらを返したようになにやら兵士を気遣っているようだ。ならば兵士らの状況はいまどうなっているだろう。[5]彼らは堡塁と塹壕を張り巡らした。いずれも大変な労力を費やすことになったが、それだけ大規模なものが完成した。次に彼らは要塞を築いた。最初はわずかな数だったが、軍の増強にともない、相当の数を作り上げた。さらに町に向けて土塁を積み上げた。エトルリアに向けても土塁を作ったが、それは彼らが送ってくるかもしれない救援軍に備えてのものである。[6]攻城塔（トゥリス）(2)、葡萄小屋（ウィーネア）(3)、亀甲掩蓋（テストゥードー）(4)などをはじめとする数々の攻城道具についていちいち述べていく必要があるだろうか。大きな労力が費やされ、いまその作業にやっと終わりが見えたとき、護民官たちはそれらを放棄するべきだと考えている。夏が来たらもう一度汗を流して、最初からやり直せばよいというわけだ。[7]すでに完成しているものを守りながら、敵に圧力をかけ、それを粘り強く繰り返すことによって、われわれの不安に終止符を打つことのほうが、はるかに手間がかからないのではないだろうか。それどころか、もしわれわれが一気にことをなすならば、すなわち、中断や休止によってわれ

(1) フィデナエの離反は前四三八年のこと。第四巻第一七章参照。

(2) 複数の階層構造を持つ木造塔で城壁の上を制圧するために用いられた。車輪が付けられ、離れたところで組み立てられて城壁まで運ばれた。高さは城壁に合わせて作られ、少なくとも一〇メートル以上あったとされる。

(3) 車輪のついた移動小屋。城壁を破壊するための槌が備え付けられていた。差し掛け屋根のついた葡萄小屋に形状が似ているため、このように呼ばれた。

(4) 城壁からの投石や投げ槍を避けるための掩蓋で、兵士たちは文字どおり亀の甲羅の下に隠れるようにして城壁に接近した。

われの希望を先送りすることがなければ、目的は瞬時に達成できるのだ。[8]労力と時間の無駄についてはいま話したとおりである。さらに、戦争を先延ばしにすることによる危険について考えてみよう。まず、エトルリアにおいてウェイイ救援に関する会合が頻繁に開かれていることに目をつぶっていていいのだろうか。[9]たしかに現時点では、エトルリア人たちはウェイイ人に対して怒りと憤りの感情を抱いており、援軍は送らないと明言している。もしいつまでも彼らがそのままでいてくれるのなら、われわれはいずれかにはウェイイを攻略できるだろう。しかし、われわれが戦争を長引かせてしまったときに、エトルリア人がいまと同じ気持ちでいるとだれが保証してくれるだろう。[10]われわれがぐずぐずしているうちに、いままでより大規模な使節団が彼らのあいだを頻繁に行き交うことになるにちがいない。さらに言えば、いまエトルリア人が問題視しているウェイイにおける王政も、時間の経過により、あるいは人々の合意により廃止されるかもしれない。そうなればウェイイ人は、エトルリア人の好意を取り戻すことができるかもしれない。あるいは王自身が、国民の安全にとって自分の王位が障害になると判断して、退位することも考えられなくはない。[11]さあ、一時撤退の道を選んだ場合、いかに多くのいかに大きな不利益を蒙ることになるかをよく考えてみてほしい。あれほど大きな労力を費やして作った工作物を諦めるだけではすまない。すぐさまわれわれの領土が荒らされ、ウェイイだけでなくエトルリアもわれわれとの戦争に立ち上がることになるのだ。[12]さあ、護民官諸君、以上が君たちの提案の内実である。この件は、病人を扱うのときわめて似ているといえるかもしれない。苦しい治療に耐えさえすれば、たちどころに快方に向かうような病人がいるとする。しかしその病人の食事や飲み物に対する欲求に応えてしまえば、結局は病を長引かせ、ときには不治の状態にしまうことになりかねないのだ。

アッピウスの反論（4）

六　今回の戦争そのものには直接の関係はないが、それでもやはり、軍の規律という点で最も重要なのは、勝利すればかならず報酬が得られるという経験を繰り返し兵士が持つというだけではなく、戦局が長引いた[2]場合に、そのつらさに耐えること、そして、いかに希望が遠くに見えようとも、良い結果を待ち続ける経験を持つということである。もし戦争が夏のあいだに終わらなかったならば、冬も駐留を続けるという経験が必要である。夏鳥のように、秋が来たとたんに隠れ家を求め巣に籠もるようなことをしてはならない。ここ[3]で諸君に尋ねたいことがある。われわれは狩りをするとき、雪が降っていようが霜が降りていようが、そんなことには関わりなく山にも森にも分け入っていく。狩りの情熱と楽しみがそれだけ大きいからである。日常の狩猟の喜びですら呼び覚ますことのできる忍耐心を、戦争という危急時に持ちえないということがあるだろうか。あるいは[4]諸君は、ローマの兵士が家から離れた陣営での冬越しに耐えられないほど柔弱な肉体と軟弱な精神しか持ち合わせていないと考えているのか。たしかに水兵が戦うときには天候の良い時を選ばねばならないし、季節も限られてくる。しかし、歩兵の場合も同様に、暑い時には戦えない、寒い時には戦えないと諸君は主張するつもりなのか。兵士に[5]面と向かってだれかがそう非難すれば、彼らは怒りで顔を赤らめながら、こう反発するにちがいない。『われわれの精神と肉体には勇敢さと忍耐心が宿っている。冬であれ、夏であれ、同じように戦うことができる。われわれは自分たちの柔弱と怠惰を守ってくれと護民官に頼んだ覚えはない。そもそもわれわれは、自分たちの祖先が護民官権限を確立したのは、木の陰でも屋根の下でもない(1)ことを十分に承知している』と。[6]諸君の兵士らの勇気、ローマの名声を考えるのならば、ウェイイとの戦争やその他の差し迫っている戦争のことだけに目を向けるべきではない。われわれの評判は今後起きるにちがいない他国との戦争においても威力を発揮するにちがいない。[7]次のどちらの場合でも、われわれに対する他国の見る目に違いは生じないと言い切れるだろうか。一方は、町がローマに攻められても、最初ほんの短いあいだだけ攻撃を持ちこたえることができれば、それ以降のローマは恐れるに足りないと近隣諸国に思わせることである。[8]もう一方は、ローマ軍はひとたび町を包囲したら、いかに長期戦に倦み疲れようが、冬の寒さが厳しかろうが、その場を決して離れることはなく、戦争の結末として勝利以外のものを知らず、攻撃力だけでなく忍耐力にも優れていると思い知らせ恐れさせることである。[9]忍耐力というものは、あらゆる種類の戦争に不可欠であるが、とりわけ、包囲戦においてはきわめて重要である。多くの町は要塞に囲まれ、地の利もあって難攻不落になっているが、敵に餓えと渇きをもたらす時間を味方にすれば、攻略し制圧することができる。[10]同じようにウェイイも、護民官が敵に手を差し伸べるようなことさえしなければかならず落ちる。ウェイイ人たちがエトルリア人に求めて得られなかった助けをローマは決して提供してはならない。[11]ウェイイ人にとってまずローマ市内に党派抗争が起こり、次にそれがまるで伝染したかのように陣営内部に蔓延することほど望ましいことがあるだろうか。[12]ウェイイ側ではきわめて厳格な規律が保たれ、包囲に対しても王の支配に対しても、いらだつ者はおらず、叛乱の気配は微塵とも感じられない。エトルリア人から援助を断られたことも彼らの心を騒がせるにはいたっていない。[13]叛乱を説くような者がいれば即刻殺されるからである。ローマで語ればなんの罰も受けることのない事柄でも、彼らのあいだではだれ一人として話すことが許されない。ローマでは軍旗を失ったり、持ち場を離れたりした兵は棍棒で打たれて殺される。[14]ところが『軍旗を捨てよ、陣営を放棄せよ』という主張に対しては、一人や二人の兵の前ではなく、全軍の集まる集会で堂々と語る機会を与えられる。[15]市民諸君、諸君は、護民官が語ることに対しては、たとえそれが祖国をないがしろにしたり、国家を転覆させかねないものであったりしても、耳を傾けることをつねとしている。そして彼らの権力の魔力に絡め取られ、彼らが権力の影に隠れてありとあらゆる悪事を働くのを見逃してしまう。[16]護民官が次にしようとしていることは、ここで喧伝しているのと同じことを陣営や兵士の前で語り、軍を堕落に導き、指揮官に従わぬよう兵を教唆することである。[17]つまるところ、ローマにおける自由とは、元老院、公職者、法律、古来の慣習、父祖伝来の制度、軍の規律のいずれに対しても敬意を表さないということを意味するようになってしまっている」。

ウェイイ包囲軍に対する奇襲

七　このようにアッピウスは市民集会の場でも護民官に決して引けを取らない議論を展開していたわけだが、そこに突然、思いもよらぬ方面から知らせが届いた。ウェイイでローマ軍が大きな損害を蒙ったというのである。アッピウスの主張はこの知らせを機に俄然優勢になり、結果として、階級間の宥和が醸成される

(1) 平民は聖山への退去という実力行使によって護民官制度を勝ち取った。第二巻第三二章以下参照。

とともに、ウェイイ包囲はいままで以上に強力に推し進めようとする機運が高まった。
[2]ことの次第は以下のとおりである。ローマ軍は接城斜路を町まで延ばし、葡萄小屋もほとんど城壁に接するところまで移動させていた。ところが彼らは昼間の作業に関しては用心深かったにもかかわらず、夜間の守りは万全とはいえなかった。突然城門が開き、松明を手にした敵が大勢飛び出してきて火を放った。[3]長い時間をかけて作り上げてきた接城斜路と葡萄小屋がともに炎に包まれ、一時間もしないうちに焼け落ちた。なんとか火を消そうとした兵士も大勢いたが、結局は消火しきれず、敵の剣と炎によって命を落とした。
[4]この知らせがローマに届くと民衆はみな嘆き悲しんだが、元老院には危惧と不安が広まった。ローマ市内であれ、陣営の中であれ、なにか不穏な動きがひとたび起これば、抑え込むことができないかもしれないと思ったのである。彼らの心配は、護民官がこの敗北を自分たちの手柄だと自慢するかもしれないというところにまで及んだ。[5]このとき、騎士階級に叙せられていたものの、まだ国家からの馬の支給を受けていなかった者たちが思いがけない行動に出た。彼らは自分たちのあいだでまず会合を開いてから元老院までやってきた。そして発言が認められると、自分で馬を出してでも兵役志願したいと申し出たのである(1)。[6]元老院はすぐさま彼らに最大級の謝意を示した。そしてその噂が中央広場から町全体に広まると、民衆が一斉に元老院議事堂に殺到してこう叫んだ。[7]「われわれはいま新たに歩兵階級に加わり、国家に対する格別の奉仕をすることを約束する。ウェイイであれ、ほかのどこであれ行く覚悟がある。もしウェイイに行くとなれば、敵の町を落とす前にローマには決して戻らない覚悟である(2)」。[8]この言葉に、元老院はあふれ出てくる感謝の気持ちをどうしても抑えることができなかった。[9]彼らは、騎士に対しては役人を通じて謝意を伝えただけであった

が、この平民たちに対してはまったく別の感謝の姿勢を示した。直接話をするために、元老院議事堂に入ってほしいという要請さえしなかった。元老院議員たちが自ら敷居をまたいで議事堂の外に出たのである。彼らは階段の上から民会場に集まる人々に向かって大声を発し手振りを交えながら、公的な謝意を示した。[10]そしてさらに、この宥和のおかげでローマは祝福され、無敵かつ永遠の町となったと語り、騎士を称賛し、平民を称賛し、この日そのものを称揚したのち、「元老院の善意、寛大さも人々の心意気には脱帽するほかない」と述べた。[11]元老院議員も平民も競うように涙を流し、喜びを分かち合った。そのあと元老院議員たちは議事堂に戻り、次の内容からなる元老院決議を出した。[12]まず、准コーンスルは市民集会を開き、歩兵と騎兵に感謝したうえで、元老院は彼らの祖国に対する献身を決して忘れないと伝えることが決まった。次に、兵役義務をもたないにもかかわらず志願兵として名乗りを上げた者の全員に一時金[(3)]を与えること、騎兵にも相

(1) セルウィウス王による国家体制整備によって、騎士階級には馬の購入のために国費が投じられることになっていた。第一巻第四三章参照。しかし、この時点ではその制度になんらかの変更が加えられていたものとみられ、彼らは自費での戦争参加を申し出たのである。

(2) ここで集まってきたのは戸口調査において資産僅少のため兵役免除とされていた者たちである。彼らもこの国家の危機に際して新たに「歩兵階級」の一員として兵役に加わることを申し出たのである。なお「元老院階級」や「騎士階級」は存在していたが、「歩兵階級」というものは厳密には存在していない。

(3) 志願兵には定期的に支給される手当てではなく、一時金として金銭が与えられた。その代わり従軍期間は短かった。

当額の手当て（1）を出すことが決まった。騎兵[13]が自分の馬を出して軍務に就くのはこれが最初である。志願兵からなる軍隊はウェイイに到着すると、破壊された攻城兵器を作り直しただけでなく、新たなものを作り加えた。ローマからの補給は、立派な心がけの軍隊に決して不自由な思いをさせないよう、以前にまして頻繁に行なわれた。

前402年

反目し合う准コーンスルたち

八　翌年の准コーンスルには、ガイウス・セルウィリウス・アハラ（三度目）、クィントゥス・セルウィリウス、ルキウス・ウェルギニウス、クィントゥス・スルピキウス、アウルス・マンリウス（二度目）、マニウス・セルギウス（二度目）が就任した。彼ら[2]の在任中、だれもがウェイイとの戦争に気を取られているうちに、アンクスルの守備隊に油断が生じた。多くの兵士が休暇で城砦を離れているあいだに、ウォルスキから商人の一行がやってきた。ところが守備隊は彼らをしっかり尋問することなく城砦の中に入れてしまったのである。城門の歩哨兵がたちまちねじ伏せられ、城砦が敵の手に落ちた。死ん[3]だ兵士の数はさほど多くはなかった。というのも、病人を除くほぼ全員があたかも従軍商人のように農地や近隣の都市に買い出しに出てしまっていたからである。

全[4]市民の注目の的であったウェイイの戦況も好転していなかった。というのも、ローマの指揮官たちの気持ちのなかでは敵に対する気概よりも同僚に対する憎悪のほうが上回っていたし、カペナ人とファリスキ人の突然の参戦によって戦線が拡大したからである。こ[5]のエトルリアの二都市はウェイイにきわめて近いところに位置していた。もしウェイイが負ければ、かならず次は自分たちがローマとの戦いに引きずり込まれることになると考えていた。[6]そのうえ、ファリスキ人にはかつてフィデナエと混成軍を編成してローマと戦ったという経緯もあって、なおさら恐怖感を抱いていた。(2)二つの都市は互いに使節を行き来させ、誓いを交わして盟約を結ぶと、ローマの不意をついて軍をウェイイに送った。[7]彼らが攻撃を仕掛けたのは、たまたま准コーンスルのマニウス・セルギウスが指揮する陣営であった。ローマ軍は、すべてのエトルリア人が本拠地から呼び寄せられ、大軍で押し寄せてきたと信じて大恐慌に陥った。一方、城内のウェイイ人は同じように信じて逆に勢いづいた。[8]こうしてこのローマの陣営は両面から攻撃を受けることになった。ローマの兵士らは戦旗をあるときは前面、またあるときは背面と移動させながら応戦につとめたが、ウェイイ軍を包囲線のなかにしっかり閉じ込めておくことはできなかった。また、外側から押し寄せてくる敵から自分たちの要塞を守ることもできなかった。[9]残された唯一の希望は、本陣から救援が送られてくることだった。そうすれば軍を二つに分け、一方はカペナ人とファリスキ人に対応し、一方はウェイイの町から出撃してくる敵に対応できると考えたのである。しかし、本陣はウェルギニウスの指揮下にあった。彼は個人的にセルギウスから憎まれ、セルギウスを敵対視していた。[10]ウェルギニウスのもとに、友軍の多くの砦が襲撃され、塁壁に梯子

(1) 騎兵にはもともと馬の購入代金および飼育費用が国家から支給されていたが（第一巻第四二章）、このときに追加的な手当てが支給された。なお、騎兵はつねに歩兵の三倍の手当て（俸給）を得ていたとされる（第七巻第四二章参照）。

(2) ファリスキとフィデナエ混成軍とローマとの戦いについては第四巻第一七―一八章参照。

がかけられ、敵から両面攻撃を受けているという知らせが届いた。しかし、彼は、もし同僚が救援を必要とするのならば、自分から使いを送って依頼するべきだと言って、配下の兵を動かそうとしなかった。[11]この男の傲慢さに対して、もう一方の男の頑固さも引けを取らなかった。セルギウスは犬猿の仲の同僚に助けを求めたと見られたくない一心で、味方の手を借りて勝ちを得るくらいならば、敵に勝ちを譲るほうがましだと考えた。[12]彼の兵は挟み撃ちにあいながらも戦い続けたが、やがて命を落とす者が出てきた。結局、少数の者が本陣に逃げ込み、大多数はセルギウスとともにローマに逃げ戻った。セルギウスがすべての罪を同僚になすりつけたため、ウェルギニウスに対して召喚命令が下された。陣営指揮はしばらくのあいだ副官たちに委ねられた。

[13]この問題は元老院で議論されたが、同僚同士による罵詈雑言の浴びせあいに終始した。なかには大局的な立場で発言する者もいたが、ほとんどが個人的な利益や好き嫌いで一方の肩をもつ者ばかりであった。

准コーンスル選挙の前倒し

九　元老院の長老たちは、この恥ずべき敗北が准コーンスルたちの責任であると考えるにせよ、不運の結果であると考えるにせよ、准コーンスル選挙は定例選挙日を待たず、十月一日に職務に就けるよう即刻行なうべきであると判断した。[2]この提案に対して賛成意見が出されるなか、准コーンスルたちの多くも異議を唱えなかった。[3]しかしセルギウスとウェルギニウスは例外であった。彼らは明らかに元老院がこの年の准コーンスルたちに対して不満を抱くことになった主因であったにもかかわらず、「自分たちに汚名を着せるのはやめてほしい」と懇請したあとで、元老院決議に対して拒否権を発動し、自分たちは准コーンスル就任の正式期日である十二月十三日以前に職を辞すつもりはないと宣言した。[1] [4] そこに護民官が割って入った。彼らは人々に宥和が保たれ、国家が順境にあるあいだは不承不承沈黙を守っていたのだが、突然居丈高となり、二人の准コーンスルに向かって、もし元老院の権威に楯突くならば、お前たちを牢屋に入れるぞ、と脅したのである。

[5] このとき、自らも准コーンスルであったガイウス・セルウィリウス・アハラがこう言った。「護民官諸君、私はその恫喝がどれほど法的に正しいものなのか、あるいは威勢の良さだけなのか、ぜひとも確かめてみたいと思っている。[6] しかし元老院の権威に対して異論を唱えるのは不遜そのものである。それゆえ諸君も、われわれの論争に首を突っ込んで事をさらに紛糾させる機会を探すのはやめてほしい。また准コーンスル同僚の諸君にも元老院の決定どおりの行動を要求する。万一諸君がこれ以上執拗に抵抗を続けるならば、私は即刻独裁官を指名し、その力で准コーンスルを辞任に追いやるつもりだ」。[7] この演説は全員の賛同を得た。そして貴族は、護民官権限を脅しに利用せずとも、公職者に圧力をかけるもう一つ別の良い方法が見つかったと喜んだ。[8] 一方、抵抗していた二人の准コーンスルも全員の賛同には太刀打ちできず、新たに十月一日を着任日とする准コーンスルの選挙が決まった。そしてその前日に彼らは職を辞した。

(1) 公職の開始日については一五頁註(3)参照。

合議による護民官補充

前401年

一〇　このとき、ルキウス・ウァレリウス・ポティトゥス（四度目）、マルクス・フリウス・カミルス（二度目）、マニウス・アエミリウス・マメルクス（三度目）、グナエウス・コルネリウス・コッスス（二度目）、カエソ・ファビウス・アンブストゥス、ルキウス・ユリウス・ユルスが准コーンスルに選ばれた。彼らの在任中は国内的にも対外的にも大きな出来事が続いた。

[2]戦争という点では、同時に多方面の敵との戦いがあった。ウェイイ人、カペナ人、ファリスキ人と戦う一方、ウォルスキ領内においてアンクスルを敵から奪還するための戦闘もあった。[3]ローマにおいては徴兵登録と戦争税徴収がともに困難な課題だった。護民官の選出をめぐっても論争が巻き起こった。さらに、前年の准コーンスル二名に対する訴訟もかなりの動揺を市民にもたらした。

[4]准コーンスルたちが真っ先になすべきは徴兵登録の実施だった。彼らは兵役年齢の若者を名簿記載しただけでなく、ローマ防衛のために従軍させる必要があるといって古兵にも徴兵登録を強要した。[5]しかし一方、兵士の数が増えれば増えるほど、俸給支払いに必要な金もそれだけ増える。准コーンスルたちはその金を税金でまかなおうとした。しかし、［軍に加わらず］ローマの守り手として残る者からすれば支払いたくない金であった。防衛するだけといっても、結局は兵士の役割を果たして国家に奉仕することには変わりはないからである。[6]ただでさえ重苦しい市民の義務の話題を、護民官の扇動的な集会演説がさらに不快なものとした。彼らは、兵士に対する俸給支給制度は、平民の半分を軍務によって、残りの半分を税によって疲弊させるために制定されたものであると主張した――[7]一つの戦争がいまや三年目に突入しており、准コーンスルたちは

意図的に作戦を誤り、戦争を長引かせようとしている。さらに彼らは四方面の戦いを進めるにあたって、一度の徴兵登録ですまそうとした。しかも青年ばかりか老人も戦場に引きずり出すつもりだ。[8]いまや夏と冬の区別もなく、哀れな平民には休息が与えられることはない。[9]そしていま最後の仕上げとして、税が課せられようとしている。兵士らが戦場の労苦、怪我、そして老齢によって疲弊した身体を引きずるように家に戻ると、そこにあるのは主人の長い不在によってすべてがうち捨てられた光景である。税を支払うということは、すなわちそのわずかに残った財産を削ることにほかならない。しかも、兵士として受け取った何倍もの金額を、あたかも高利貸しに返すかのように、支払わねばならないことになってしまっている――。

[10]人々は徴兵登録や税金、そしてそれ以上に重大な案件である戦争に気を取られていたために、選挙を実施して護民官の定数を満たすことができなかった。そのため欠員を護民官団の合議により貴族で埋めようという動きが出た。(1)[11]さすがに貴族からの護民官選出は失敗に終わったが、合議による補充は実施されることになった。こうして法律が骨抜きになったのである。護民官に選ばれたのはガイウス・ラケリウスとマルクス・アクティウスである。いずれにせよこれは貴族の意向が働いた結果であることに疑いはない。

---

(1) 護民官にはそもそも貴族は就任できないことになっていた。第二巻第三三章参照。しかし前四四八年に護民官の欠員が出たときに、選挙ではなく護民官の合議による補充が行なわれ、コーンスル経験者（この時点でコーンスルに就任できるのは貴族のみ）が選ばれるという結果となった。この出来事をきっかけとして、合議による欠員補充を禁ずるトレボニウス法が制定された。

セルギウスおよびウェルギニウスに対する批判

一一　この年の護民官にたまたまグナエウス・トレボニウスという人物がいた。彼はその名前と家系に対する義務としてトレボニウス法[1]を守り抜く覚悟を持っていたように思われる。[2]彼はこう強く訴えた——かねてより貴族たちがもくろんでいたことがある。彼らの最初の試みは不首尾に終わったが、ここにきて准コーンスルたちはそれをその手でもぎ取ることに成功した。すなわち、トレボニウス法は空洞化し、護民官は人民の投票ではなく、貴族の差し金によって合議による補充がなされてしまったのである。もはや事態は、貴族か貴族の手下を、護民官として迎えざるをえない瀬戸際にまで追い込まれてしまっている。[3]われわれの神聖な法律は奪われ、護民官の権限がもぎ取られてしまった。これは貴族の欺瞞と、護民官同僚たちの不正、裏切りによって起きたことである——。

[4]貴族だけでなく護民官も人々の怒りで火だるまになった。その護民官には合議によって追加選出された者だけでなく、彼らを合議で選んだ者も含まれる。そのとき三人の護民官、すなわちプブリウス・クラティウス、マルクス・メティリウス、マルクス・ミヌキウスは、自分たちの立場が危ういとみて、前年の准コーンスルであるセルギウスおよびウェルギニウスに攻撃の矛先を向けた。平民の怒りを二人に背負わせるために告訴したのである。[5]その内容は以下のとおりである——徴兵登録、税金、長引く軍務、長期間の戦争に押しひしがれている諸君、ウェイイにおける敗北に心を痛めている諸君、さらには、子どもや兄弟、親類縁者を失って悲しみにくれ家で時を過ごしている諸君。諸君には国家の不幸、個人の不幸の責任をこの二人の罪人に取らせる権利と機会がほかならぬ私たちによって与えられることとなった。[6]こうした苦難のすべてはセル

ギウスとウェルギニウスに原因がある。しかしそれを訴追側もはっきり主張しないし、被告側も認めようとしない。彼らは二人とも有罪であるにもかかわらず、互いが互いを非難することに終始している。ウェルギニウスはセルギウスを逃亡したと非難し、セルギウスはウェルギニウスが裏切ったと非難している。[7]彼らの狂気は信じがたいものであり、むしろ、あのときの彼らの行動は、元老院との結託のうえ、互いに示し合わせて行なわれたとみるほうが真実に近いと思われる。[8]また彼らはかつて戦争を長引かせるため、わざとウェイイ人に攻城兵器を燃やす機会を与えたが、今回も軍隊を裏切って、ローマの陣営をファリスキ人に明け渡してしまったのである。[9]すべては、ローマの若者が老齢になるまでウェイイに釘付けにしようとするもくろみであった。そうすれば、護民官がローマで集会を開いても多くの民衆を集めることができず、結果として、農地法やその他平民にとって有利な施策を提議することもできないし、貴族の陰謀を阻止することもできなくなるからである。[10]二人の被告についての判断は、元老院もローマ国民も、さらには彼らの准コーンスル同僚たちもすでに下している。[11]元老院はその決議により彼らを国政から遠ざけ、准コーンスル同僚は、彼らが職を辞するのを拒否すると、独裁官の指名をちらつかせて辞任を迫り、ローマ国民は、彼らが職にしがみつくのをこれ以上許せば、国家はもはや立ちゆかなくなると信じて、通例の十二月十三日を待たず、十月一日に就任させるべく准コーンスルの選出を行なったのである。[12]要するに、あらゆる者が彼らに向かって批判の矢を放ち、すでに有罪の判決を下してしまっているのである。しかし彼ら二人は国民の審判の場に姿を表わ

（1）第三巻第六四―六五章参照。

し、「自分たちはこれ以上責めを負う必要はない。任期を二ヵ月残して私人に戻ったことで罪の償いは十分だ」などと言い張ろうとしているのである。連中は権力を剝奪されたこと自体を罰と考えているのである。あれはただ単に連中がさらなる悪事を働かないようにするための措置にすぎない。その証拠に、彼らの同僚も罪を犯さなかったのは明らかであるにもかかわらず、権力の座から追われたのである。[13]市民諸君、さあ思い出してほしい。[14]去年の惨めな敗北の折、諸君がいかなる感情を抱いたかを。あのとき諸君は、傷だらけの兵士が震えながらローマの城門に逃げ込んできたのを見たはずだ。彼らは運命や神々のだれをも怨まず、ただ自分たちの指揮官を非難した。[15]私はこの市民集会に集まっている人々のなかに、あの日ルキウス・ウェルギニウスとマニウス・セルギウスの命と家財産に対して、呪いと罵りをぶつけなかった者がいるとは思えない。[16]一方ではあの者たちに天罰を与えてくれと神々に祈願しておきながら、自分の権限行使を差し控えるというのはまったく理屈が通らない。それを行使することは可能であるばかりでなく、不可欠である。神々は自ら罪人に手を掛けることはない。害を蒙った者が反撃できるよう復讐の機会を与えてくれさえすれば、神々は十分にその役割を果たしてくれたことになる――。

戦争税徴収に対する反対

一二　平民はこの演説に煽られ、二人の被告人それぞれに一万ポンドの鋳銅の罰金を課した。セルギウスは敵味方のどちらの側にもつく軍神マルスと不運を非難し、ウェルギニウスは戦地の苦境より市内の不遇のほうが大きいというようなことにしないでくれと懇願したが、だれ一人として耳を貸す者はなかった。[2]人々の怒りはこの二人に集中したため、合議による護民官の選出のことも、抜け道のできたトレボニウス法のことも、彼らの意識からほとんど消えてしまった。

所期の目的を達成した護民官は、[3]平民が下した判断に対する直接の謝礼として、農地法を発議するとともに戦争税徴収中止の措置を取った。とはいうものの、[4]多方面に展開している軍隊に対する俸給支払いは待ったなしだった。たしかに戦況そのものは悪くなかったが、期待された成果がどの方面でも上がっているとはいえなかった。たとえばウェイイにおいては、准コーンスルのマニウス・アエミリウスとカエソ・ファビウスの指揮の下、一時失った陣営を奪還したものの要塞と守備隊によってその守りを強化するに留まっていた。マルクス・フリウスはファリスキ人の領地に入り、[5]また、グナエウス・コルネリウスはカペナの領地に入ったが、いずれの地においても敵が城壁の外に出てくることはなかった。彼らは、掠奪をしたり農家や穀物を燃やして領土を荒らしたものの、町に攻撃を加えたり包囲したりするところまではいかなかった。一方[6]ウォルスキ領においては、ローマ軍は農地の掠奪をしたのち、アンクスルに攻撃を仕掛けた。しかし町そのものが小高い丘に位置していたため上首尾とはならなかった。力攻めでは難しいと分かると、砦柵と塹壕を作って包囲を開始した。なお、ウォルスキ方面の担当准コーンスルはウァレリウス・ポティトゥスであった。

このような戦況にあって、[7]国内では戦争よりもはるかに大きな破壊力をもつ内紛が生じていた。護民官の反対にあって戦争税の徴収はかなわず、准コーンスルたちに戦費を届けることができなかった。兵士は俸給を寄こせと叫んだ。陣営はあたかもローマの内紛が伝染したかのように大混乱に陥る寸前となった。平民が[8]

貴族に怒りを向ける一方、護民官はいまこそ自由を確立すべき時であり、最高位の役職(1)をセルギウスやウェルギニウスのような人間から奪い取って、勇猛果敢な平民の手に委ねるべきだと主張した。[9]しかしそのような声高の主張にもかかわらず、選挙の結果、平民からはプブリウス・リキニウス・カルウス一人しか准コーンスルに選ばれなかった。[10]他はすべて貴族からの選出であった。プブリウス・マンリウス、ルキウス・ティティニウス、プブリウス・マエリウス、ルキウス・フリウス・メドゥリヌス、ルキウス・プブリリウス・ウォルスクスの面々である。(2)

[11]平民自身もリキニウスが選ばれたことに驚いたが、もっと驚いたのは当の本人であった。彼はこれまで顕職に就いたこともなく、古くからの登録議員(3)にすぎなかったからである。しかもかなりの高齢でもあった。[12]リキニウスがどうして他を差し置き、新たに要職に就くにふさわしい人物と見られたのかについては諸説ある。たとえば、この男の兄弟で(4)、前年の准コーンスルだったグナエウス・コルネリウスが騎士に支給する手当てを三倍にした(5)おかげでここまでの顕職に上り詰めたという説がある。一方、リキニウス自身が階級間の宥和について時宜にかなった演説を行なったため、貴族と平民の支持を得たという説もある。[13]選挙結果に満足した護民官は、国家運営にとって最大の阻害要因となっていた戦争税反対の意見を取り下げた。税は順調に支払われ、軍に送られた。

前399年

祭儀の創設と大勝利

一三　ウォルスキ領内のアンクスルの奪還は、町の守りが祭礼のせいで手薄になっていたこともあり、あっというまに完了した。この年で特筆すべきは冬の寒さと雪の多さである。道が雪で埋まり、ティベリス河も凍結して船が通れなくなった。ただし穀物価格は以前からの備蓄のおかげで高騰を免れた。プブリウス・リキニウスが職に就いたとき、平民は大いに喜んだものの、かといって貴族が不平をもらすということもなく、特段の混乱は生じなかった。[2] 在職中もその状況が続いたため、翌年の准コーンスル選挙においても平民を選ぶ機運が高まった。結局、[3] 貴族の候補者のうちで選出されたのはマルクス・ウェトゥリウス一人であった。他の准コーンスルはすべて平民で、ほぼすべてのケントゥリアの支持を得て選ばれた。すなわち、マルクス・ポンポニウス、グナエウス・ドゥイリウス、ウォレロ・プブリリウス、グナエウス・ゲヌキウス、ルキウス・アティリウスの面々である。

(1) このとき、平民が就任できる最高位の役職は准コーンスルであった。
(2) プブリウス・リキニウス・カルウス以外は貴族であったとするリウィウスの記述には混乱が認められる。たしかに、マンリウス家とフリウス家は貴族であるが、ティティニウス家は護民官を輩出しているため平民であり(第三巻第五四章)、マエリウス家は騎士階級(すなわち平民)とされている(第四巻第一三章)。また、プブリリウス家も同様に平民とされている(第二巻第五五章)。
(3) 共和政最初期、騎士階級から新たに元老院議員名簿に追加登録された者を指す。第二巻第一章参照。
(4) ラテン語の「兄弟 frater」は義理の兄弟、異父母兄弟、従兄弟が含まれる。
(5) 前四〇三年の騎士に対する追加手当支給については第七章参照。ただしその箇所には手当てを三倍にしたという記述は見られない。また、グナエウス・コルネリウスは前四〇一年の准コーンスルであるものの、前四〇三年の八人の准コーンスルとしては名前は挙がっていない。第一章参照。リウィウスの資料参照方法に問題があった可能性が高い。

[4]厳しい冬のあと、すべての生き物におぞましい疫病をもたらす夏がやってきて追い打ちをかけた。天候が極端から極端へと突然に変化すると、このようなことが起きるのか、あるいは別の理由があるのかは分からない。[5]衰えを見せない疫病の原因がなんであり、どうすれば終息させることができるかを知るため元老院はシビュラの書[(1)]に託宣を求めることにした。[6]このとき二人神官団がローマではじめて司式した儀式が、アポロン、ラトナ、ディアナ、ヘルクレス、メルクリウス、ネプトゥヌスを礼拝する八日間の祭り「神々の饗宴(レクティステルニウム)[(2)]」である。神々のために三台の長椅子[(3)]が用意され、当時として格別に豪奢な飾り付けがなされた。[7]この祭りは個人の家でも祝われた。町中の家々の門が開け放たれ、中庭にはありとあらゆる種類の料理が並べられ、だれもが自由にそれをとって食べた。訪問者は、知り合いであれ、見知らぬ者であれ、だれであろうと大いに歓迎されたと言われている。また普段犬猿の仲であってもこのときばかりは礼儀正しく丁寧な挨拶を交わすことが求められた。[8]諍いや訴訟も差し控えられ、囚人ですらこの期間は縄を解かれた。人々は、神の加護に与った彼らを再び牢に入れるのは憚られるような気持ちにさえなった。

[9]この間もウェイイの情勢は緊迫度を増していた。三方の敵が一つにまとまったからである。前回とまったく同様に、カペナ人とファリスキ人がウェイイ救援のために突如姿を現わし、[(4)]ローマ軍は自分たちの攻城堡塁を拠点として、三つの敵に対して向背二面の戦いを強いられることになった。[10]このとき最も効果を発揮したのは、セルギウスとウェルギニウスが犯した失策の記憶である。前回は模様眺めを決め込んだ主陣営が今回は援軍を送り出した。援軍はわずかに迂回してカペナ軍の背後を襲った。敵はローマ軍の堡塁を攻めることばかりに気を取られていた。[11]「カペナ軍の背後で」始まった戦闘はファリスキ人にも恐怖を与えた。その機を

逃さずローマ軍は陣営から攻撃隊を繰り出し、浮き足だった敵を蹴散らすことに成功した。さらに彼らは勝勢に乗じて追走し、敗走する敵の多くを血祭りに上げた。[12] 落ちのびた者たちも、あたかもそれが定めであったかのように、すぐさまローマ軍の格好の餌食になった。カペナの領地を掠奪していたローマの軍勢が彼らを見つけて、生き残りの兵士らを一気に滅ぼしてしまったのである。[13] ウェイイ人も城内に逃げ込もうとしたが、相当数が城門をくぐる前に命を落とすことになった。というのも追走してくるローマ軍がそのまま城内に雪崩れ込むのを恐れて、ウェイイの人々は城門を閉じ、最後尾の味方を締め出してしまったからである。

貴族による准コーンスル独占

一四　以上がこの年に起こった出来事である。准コーンスル選出の期日が近づくにつれ、貴族の関心は戦争よりもむしろ選挙に向けられるようになった。というのも国家の最高権力はいま平民との分担所有ではな

(1) シビュラの書の託宣は未来についての予言を求めるためではなく、神々の怒りの原因とそれを鎮める方策を知るためである。第三巻第一〇章および第四巻第二五章参照。

(2) 「神々の饗宴」と訳したレクティステルニウム（lectisternium）は「長椅子（lectus）」と「据える」の合成語で、神殿の前に設置した長椅子に神像を据え、目に見えるかたちで神々を饗宴や祭礼に参加させる儀式である。

(3) アポロンとラトナ、ディアナとヘルクレス、メルクリウスとネプトゥヌスの組み合わせである。なお、ラトナはアポロンとディアナの母親である。

(4) 前四〇二年に准コーンスルのセルギウスとウェルギニウス率いるローマ軍がウェイイで敗北を喫したのも、このカペナ人とファリスキ人の救援がきっかけであった。第八章参照。

く、自分たちにとってほぼ失われた状態に等しいと思っていたからである。[2]そこで貴族は互いに申し合わせて錚々たる人物を候補者として立てることにした。だれから見ても無視するのは憚られると思えるような人物ばかりであった。そして、あたかも貴族の全員が候補者になったかのようにありとあらゆる手段を尽くした。彼らは人間だけでなく神々にも助力を求め、過去二年間の選挙に関して宗教的な疑義があると述べた——[3]二年前の冬は耐えがたい寒さで、あたかも神々からの予兆が示されたかのようだった。昨年はそれが予兆ではなく現実の出来事となった。[4]疫病が農地や町に広がったのは間違いなく神々の怒りのせいである。悪疫退散のためには神々をなだめ鎮めるほかはないというのが予言書(1)の指し示すところである。神々は自らが後見する選挙において、最高位の職の権威が貶められ、階級の区別が曖昧になったことに憤ったにちがいない(2)——。

[5]人々は、候補者が一流の者ばかりであったというだけでなく、神々を畏れる気持ちからも、すべての准コーンスルを貴族から選んだ。たしかにそれぞれ際だった経歴を持つ者ばかりであった。すなわち、ルキウス・ウァレリウス・ポティトゥス（五度目）、マルクス・ウァレリウス・マクシムス、マルクス・フリウス・カミルス（二度目）(3)、ルキウス・フリウス・メドゥリヌス（三度目）、クィントゥス・セルウィリウス・フィデナス（二度目）、クィントゥス・スルピキウス・カメリヌス（二度目）である。[6]彼らの在任中は、ウェイイでは特筆すべきことはなにも起こらず、もっぱら掠奪に力が注がれた。[7]なかでも二人の最高指揮官、すなわちファレリイ(4)に展開したポティトゥスとカペナに展開したカミルスの掠奪はすさまじく、奪った戦利品は厖大な量に上った。彼らが去ったあと、剣や火で破壊できるもので無傷のまま残るものはなに一つな

かった。

アルバ山中の湖の予兆

一五　この間、多くの予兆が報告された。それらのほとんどは、それぞれ一人の目撃者しか現われなかったため、信じられることなく無視された。また、ローマは予兆を占うときにエトルリア人を頼りにしていたが、このときエトルリアとは戦争状態にあり、卜腸師(5)が一人もいなかったという事情もあった。[2]しかしすべてのローマ人が気がかりに思った予兆が一つだけあった。それはアルバの森のなかにある湖の水位が、空から一滴の雨も降らなかったにもかかわらず、いままで見たこともないほど高くなったのである。なんらかの神の啓示であると理由付けするほかはなかった。[3]この予兆によって神々がいったいなにを示そうとしているのかを知るために、デルポイの神託(6)に向けて使節団が派遣された。

---

(1)シビュラの書以外にも、さまざまな予言書があった。

(2)前四〇〇年および三九九年に平民が准コーンスルに就任したことを指す。

(3)第一〇章にも、カミルスは二度目の准コーンスルとなったとする記述があり、矛盾する。第一〇章と第一四章ではリウィウスが典拠とした資料が異なると考えられる。

(4)ファリスキ人たちの主要都市。

(5)卜腸師はエトルリア起源とされ、生け贄の内臓を調べて予兆を解釈した。

(6)デルポイのアポロン神託は地中海全域において名高く、ギリシア人以外も託宣を求めた。ローマの最後の王タルクィニウス・スペルブスもアポロンの神託を求めるために人を派遣している。第一巻第五六章参照。

[4]ところがこの予兆を解釈できる者がもっと近くに現われた。それは一人のウェイイの老人であった。彼は、ローマとエトルリアの兵士が歩哨や警備に当たりながら互いに罵りあっている真ん中に立ち、予言者のような口調で「アルバ湖から水が引かぬかぎり、ローマは決してウェイイを奪えない」と断言したのである。[5]当初、人々は単なる戯言にすぎないと軽く見ていたが、やがてこの言葉がしきりに兵士たちの口の端に上るようになった。そして、ローマの哨兵の一人が近隣の住民（戦争が長引いたため彼らは互いに言葉を交わすようになっていた）に、アルバ湖についての謎を投げかけたあの人物はいったい何者なのか、と尋ねた。[6]兵士自身も信心とは縁遠いほうではなかったが、かの男が卜占をなす者であると聞くと、「時間をもらって、個人的な予兆の対応について相談したい」と持ちかけた。こうして兵士は予言者を相談の場に引き出すことに成功した。[7]二人はそれぞれの自軍からかなり距離のあるところまで歩いて行った。ともに武器を持っていなかったので、身の危険を感ずることはなかった。ところが力でまさるローマの若者がみなの見ている前で非力な老人を捕まえ、自軍に連れ帰った。エトルリア人たちがいくら騒ぎ立てても、時すでに遅しであった。

[8]老人は指揮官の前に引き出され、その後ローマの元老院に護送された。そして、アルバ湖に関する予言の意味を尋ねられて、こう答えた[9]――あの日、神々はウェイイ人に対して怒りを抱いていたにちがいない。祖国破滅の運命を私に告げさせたのは神々なのだ。[10]それゆえ、神々の霊感を得て私が口にしたことを、いまとなって話さなかったと言い張ることはできない。神々が明らかにしたいとお考えになったことを隠すのは、黙っているべきことを口にするのと同じほどの罪である。[11]しからば、運命の書に書かれ、エトルリア人に言い伝えられている予言を教えよう。「アルバの水があふれたとき、もしローマ人が正しい方法で水を抜くこ

とができれば、ウェイイに対する勝利は彼らのものとなる。しかしもしそれができなければ、神々がウェイイの城壁を見捨てることはない」。[12]このあと老人は、水の正しい抜き方の説明を始めた。しかし元老院は、事の重大性からみて、このような小者の言うことをうかつに信ずるにわけにはいかないと考え、デルポイに派遣した使節団が神託を持ち帰るのを待つことにした。

前397年

デルポイの神託

一六　デルポイからの使節団が戻らないうちに、また、アルバの予兆に対してどう贖罪すればいいのかその方策も見つからないうちに、新しい准コーンスルが就任した。ルキウス・ユリウス・ユルス、ルキウス・フリウス・メドゥリヌス（四度目）、ルキウス・セルギウス・フィデナス、アウルス・ポストゥミウス・レギレンシス、プブリウス・コルネリウス・マルギネンシス、そしてアウルス・マンリウスの六名である。[2]この年、タルクィニイ人が新たな敵として登場した。彼らはローマが同時進行的にいくつもの戦争を行なっていることに目を付けた。たしかに、ウォルスキ方面ではアンクスルのローマの守備隊が包囲され、アエクィ方面ではラビキのローマ植民地が攻撃されていた。むろんこれに加えて、ウェイイ、ファリスキ、カペナとの戦いも継続中であった。さらにタルクィニイ人が注目したのは、ローマの内部にも戦場に劣らぬ混乱が生じていることであった。むろん貴族と平民との抗争がその原因である。[3]ローマを襲うまたとない機会が来たと考えたタルクィニイ人は、軽装歩兵をローマ領内の掠奪に送り出した。彼らの読みとしては、ローマは新しい戦争の重荷を背負うのを避けるため、見て見ぬふりをしてこの襲撃をやり過ごすか、あるいは、応戦してくるとしても小規模で非力な軍を送り出してくるかの二つに一つにちがいないというものだった。[4]ローマ人はタルクィニイ人の掠奪による損害を懸念したというよりは侮られたことに憤った。そこで厳密な手続きを省き、すぐさま行動に移った。[5]アウルス・ポストゥミウスとルキウス・ユリウスは、護民官の妨害にあって、正式な徴募は断念せざるをえなかった。しかし督励によって集めた志願兵のみで編成された一隊を引き連れ、山間の道を辿ってカエレ（1）の領地を抜けると、戦利品を大量に抱えて掠奪から引き上げようとしているタルクィニイ人に襲いかかった。[6]そして多くの敵を殺し、すべての装備を剝ぎ取ってローマに帰還した。ローマの領地から奪われた掠奪品はすべて取り戻すことができた。[7]もとの所有者にどれが自分のものか確認させるため、二日間の猶予が与えられた。三日目に所有者不明のもの（その多くは敵の持ち物だった）を競売にかけ、収益は兵士で分配した。

[8]他の戦争、とくにウェイイにおける戦いは決着がつかないままだった。ローマ人は徐々に人間の努力の限界を感じ、運命や神々を頼みにするほかないと思うようになった。そのとき、デルポイから使節団が神託を携えて戻ってきた。ところがその中身は例の捕虜にした予言者の言ったこととまったく同じであった。[9]「ローマ人よ、アルバの水を湖にそのまま留め置くことはならぬ。とはいえ川を使って海に流すこともならぬ。あふれた水を田畑に引き込み、張り巡らせた水路を使って流し去れ。[10]その後はなにも恐れることなく敵の城壁を攻め立てよ。いまここで明らかにされた予言によって、長いあいだ包囲を続けた町に対する勝利がお前たちに約束されていることを忘れるな。[11]戦争終結ののちには、わが神殿に多くの供物を捧げ持て。ないがしろにしてきた父祖伝来の祭儀を古来のしきたりどおりに復活し、挙行せよ」。

一七　このとき以来、例の捕虜になった予言者は高い評価を得るようになった。準コーンスルのコルネリウスとポストゥミウスも彼を重用し、アルバの予兆にどう対処すれば良いか、どうすれば神々の怒りを鎮めることができるかと相談を持ちかけた。[2]その結果、神々は儀礼の軽視あるいは例大祭がしきたりどおりに行なわれないことを問題にしていることが分かった。公職者の選出方法に宗教上の瑕疵があり、そのようにして選ばれた公職者がラテン祭においてアルバ山の祭儀(2)を挙行するのはふさわしいことではないというのである(3)。[3]償う方法は一つしかなかった。それは準コーンスルを全員辞めさせ、鳥占いを新たに行なったうえで中間王政に移行することであった。[4]そのとおりの元老院決議がなされた。三人の中間王が連続して立った。ルキウス・ウァレリウス、クィントゥス・セルウィリウス・フィデナス、マルクス・フリウス・カミルスである。[5]この間も混乱は続き、護民官は相変わらず選挙妨害をした。しかし結局、準コーンスルの過半数を平民から選ぶことを前提として選挙を実施するという合意がなされた。

[6]このようなことがローマで行なわれているあいだに、エトルリア人はウォルトゥムナの神殿で会合を開い

(1) ローマの北西約三〇マイルにあるエトルリア人の都市。ローマとは友好関係にあった。第四〇および五〇章参照。なお、ウェイイの町はカエレとローマのほぼ中間に位置していた。

(2) ラテン祭は毎年アルバ山で祭儀が行なわれ、ラティウムの友邦都市からの使節が集った。ラテン祭への参加はコーンスル（あるいは準コーンスル）の重要な職務であった。

(3) 具体的にどのような瑕疵があったかについてはリウィウスには記載がなく、内容は不明である。

ていた。カペナ人とファリスキ人は、全エトルリア民族が一致団結してウェイイ人を包囲から救い出すべきであると提案した。[7]それに対する結論は以下のとおりであった——以前われわれは、ウェイイに対して救援は送らないと決めた(1)。彼らは戦争を始めるに際してわれわれに助言すら求めてこなかった。ところが緊急事態に陥ってから援軍を求めてきたのである。ウェイイには救援を要請する権利はないというのが、あのときの拒否の理由であった。[8]しかし今回はエトルリア自体がその要請に応えられるだけの情勢にないことが理由である。というのも、いまエトルリアの広い範囲に得体の知れぬ民族、ガリア人という新しい入植者が入ってきている。連中は講和を結んだからといって安心していられるような相手ではないし、かといって戦争すると決めてかからねばならぬ相手でもない。[9]とはいうもののエトルリアの血と名を共有する友邦の危機を無視するわけにもいかない。もし若者が自分の意思でこの戦争に赴くというのならば止めはしない——。[10]エトルリアの志願兵たちのウェイイ到着は、ローマには大軍到来と伝わった。国民が不安を共有した結果、例によって国内の対立は沈静化に向かった。

前396年

敗勢のローマ軍

一八　准コーンスル選挙において、籤で一番投票権が当たった百人組(2)（ケントゥリア）が、立候補していないプブリウス・リキニウス・カルウス(3)に票を投じたが、これは貴族にとっても受け入れがたい選択ではなかった。というのも、彼の穏健さは前回この職に就いたときに証明されていたからである。しかし、いかんせん年を取りすぎていた。[2]投票が進むにしたがって、彼と同じ年度に准コーンスルとなった者たちに次々と票が投じられていく様子が明らかになった。すなわち、ルキウス・ティティニウス、プブリウス・マエニウス、グナエウス・ゲヌキウス、ルキウス・アティリウスといった面々である。(4) ここでプブリウス・リキニウス・カルウスが、投票結果の正式発表の前に中間王の許可を得たうえでトリブス民に向かってこう語りかけた。(5) [3]「市民諸君、諸君の求めるものは市民宥和の吉兆となる選挙結果であったと推察する。市民宥和こそいま最も必要なものであり、それゆえ諸君はかつてのわれわれの働きを想い起こし、来たるべき年の公職者を選んだということであろう。[4]たしかに、諸君が再選させようとしてくれているかつての私の同僚たちについていえば、経験は彼らをさらに有為な人材にしたことは疑いない。一方、諸君がいま目の前にしているこの私は名前こそ変わらないが、プブリウス・リキニウスの抜け殻にすぎない。身体からは力が抜け、目も耳も

(1) ウェイイ救援に関する他のエトルリア諸部族の決定については第一章参照。

(2) 投票の順序は籤で決められた。当時は秘密投票ではなかったので、最初に投じられた票がその後の投票に影響を与える傾向が見られた。なおこの当時の投票は口頭で行なわれていた。投票板を投じる方式になったのは前二世紀後半のことである。

(3) 前四〇〇年に平民から選出された准コーンスル。第一二章参照。

(4) プブリリウス・リキニウス・カルウスと同じく前四〇〇年に准コーンスルに就任した者のうち、実際にこの年（前三九六年）の准コーンスルとしてここで名前が挙がっているのはルキウス・ティティニウスのみである。ただし、プブリウス・マエニウスをプブリウス・マエリウスと同一人物（第一二章）とする見方もある。なお、グナエウス・ゲヌキウスとルキウス・アティリウスは前三九九年の准コーンスルである。

(5) 票は投票単位ごとに集計されて主宰する公職者に報告され、最終結果は触れ役によって公表される。しかし投票は公表をもって正式に有効となったため、ここではまだ選挙結果は確定されていない段階である。

衰えた。物覚えも悪くなり、気力も萎え果ててしまっている」。そして彼は自分の息子の肩に手をやりながらこう続けた。「諸君、この若者は、諸君がかつて平民初の准コーンスルに選んだ男に生き写しの、わが跡取り息子である。この男には私の生きざまをたたき込んである。この息子を私の代理として国家に預け委ねたい。さあ市民諸君、これが私の願いだ。諸君が私に委ねようしてくれる公職を、この息子に託してはくれまいか。彼はそれを求めている。また私も彼のためにそうなることを願っている」。[5]父親の願いは聞き入れられ、息子のプブリウス・リキニウス［同名］がさきほど列挙した人物の同僚として准コーンスルに就任することが宣言された。[6]

准コーンスルとなったティティニウスとゲヌキウスはファリスキ人とカペナ人と戦うためローマを発った。[7]しかし彼らの戦いは意気込みこそ十分であったが思慮が不足し、待ち伏せのまっただ中に突っ込んでしまった。最前列で戦い続けたゲヌキウスは軍旗の前で倒れ、自分の無分別を名誉の死で償った。[8]ティティニウスは大混乱に陥った兵を集めて小高い丘に上って態勢を立て直したが、平地で敵と交戦することには躊躇せざるをえなかった。このとき、損失そのものよりも面目を失ったことのほうが大きかった。[9]これはたしかに大惨事になりかねない事態であったが、ローマにはその噂が何倍にもなって伝わり、大きな恐怖をもたらした。むろんウェイイの陣営においては逆の効果があった。[10]ローマの陣営内では、ローマの指揮官と軍勢を殲滅させて勢いに乗ったカペナ人とファリスキ人が、すべての若者を集めたエトルリア軍と合流して間近に迫っているという噂が飛び交い、兵士の逃亡を抑えるのも難しい状況になった。[11]ローマではこれよりもさらに不安を煽るような噂話がまことしやかにささやかれた。ウェイイにおけるローマ陣営はすでに攻撃を受け、敵の一団もすでにローマに向けて進軍を開始しているという噂である。人々は城壁に殺到し、女たちはみな恐怖に駆られ、家々から飛び出すと神殿に向かった。[12]そして祈禱式を行なってから、神々に嘆願した――私たちが祭儀を正しく再興し、予兆に対する償いを終えたあかつきには、町の建物、神殿、ローマの城壁から破壊を遠ざけ、ウェイイ人たちに戦慄を送りたまわんことを――。

戦況を立て直す独裁官カミルス

一九　競技祭とラテン祭のやり直しが行なわれ、アルバ湖の水も田畑に流し出された。こうしてウェイイを逆運が襲うことになった。[2]そして、敵の町を滅亡させ祖国ローマを救うことが運命づけられていた指揮官としてマルクス・フリウス・カミルスが独裁官に指名された。彼は騎兵長官にプブリウス・コルネリウス・スキピオを任命した。[3]最高指揮官が替わり、すべてが突然に変化した。新たな希望、新たな気構えが生まれ、ローマの運命そのものも新しくなったように感じられた。[4]独裁官がなによりも先に行なったのは、ウェイイから恐怖に駆られて逃げ出した兵士たちを軍紀に従って処罰することだった。兵士らにとって最も恐れるべきは敵ではないことを教えるためである。(1)次に徴兵登録の期日を確定してから、時間の合間を縫うようにして兵士督励のためウェイイに足を運んだ。[5]そこからローマに戻ると、新しい軍編成のための徴兵登録をしたが、軍務を拒否する者は一人もいなかった。ラテン人やヘルニキ人といった他国からも若者が協力を申し出

(1) 軍律に違反した者は味方の兵士によって笞打たれたのち処刑された。第二巻第五九章および本巻第六章参照。

て、この戦争に参加した。[6]独裁官は元老院において彼らに謝意を述べた。すべての戦争準備を遺漏なく終えてから、カミルスはこう誓願した――ウェイイを落としたあかつきには、元老院決議のもと、大競技祭(1)を開催し、かつてセルウィウス・トゥリウス王が奉献したマトゥタ母神(2)の神殿を修復献納することを誓う――。

[7]彼が軍を率いてローマを発つとき、人々の心には期待よりも不安のほうが大きな部分を占めていた。彼はまずネペテ(3)領内でファリスキ・カペナ連合軍と交戦に入った。[8]この戦いはすべて非の打ち所のない作戦と戦術によって遂行され、期待どおりの勝利で終えることができた。戦闘で敵を撃退しただけでなく、陣営からも追い払い、厖大な戦利品を手に入れた。戦利品の大半はクアエストルの管理下に置かれたため、兵士への分配はさほど多くなかった(4)。[9]続いて彼は軍をウェイイに進め、数多くの堡塁を互いの距離が離れないように築いた。また敵の城壁と味方の防柵のあいだで、しばしば突発的に発生する小競り合いを止めさせるために、命令なしには戦ってはならぬという触れを出した。そして兵士をある作業へと向かわせた。[10]それはあらゆる作業のうちで最も大規模で最も困難なものといえるようなものだった。敵の城砦に向けて坑道掘削を開始したのである。[11]この作業は中断が許されず、かといって疲労を考えれば同じ兵士を連続して地下で働かせるわけにもいかなかった。そこでカミルスは作業兵を六つの班に分け、六時間交替の輪番制を導入した。作業は昼も夜も休むことなく続けられ、ついに城砦の下まで坑道が完成した。

戦利品分配に関する議論

二〇　独裁官は、もはや勝利は手に入ったも同然と考えた。そして、これから陥落させようとしているのはきわめて豊かな町であり、これまでの戦争で得たものをすべて合わせたよりも多くの戦利品が得られるにちがいないと予想した。[2]となれば戦利品の処理が問題になる。兵士に分け与える量が少なければ当然彼らの怒りを買うことになる。一方、気前よく配れば貴族の不興を蒙ることになる。そこで彼は元老院に書簡を送ることにした――不死なる神々の恩寵と、私自身の作戦と、兵士の忍耐によって、ウェイイはまもなくローマ国民の支配に服することになる。[3]そこで戦利品の取扱いについての見解を求めたい――。元老院の意見は二つに分かれた。[4]最初に意見を求められたのは、老プブリウス・リキニウスであったと言われている。彼は息子から発言者として指名され、「戦利品の分け前を得ようと思う者はだれでもウェイイの陣営に行くよう公告するべきである」と意見を述べた。[5]アッピウス・クラウディウスは別の意見だった。彼は、そのような気前のよい分配は前例がなく、浪費であり、不公平であり、無思慮であると主張した。「もし万が一、元老院が敵から奪った金を戦費負担で空になった国庫に入れるのを不敬と見なすというのならば、いったん国庫に入れてそこから兵士に俸給を支払うという提案をしたい。平民はその分支払うべき税負担が減るからであ

(1)大競技祭の創設は第五代王タルクィニウス・プリスクスの時代まで遡る。第一巻第三五章参照。
(2)古いイタリアの豊穣の女神。キルクス・マクシムス(大競走場)近くのフォルム・ボアーリウム(家畜広場)に神殿があった。
(3)ローマの北方約二五マイルにあるエトルリア人の町。ファリスキ人の中心都市ファレリイからは西南五マイルほどの位置にあった。
(4)通常、戦利品はそれを奪った兵卒のものとされていた。国庫を管理するクアエストルと従軍クアエストルの違いについては二六三頁註(1)参照。この箇所のクアエストルは前者を指す。

る。また、そうすれば、すべての世帯が等しくこの恩恵に与っていると感じられるようになる。一方、他人のものを奪うことには貪欲な都会の怠け者が勇敢な兵士の報賞を横取りするようなことも防げる。自ら進んで労苦や危険に身を投げ出そうとする者ほど、報賞の争奪戦には出遅れるのがつねである」。[6] これにリキニウスは反論した。「この金はいつまでも疑惑と憎悪の呼び水となり続けるだろう。[7] そして平民に非難の根拠を与え、さらには内紛や急進的な法律の大義名分となりかねない。それゆえ、一挙に分配することによって平民の心をつかむほうが賢明である。長年の納税によって疲弊消耗した者たちに助けの手を差し伸べ、老境にさしかかるまで従軍した戦争から戦利品という果実をその場で受け取ったという実感を与えるべきである。[8] 敵から奪った物を自分の手で家に持ち帰るほうが、たとえそれが何倍であったとしても他人の指図に従って受け取るより、はるかにありがたく喜ばしく感ずるものなのである。[9] この件では独裁官自身も憎悪と批判の的になるのを避けようとしている。それゆえにこの問題を元老院に付託したのだ。ならば元老院もわれわれに投げられた問題をそのまま平民に委ね、戦争の運命が各自に与えた果実は各自が摘み取るようにさせるべきである」。[10] こちらの意見のほうがより穏当であり、元老院に対する支持も集まるという判断が下された。そこで、ウェイイの戦利品の配分を求める者は独裁官の陣営に赴くべしと公告された。

ウェイイ陥落

二一　厖大な数の群衆がローマを出発し、陣営を満たした。このとき独裁官は鳥占いを行なってから兵士たちに武器を取れと命じ、こう言った。[2]「ピュティアのアポロンよ、御身の導きのもと、御身の神意の啓示を受けて、ウェイイの町を滅ぼすために私は出陣する。戦利品を手に入れ、その十分の一を御身に奉献することをここに誓う。[3]また女神ユノよ、御身はいまウェイイに座しておられるが、戦勝のあかつきには、われわれの、そしてすぐに御身のものともなる都ローマに遷座願うこととする。その威光にふさわしい神殿が御身をお迎えするだろう」。[4]こう祈りを捧げてから、独裁官は圧倒的な数の兵力を投入し、四方から町に攻撃を仕掛けた。そのため坑道から忍び寄る危険に気づくウェイイ人は一人もいなかった。[5]それだけでなく、ウェイイの人々は、すでに自国の予言者や異国の神託によって見放されていることも知らなかった。戦利品の分け前を約束された神々がいることも、誓願を受け入れて町を離れ敵国ローマに新たな神殿と座所を求めようとしている神々がいることも知らなかった。そしてこの日が彼らにとって最後の一日になることも知らなかった。[6]彼らは城壁の下に坑道が掘られ、すでにローマ軍が城砦を占拠しつつあるとは夢にも思わず、武器を手にして城壁に駆けつけた。[7]彼らにとって不思議に思えたのは、これまで何日ものあいだ一人として持ち場を離れることのなかったローマ軍が、なぜ突然狂気に襲われたかのように、城壁に向かってやみくもな突撃を仕掛けてくるのかということだった。

[8]このときの逸話が残っている——ウェイイの王が犠牲式を執り行なっているとき、卜腸師が「この犠牲獣の内臓を切り取った者に勝利が与えられるであろう」と告げた。その声を坑道のなかで聞いたローマ兵は坑道の出口を開き、犠牲獣の内臓を奪うとそれを独裁官のところまで届けた——。[9]しかしこれは非常に昔のことである。真実らしく思える事柄を本当に真実と受け取ってくれる人がいるだけで、私としては満足である。この種の逸話は、そのまま信ずるよりも、不思議なことを面白がって演ずるような舞台に乗せるほうがよい。

わざわざ肯定するまでもないが、かといってことさら否定するには及ばない。

[10]さて、すでに坑道を満たしていた精鋭のローマ武装兵は、ウェイイの城砦に立つユノ神殿に殺到した。彼らは手分けして、城壁の守りに当たっている敵を背後から襲い、城門の閂《かんぬき》を外した。女や奴隷たちが屋根の上から石や瓦を投げつけてくれれば、屋敷そのものに火を放った。[11]町全体が攻める側の雄叫びと守る側のおののきで満たされた。そこに女や子どもが泣きわめく声が加わった。[12]武装兵が城壁を乗り越え、城門が開かれたのは一瞬の出来事だった。そのあとをローマ兵が隊列を組んで城内に突入した。守る者のいなくなった城壁に上っていく者もいた。城内はローマ兵で満たされた。[13]町のいたるところで死闘が繰り広げられたが、死者の数が増えていくにしたがって戦いの勢いは自ずと衰えていった。独裁官は布告吏を通じて触れを出し、武器を持たぬ者には危害を加えてはならぬ、と命じた。[14]この触れが殺戮に終止符を打った。武器を置いたウェイイの住民が投降を始めると、ローマ兵は独裁官の許しを得て、戦利品を集めるために駆け出した。独裁官の前に戦利品が積み上げられてみると、事前の期待や予想よりもはるかに大量で、貴重品も多かった。[15]そのとき独裁官は天に手を差し伸べてこう祈願したと言われている――神々や人々のなかには、この私とローマ国民の幸運を過大と見なし、苦々しく思う方々がいるかもしれない。そうした思いを少しでも抑えられるのならば、私とローマ国民はなんらかの不利益を蒙ることもいとわない。ただし願わくは、その不利益ができるかぎり軽微なものであらんことを――。

[16]伝えられるところによれば、彼はこの祈願のあいだに身体の向きを変えようとして、足を滑らせ転倒したという。後講釈する者からこの出来事は、カミルス自身に対する弾劾と、さらにはこの数年後に起こるロー

マ陥落という惨事の予兆とみられている。[17]こうしてこの日は敵の殺戮と、この上なく豊かな町の掠奪の一日となった。

ユノ女神の遷座

二二　翌日、独裁官は自由民を奴隷として売り払った。これが国庫に入った唯一の金であるが、それでも平民の怒りを買わずにはおかなかった。兵士たちは自分が持ち帰った戦利品の処理を独裁官の手に委ねようとはしなかった。彼は自分の裁量下にある事柄の処理をわざわざ元老院に照会し、分配切り詰めのお墨付きを得ようとしたからである。[2]もちろん兵士たちは戦利品の処理を元老院にも任せることはしなかった。彼らが持ち込んだのはリキニウス家である。息子のリキニウスがすでにこのことを元老院の議題にしてくれていたし、そもそも父親はあの一般受けする措置の提案者であったからである。

[3]人間の財産がすべてウェイイから運び出されてから、神々の持物と神体の遷座が始まった。作業の仕方は掠奪者のそれとはまったく異なり、むしろ信者の手になると言ったほうがよかった。[4]ユノ女神をローマに運ぶために全軍から若者が選抜された。彼らは身体を洗い浄め、白い衣を身にまとい、威儀を正して神殿に入った。[5]最初、彼らは畏れのあまり手が出せなかった。この神像はエトルリア人のしきたりとして、祭司の家系以外のものは手を触れてはならぬとされていたからである。そのとき、一人の若者が、神の啓示を受けたのか、あるいは若者らしい冗談だったのか、「ユノ様、ローマに行きたくはありませんか」と尋ねた。それを聞いた周りの者が一斉に「女神は頷かれた」と叫んだ。[6]このあと、女神の「行きたい」という声も聞こ

えたという話も言い伝えとして加わった。いずれにせよ、女神の像は神座から軽々と持ち上げることができた。移動も女神自身が自分の足で歩いてくれているかのように、軽く容易であったと言われている。[7]神像は無事、アウェンティヌスの丘まで運ばれた。そこはローマの独裁官カミルスが誓願のなかで永遠の座所としてユノ女神に来臨を求めた場所で、のちに彼は誓願のとおりに神殿を奉献した。

[8]以上がウェイイ滅亡の顛末である。エトルリアの諸種族のうちで最も豊かだった町は、その最後の破滅の時にも他に並びない偉大さを示した。一〇年のあいだ夏期も冬期も解かれることのなかった包囲に耐え、蒙った損害よりも与えた損害のほうがむしろ大きかった。しかし運命に見放され、ウェイイは力ではなく策によって滅ぼされた。(1)

カミルスの凱旋式

二三　ローマにウェイイ陥落の知らせが届いた。［アルバ湖の］予兆に対する対応はつつがなく完了しており、ローマの人々はすでに［勝利を予言する］予言者の回答やピュティアの神託も知っていた。また人間側の知恵としても最高の指揮官マルクス・フリウス・カミルスを指名し、事態を好転させるための最善の方策を講じてきた。[2]それにもかかわらず彼らの喜びは、あたかもそれが予想外の勝利であったかのように、計り知れないほど大きかった。それだけ勝つか負けるかの戦いに何年も耐え、多くの損害を蒙ってきたということである。[3]そして元老院がなんらかの通達を出す前に、ローマの女たちはありとあらゆる神殿に詰めかけ、神々に感謝を捧げた。元老院は、これまでの戦勝では例を見ない四日間もの感謝祭挙行を決定した。[4]さらに、独裁官のローマ帰還を前例にないほど多数の人々が出迎えた。町の通りはあらゆる階級の者たちであふれかえった。彼の凱旋式は当時一般に行なわれていたいかなる顕彰行事よりもはるかに豪奢だった。[5]そのなかで最も際だっていたのが独裁官自身だった。白馬の引く凱旋車に乗って市内に入る姿は、一市民としての分を超えているというだけでなく、人間としての矩《のり》をも超えているように見えた。[6]人々は、白馬が使われたのは独裁官が自分をユッピテルと太陽神に準えようとするためであって、神に対する冒瀆以外のなにものでもないと考えた。この凱旋式が豪華である一方、歓迎されなかった一つの大きな要因はここにあった。[7]カミルスは続いて、ユノ女神の神殿をアウェンティヌスの丘に建設する段取りを付け、マトゥタ母神にも神殿の奉献を行なった。こうして彼は神々と人間に対する責務をすべて果たしたのち、独裁官を辞した。

[8]次にアポロンへの寄進の議論が持ち上がった。カミルスが「自分は戦利品の十分の一を奉献する約束をした」という報告をした。神祇官たちも国民の宗教的義務としてこれは果たさなければならないと裁定した。[9]しかし、戦利品のうち奉献に必要な金額を人々に返還させる方策は容易に見つからなかった。[10]最終的に、彼らは最も穏健に思える方法を採用した。つまり、人々に対して、「諸君も諸君の一家も瀆神の誇りを受けたくないなら、各自が戦利品を評価し、その十分の一を国庫に提供せよ」と命じたのである。[11]そしてその集まった金で、神殿の壮麗さと神の威光にふさわしい黄金の贈り物を作り、ローマ国民の信義の証とすること

---

(1)リウィウスはウェイイ陥落をトロイア陥落になぞらえて語っている。言うまでもなく、トロイアはギリシア軍によって一〇年間包囲され、最後にオデュッセウスの木馬の策によって陥落した。

にした。この拠金は平民の心をさらにカミルスから引き離す結果となった。[12] この間に、ウォルスキ人とアエクィ人から講和を求める使節団がやってきた。その要望は聞き入れられることになったが、それは彼らの嘆願に納得できる理由を認めたからというよりは、何年にもわたる戦争で疲弊しきっていたローマ市民にとっては、これで休息が得られるだろうという安堵の気持ちのほうを重視すべきだったからである。

前395年

ウェイイへの移住に関する議論

二四　ウェイイ戦勝利の翌年、准コーンスルには六人が選ばれた。すなわち、プブリウス・コルネリウス・コッスス、プブリウス・コルネリウス・スキピオ、マルクス・ウァレリウス・マクシムス（二度目）、カエソ・ファビウス・アンブストゥス（二度目）、ルキウス・フリウス・メドゥリヌス（五度目）、クィントゥス・セルウィリウス（三度目）である。

籤[2]によって、二人のプブリウス・コルネリウスにはファリスキとの戦争が、ウァレリウスとセルウィリウスにはカペナとの戦争が割り振られた。彼らは都市の攻撃や包囲はせず、農地を席捲し農作物を奪って戦利品とした。そのあと農地には実のなる木や穀草は一本も残らなかった。[3] カペナの人々はあまりの被害に屈服を余儀なくされ、ローマに和平を求めた。ローマはそれを認めた。一方、ファリスキの地における戦いは依然として続いたままだった。

その間[4]、ローマにおいてはさまざまな騒動が起こっていた。それを押さえ込むために、元老院はウォルスキ領への植民を決議し、ローマ市民三〇〇〇名を名簿登録することにした。そして植民遂行のための三人委員が選ばれ、市民一人につき三と十二分の七ユーゲラ(1)の土地を割り当てるという提案がなされた。[5]この大盤振る舞いは逆に平民の顰蹙を買うこととなった。というのも彼らは、これを平民により大きな要求をさせないための仕掛けであると勘ぐったからである――そもそも、美しいウェイイの町と、ローマの農地よりも肥沃で広大なウェイイの農地が至近距離にあるにもかかわらず、なぜわざわざウォルスキの地まで追い払われねばならないのか――。[6]たしかにウェイイの町は、地理的にも、公共の建物や個人の家々、そして広場などの壮麗さからみても、ローマよりも好ましいものとして人々の目に映っていた。[7]なお、ウェイイへの移住が話題に上るのはこのときがはじめてであったが、ガリア人によってローマが占領されるという出来事のあとは、さらに大きな議論が巻き起こることになる(2)。[8]また、平民の半数と貴族の半数がともにウェイイに移住したらどうかという議論も行なわれた。そうすればローマ国民は一つの政体のもと、二つの都市に住むことができると考えられたのである。

[9]こうした意見に対して貴族は強硬に反対し、そのような提案が万一採決にまで持ち込まれるようなことになるならば、ローマ国民の前で自ら命を絶つ覚悟であると宣言する者まで現われた。そして彼らはこう問いかけた――[10]一つの町に住んでいるいまでさえ、夥しい意見の不一致が存在する。もし二つの町に分かれれば、いったいどうなるだろう。勝利を手にした町より、敗北を喫した町のほうを選ぶ思う者がはたしているだろ

(1) 一ユーゲルムは約二五アール(ユーゲラは複数形)。したがって三と十二分の七ユーゲラは約九〇アール。

(2) カミルスの移住反対演説については第五一―五四章参照。

うか。陥落後のウェイイが、無傷の頃よりも大きな繁栄を享受するのをだれが許すだろうか。最後に言わせてもらえば、われわれ貴族はたとえ仲間から見捨てられようとも、この祖国に留まる覚悟ができている。い[11]かなる暴行を受けようとも、自分たちが祖国と仲間を捨てることは決してない。さらに言わせてもらえば、護民官の一人であり、移住法案提唱者でもあるティトゥス・シキニウス(1)に付き従ってウェイイに移住し、彼を新たな建国の祖とするなどというつもりはまったくない。ウェイイに行くということは、神であり神の子でありローマの創建者であるロムルスを捨て去ることにほかならない――。

女たちによる黄金の拠出

二五　こうして議論は白熱し、互いに敵意むき出しの展開になったが（実は貴族たちは護民官の一部を自分たちの味方に引き入れていた）、[2]貴族の指導者たちの決死の覚悟が、平民たちの暴走をかろうじてくいとめた。「実力行使だ」と群衆が叫ぶたびに、彼らが前に立ちはだかり、殴るがよい、斬るがよい、殺すがよい、と啖呵を切ったのである。[3]彼らの年齢と貫禄と名声の前に、群衆は暴力を振るう寸前で踏みとどまった。繰り返し同様の騒動は起きたが、結局のところ怒りより畏敬の念が上回った。

[4]カミルスはいたるところで演説を行なった――国家がいま狂乱状態に陥っているのは不思議なことではない。ローマは神々に対する誓約に縛られているにもかかわらず、宗教的義務を果たすことより他のもろもろの事柄に心を奪われているからである。[5]あの拠金は言及するに値しない。［戦利品の］十分の一の奉献というよりは賽銭のたぐいでしかない。兵士一人ひとりが十分の一の奉献をしないかぎり、国家は宗教的義務から

解放されない。[6]さらに、次のことについて口をつぐんでしまうのは私の良心が許さない。すなわち人々は動産だけを念頭に置いて〔戦利品の〕十分の一を計算しているが、獲得した都市や農地についてはだんまりを決め込んでいる。それらも動産同様、誓約に含まれているはずである――。[7]この議論については元老院も解釈が分かれ、神祇官団に見解を求めることになった。神祇官団はカミルスの意見を聞いたのち、誓願前にウェイイ所有であり、誓願後にローマ国民の所有になったものをすべて計算に入れ、その十分の一をアポロンに捧げるべきであると結論づけた。[8]こうして、都市と農地も〔奉献のための〕原資として含まれることとなった。国庫から多額の金銭が引き出され、准コーンスルに、その資金を使って黄金を入手する役割が委ねられた。しかし必要なだけの黄金はどうしても確保することができなかった。すると女たちがこの件について相談するために会合を開き、全会一致で准コーンスルたちに黄金製品の供出を約束した。そして自分たちの装飾品をすべて国庫に運んだのである。[9]元老院にとってこれほどありがたいことはかつてなかった。言い伝えによれば、女たちの気前の良さに対する褒美として、犠牲式や競技会には四輪馬車（ピーレントゥム）[2]を、祭日や平日には二輪馬車（カルペントゥム）[3]を使用することが許された。[10]一人ひとりの女から受け取った黄金の重さが量られ、それらが不足分を満たすだけの量に達すると、集まった黄金で盃を作り、アポロンへの奉納品としてデルポイに運ぶことが決まった。

---

(1) 前四九四年の聖山事件はシキニウス家先祖の発議によるものとされている。第二巻第三二章参照。

(2) 上流階級の婦人用の豪華な乗り物。

(3) 幌付きの二輪馬車で婦人用の乗り物。

[11]人々が宗教的義務から解放されたとたん、護民官たちは再び扇動を開始した。民衆は指導的立場に立つ貴族全般に対して憤ったが、とりわけカミルスにその非難を集中した。[12]ウェイイの戦利品が国家に吸い上げられ、宗教儀礼に費消されたのは彼のせいだというのである。ただし彼らの罵詈雑言は貴族のいないところだけで聞こえた。貴族が彼らの怒りを受け止めるために姿を現わすと、彼らは気後れして黙り込んだのである。[13]民衆は懸案事項(1)が翌年まで持ち越しになると見てとると、すぐさま行動を起こし、法案を提唱した護民官の再任を図った。貴族もそれに対抗し、法案の反対者のなかから護民官が選ばれるよう手を回した。結局のところ、ほとんど前年と同じ護民官が選任されることとなった。

前394年

ファリスキ人との戦い

二六　准コーンスルの選挙に際して、貴族たちはマルクス・フリウス・カミルスが選出されるようありとあらゆる手段を尽くした。戦争を遂行できる指揮官が必要であるというのが建前であったが、実際は、護民官の人気取り政策に対抗できる人物が必要だったからである。[2]カミルスとともに、ルキウス・フリウス・メドゥリヌス（六度目）、ガイウス・アエミリウス、ルキウス・ウァレリウス・プブリコラ、スプリウス・ポストゥミウス、プブリウス・コルネリウス（二度目）が准コーンスルに選ばれた。

[3]この年の初め、護民官たちにさしたる動きはなく、マルクス・フリウス・カミルスは自分に割り当てられたファリスキ人との戦争のためにローマを発った。戦いはすぐに決戦とはいかず、膠着状態に陥ったが、ある事件をきっかけにファリスキ人のあいだに本来最も恐るべき相手であるカミルスを称賛する気持ちが芽生

えた。[4]当初、ファリスキ人は城内に閉じこもっていた。それが最も安全であると考えたからである。カミルスは敵を町から誘い出すために、農地の掠奪を行ない、農家を焼き払った。[5]それにもかかわらず敵はやはり及び腰で、城壁から出てはきたものの、遠くまでは足を伸ばさず、町から一マイルほど離れた場所に陣営を置いた。彼らはこの場所なら安全であると信じ込んでいた。周囲の地形は起伏があって平坦ではなく、道も狭隘かつ急峻で接近が難しいというのがその理由であった。[6]しかしカミルスはその陣営近辺で捕らえた捕虜に道案内をさせ、真夜中に軍勢を移動させると夜明けに敵陣の上方に姿を現わした。[7]ローマ軍は三交代で塁壁を築きつつ、当番以外の兵士も警戒を怠らず戦いに備えた。そして、作業を妨害するために襲ってきた敵をたちまち撃退し、敗走に追いやった。ファリスキの兵たちは散り散りになって逃走していったが、恐怖のあまりわれを忘れ、近くにあった自陣を通り越して、町まで直接逃げ戻ろうとした。[8]間一髪で、城門をくぐることができた者もあったが、たどり着く前に命を落としたり、傷を負ったりする者も少なくなかった。ファリスキ人の陣営は接収され、戦利品はクアエストルに引き渡された。ローマ軍の兵士たちはこれに大いなる怒りを覚えたが、峻厳な指揮官には屈服せざるをえなかった。兵士らは彼に対して憎悪を感じたが、一方その辣腕に対しては感嘆の念を抱いた。

[9]その後、町の包囲が開始され、堡塁敷設の作業も始まった。敵も散発的ではあるものの町を出てローマ軍の前哨を襲撃し、小規模な衝突が生ずることもあった。しかし勝利の女神はどちらか一方に微笑むことなく、

（1）ウェイイへの移住問題。

時間だけが経過していった。食料やそれ以外の資材については、包囲側よりも、事前の備蓄のおかげで包囲されている側のほうが、はるかに豊富であった。[10] この包囲戦はウェイイのときと同じように長引くだろうとだれもが思うようになった。もし幸運が真の武勇とはなにかをあらためて示す機会をローマの指揮官に与えなかったなら、勝利を手にするまでには長い時間がかかっていたにちがいない。

カミルスの信義

二七　当時、ファリスキ人たちのあいだには子どもの教師と従者を一人の人物が兼ねる習慣があった。また、これは今日でもギリシアにおいて行なわれていることだが、一人が多数の子どもを教育していた(1)。ファリスキの有力者たちは彼らのうちで最も学識が高いと見なされるある人物に子弟の教育を委ねていた。[2] この人物は戦争が始まる以前から、子どもたちを遊びや運動のために日常的に町から連れ出していたが、開戦後もその習慣を止めなかった。彼は、子どもたちを遊ばせながら、また、話をして聞かせながら、あるときは城門からさほど離れていないところまで、またあるときはかなり離れたところまで彼らを連れ出していた。ある日、様子をうかがいながら普段にもまして相当に遠くまで子どもたちを連れて行った。なんとローマの前哨基地を通り過ぎ、あろうことかカミルスの司令部の置かれた本陣に向かったのである。[3] このこと自体が卑劣な裏切りであったが、カミルスに語った言葉はさらに卑劣きわまりないものだった――[4] 私は、ファリスキ人全体をローマに引き渡すのと同じことをしている。国の権力者たちの子弟をここまで送り届けたのだから――。

[5] カミルスはこう答えた。「不心得者め、お前は貢ぎ物をする相手を間違えている。ローマ国民もその指揮官である私も、お前のようなならず者ではない。[6] たしかにわれわれとファリスキ人とのあいだには正式な条約による二国関係は存在しない。しかし自然が双方に与えた人間同士の関係は存在している。そしてそれは今後も存在し続けるだろう。守るべき掟は平時同様、戦時にもある。われわれは戦争において勇敢に戦うことが不可欠であると学んでいる。だが、それと同じくらい信義を忘れてはならないことも学んできている。[7] われわれが武器を向けているのは、このような年端も行かぬ者たちに対してではない。この子どもたちは町が陥落しても助命の許される者たちだ。われわれが相手にしているのは、われわれに対して武器を持ち、われわれから危害を加えられたり挑発を受けたりしていないにもかかわらず、ウェイイのローマ陣営を攻撃した者たちだ。[8] お前は、お前なりの精一杯の方法、まれに見る悪行でわれわれの敵を倒したも同然だと言い張っている。しかし私はローマ人にふさわしい方法、すなわちウェイイを落としたときと同じ勇気、努力、武器を用いて勝利を手にするつもりだ」。[9] この後カミルスは男の服を脱がせ、後ろ手に縛ると、子どもたちに「町まで連れて帰れ」と言って引き渡した。さらに彼らに木の枝を渡すと、この裏切り者を鞭打ちながら

---

(1) ローマでは子どもたちの教育は家父長によって家庭で行なわれるか、公共の学校に通ったかのどちらかであった。学校に通う場合は従者が伴ったが、それは教師ではなかった。第三巻第四四章参照。ファリスキ人の教育はギリシアのように保護監督者兼教師（パエダゴーグス）によって行なわれていた。なお、ローマにも前二世紀以降このような教育システムが導入された。

町まで追い立てて行くよう命じた。

[10]ファレリイの人々は最初ただ寄り集まって成り行きを見つめていたが、やがて役人たちによって会議が招集され、この前代未聞の出来事について討議がなされた。その結果、彼らの気持ちに劇的な変化が生じたのである。ついいましがたまで憎悪と怒りに震え、カペナがローマと結んだような講和[1]を選ぶくらいならば、ウェイイのように滅亡したほうがましだと言っていた人々が、異口同音に講和を主張するようになったのである。[11]ローマの信義と指揮官の公正さが町の広場においても議場においても誉め称えられ、全員の合意の下に使節がカミルスの陣営に送られた。そしてその後、カミルスの許可を得て、降伏を申し出るためローマの元老院に向かった。[12]彼らは元老院に招き入れられると次のように語ったと言われている。「元老院議員のみなさん、われわれはあなた方とあなた方の指揮官によって敗北を喫した。あなた方の勝利は、いかなる神からも、いかなる人間からも、後ろ指を指されるようなものではない。われわれは降伏する。われわれの法の下で生きるよりも、あなた方の支配の下で生きるほうが幸せであると信ずるからである。勝者にとってはこれほど名誉なことはないだろう。[13]このたびの戦さは人間に二つの素晴らしい範例を与えてくれた。あなた方は目の前の勝利よりも戦いにおける信義を重んじ、われわれはその信義に感銘を受けて自ら勝利を譲る。[14]われわれはいまあなた方の支配下にある。武器、人質、城門を受け取るために人員を派遣されたい。城門は開けてある。[15]われわれの信義を信じてあなた方が後悔することは決してない。われわれがあなた方の支配を受けて後悔することも決してない」。カミルスには敵とローマ市民の双方から謝意が示された。ファリスキ人には兵士の俸給を支払うよう命令が下され、ローマ市民は税を免除されることになった。講和が成立し、

ローマ軍は帰還した。

デルポイのアポロン神殿への奉納

二八　正義と信義によって敵を打ち倒したカミルスは、白馬の引く戦車に乗って輝かしい凱旋をしたときよりも、さらに大きな称賛を受けながらローマに戻った。元老院は、カミルスが誓願(2)について語る前に、その心中を忖度し、すぐさまアポロン神への奉献を実行に移して彼の願解きをすることにした。[2]捧げ物の黄金の盃をデルポイのアポロンに送り届ける使節として、ルキウス・ヴァレリウス、ルキウス・セルギウス、アウルス・マンリウスが選ばれた。彼らは一艘の軍船に乗って出発したが、シキリア海峡からほど遠からぬところでリパラ人(3)の海賊に捕まり、リパラまで連れて行かれた。[3]この国では海賊行為があたかも国家的事業のように行なわれており、いったんなにかが掠奪されれば人々に分配されてしまうのが当たり前であった。しかし、この年たまたまティマシテウスという人物が支配権を握っていた。この男はリパラ人というよりはローマ人に似た気質を持っていた。[4]彼は捕まえた相手の肩書きを聞き、押収した物が奉納品であって、それがどの神に、なぜ捧げられるかを知って畏怖の念を抱いた。そして民衆にも神を畏れる正しい心を持つよう

---

(1) 前年（前三九五年）にカペナは不利な条件でローマとの講和を結んでいる。第二四章三参照。

(2) アポロンへの奉献。第二五章で、黄金の盃の製作までの経緯は語られているが、まだ実際の奉献は行なわれていなかった。

(3) シキリア島北沖の群島。

諭し、使節団を公共の建物で歓待した後、わざわざ護衛船隊を付けてデルポイまで送り届け、さらにそのあとローマまで無事に送り帰らせたのである。[5]元老院はティマシテウス個人と公的な賓客関係を結ぶことを決議し、国家の名において彼には贈り物が届けられた。[1]同じ年、アエクィ人との戦いは一進一退を繰り返し、ローマの前線においてもローマ市内においても、自分たちが勝っているのか負けているのか判然としないようなありさまだった。[6]ローマの指揮官は准コーンスルのガイウス・アエミリウスとスプリウス・ポストゥミウスであった。彼らは当初、共同で軍の指揮にあたっていたが、やがて敵を会戦で撃破すると、役割分担をし、アエミリウスはウェルゴ［の要塞］を守備隊とともに守り、ポストゥミウスは敵地を荒らすことになった。[7]ポストゥミウスの軍勢は会戦の勝利に気が緩んでいたのか、行軍隊形に乱れが生じていた。そこを突いてアエクィ人が急襲した。ローマ軍は恐怖に浮き足だち、近くの丘に逃げ込んだ。狼狽はウェルゴの守備隊にも伝わった。[8]ポストゥミウスは軍勢を安全な場所に退避させてから集合を掛け、「敵に背中を見せるとはなんたる腰抜けか」となじり、「よりにもよってローマの敵のうち、最も臆病で逃げ足の速い連中に蹴散らされるとはなにごとだ」としかりつけた。すると兵士らは声を揃えて、こう叫んだ——われわれは、非難は当然だとして受け止める。恥ずべき間違いを犯したことは認めざるをえない。次こそ心を入れ替えてみせる。敵をいつまでも喜ばせておくつもりはない——。[9]兵士は、自分たちをすぐさま敵の陣地（それは目の前の平地に配置されていた）に率いていってほしいと頼んだ。そして、もし［明日の］夕暮れまでに敵陣を打ち破れなかったら、いかなる罰も受ける覚悟だと言った。[10]ポストゥミウスは兵士らを褒め称えると、「しばらく休息して食事をとれ。そして第四夜警時までに戦いの準備をすませておけ」と命令した。ところが敵も配置

官が訴えられたのは、個人的な不品行や職務上の不正のせいではなく、貴族の味方となって他の護民官の提唱する法案に反対したことが理由だったからである。しかし貴族たちの影響力よりも平民の怒りのほうがまさった。[7]二人には一万アスの罰金が課され、これは悪しき前例の最たるものとなった。貴族はこのことに憤激し、カミルスは平民の不見識を公然と批判した――諸君は自分たちの代弁者を敵対視することによって、護民官から拒否権を剝奪し、拒否権を剝奪することによって護民官の権限を突き崩してしまったことに気づいていない。[8]もし今回のような職権乱用を貴族が許すと思っているのならばそれは間違っている。[9]護民官の暴走が護民官自身の力で抑えきれないとなれば貴族は別の武器を探し出すことになるだろう――。[10]彼はさらに両コーンスルをも非難した――元老院の意向を受けて行動したあの二人の護民官をなぜ見捨てたのか。彼らは国家の信義を頼みとしていたにもかかわらず裏切られたのだ――。彼は公の場でこのような熱弁を振るい、貴族たちの怒りを日増しに高めていった。

移住法案の否決

三〇　元老院においても、カミルスは［ウェイイ移住］法案に反対するよう働きかけることを止めなかった

(1) ウェイイに国民の半数が移住する案件（第二四章参照）。
(2) おそらく第二巻第三九章のウェテリアと同じ町。プラエネステの南約五マイルに位置する。
(3) ともに貴族の立場を代弁した護民官であることは疑いないが、それ以外については不詳。

——採決の日が来たら、元老院議員諸君には中央広場に下りていってもらわねばならない。そのときは自分の家の祭壇と竈、神々の神殿と自分が生まれた土地のために戦う覚悟をもってもらいたい。[2]たしかに、私個人の立場から言えば（むろん祖国の抗争のさなかに私自身の栄光を想い起こすことが許されるのならば、ではあるが）、私が陥落させた町に人々が集《つど》ってくれることは自分にとって大いなる誉れとなる。同様に自分の栄光を日々思い出し、凱旋式で運ばれた陥落都市の記念の品々(1)を目にすることはこの上ない喜びである。さらに、ありとあらゆる人々が私の栄光の足跡の地に足を運んでくれるとなれば、これもまたこの上ない誉れである。[3]しかしローマ国民が不死なる神々によって見放され見捨てられた町に移住すること、すなわち、征服された土地に住み、敗北した町と勝利した祖国とを取り替えるのは、天に対する冒瀆であるというのが私の考えである——。

[4]この演説に元老院議員は老若の別なく動かされた。彼らは法案が上程されると、老いも若きも列をなして中央広場を目指した。そして出身トリブスごとに分かれ、自分と同じトリブス民を捕まえては、[5]「われわれとわれわれの先祖がこの上なく勇敢に戦い、幸運にも守り通してきた祖国を捨ててはならない」と涙ながらに訴えた。(2)[6]さらにカピトリウムとウェスタの神殿、そしてその周りに立ついくつもの神殿を指さしながらこう言った——ローマ国民を祖国の大地と家の守り神から敵の町へと追い立て、亡命者、追放者にしてはならない。ローマが見捨てられるくらいならば、ウェイイなど落とさなければよかったと思うような事態は避けるべきだ——。[7]貴族たちは暴力ではなく懇願に訴え、その懇願のなかで神々の名前を幾度も言及したため、多くの人々は良心の呵責を覚えた。こうして移住法案はトリブス数にしてわずか一票の差で否決された。[8]こ

の勝利に貴族は大いに喜び、翌日元老院は両コーンスルの発議を受けて、平民の一人ひとりにウェイイの土地七ユーゲラを分け与えるという決議をした。しかもそれは一家の家長だけを対象とするのではなく、一家の男子すべてが勘定に入れられていたので、人々は子どもを育てる希望を持つことができた。(3)

前392年

飢饉と疫病

三一　平民はこの恩典で懐柔され、コーンスル選挙に関しては反対行動をとらなかった。[2] コーンスルにはルキウス・ウァレリウス・ポティトゥスと、（のちにカピトリヌスの添え名が与えられることになる）マルクス・マンリウスが就任した。(4) 彼らは、独裁官マルクス・フリウス［・カミルス］がウェイイと戦うときに誓願した競技祭を開催した。[3] この同じ年にユノ女神の神殿の奉献が行なわれた。これも同じ独裁官が同じ戦争のときに奉献を約束していたものである。このときの儀式には熱狂的な女たちが多く参加し、にぎやかに

(1) 凱旋行列では陥落した都市の模型あるいは絵画が運ばれた。

(2) リウィウスは第二巻でトリブス民会と平民会をほぼ同一視あるいは混同して記述している（第二巻第五六および六〇章参照）が、ここでは地区（トリブス）を単位として貴族も平民も加わるトリブス民会を指している。

(3) 第二四章ではウォルスキ領への移住の提案がなされ、そのときの分配面積は三と十二分の七ユーゲラとされていた。ウェイイはウォルスキ領よりもはるかにローマに近く、面積も倍以上であるため、平民にとってかなり有利な決定であった。

(4) 彼がのちにカピトリウムをガリア人の攻撃から守り通した経緯については第四七章参照。

執り行なわれたと言い伝えられている。[1]

4 アルギドゥス山においてアエクィ人との武力衝突が起こったが、特筆すべきことはなにも起こらなかった。敵は、戦いが始まるか始まらないかのうちに敗走していったからである。ウァレリウスは逃げる敵を同僚よりも執拗に追いかけたという功績が評価され、凱旋式が認められた。マンリウスも小凱旋式のかたちでローマに入ることが許された。5 これと同じ年に、ウォルシニイ人[2]との新たな戦いが勃発した。ところがローマは旱魃と猛暑に襲われ、飢饉と疫病に苦しんだため、軍隊を派遣することができなかった。その状況を見てとったウォルシニイ人はサピヌム人[3]を仲間に引き込み、堂々とローマ領に侵入した。ローマは両国民に宣戦を布告した。

6 監察官ガイウス・ユリウスが亡くなり、その空席をマルクス・コルネリウスが埋めた。この補充の仕方は、後になって、神を冒瀆するものであったとみられることになった。というのもこのルーストルム期間中[4]にローマが占領されるという事態が生じたからである。7 これ以後、監察官が在任中に死亡しても補充人事が行なわれることはなくなった。さらに両コーンスルも疫病に罹ったので、中間王政を経て国の指導者を置き換えることになった。8 こうして、元老院決議に従って両コーンスルは辞任し、中間王にマルクス・フリウス・カミルスが選ばれた。彼はプブリウス・コルネリウス・スキピオを次の中間王に指名し、スキピオはルキウス・ウァレリウス・ポティトゥスを同様に指名した。9 ポティトゥスが中間王のとき、六名の准コーンスルが選出された。これでもし彼らのうちのだれかが病気になったとしても、国家が指導者を欠くことはなくなった。

ガリア人襲来を伝える予兆

三二　七月一日に(5)、ルキウス・ルクレティウス、セルウィウス・スルピキウス、マルクス・アエミリウス、ルキウス・フリウス・メドゥリヌス（七度目）、アグリッパ・フリウス、ガイウス・アエミリウス（二度目）が准コーンスルに職務に就いた。[2]彼らのうち、ルキウス・ルクレティウスとガイウス・アエミリウスがウォルシニイ人との戦争を担当することとなり、サピヌム人はアグリッパ・フリウスとセルウィウス・スルピキウスが対応することになった。最初の戦闘はウォルシニイ人とのあいだで行なわれた。[3]敵の数から言えば大規模な戦闘であったが、戦いそのものはさほど激しいものとはならなかった。敵の戦列は最初の戦闘で崩壊し、逃げ出した八〇〇〇人の武装兵も、ローマの騎兵によって包囲されたとたんに武器を置いて降伏し

(1) ユノはもともとはエトルリアの神であったため、その神殿はポーメーリウム外のアウェンティヌスの丘に置かれた。第五二章参照。
(2) ローマの北約六五マイルにあるエトルリア人の町。現在のオルヴィエート（あるいはボルセーナ）。
(3) 正確な位置および都市名は不詳であるが、ウォルシニイ近郊のエトルリア人の町
(4) ルーストルムは五年ごとに行なわれる戸口調査によって区切られる期間。なお、戸口調査は当初不定期に行なわれていたが、やがて五年に一度実施されるようになり、それを差配する監察官の任期も同じく五年であった。第三巻第二二および二四章参照。しかし、前四三四年、独裁官マメルクス・アエミリウスによって任期が短縮され一年半を越えないものとされた。第四巻第二四章参照。
(5) この時代の公務開始日は十二月十三日であったが（第三巻第六章参照）、この年は前コーンスルの辞任を受け、彼らは通常より早く職務に就いた。

たのである。[4]サピヌム人はこの戦闘の経過を知ると、あえて戦いに打って出ようとはせず、武装したまま城壁内にこもって防衛の構えに入った。ローマ軍はサピヌム領内のみならずウォルシニイ領内の各所で戦利品を奪ったが、抵抗らしい抵抗は受けなかった。[5]戦争に疲弊したウォルシニイ人の申し出により、彼らがローマから奪った掠奪品を返還し、この年の戦費を肩代わりするという条件で、二〇年間の休戦が成立した。

[6]同じ年、マルクス・カエディキウスという平民が護民官にこう報告した――私は、夜の静寂のなか、ノウァ・ウィア〔新道〕（正確には、現在、ウェスタ神殿を見下ろすところに祠が建っている場所）近くで、人声とは異なるきわめて明瞭な叫び声を聞いた。それは「ガリア人の襲来を公職者に知らせよ」と告げていた(1)――。[7]この予兆は、ありがちなことであるが、報告者の身分の低さゆえにないがしろにされた。また、ガリア人が遠方に住む未知の民であったことも等閑視されたひとつの要因であった。さらに、ローマ人は天からの警告を無視しただけではなかった。災いが差し迫っているにもかかわらず、自分たちにとっての頼みの綱であるはずのマルクス・フリウス・カミルスをローマから追放してしまうのである。[8]カミルスはウェイイの戦利品処理の問題で護民官のルキウス・アプレイウスから告訴されていた。それはちょうど若い息子を亡くしたときであった。彼は自分の屋敷に同一トリブス出身の者たちと庇護者たち（彼らだけで平民の一定の割合を占めていた）を集め、この問題についての意見を聞いた。「罰金の支払いですむのならば、自分たちが持ち寄って、いかようにでもするが、[9]あの護民官を解任することはできない」という結論となった。こうしてカミルスは国を出るほかなくなった。ローマから立ち去る間際に不死なる神々に向かってこう懇願した――もしこの私が無実の罪で不当な扱いを受けているとお思いになるのならば、できるだけ早い時期に忘恩

が課せられた。

の国民が私の帰国を願うようにしてほしい――。こうして国外に去ったカミルスに一万五〇〇〇アスの罰金

ガリア人

三三　もしカミルスが市民として留まっていたら（むろん人の世に絶対確実なものがあるとすればであるが）、ローマが陥落することはなかったにちがいない。こうして、悲運のローマに大きな災厄が降りかかる。それはクルシウムからの使者が、ガリア人に対処するため手を貸してほしい、と言ってきたのが事の発端だった。

言い伝え[2]によれば、ガリア人がアルプスを越え、エトルリア人の耕作する土地を奪ったのは、そこで産出される甘い果実と、とりわけ彼らにとってはまだ珍しかった葡萄酒の魅力のせいである。葡萄酒[3]をガリアに持ち込んだのはクルシウムのアルンスという人物であると言われている。彼は、ガリア人にアルプス越えをさせるためにわざわざそのようなことをしたのであったが、ことの起こりは彼の妻とルクモという若者との密通であった。このルクモという男はもともとはアルンスが後見人となっていた人物であるが、このときにはすでに圧倒的な実力を持っており、アルンスが仕返しするとすれば他国の力を借りるしかなかったのである。一方[4]、アルンス本人がガリア人を率いてアルプスを越え、しかもクルシウムを攻撃するよう提案したと

（1）この縁起により、「お告げのアイウス神」の祠がノウァ・ウィアに建てられた。第五〇章参照。

いう説もある。筆者も、ガリア人をクルシウムに導いたのがアルンスあるいは他のクルシウム市民であったという可能性は否定しない。

[5]とはいえ、ガリア人はこのクルシウム攻撃のときにはじめてアルプスを越えたのではない、というのがいまでは定説となっている。ガリア人がはじめてイタリアに侵入したのは、クルシウムが攻撃され、ローマが占領されたときより二〇〇年も前のことである。[6]また、ガリアの軍勢が最初に戦ったエトルリア人はクルシウム人ではないというのも定説である。彼らはそれよりはるか以前に、アペニン山脈とアルプスのあいだに住むエトルリア人としばしば戦いを交えていた。

[7]ローマが台頭する前、エトルリアの勢力は陸海ともに広大な範囲に及んでいた。イタリアは「上の海」と「下の海」によって取り囲まれ、島のようになっているが、エトルリアの支配がどれほど大きかったかはその名前から明らかである。というのもイタリアのすべての民族は、一方の海をエトルリア人にちなんでトゥスクス海(1)と呼び、[8]他方の海をエトルリアの植民市ハトリアにちなんでハドリア海と呼び習わしているからである。なおギリシア人はそれぞれをテュレニア海、アドリア海と呼んでいる。[9]エトルリア人は、これら上下二つの海を望む斜面にそれぞれ十二の都市を建設して定住していた。最初、アペニン山脈から下の海「テュレニア海」に向かう斜面に都市を築くと、さらにアペニン山脈の向こう側の斜面に同数の都市を建設し、植民者を送り込んだ。[10]さらにはパドゥス河(2)以遠、アルプスに至るまでのすべての土地を自分たちのものとした（ただし「アドリア海の」湾岸部の一角だけは例外で、そこにはウェネティ人が住んでいた）。[11]したがってアルプスのこちら側の民族はすべてエトルリア起源であることに疑いはない。その代表例がラエティ人である。

彼らは過酷な環境のなかで粗暴化したため、本来の気質はなにほども残っていないが、言語に関しては（発音こそ崩れてしまっているものの）エトルリア系統である。

ガリア人のアルプス越え

三四　ガリア人のイタリアへの移動に関しては次のような話も伝わっている。タルクィニウス・プリスクス王がローマを治めていた頃、ガリアの三大部族の一つであるケルト人の支配権はビトゥリゲス族が握っており、この部族からケルト人の王が選ばれることになっていた。[2]そのときの王はアンビガトゥスといい、武勇に優れ、きわめて傑出した人物だった。しかも彼は公私にわたって大きな幸運に恵まれていた。彼の治世下においてガリアは農業生産も人口も拡大を続けたが、やがて舵取りがままならぬほど国の規模が大きくなってしまった。[3]この王は自分が老境に入ると、国家を人口過多の重みから解き放つ決心をした。そこで妹の息子で進取の気性に富む二人の若者を、神々が鳥占いで割り当てる場所であればどこであれ送り出すと宣言した。彼らの名前はベロウェススとセゴウェススといった。[4]王は二人に「遠慮せず、できるだけ多くの移住者を連れて行け。そうすれば目的地についても現地の住民に邪魔されないだろう」と伝えた。籤の結果、セゴウェススにはヘルキュニア（3）の山岳地帯が割り当てられた。一方、ベロウェススにはイタリアへの道が

（1）エトルリア人の別の呼び名。
（2）現在のポー河。
（3）ゲルマニア中央部一帯。現在のシュバルツ・ヴァルト（黒い森）を含む南ドイツ。

神々によって示された。こちらのほうが言うまでもなく喜ばしい目的地だった。

5 彼はケルト人の膨れあがった人口のなかから、ビトゥリゲス人、アルウェルニ人、セノネス人、ハエドゥイ人、アンバリ人、カルヌテス人、アウレルキ人[1]を率いて故郷を出発した。こうして歩兵と騎兵からなる大軍がトリカスティニに到着した。6 目の前にはアルプスが聳えていた。彼らがこれを越えられないと思ったのはなんら不思議なことではない。例のヘルクレスの伝説を信ずるとすれば別だが、言い伝えの範囲であれ、だれかがアルプスの山道を越えたという話は聞こえていなかったからである。7 この場所でガリア人はあたかも高い山脈に囲い込まれてしまったかのように足止めをくい、天にも届く峰を越えて別世界にいくにはどのような方法があるか思案し続けた。彼らが山越えを遅らせたのには理由もあった。同じように定住地を求めてやってきた異国の民（海路、ポカエア[2]からやってきたマッシリア人であった）がサルウィ人の攻撃を受けているという知らせが届いた。8 ガリア人はこれを自分たちにとっての吉兆と捉えた[3]。ガリア人の助力を得て、マッシリア人はサルウィ人に妨害されることなく、最初の上陸地点に根拠地を築くことができた。その後、ガリア人はタウリニ人の土地を横切り、ユリアの隘路を通ってアルプスを越えた。9 そしてティキヌス川[4]の近くでエトルリア人と戦い、相手を敗走に追い込んだが、そのときたまたま陣営を築いた場所がインスブレスと呼ばれていると聞いた。実はそれはハエドゥイ[5]領内にある一つの村の名前と同じであった。彼らはこれを吉兆と見なしてこの場所に町を建設し、メディオラニヌム[6]と名付けた。

ガリア諸部族のイタリア定住

三五　ほどなく別のガリアの一団もベロウェススたちの後を追い、同一経路でアルプスを越えた。エリトウィウス率いるケノマニ人たちである。彼らはベロウェススという後ろ盾を得て、現在のブリクシアやウェロナの町がある地域に定住した。[2] リブイ人とサルウィ人も彼らに続いてアルプスを越え、ティキヌス川のほとりに定住した。そこはリグリアのラエウィ人が住むすぐ近くであった。さらにボイイ人とリンゴネス人がポエニ峠(7)を通ってイタリアに入った。アルプスからパドゥス河に至る土地はすべて他の部族が占有していたので、彼らは川を筏で渡り、エトルリア人だけでなくウンブリア人をも追い出して、この場所に定住した。とはいうものの彼らはまだアペニン山脈のこちら側には入ってこなかった。[3] そしてついに最後の移住者とし

(1) ビトゥリゲス人以下いずれもガリア中央部の部族。
(2) イオニア地方のギリシア都市。なお、マッシリア（現在のマルセイユ）にポカエア人（古代ギリシアの一民族）が植民市を築いたのは前六〇〇年頃のことである。
(3) ガリア人は、同じように定住地を求めているマッシリア人を助けることは自分たちの未来をも開くきっかけとなると考えたものと思われる。
(4) ポー河の支流。
(5) 現在のブルゴーニュ地方に住んでいたケルト系の民族。
(6) 現在のミラノ。
(7) ポエニ峠（あるいは「ペニ峠」と表記されることもある）は現在のグラン・サン・ベルナール峠。なお、ポエニ（またはペニ）とはケルト語で「頂上」を意味し、ハンニバルのアルプス越えとは関係がない。

てセノネス人がやってきた。彼らはウテンス川(1)からアエシス川(2)までの土地を確保した。筆者の調べによれば、クルシウム(3)、そしてさらにローマにまでやってきたのはこのセノネス人である。ただし彼ら単独の遠征であったのか、アルプスのこちら側(4)のガリア人すべての後押しがあってのことなのかは定かではない。

4 クルシウムの人々はいままで経験したことのない戦争に震え上がった。敵の数にも驚いたが、見慣れぬ容貌、奇想天外な武器を目にして仰天したのである。さらにパドゥス河両岸でエトルリアの軍勢がいくたびも敗北を喫したという情報が流れた。彼らは、同族のウェイイがローマと戦ったときに援軍を送らなかったということを別にすれば、ローマとは同盟関係も友好関係もなく、それらに基づく権利も当然有していないにもかかわらず、ローマに使節団を送り元老院に助力を求めた。5 ローマは援軍派遣そのものについては応諾しなかったが、マルクス・ファビウス・アンブストゥスの(5)三人の息子を元老院とローマ国民の名前においてガリア人のところに送り、こう抗議した――諸君は諸君に対してなんの危害も加えていないローマの同盟国、友好国に対して攻勢を掛けている。即刻中止されたい。6 ローマは、必要となれば、武力に訴えてでも彼らを守る用意がある。しかしできることならば戦争は避けたいというのがわれわれの思いであり、新来の民、ガリア人とは敵対ではなく友好関係を築きたいと考えている――。

ローマの使節団の無分別

三六　このように交渉は穏便に行なわれようとしていた。しかし使節は三人ともローマ人よりもガリア人に似ているといってよいほど気性の激しい人物ばかりであった。ガリア人は、使節団からの要請を聞くと、次のように回答した――われわれ[2]はローマ人という名前を聞いたのはこれがはじめてである。しかしクルシウム人たちが、一大事といって、支援を求めに行ったというからにはさぞかし強い国民であるにちがいない。諸君[3]が武力に訴えるのではなく交渉によって友好国を守ろうとしている以上、われわれもローマの提示する平和的解決を拒否するべきではないと考える。ただしそれには条件がある。クルシウム人領有の未耕作地を、土地を必要とするわれわれガリア人に譲渡されたい。その約束がなければ講和の話は受け入れられない――。そして[4]彼らは「同席していたクルシウム人に向かって」こう告げた――ローマの使節のいる前で諸君の返事がほしい。もし土地譲渡が拒否されるのならば、われわれは同じくローマ人の目の前で戦いを開始するつもりである。そうすれば彼らは国に戻って、ガリア人が武勇においていかに他より優れているか、報告することが

(1)ラヴェンナ近郊でアドリア海に注ぐ川(現在のモントーネ川)。
(2)ウテンス川は北アペニン山脈東斜面を源流とし、ラヴェンナ近郊でアドリア海に注ぐ川(現在のモントーネ川)。アエシス川は中央アペニン山脈東斜面を源流とし、アンコーナ近郊で同じくアドリア海に注ぐ川(現在のエシーノ川)。なお、ラヴェンナとアンコーナの直線距離は約八〇マイル。
(3)ローマ北方約九〇マイルにあるエトルリア人の町。
(4)ラテン語ではガリア・キサルピナ(Gallia Cisalpina)で文字どおりアルプスのこちら側を意味する。アルプス山脈を北の境界線とし、アルノ川とルビコン川付近を結ぶ線が南の境界線であり、肥沃なポー平原を主要区域とする地方である。前六世紀にはエトルリア人が定住し、前五世紀から前四世紀にかけてケルト人が移住した。なお、アルプスの向こう側はガリア・トランサルピナ(Gallia Transalpina)と呼ばれていた。
(5)家名は異なるが、マルクス・ファビウス・ウィブラヌス(前四四二年のコーンスル、前四三三年の准コーンスル)と同一人物であると考えられる。

可能となるであろう——。[5]これに対してローマの使節団はこう尋ねた——領地の所有者に向かって、「土地を寄こせ、さもなれば戦争だ」などと脅す権利はだれにもない。そもそもガリア人はエトルリアになにをするためにやってきたのか——。するとガリア人は「権利はわれわれのもつ武器のなかに存在する。勇者はすべてのものを手にする」と言下に切り捨てた。これをきっかけに「クルシウム人とガリア人」双方の戦意に火が付いた。彼らは武器を取りに駆け出し、戦端が開かれた。

[6]このとき、運命の力がローマに襲いかかる。使節団が武器を取り、万民法を犯してしまうのである。(1) ローマの若者のなかでも最も高貴で最も勇敢な三人がエトルリア人の最前線で戦うとなれば、ガリア人にそれと気づかれないということはありえない。またそれほど彼らの働きは異国の者の目にも目覚ましく映った。[7]とくにクィントゥス・ファビウスは馬に乗って戦列の前まで出て行った。彼は、ガリアの指揮官が果敢にエトルリアの戦旗に向かって突進してくるのを迎え撃つと、横腹に槍を突き刺して討ち取った。彼が指揮官から戦利品を奪っている姿を見て、ガリア人が「あれはローマ使節の一人だ」と戦列中に触れ回った。[8]ガリア人はクルシウム人に対する怒りを棚上げし、ローマ人に向かって罵声を浴びせながら、退却の喇叭を鳴らした。ローマに向かってすぐさま兵を進めるべきであると考えるガリア人もいたが、ローマに使節を送って不正行為を糾し、万民法を犯した罪でファビウス家の三名を引き渡すよう要求すべきだとする長老たちの意見が通った。[9]ガリアの使節団がローマにやってきて用向きを伝えると、ローマの元老院の立場から見ても、ファビウス家の三名の行為は是認しがたく、また、蛮人でありながらもガリア人の要求は正当であるように思われた。しかし、ローマ有数の名門の者たちが対象となっている以上、元老院がその判断のとおりの決定を下

そうとしても、情実が絡んでくるのも無理からぬところではあった。[10]さらに元老院は、ローマがガリアと戦って万一敗れるようなことがあった場合に責任を押しつけられるのではないかと危惧した。そしてそれを避けるため、ガリア人からの要求については民衆に判断を委ねることにした。ところが、民衆におけるファビウス家の人気はきわめて高く、また、その財力も大きな影響力を持っていたため、詮議の対象であるはずの本人たちが翌年の准コーンスルに選出されるという事態となった。

前390年

[11]このような成り行きを目の当たりにしたガリアの使節たちは当然のことながら強い反発を示した。そしてあからさまに戦争の威嚇をしてから自国に戻っていった。なお、ファビウス家の三名とともに准コーンスルに選ばれたのは、クィントゥス・スルピキウス・ロングス、クィントゥス・セルウィリウス（四度目）、そしてプブリウス・コルネリウス・マルギネンシスの三名であった。

ローマに迫るガリア軍

三七　ローマに巨大な災禍が迫っていたにもかかわらず――たしかに運命の女神は自分の力を振るおうとするときには、人間の心に目隠しをして、邪魔立てされないようにするものではあるが――人々は、フィデ

（1）外交使節団が武器を取ることは、使節団に暴力を振るうことと同様、万民法違犯である。なお、フィデナエ人によるローマ使節団殺害については第四巻第一七章参照。また、アッピウス・クラウディウスがこれを万民法侵害であるとして批判する演説については本巻第四章参照。

ナエやウェイイ、あるいは他の近隣諸国を相手にしたときのようには行動しなかった。ローマはこれまで最後の手段として独裁官を任命し、幾度も窮地を脱してきたが、[2]いま、見たことも聞いたこともないような敵が海と地の果てから戦争を仕掛けてこようとしているにもかかわらず、特別な役職を置いたり、なんらかの緊急措置を講じたりするようなことはしなかったのである。[3]軽率な行動によってローマに戦争を引き寄せた者たちがいまや准コーンスルとなって国家の全権を握っていた。彼らは徴兵登録に際しても、今回の戦争は相当大規模なものになるという人々の予想を無視して、通常の戦争に対処するときと同じ程度の配慮しか示さなかった。[4]一方、ガリア人は、人としての不文律を破った当事者がローマで顕職に就き、自分たちの使節が軽く扱われたと知ると烈火のごとく憤り――感情を抑えられないのがこの民族の気質である――、間髪を置かずに戦旗を抜くと、急行軍でローマを目指した。[5]彼らが猛烈な速さと勢いで行軍するなか、通過される側の町々は恐怖に駆られて武器を取りに走り、農場からは人影が消えた。しかしガリア人は町を通り過ぎるごとに「われわれはローマを目指している」と大声で叫んで、襲撃する意思のないことを示した。彼らは騎兵と歩兵を縦にも横にも大きく展開させて行軍したので、隊列の占める面積は広大であった。

[6]彼らの〔接近の〕噂はローマに直接届いていたし、クルシウムからも報告がなされ、さらには他の国々からも情報が次々に寄せられていたにもかかわらず、ローマはその進軍速度に驚嘆するほかなかった。[7]そして急ごしらえで部隊を編成し、叛乱に対処するかのようなかたちで出撃したものの、敵と遭遇したのはわずかローマから十一里程標しか離れていない地点であった。そこは、クルストゥメリアの山地から急流となって流れ落ちるアリア河とティベリス河との合流点で、街道からはさほど遠く離れていなかった。(1)[8]すでに前方も

側方もガリアの大軍が占拠していた。彼らは大騒ぎをするために生まれたような民族であり、恐ろしげな歌と叫び、凄まじい物音であたりを満たしていた。

席捲されるローマ軍

三八　このときローマの准コーンスルたちは、前もって陣営を築くための土地を確保せず、万一の退却時に備えて塁壁を作ることもしなかった。また、敵に対する認識が甘いだけでなく、神々に対する配慮も怠っていた。鳥占いも犠牲式も行なわないまま、戦列を布いたのである。しかもその戦列は、敵の大軍に包囲されないよう両翼までできるだけ引き伸ばすほかなかったが、[2] そのために中央部が手薄になり、密集隊形を作ることはできなかった。とうてい敵の戦列に対抗できるようなものではなかったのである。ただし右手［後方］に小高い丘があり、そこに予備軍を配置することだけは可能であった。実はローマ軍の狼狽と敗走はこの作戦が裏目に出て起こるのであるが、そもそもは敗勢になったときの最後の頼みの綱として考えられていたのである。

（1）サラリア街道。戦闘が行なわれた正確な場所は不明であるが、日付は前三九〇年七月十八日である。翌三八九年に元老院はこの日を「公私ともに仕事を行なわない齋日」とした。第六巻第一章参照。なお里程標は街道に文字どおり一マイルごとに設置され、ローマからの距離が分かるようになっていた。なお、一ローマ・マイルはおよそ一五〇〇メートルである。

[3]さてガリア人の族長ブレンヌスは、あまりにローマ軍が寡勢であるのをみて、策略を疑った。そして、ローマ軍が小高い丘を確保したのは、ガリア軍がローマ軍の戦列に向かって正面攻撃を仕掛ければ、側面あるいは背後から予備軍を繰り出して襲撃を仕掛ける作戦にちがいないと考えた。[4]そこで彼はまずこの予備軍に矛先を向けることにした。彼らをその場所から追い払ってしまえば、圧倒的な兵力を誇る自軍が平地での戦いで勝利するのは自明の理であると考えたのである。彼ら蛮族が優位に立ったのはなにも幸運だけのせいではなく、指導者の資質にも大きな違いがあった。

[5]他方の軍［ローマ軍］においては、指揮官にも兵士にもローマ人らしさは微塵も認められなかった。恐怖に駆られた兵士らは逃げることしか頭になかった。正気を失った彼らは、妻や子どもの待つローマに直接逃げ戻るのではなく、大部分がティベリス河を隔てた敵の町ウェイイ(1)を目指した。[6]予備軍のほうはさすがに地形的に有利だったため、敵の攻撃を持ちこたえることができた。一方、戦列の他の部分においては、事情は異なった。敵の喊声が、予備隊近くにいた兵たちにとっては真横から、予備隊の反対側にいた兵たちにとっては背後から聞こえたとたん、はじめて対決する敵の姿を見もしないうちに、五体無事のまま逃走しはじめたのである。戦いを挑むどころか、鬨《とき》の声を上げ返すことすらしなかった。[7]したがって戦って死んだ者は一人もいなかった。しかし、仲間同士が混乱のなか、われ先にと互いの足を引っ張るように逃げたため、敵に追いつかれて斬り殺される者は出た。[8]左翼の全兵士は武器を捨てて逃げ、ティベリス河までたどり着いたものの、そこでも多くの犠牲者が出た。急流が泳げない者や鎧と兜の重みに耐えられない者をのみ込んでいった。[9]とはいうものの、多くの兵士は無事にウェイイまで逃げおおせた。ところがそこからローマ防衛のため

に駆けつけようとする者は一人もなかった。それどころか、敗戦を知らせる伝令すら送らなかった。[10]右翼の兵士は、川から離れた麓近くに布陣していたが、全員がローマを目指して逃げた。そしてローマにたどり着くと、城門を閉めさえせずに、砦（アルクス）に逃げ込んだ。

ローマ陥落前夜

三九　ガリア人もこの予期せぬ奇跡的な勝利にしばらく呆然とするほかなかった。最初はなにが起こったのか分からず、驚いたままその場に立ち尽くした。次に陽動作戦を警戒した。やがて、死んだローマ兵から戦利品を奪い、彼らの習慣に従って武具で山を築いた。[2]しかし最終的にローマが敵対行動をする気配がないことを確認すると、進軍を開始し、日が暮れる直前にローマの城壁近くに到着した。先行した騎兵隊から、城門は閉じられておらず、城門の前にも哨兵の姿がなく、城壁の上に武装兵は見えないという報告が上がってきた。ガリア人はこの二度目の予期せぬ出来事にも慎重に対処した。[3]夜であること、見知らぬ町の全体像が分からぬことを懸念して、彼らはローマとアニオ河のあいだに野営地を置き、城壁や城門の様子を探るために斥候を送り出した。ローマがこの危機的状況にあっていかなる方策を講じようとしているのか知ろうとしたのである。

（1）ローマへはサラリア街道沿いに南下するだけで帰還できた。一方、ウェイイは戦闘地点からみて西方にあり、ティベリス河を越える必要があった。なお距離はどちらもさほど変わらない。

[4]一方、ローマにおいては、戦場から逃走した者は大部分がローマではなくウェイイを目指したため、ローマに逃げ戻った者以外は生き残っている者は一人もいないと信じられていた。したがって実際にはまだ生きている者も死んだ者と同じ嘆きの対象となり、慟哭がローマ市中のほぼ全域を満たしていた。[5]しかし、敵がすぐ近くまで来ているという知らせが届くと、国家としての恐怖が個々人の悲しみにとって変わった。やがて耳障りな叫びや歌声が聞こえてきた。蛮人たちが城壁の周りを群れながら歩き回りはじめたのである。[6]明け方まで人々の心が休まる時はまったくなかった。襲撃の不安が次々に人々を襲った。最初はガリア人が姿を見せた直後だった。すぐに攻撃を仕掛けるつもりがないのなら、城壁の間際まで来ずにアリア河のあたりで進軍を止めるにちがいないと考えたからである。[7]次に不安が高まったのは夕暮れ時だった。陽が沈むまであまり時間がなく、敵は夜になる前に攻め込んでくると思わざるをえなかったのである。夕暮れ時が無事に過ぎると、襲撃を夜まで引き伸ばし、恐怖をさらにかき立てようとしているにちがいないと考えた。[8]そしてついに夜明けが近づいてきた。その頃にはローマ人は不安のあまり気も狂わんばかりになっていた。そして、永遠に続くかと思えた不安は、敵が戦旗を立てて城門に突入するという最悪の事態によって現実のものとなった。しかしながら、前夜からこの当日にかけてのローマの人々はアリア河で腰抜けになって逃走した同じ国民とは似ても似つかぬ判断力を示した[9]——残った兵力がこれほど少なければ、町全体を防衛する望みはない。それゆえ、兵役年齢にある者と壮健な元老院議員は妻子を伴ってアルクスとカピトリウムに登れ。[10]武器と食料を確保し、そこを最後の砦として神々と人間とローマの誉れを守れ。[11]神官(1)とウェスタの巫女は国家の神像聖物(2)を破壊と火災から遠ざけ、祭式を執り行なう者が一人もいなくなるまで、その祭儀が途絶えるこ

とのないようにせよ。[12]もし神々の座所であるアルクスとカピトリウムが、もし国家の知慮の源である元老院が、もし兵役年齢の若者が、目前に迫る国家の滅亡の後も生き延びることができるのならば、いずれ死ぬ定めの老人たちが町中に残って命を落としても、容易にその損失を埋め合わせることができるだろう——。[13]そしてこの運命を大多数の平民に少しでも冷静に受け入れてもらおうと、凱旋式の栄誉に浴したことのある長老やコーンスル経験者たちがみなの前でこう宣言した。「われわれも諸君とともに死ぬ覚悟である。武器を取って祖国を守ることのできないこの肉体が、戦えるわずかの数の若者の重荷になるべきではない」。

ローマ存続をかけた方策

四〇　死ぬ覚悟をした老人たちは互いに慰めの言葉を交わしたのち、カピトリウムとアルクスに上っていく若者たちを見送りながら、こう励ましの言葉を掛けた——ローマは三六〇年にわたり、すべての戦いで勝利を収めてきた。どのような運命が待ち受けていようとも、それはすべて諸君の勇気と若さにかかっている——。[2]ローマ生き残りの希望を託された者たちが、ローマ陥落と滅亡の先も生き延びることを潔しとしない者たちから離れていく光景は、[3]それ自体実に痛ましいものであったが、さらに女たちが涙を流しながら走

(1)クィリヌスの神官。なお、クィリヌスはしばしばロムルスと同一視される。第一巻第一六章参照。

(2)最も重要な神像聖物は、アエネアスがトロイアから捧持してきたとされる国家の守護神（ペナーテース）の神像とウェスタ神殿の聖火である。国家の存続はウェスタの聖火の維持にかかっていると考えられていた。第一巻第三章参照。

り回る姿がそこに加わった。彼女たちは夫に駆け寄ったかと思えば、次には息子に駆け寄り、自分たちをどのような運命に委ねるつもりかと尋ねた。ここには人間の悲惨さが余すところなく凝縮されていた。[4]しかし最終的に女たちの大部分は息子たちとともにアルクスに上った。来るなと言う者も、来いと言う者もいなかった。非戦闘員の数を減らすことは籠城戦を戦う者たちにとってはたしかに有利なことであったが、それを言い出すのは非人間的なことであった。[5]一方、おもに平民たちからなる別の大きな集団は、狭い〔カピトリヌス〕丘には入りきらず、また備蓄された食料にも限りがあったので、ローマ市内からあたかも縦列隊形を組むかのように次々に脱出し、ヤニクルムの丘に向かった。[6]さらにそこから、一部は田園地帯に散らばり、また別の一部は近隣の都市を目指して出発した。彼らには指導者も確たる計画もなかった。それぞれがそれぞれの願望と思案に従って動くほかなく、国の助けはないものと諦めていた。

[7]その間、クィリヌスの神官[1]とウェスタの巫女たちは自分たちの持ち物には目もくれず、どの神像聖物を持ち出すか、またすべてを持ち出すには手が足りない以上、なにを残さねばならぬか、そして残していくものをどこにどのように隠せば安全か、次々に思案をめぐらせた。[8]結局、樽に納めたうえで、クィリヌス神官の館に隣接する社（ここはいまでもつばを吐くことが禁じられている）に穴を掘って埋めるのが一番安全であるということになった。それ以外の神像聖物は、互いに分担して担い、スブリキウス橋[2]を渡る道を通ってヤニクルム丘まで運ぶことにした。[9]彼らが坂道を上ってくるのを、平民階級のルキウス・アルビニウス[3]という男が目にとめた。彼は、戦争に役立たないとされて市内から外に出た一団の一人で、妻と子どもたちとともに荷馬車に乗って移動していた。[10]彼は、神官たちがローマ国民の神像聖物を徒歩で運ぶ一方、自分と自分の

家族が乗り物を使っているのは、瀆神の行ないであると考えて（このような非常時にあっても神々と人間にはきちんとしたけじめが残っていたようである）、妻と子どもに車から降りるよう命ずると、巫女たちと神像聖物を代わりに乗せ、神官たちの目的地であったカエレ(4)の町まで送っていった。

ガリア人によるローマ掠奪

四一　市内では、状況の許すかぎりにおいて最大限の努力がアルクス防衛のために尽くされていた。長老たちの一団もそれぞれの屋敷に戻り、死を覚悟して敵の襲来を待った。彼らのうちで高官椅子(5)に座ったことのある者は、かつての名声や顕職、そして武勲の印となるものを身につけて死のうとした。神像を乗せた

（1）ユッピテル、マルスと並び立つ三主神の一つ。第一巻第二〇章参照。
（2）スブリキウスとは「杭に支えられた」の意味である。橋全体が木で造られ、必要なときに容易に落とすことができた。ティベリス河に最初にかけられた橋である。第一巻第三三章参照。
（3）おそらく実在の人物で、前三九七年に准コーンスルとなったマルクス・アルビニウスと同一人物とされる。
（4）ローマの北約三〇マイルのエトルリア人の町。
（5）木と象牙でできた椅子で、独裁官、コーンスル、監察官、高等アエディーリス（造営官）のみに使用が許された。第一巻第一八章参照。後にプラエトルも使用することができるようになった。

テーンサ(1)に随行するとき、あるいは、凱旋式に臨むときに着用する壮麗な衣装を身にまとってから、屋敷の真ん中においた象牙椅子に腰を下ろした。歴史家[3]のなかには、大神祇官マルクス・フォリウスはこのとき式文を読み上げ、祖国とローマ市民のために自らの身を捧げると誓った、と伝える者もいる。

ガリア人[4]は自分たちの戦意が一晩のうちに相当下がってしまっていることに気づいた。しかもこれまで勝つか負けるかの大きな戦いをしたことはなく、力ずくでローマを攻め落とそうという気持ちもなかった。そのため夜が明けて、開いたままのコリナ門をくぐって城内に入り中央広場に到着したときも、彼らに憎悪や興奮というものは感じられなかった。とはいえ彼らは、周囲を見回して神々の神殿のあるあたりとアルクスには戦いの気配があることを確認した。そこで[5]彼らはアルクスやカピトリウムから攻撃されないようある程度の守備隊を残したうえで、隊列を解き掠奪を開始した。向かうところどの街路にも人影はなかった。片端から近くの家を目がけて突入していく集団もいれば、足を伸ばせば手つかずの掠奪品が大量にあるにちがいないと、わざわざ遠くまで行く集団もいた。しかし[6]しかやがてどこにもひと気が感じられないこと自体が恐ろしくなり、このまま動き回っていては敵の罠にかかるかもしれないと、もう一度隊伍を組んで中央広場とその周辺に戻った。そのとき[7]彼らは、平民の住居には閂《かんぬき》が掛けられている一方、有力者たちの屋敷は扉が開かれていることに気づいた。とはいうものの閉まった家に入るより扉を開けた家に入るほうがむしろためらわれるものである。そして[8]館の入り口の間《ま》に腰かけている有力者たちを見て、彼らはほとんど宗教的畏怖に似た感情を抱いた。人間が身につけるものとは思えぬほど神々しい装飾品や衣装のせいばかりではない。堂々たる容貌と威厳ある表情が彼らをまるで神々のように見せていた。

ローマの長老たちはあたかも動かぬ神像のようにガリア人と向き合った。マルクス・パピリウスもその長老の一人であったが、ガリア兵に髭（当時はだれもが長く伸ばしていた）をなでられると、象牙の杖でその男の頭を打ったと言い伝えられている。こうしてパピリウスは怒ったガリア兵に殺され、最初の犠牲者となった。彼のあと、他の長老たちも椅子に腰かけたまま殺害された。長老たちが殺されたあとは、もはや情け容赦はなかった。家々が略奪され、空になった家には火が放たれた。

アルクスに立てこもるローマ人

四二　しかし、ガリア人はそもそもローマの町を焼き尽くすつもりがなかったのか、あるいは指揮官たちになんらかの意図があったのか、都市占領の初日にしては、火災はさほど広範囲には及ばなかった。もし当初からの意図とすれば、それは、ある程度町に火を付けて脅せば包囲されているローマ人は自分の財産惜しさに投降するのではないかと期待したか、あるいは家々のすべてを焼き尽くさずにある程度残しておけば、ローマ人を屈服させる取引材料になると考えたかのいずれかである。ローマ人はアルクスの上から眺めているほかなかった。町中に敵があふれ、すべての街路を敵兵がわが物顔に走り回り、一つの場所で殺害が行な

（1）祭礼や競技祭のときに神像を乗せて運ぶ聖車。テーンサ随行は顕職者の栄誉であった。
（2）トガ・ピクタ（紫のトガで縁に金の刺繍が施されていた）を指す。
（3）神々に対して献身を誓うデーウォーティオー（devotio）についてはは第八巻第九章参照。

われたと思えば、また別の場所で同じことが繰り返される。それを見ているうちに茫然自失となり、耳で聞き、目で見たことも現実のこととは思えなくなるほどだった。[4]敵の叫び声、女や子どもたちの嘆き声、炎の音、家屋の倒れる音が途切れることなく聞こえた。彼らはそのたびに怯えに捕らえられ、心と顔と目を、音のする方向に向けた。それはあたかも運命が祖国の滅亡を野外劇に仕立て、彼らを観客としてそこに置いたかのようだった。彼らには自分の持ち物のうち身体以外に守るべきものはなにも残っていなかった。[5]このときの彼らは、かつて包囲されたことのある者のだれよりも、はるかに悲惨な状況にあった。生まれ育った町の中でありながら孤立し、しかも自分たちの財産がすべて敵の手に握られるさまを見ていなければならなかったからである。

[6]惨劇の一日が終わり、夜が来ても静寂とは無縁だった。夜が明けた翌日もまた同様に心が安まることはなく、目の前で新しい悲劇が途絶えることなく繰り広げられた。[7]しかしローマ人は、数々の不幸に苛まれ押しつぶされそうになりながらも気力を失うことはなかった。目に見えるものすべてが火災と破壊によって灰燼に帰そうとも、自分たちの立てこもる丘だけは勇敢に戦って守り抜く覚悟であった。いかに無防備で、いかに小さくとも、自由のために残された最後の砦だったからである。[8]そして、連日同じ光景を目の当たりにしているうちに、災難に対しても慣れるということがあるのか、自分たちの財産にいかなる被害が及ぼうとも、なにも感じなくなった。そしてただひたすら鎧兜と右手の槍を、残された唯一の希望の証として見つめていた。

猛攻撃を受けるアルクス

四三　ガリア人もその数日間、町の建物を意味なく攻撃し続けた。占領した町に火を放ち、破壊の限りを尽くしたあと、残るは武装して立てこもる敵だけだった。しかしローマ人はこれほど悲惨な状況にあっても少しも怖じ気づかず、弱気になって投降するような気配はなかった。ならば最後の手段として武力に訴えるほかはないと、彼らはアルクス攻撃の覚悟を決めた。[2]夜明けに合図が出され、ガリア兵の全員が中央広場に整列した。彼らは鬨《とき》の声を上げ、盾を使って亀甲隊形(1)を作ると、前進を開始した。それに対して、ローマ人は慌てることも脅えることもなかった。すべての登り口に見張りを立て、敵の経路を察知した彼らはそこに最強の兵を配備し、できるだけ上まで引きつけるよう指示を出した。斜面を登らせれば登らせるほど、突き落とすのが容易になると考えたからである。[3]ガリア兵はほぼ斜面の中程まで来て立ち止まった。それを機に、ローマ人は丘の上から猛攻撃をかけた。斜面を下る勢いそのものが敵を蹴散らす原動力となり、ガリア人は多くの犠牲者を出しながら坂を転がり落ちていった。彼らはこのあと、部隊単位であれ、全軍規模であれ、同じようなかたちの攻撃を仕掛けてくることはなかった。

　[4]武力による制圧の希望を捨てた彼らは次に包囲戦の準備に取りかかった。しかし彼らの念頭にはこのときまで包囲して戦うなどという考えはなかった。それゆえ、町にあった食料は建物に火を付けたときにすべて

(1) 数人の兵士が密集して盾を組み合わせて頭上にかざし、頭や肩、背中を守りながら前進する隊形。亀の甲羅のように見えたことからそう呼ばれる。

焼き尽くしてしまっていたのである。また、農地から掠奪しておいた食料もすべてこの数日のあいだにウェイイに持ち去ってしまっていた。[5]そこで彼らは軍を二つに分け、一方は食料の掠奪のために近隣諸国に送り出し、一方はアルクス包囲のために配置した。農地から食料を調達して包囲軍に供給するつもりであった。

[6]ガリア人はローマを出てカミルスの亡命先であるアルデアを目指した。そう仕向けたのは運命の女神ご自身である。こうしてガリア人はローマの真の武勇を知ることになる。[7]カミルスはアルデアで、自分自身の運命よりも国家の運命を嘆き悲しみつつ、あるときは神々に向かって、またあるときは人間に対して不満をもらしながら無為に時を過ごしていた。そして、自分の指揮下にあってウェイイとファレリイを陥落させたあの勇敢なローマ人はどこにいってしまったのか、いままでの戦争において運命に頼らず、つねに武勇によって戦ってきたあの者たちはどうなってしまったのかと憤慨し歯がみしていた。[8]そのときガリア軍の襲来の第一報が入った。危機感を募らせたアルデア人がこの件で集会を開いているという噂も彼の耳に入った。ここまでこの種の集まりをあえて避けてきたカミルスであったが、このときは天啓を得たかのように自ら集会の中央に進み出た。

アルデア人に献策するカミルス

四四　「アルデアの諸君」とカミルスは呼びかけた。「諸君は古くからわれわれの友人(1)であり、いまは私を同胞として受け入れてくれている。それは諸君の温情のおかげであり、一方では、私自身の運命のせいである。そのことは重々承知している。したがって私がここで自分の境遇を忘れて出すぎたまねをしているというようには思わないでもらいたい。われわれが共有するこのような苦難の状況にあっては、危機を乗り越えるための方策があれば、だれであれそれを公にする義務があるものと私は考えている。一方、[2]もし私がいまここでなにもしないということになれば、諸君の多大なる厚情に対していったいいつ恩返しができるだろうか。いったい戦争以外のいかなる場面で諸君の役に立てるだろうか。私は戦争遂行の手腕ゆえに祖国に地位を得た。そして戦争において不敗の私が、忘恩の市民によって平和のさなかに国を追われた。ところが[3]いまアルデアの諸君には二つのことをなす絶好の機会が訪れている。一つは、ローマ国民から受けた数々の恩恵に報いることができる。諸君はその恩恵がいかに大きなものだったかは十分に心得ているはずだ。そのように心得ている人々にいまさら恩着せがましいことを言う必要はないだろう。もう一つは、われわれと力を合わせて共通の敵を倒し、この町に大いなる戦争の誉れをもたらすことができる。自然は、[4]いま隊列を乱して攻め寄せてくるあの民族に、大きな身体と虚勢を授けたが、いずれも揺るぎない内実を伴うものではない。それゆえに彼らは、いかなる戦いにおいても、武力を行使するというよりはもっぱら敵に恐怖心を植え付けようとしてきたのである。

そのよい例が[5]ローマを占領したときの方法である。彼らはたしかに町を奪ったが、城門は最初から開け放たれていた。ローマはアルクスとカピトリウムからわずかの手勢を繰り出すだけで、彼らを撃退することができた。そして包囲戦の退屈さに負けて彼らは町を出て、いま農地をあてもなくうろつき回っている。彼ら[6]

(1)アルデアは前四四二年にローマからの植民を受け入れている。第四巻第一一章参照。

は意地汚く酒を飲み、腹を満たし、夜が来れば、堡塁も築かず、見張りや守備兵さえ置かず、川の流れの近くに散らばって野獣のように身を投げ出して眠っている。しかもいま勝ち戦さに気が緩み、これまで以上に不注意になっている。[7]もし諸君がこの町を守りたいのならば、この国のすべてがガリア人の手に落ちるのを阻止したいのならば、第一夜警時に武器を持って集まり、私の後に付いてきてほしい。戦うためではない。殺すためである。連中は眠りという鎖に縛られ、羊のように殺されるのを待っている。もしそのとおりでなかったとすれば、私には、ローマで受けた屈辱をこのアルデアにおいても耐え忍ぶ覚悟がある」。

カミルスの活躍

四五　カミルスが当代随一の戦争指揮官であることに関しては、彼の支持者であろうが、敵対者であろうが、異論を持つ者はいなかった。集会を終えたアルデア人は休息と食事で英気を養い、集合の合図をいまや遅しと待った。やがて静寂の夜が訪れた。合図があり、彼らはカミルスの待つ城門に集まった。[2]町を出るとすぐに野営中のガリア人がいた。彼らはカミルスの予見していたとおりに無防備で無秩序だった。アルデア人は大声を上げて突撃を開始した。[3]小競り合いすらなく、いたるところでアルデア人によるガリア兵の殺戮が繰り広げられた。丸腰で眠りほうけている者をかまわず打ち殺した。ガリア兵のうちで離れたところに寝場所があった者たちは、なにごとかと飛び起きたものの、だれにどのように攻められているかも分からぬまま逃げ出した。間違ってアルデア兵のまっただ中に飛び込んだ者もいた。残りの多くはアンティウムの領内まで逃げ込んだ。しかし右往左往しているうちに、アンティウム市民に急襲され、包囲された。

[4]似たような殺戮がウェイイ領内でも起こった。殺されたのはエトルリア人である。彼らはローマとはほぼ四〇〇年にもわたる隣人であったが、ローマが見たことも聞いたことのない敵に蹂躙されているにもかかわらず、哀憐の情を抱くどころか、この機を逃してはならぬとばかり、ローマ領内に侵入し掠奪を行なった。そして戦利品を手に入れただけでなく、ローマ存亡の最後の砦ともいえるウェイイとその守備隊を攻撃しようとたくらんだのである。[5]ローマの兵士たち(1)は、エトルリア人が農地を渉猟し、戦利品を運びながらまとまりなく移動し、ウェイイからさほど離れていない場所に宿営を置くまでの一部始終を見ていた。[6]彼らを捉えた感情は、まず悲哀であった。しかしそれが屈辱感に転じ、最後には怒りに変わった——エトルリア人もローマの不幸を蜜の味と見ているのか。ガリアとの戦いを肩代わりしてやったのはわれわれではなかったのか——。[7]彼らはすぐさま攻撃を仕掛ける衝動を抑えきれずにいたが、それを百人隊長のクィントゥス・カエディキウスが押しとどめた。兵士らは自分たちが指揮官として選んでいた彼の言葉に従い、夜まで攻撃開始を延期することにした。[8]たしかにこの場所には、カミルスに相当するような指導者はいなかった。しかしそれを除けば、戦いの経過はまったく同じであったし、一方的勝利という結果もまったく同じであった。さらに、前夜の殺戮を生き延びた捕虜を道案内にして、サリナエ(2)近くにいた別のエトルリア人に夜討ちをかけた。戦果は前夜よりもさらに大きかった。彼らは連夜の勝利に歓喜しながらウェイイに戻った。

---

(1) アリア河近郊でガリア人に敗北を喫した兵のうちウェイイに逃げた者たちのことを指す。第三八章参照。

(2) アウェンティヌス丘北嶺に位置するトリゲミナ門近くの塩田。

カミルスの復権と独裁官指名

四六　この間ローマの包囲戦においてはほとんどなにも起こらず、両軍とも静かににらみ合いを続けていた。とはいうもののガリア人は囲みを破られないよう警戒だけは怠っていなかった。ところが一人のローマの若者が突然敵も味方も驚く大胆な行動に出た。[2] ファビウス氏族には、クィリナリスの丘で年に一度犠牲式を行なうしきたりがあった。それを挙行するためにガイウス・ファビウス・ドルスオがトガをガビイ風(1)に着て、聖具を持ってカピトリヌスの丘を下ったのである。(2) 彼は、敵の包囲網の真ん中を突ききり、いかなる怒号や威嚇にも動ずることなく、クィリナリスの丘までたどりついた。[3] 彼はそこですべての儀式を祭式のとおりに行なうと、来たときと同じ道を、来たときと変わらぬ平然とした表情と態度で、味方のいるカピトリヌスの丘まで戻った。彼が死の恐怖にも負けずに祭儀を挙行できたのは、神の加護に信頼を寄せていたからである。一方、ガリア人がそれを許したのは、その勇気ある行動に仰天したか、あるいは宗教的な畏怖に打たれたかのどちらかである。彼らもこのような感覚に無縁な民族では決してなかった。

[4] この間、ウェイイのローマ軍は日々、戦意を高めるだけでなく、戦力も増大していた。アリア河での敗戦やローマ陥落のあと農地を転々としていたローマ兵がウェイイに集結し、さらにラティウム各地からも戦利品の分け前に与ろうという思いで志願兵たちが流入しはじめていた。[5] こうして祖国ローマを敵の手から奪い返す機が熟したように思われた。しかし軍の足腰は強くなっても、頭となる指揮官が欠けていた。[6] その適任者として、人々が自ずと想い起こしたのは、カミルスだった。しかも兵士らの大部分は、彼の指揮、統率のもとに戦って勝利を手にした者たちだった。また［百人隊長の］カエディキウスは「自分の地位を考えれば、

指揮権を返上すべきであるということは、神々や他の人間のだれかにあれこれ指図されるまでもない。本来の指揮官の指名を私自身も要求する」と意見を述べた。[7]こうして全員一致でカミルスをアルデアから呼び寄せることが決定した。しかしその前にローマの元老院の決議が必要であった。当時、法手続きの遵守がすべてに優先し、このような絶体絶命の状況にあっても、人々はけじめというものを弁えていた。

[8]敵の囲みを破って［カピトリウムまで］行くには大きな危険が伴った。この役目をポンティウス・コミヌスという勇敢な若者が引き受けた。彼はコルク樫の丸太に摑まってティベリス河を下り、ローマまでたどり着いた。[9]そして川岸から最短距離をたどってカピトリウムに登った。彼が選んだのはあまりに急峻で敵の警備が甘くなっていた崖であった。[10]コミヌスは元老院の要人たちの前に連れて行かれると、［ウェイイにいる］軍勢からの要望を彼らに伝えた。元老院は、まずクーリア民会(3)がカミルスを亡命先から呼び戻し、その後ただ

(1) 両肩をはだけさせるトガの着方。祭儀のときのいでたち。なおガビイはローマ南東約一二マイルにあるラティウム地方の都市。ローマがタルクィニウス・スペルブス王のとき、策略によってガビイを陥落させたことについては第一巻第五三―五四章参照。

(2) ファビウス氏の若者三人がガリア人のもとに使節として送られながら、武器を取って万民法を犯したことに関しては第三六章参照。このガイウス・ファビウス・ドルスオはその罪の償いの意味を込めてこの祭儀を行なおうとしている。

(3) クーリアはローマ最古の政治的、軍事的基礎単位でロムルスが創設したとされる。第一巻第一三章参照。ローマ全国民は三つのトリブスに分かれ、各トリブスは一〇のクーリアに分かれていた。クーリア民会はケントゥリア民会が重要になるとともに徐々に政治的意味を失っていったが、公職者の権限認証と家族関係の立法を主任務としていた。なお、宗教的には帝政期にいたるまでクーリア民会はその意味を失わなかった。

ちに国民の要請に基づくかたちで独裁官に指名されるべしという決定を下した。コミヌスは、軍隊が希望のとおりの指揮官を持つのはその後であるという返答を携え、来たときと同じ道をたどってウェイイに急いで戻った。[11]すぐさま使節がアルデアに送られ、カミルスはそのままウェイイに呼ばれたと言われている。しかし、彼がアルデアを離れたのはクーリア民会の決議を確認したのちのことであると考えるべきである。というのも、国民の決定なしに居住地を変えることも、独裁官に指名される前に軍隊の指揮権を持つこともありえないからである。となれば、クーリア民会の決議も独裁官の指名も彼が亡命先にいるあいだに行なわれたということになる。

カピトリウム攻撃とユノの聖鳥の警告

四七　このようなことがウェイイで行なわれているあいだも、ローマのアルクスとカピトリウムには大きな危険が迫っていた。[2]というのもガリア人は、ウェイイからの使者が通った道に足跡を見つけたのか、あるいはカルメンタ（1）神殿近くの崖は登攀が可能であることを自分たちで発見したのか、夜間わずかの星明かりを頼りに、まず丸腰の兵士をそこに送り出して足場を確保した。その後を別の兵士が続いた。急峻なところでは武器を手渡し、必要なところでは下にいる者が上にいる者を支えながら登り、上にいる者が下にいる者を引き上げながら崖の上に到達した。[3]彼らは物音一つたてずに登ったため、ローマの歩哨兵に気づかれなかっただけでなく、夜の物音には敏感な動物であるはずの犬たちを眠りから覚ますこともなかった。[4]しかしユノの聖鳥であるガチョウだけはごまかせなかった。人々は極端な食料不足にもかかわらず、このガチョウには手をつけていなかった。このことがローマを救うことになったのである。ガチョウはけたたましく鳴き、羽根をばたつかせて、マルクス・マンリウスを目覚めさせた。彼は三年前のコーンスルであり、武勇の誉れ高い人物であった。彼は自ら武器を取り、それと同時に他の者たちに向かって武器を取れと叫んだ。狼狽する仲間を横目に飛び出すと、崖の上にたどり着いたばかりのガリア兵に盾の一撃を加えて突き落とした。[5]この兵士は落下しながら下にいたガリア兵を次々に巻き添えにした。また慌てて武器を捨て両手で岩にしがみついた兵士もいたが、これもやはりマンリウスに殺された。そしてその頃には、他のローマの者たちも集まり、投げ槍や岩で敵を撃退した。ガリアの部隊は総崩れとなり、まっさかさまに崖を落ちていった。

[6]この騒動が収まったのち、朝が来るまでの時間は休息に充てられた。だが一難去ったとはいうもののやはり心穏やかとはいかず、興奮さめやらぬなかでの可能なかぎりの休息ではあった。[7]夜が明けると喇叭が鳴らされ、兵士たちは指揮官たちのもとに集合した。そして［前夜の］功績と罪過がともに評議されることとなった。まずマンリウスが武勇を称賛され、報賞が与えられることになった。これには准コーンスルだけでなく兵士一同が賛同した。[8]彼らは一人につき半リーブラの小麦と四分の一コンギウス(2)の葡萄酒をアルクスに設営されたマンリウスの宿舎に届けた。これはたしかにわざわざ言及するに値しないようなわずかな量であるが、食料不足という状況を考え合わせてみれば、多大な感謝がそこに込められていることが分かる。一人

---

(1) カルメンタはエウアンデルの母親で予言の力を持つとされ、神格化された。第一巻第七章参照。

(2) コンギウスは容積の単位で約三・二リットル。

ひとりが自分の食べる量を切り詰め、身体を動かすために最低限必要な食料を一人の男の顕彰のために持ち寄ったということにほかならないのである。[9]次に、敵が登ってきた地点にいたにもかかわらず、それに気づかなかった歩哨兵たちが呼ばれた。准コーンスルのクィントゥス・スルピキウスが軍律に従って全員を処罰する(1)と告げると、[10]兵士たちが異口同音に、すべての責任は一人の歩哨にある、と叫んだ。そのため彼以外の歩哨は赦免されることになった。そして今回の危機の元凶はこの男であると全員に名指しされた男が崖(2)から突き落とされた。[11]この出来事ののち両軍とも以前にもまして警戒を厳重にした。ガリア側からすれば、ウェイイとローマのあいだを使者が往来していたことが分かってしまっていたし、ローマ側からすれば、夜襲の恐ろしさが身にしみていたからである。

屈辱的な講和

四八　しかしこの包囲戦にあってなによりも両軍を苦しめた困難は食料不足であった。[2]ガリア人はさらに疫病にも苦しんだ。というのも、彼らは丘と丘の谷間に陣営を築いていたからである。この場所は火災によって焼けたため乾燥し、また熱気も立ちこめていた。さらに、ひとたび風が吹けば砂塵だけでなく灰も舞い上がるというありさまだった。[3]湿潤寒冷な気候に慣れているガリア人にとってはきわめて耐えがたい状況であった。彼らは息の詰まるような暑さに苦しみ、家畜が疫病に倒れるように次々に命を落としていった。やがて死者を一人ずつ埋葬することに嫌気が差し、死体を乱雑に積み重ねて火を付けた。のちにこの場所が「ガリア人の火葬場(3)」の名で知られるようになるそもそもの由来である。[4]やがて停戦が成立した。両軍の指揮官は兵士に互いに会話することを許した。ガリア兵は繰り返しローマ兵の食料不足をあげつらい、困っているなら降伏するがよいと言った。それに対してローマ兵は食料不足を隠すため、カピトリウムのいたるところからパンを敵の見張り場所目がけて投げ込んだと言われている。(4)

[5]しかし、ついにローマ兵は餓えを偽ることも餓えに耐えることもできなくなった。その頃、独裁官カミルスは自らアルデアで徴募を行なっていた。そして騎兵長官にルキウス・ウァレリウス(5)を任ずると、軍を率いてウェイイを発つよう命じた。カミルス自身はかき集めた兵が敵と対等に戦えるよう訓練を開始した。[6]その間もカピトリヌス丘のローマ兵は歩哨と夜警の繰り返しで疲れきっていたが、人間の工夫でしのげる困難はすべて乗り越えていた。しかし飢餓に打ち克つことだけは自然が許さなかった。彼らは来る日も来る日も独裁官から救援物資が届くことを期待していたが、[7]やがて食料だけでなく希望も途絶え、見張りに立とうとしても武具を持つ力もなくなってしまった。ついに彼らは、投降か、身代金の支払いか、いずれにせよどのよ

---

(1)指揮官には軍律違反の兵士を処罰する権限があった。第二巻第五九章参照。
(2)カピトリヌス丘の南端にある崖で、裏切り者が突き落とされることになっていた。タルペイアの岩とも呼ばれる。タルペイアの裏切りについては第一巻第一一章参照。ただし、タルペイア自身の死は盾を投げつけられての圧殺であった。
(3)正確な場所は不明であるが、カピトリヌス丘の麓であると考えられている。
(4)「パン屋のユッピテル」の祭礼の起源である。オウィディウス『祭暦』第六歌三四九―三九四行参照。
(5)前三九四年の准コーンスルのルキウス・ウァレリウス・プブリコラか、その父親で前四一四年の准コーンスルのルキウス・ウァレリウス・ポティトゥスのどちらかである。

うな条件でも相手方と交渉してほしいとする要求を口にするようになった。
[8]元老院が開かれ、准コーンスルたちに講和交渉が委ねられた。そして准コーンスルのクィントゥス・スルピキウスとガリアの族長ブレンヌスとのあいだで話し合いが持たれ、黄金一〇〇〇ポンドを支払うという条件で交渉が成立した。将来すべての民族を支配する定めを持つローマ国民の値段がその額に決定したのである。[9]このこと自体がきわめて屈辱的な取り決めであったが、さらに侮辱的な言動が加わった。ガリア人が持ってきた分銅にはごまかしがあった。准コーンスルが異議を唱えると、ガリア人は不遜な態度で分銅の上に剣を乗せ、ローマ人にとって耐えがたい言葉を吐いたのである――敗者は哀れなり――。

カミルスのローマ到着

四九　しかし神々も人間もローマ人が身代金を払って生き延びることを許さなかった。運命の計らいによって、先ほどのやり取りで黄金の計量が進まず忌まわしい支払いが完了する前に、独裁官がローマに到着したのである。彼は賠償金支払い取り下げを指示するとともに、ガリア人に対しては退去を要求した。[2]ガリア人はこれに激しく抗議し、講和は成立済みであると主張したが、カミルスは、この講和協定は自分が独裁官に任じられた後、自分より低い身分の公職者によって結ばれたものであるがゆえに無効であると主張した。そしてさらにガリア人に向かって、戦さの準備をするがよい、と言い放った。[3]彼は自軍に対しては、背嚢を投げ捨てて積み上げ、武具を整え、黄金ではなく剣で祖国を奪い返せと檄を飛ばした――諸君の目には、神々の神殿と妻と子、そして戦禍によって荒廃した祖国の大地が見えている。それらすべてを守り、回復し、報復するのが諸君の義務である――。[4]ローマの市街地はすでに半ば廃墟のようになっており、そもそも平坦な土地ではなかったが、それでも彼は可能なかぎり有利な場所を選んで部隊を配置した。それ以外にも戦闘するうえで自軍の有利になる策があればすべて採用し、可能なかぎりの準備を行なった。

[5]慌てたガリア人は、武器を取るとローマ兵に向かって突進した。思慮に基づくというよりは怒りに任せての行動と言ってよかった。すでに幸運は、その向かう先を変えていた。神々の力も人間の思慮もローマ側に有利に働いた。ガリア人は最初の戦闘であっけなく蹴散らされた。アリア河で彼らが勝利を手にしたとはまったく反対の流れであった。[6]時をおかず、二度目の戦闘がガビナ街道第八里程標の近くで行なわれた。ローマから逃れ出たガリア人はこの場所に集結し、今回は正規戦に近いかたちでの戦いになったが、カミルス率いる軍にはまったく歯が立たなかった。このときの殺戮には容赦がなかった。ガリアの陣営は丸裸にされ、敗戦を知らせに走り出した使者も一人残らず殺された。

[7]独裁官は敵から祖国を取り戻し、凱旋式挙行の栄誉を得てローマに帰還した。兵士たちは口からでまかせの冗談のように、カミルスのことを「ロムルス」とか「祖国の父」とか「ローマ第二の建国者」と呼んだが、それもあながち軽薄な褒め言葉とばかりとはいえなかった。[8]カミルスはこうして戦いによって祖国を救ったが、平和が回復したのち、ウェイイへの移住を禁ずることによって、もう一度祖国を救うことになる。護民官たちはローマが火災にあったことを理由に、以前にもまして移住に関して強引になり、平民たちもまたその計画に乗り気になった。[9]元老院がカミルスに対して、凱旋式の後も独裁官の職を下りないでほしい、国家が不安定なまま見捨てないでくれと懇願したのにはそのような理由があった。

神々への感謝

五〇　彼が最初に手がけたのは、きわめて敬虔で宗教儀式を決してないがしろにすることのないカミルスにふさわしく、不死なる神々に関する事柄を元老院に諮ることであった。そして次のような決議を引き出すことに成功した。[2]敵に占拠されていたすべての神殿を修復し、神域の境界線を確定して浄めること。その浄めの儀式を正しく行なうために二人委員会に命じてシビュラの書を調べさせること。(1) [3]カエレの人々とのあいだに公的な賓客関係(2)を結ぶこと。彼らはローマ国民の神像聖物と神官を受け入れてくれ、その厚意のおかげで不死なる神々への祭儀が中断されるにすんだというのがその理由である。[4]さらに、カピトリウムにおける競技祭の開催も決まった。至善至高のユッピテルが自らの座所とローマ国民のアルクスに危機が迫ったとき、自らの手で守ってくれたというのがその理由である。競技祭実行のために、独裁官マルクス・フリウス［・カミルス］は委員会を設置し、カピトリウムとアルクスに立てこもった人々から委員を選んだ。[5]また、ガリアが襲ってくる前、夜中に危難を予告する声があり、それは結局無視されるという出来事があった。その声に対しても怒りを鎮める儀式が必要ではないかと提案があり、ノウァ・ウィアにアイウス・ロクティウス［お告げのアイウス神］(3)の祠が建てられることになった。

[6]また、ガリア人から取り戻した黄金と、混乱のさなかユッピテル神殿の神像室に他の神殿から運ばれて隠された黄金があったが、どれをどこに返却するべきか、人々の記憶が曖昧で、判然としなくなっていた。そこですべてを奉献品と判断することとし、ユッピテルの神座の下に置かれることも決まった。[7]市民の敬神の念がこれと同じような行為として現われたことが以前にもあった。国庫にある黄金ではガリア人に約束した

賠償金の支払いに不足するとなったとき、女たちが、神々の黄金には手を付けないでほしいと自分たちの黄金を持ち寄って元老院に提供したのである。このときの行為に対する感謝の決議がなされ、女たちの葬儀の場でも男が死んだときと同じように追悼演説を行なうことが認められた。[8]神々に関わることのうち、元老院で処理できることはすべてやり終えたのちに、ついにカミルスは護民官に立ち向かうことにした。護民官たちは、廃墟になったローマを捨て、すべてが整っているウェイイの町に移住するべきであると相変わらず市民集会の場で人々をそそのかしつづけていた。カミルスは元老院議員全員を従えて市民集会に臨み、次のように演説した。

カミルスの移住反対演説(1)

五一 「市民諸君、私にとって護民官との抗争はきわめて耐えがたいものである。アルデアで送ったあの不遇の亡命生活にあって、唯一の慰めは彼らとの抗争から遠く離れていられることであった。元老院の決議や国民の命令によって私を呼び戻すような試みがたとえ千回あったとしても、私はそのたびに同じ理由を伝え、ローマへの帰国を断っていたはずである。[2]今回、私がローマに戻ってきたのは、その考えを変えたからでは

(1) 前四六〇年にカピトリウムがアッピウス・ヘルドニウスによって占拠されたときも浄めの儀式が行なわれている。第三巻第一八章参照。

(2) ローマがリパラ人のティマシテウスと結んだ公的賓客関係については第二八章参照。

(3) お告げの内容については第三二章参照。

ない。ひとえに諸君の苦難に突き動かされたがためである。大切なことは祖国が本来の場所に留まることである。私が祖国に是が非でも戻りたかったというようなことは問題の外にある。いまもまた、移住が祖国の内紛の種になっていなければ、私はじっと口をつぐんでいただろう。しかしこのことについて、いやしくも命ありながら知らぬ顔をすることは、他の人々にとっては不面目ですむことかもしれないが、このカミルスにとっては人道に悖る罪である。

[3]もし奪い返した町を自ら捨ててしまうのならば、いったいわれわれはなんのためにローマを取り戻そうとしたのか。なんのために占領された町を敵の手から奪い返したのか。勝ち戦さにおごったガリア人が市内全域を占領したときも、カピトリウムとアルクスだけは神々とローマ国民が守り通した。しかるにローマ人が勝利し、町を奪還したいまとなって、アルクスとカピトリウムを放棄しようとしているのは、いったいなぜなのか。順境にあるいまのほうが、逆境にあるときよりも、ローマを荒廃させてしまってよいだろうか。[4]神々の祭儀がローマ建国と同時に成立していなかったとしても、あるいは人々によってわれわれまで伝えられてこなかったとしても、今回の危機において神意は明らかにローマに味方した。今後神々への崇拝をないがしろにする不信心者は一人としていないものと私は信ずる。

[5]ここ数年のローマの成功と失敗を一つひとつ思い出してほしい。われわれが神々の意思に従ったときは幸運に恵まれ、軽んじたときには逆運に見舞われたことが分かるはずだ。[6]まず始まりはウェイイとの戦争だった。われわれはいったい何年を戦いに費やしただろうか。いかなる労苦を耐え忍んできただろうか。神々の忠告に従って、アルバ湖から水を抜いてはじめて、戦いを終えることができたことを忘れてはならない。[7]次

に今回ローマを襲った前代未聞の災難を想い起こしてほしい。あれはいったいなにが原因だったのだろうか。あの災難が訪れたのは、われわれがガリア人の襲来を告げる天からの声を無視する以前のことだったろうか。また、われわれの使節団が万民法を犯し、それを罰するべきわれわれが神々をないがしろにして、見て見ぬふりをする以前のことだったろうか。[8]そうしたことの報いをうけて、われわれは敗北し、占領され、賠償金を支払う寸前までになり、神々と人間から大きな罰を受け、全世界の悪しき見本になったのではなかろうか。[9]しかしその後、逆境はわれわれに信心を想い起こさせてくれた。われわれはカピトリウムと神々、そして至善至高のユッピテルの座所に逃げ込み、助けを求めた。自分たちの財産を犠牲にして神像聖物を守った。一部は地下に埋めて隠し、一部は近隣の都市に運んで敵の目から遠ざけた。われわれは神々と人間から見放されたが、神々の祭儀だけは中断しなかった。[10]それゆえに神々はわれわれに祖国と、勝利と、われわれからいったんは失われた戦いの誉れとを取り戻してくれたのである。他方、貪欲さのあまり目がくらみ、黄金の重さを量る際、協定と信義を破った敵に対して、神々は恐怖と、逃走と、死とを与えたのである。

カミルスの移住反対演説(2)

五二　市民諸君、人間の運命は神を敬うか、ないがしろにするかによって大きく変わる。こうした事例をいくつも目の当たりにしたにもかかわらず、新たな冒瀆をなすつもりなのか。罪過とその結果としての災禍という国家的難船からわれわれはまだ十分に立ち直っていない。[2]われわれの町は鳥占いの吉兆を受けて建設された。(1) ローマのどこを探しても神々の神秘に満たされていない場所はない。年ごとに行なわれる犠牲式は場所も日にちも決まっている。[3]市民諸君、諸君は国家の神々も家の神々もすべて捨てるつもりなのか。ローマが包囲されているさなかに行なわれた若者ガイウス・ファビウスのあの立派な行為と比べてみるがよい。ファビウス氏族の例祭を執り行なうため、ガリア人の投げ槍の下をかいくぐってアルクスからクィリナリス丘まで行き、ガリア人を諸君以上に驚嘆させたあの行為のことである。(2) [4]氏族の祭儀は戦争中も止めずに行なう者がいる一方、国家の祭儀とローマの神々を、平和時でありながら捨て去るとはいかなる所存か。神祇官や神官(3)が国家の宗教に対して、氏族の祭儀を守った一個人よりも無責任であってかまわないというのか。

[5]あるいはウェイイでも同じ祭儀を続ければよいと言う者もいるかもしれない。さらには、ローマで祭儀を行なう必要があれば、ウェイイから祭司を派遣すればよいと言う者もいるかもしれない。[6]しかしいずれの方法で行なうにせよ、それは祭儀として十全なものにはなりえない。儀式を一つひとつ、神々を一柱一柱、すべて数え上げるまでもない。ユッピテルの祝宴を催す際、カピトリウム以外のどこにプルウィーナル(4)を置くことができようか。[7]ウェスタの永遠の火や、ローマの支配の証としてその神殿に安置されている神像(5)のことにあえて言及する必要はあるまい。マルス・グラディウス、われらが父クィリヌスよ、あなたの聖なる盾のことについても言うまでもない。(6) いずれにせよ諸君はこうした、ローマ創建以来の、あるいはそれ以前からの由緒ある聖物を冒瀆し、放置するつもりなのか。

[8]われわれと父祖にどれほどの違いがあるか考えてみてほしい。父祖から受け継いだ祭儀にはアルバ山(7)やラウィニウム(8)でしか行なえないものがある。われわれの父祖は当時敵であった町々からこれらの祭儀をローマ

に移すことを忌むべきことと考えたのである。にもかかわらず、諸君はわれわれの祭儀を贖罪の儀式もなく敵の町に移そうとしている。[9] ここで思い出してほしい、父祖伝来の儀礼の手続きが不注意や偶然によってないがしろにされたという理由で、いくたび祭儀がやり直しとなったかを。つい先年も、アルバ湖の予兆の後、ウェイイとの戦争で苦しむ国家を救ったのは、祭儀と鳥占いのやり直しではなかったか(9)。[10] さらにわれわれは古くからの祭儀を受け継ぐだけでなく、他国の神々をローマに移し、新しい祭儀を定めもした。ユノ女神をウェイイからアウェンティヌスの丘に移したのはごく最近のことである。奉献を祝う女たちの熱狂と集まっ

---

(1)ローマ建国時のロムルスとレムスによる鳥占いを想起している。第一巻第六章参照。

(2)第四六章参照。

(3)神祇官は国家宗教全般の管理・統率を行ない、神官は特定の神格に仕えるという役割分担があった。

(4)神々の祝宴において神像を据えるための敷物付きの台座。ユッピテルの祝宴はローマで最も古い祭儀の一つである。

(5)アテナ女神の木製の小さな神像。トロイアからアエネアスが運んできたとされ、ウェスタの神殿に他の聖物とともに保管されていた。

(6)マルス・グラディウス（おそらくは「進軍するマルス」の意）の祭儀とその聖なる盾（アンキーレ）については第一巻第二〇章参照。

(7)アエネアスの息子のアスカニウスによって建設されたとされるアルバ・ロンガ付近の山で宗教的中心地。アルバ山で行なわれるラテン祭については第一七章参照。

(8)アエネアスによって建設したとされる町。トロイアから運ばれてきた国家と家の守り神ペナーテースがイタリアではじめて安住の地を得た場所である。ローマ人にとってきわめて宗教的に重要な町であり、一三基の巨大な祭壇が築かれていた。

(9)アルバ山の祭儀については第一七章参照。

た民衆の数には実に心を動かされたものだ。(1) [11]天からのお告げを記念してアイウス・ロクティウスのための祠をノウァ・ウィアに作ることもわれわれは決定した。(2) さらにカピトリウム競技祭を年中行事の一つとして加え、元老院決議によって新たにそのための実行委員会も設置した。[12]もしわれわれがガリア人とともにローマから出て行くつもりだったとしたら、こうした措置はなんのためだったのかと言われはしまいか。また、何ヵ月にもわたってカピトリウムに立てこもったのは、自分たちの意思によるのではなく、ただ単に敵を恐れて動けなかったということになりはしないか。

[13]以上は祭儀と神域に関する話である。次に祭司についてはどうだろう。いかに大きな神聖冒瀆を犯すことになるか、諸君は少しでも考えてみたことがあるだろうか。ウェスタの巫女たちの住まいは言うまでもなく一つしかない。ローマが占領された今回以外に、巫女らを別の場所に移した例は一度もない。またユッピテル神官が一夜でも市外で過ごすことは瀆神行為となる。(3) [14]諸君はウェイイ人をローマ人の代わりに祭司とするつもりなのか。ウェスタ女神よ、巫女たちがあなたを見捨てようとしている。そしてユッピテル神官が他国に住み、毎夜自らと国家に対して大きな罪を犯そうとしている。[15]あるいは、ポーメーリウム［聖域］(4)の内側で鳥占いを行なったのちに行なう数々の儀式はどうするつもりなのか。忘れてしまえばそれでいいのというのか。あるいは無視するつもりなのか。[16]戦争について議論するクーリア民会、コーンスルや准コーンスルを選出するケントゥリア民会(5)は、正しく鳥占いを行なってから開かねばならないが、いままでの場所でなくてどこで開くというのか。[17]これらもウェイイに移すつもりなのか。それとも国民は大変な不便を忍んで、民会を開くために神々と人間によってうち捨てられたこの町に戻ってくるということになるのか。

カミルスの移住反対演説（3）

五三　ここで次のように反論する者もあるかもしれない。『たしかにウェイイの町は聖化されておらず、どのような儀式をしても浄化できないのは明らかである。しかし、現状からすれば、火災と破壊によって荒廃したローマを捨てて、すべて手つかずのまま残っているウェイイに移住するほうを選ぶべきである。そうすれば疲弊した平民がローマの再建で苦しまないですむではないか』と。しかし、市民諸君、そのような議論は真の主張というより言い逃れにすぎない。それは私がわざわざ言うまでもなく、諸君にも分かっていると思う。ガリア人がやってくる前に、今回と同様のウェイイ移住が提案されたことを諸君は覚えているはずだ。公共の建物も個人の建物も破壊とは無縁で、ローマがまだ無事だった時点における話である。さあ、護民官諸君、よく考えてほしい。私の考えと諸君の考えにどれほどの隔たりがあるかを。諸君の考えは、いまから思えばあのときは移住すべきでなかったが、今回は決断すべきだ、ということだろう。しかし私はまったく逆の考えである。諸君、驚く前に、私が言うことをしっかり理解してほしい。私はローマが無傷であったあ

（1）ユノ神殿の奉献はカミルス自身の誓願によるものである。第三一章参照。

（2）「天からのお告げ」については第三二および五〇章参照。

（3）第二代王ヌマによる祭司職創設については第一巻第二〇章参照。

（4）ポーメーリウムはローマの城壁の外を取り巻く区画で、神聖不可侵の聖域。一三一頁註（3）参照。

（5）ケントゥリアはそもそもローマの軍団の最小単位であり、その集会（ケントゥリア民会）はポーメーリウムの外のマルスの野で開かれることになっていた。ローマ市内に軍隊が入ることは禁止されていた。

の時点で移住の判断がたとえ正しいものであったとしても、ローマがこのように廃墟となった時点で見捨てることは正しくないと考えている。[4]というのもあのとき、勝利の結果として、占領した都市に移住することはたしかに一つの考えであり、われわれとわれわれの子孫にとって名誉なことと見なされうることだったかもしれない。しかしいま移住することになれば、われわれにとっては悲惨で屈辱的なこと、ガリア人にとっては名誉なことと見なされてしまうのではあるまいか。

[5]後の世になって、われわれは勝利者として祖国を離れたとは見なされず、戦いに敗れて祖国を失ったと見られることになるだろう。アリア河で敗走を余儀なくされ、ローマが占領され、カピトリウムが包囲されるといったさまざまな状況に追い詰められるかたちで、祖国のペナテスを捨て、守り切れなかった土地を捨てて、他国に移る決心をせざるをえなかったと見なされるにちがいない。ガリア人はローマを滅ぼすことができたが、われわれはそのローマを再建できなかったとかならずや見られることになるだろう。[6]もし、ガリア人が新しい軍勢を引き連れてやってきて（彼らの人口は信じられないくらい多いというのが定説である）、自分たちがかつて占領し、われわれが放棄した町に定住することを望んだならば、われわれにはそれを黙って受け入れるしか道はない。[7]もし、ガリア人ではなく、われわれの仇敵であるアエクィ人やウォルスキ人がローマに移住するというような事態になったとすればどうなるだろう。そのとき、諸君は彼らがローマ人になり、われわれがウェイイ人であることに満足していられるだろうか。いかに荒れ果ててしまっているとはいえ、ローマが自分たちの町であり続けるほうが、敵に奪われるより望ましくはあるまいか。それどころか私に言わせれば、これ以上に屈辱的なことはない。諸君は、町の再建がつらいというだけの理由で、この暴

挙をなし、もって恥辱を受け入れるつもりなのか。

[8]たとえもしここローマにおいてわれわれが再建する建物が創建者のあの小屋(1)よりも貧相で小さなものであったとしても、諸神と家の守り神を奉じつつ羊飼いや農民のようなあばら家に住むほうが、国民として亡命などよりはるかに望ましいことではなかろうか。[9]われわれの祖先は難民であり牧者であった。この場所に森と沼しかなかったときに、新しい町をきわめて短期間に建設した。一方、われわれにはカピトリウムとアルクスが無傷で残っており、神々の神殿も以前のとおり無事である。火災で焼けた町を立て直すことがそれほどまでに大変なことなのだろうか。自分の家が火事で焼けたときに一人ひとりがなすべきであろうことを、この国家的な火災において全員で協力してなすことを拒否するということがあってよいだろうか。

カミルスの移住反対演説(4)

五四　まだほかにも検討すべきことがある。もし、犯罪か過失によってウェイイの町に火の手が上がり、よくあるように風が吹いて炎が広がり、町全体が燃えてしまうということになったときに、われわれは移住する場所を求めて、フィデナエなり、ガビイなり、ほかの町なりに赴くことになるのだろうか。[2]わが祖国、わが母とも呼ぶこの土地はわれわれにとってそれほどまでに意味のないものなのだろうか。われわれの祖国に対する愛はただ単に屋根や梁でできた建物に対して向けられるものなのだろうか。

---

(1)いわゆる「ロムルスの小屋」。二十世紀初頭、パラティヌス丘で前八世紀頃のものとされる住居の柱穴が発見されている。

[3]ここで私自身のことについて語らせてもらいたい。ただし、自分自身の不幸について語りたいわけではない。ましてや諸君から受けた不当な扱いのことなど思い出したくもない。私は、ローマを離れているあいだ、祖国を思うたびに、ここにあるすべてのものが目に浮かんだ。丘と野、ティベリス河、見慣れた街角、その下で生まれ育った空の色。市民の一人ひとりがこれらを愛し、故郷に留まる決断をしてほしい。ローマを離れてから、むなしい後悔に苛まれないようにしてもらいたい。

[4]神々とわれわれの父祖がこの土地を都市建設の場所に選んだのにはわけがある。見晴らしの良い七つの丘。便利な水運により、内陸からは穀物が、河口からは他国の商品が運び込まれる。海は利用するためには近くて都合が良いが、他国の艦隊に攻め込まれる危険を心配しなければならないほどには近くない。イタリアの中心に位置し、都市発展のためにはきわめて有利な自然条件が整っている。[5]そのことをこのきわめて新しい都市の大きさが証明している。市民諸君、この町はわずか三六五年の歴史を持つにすぎない。(1) 古くからの民族に囲まれ、われわれは長期間にわたって戦争を繰り返してきた。ここで一つひとつの都市の名前を挙げることはしないが、アエクィ人と連合したウォルスキ人とも、数多くの堅固な都市とも、陸においても海においても強力な戦力を保持し二つの海のあいだの広大な土地を領有するエトルリア人全体とも戦ったが、その間われわれは一度も引けを取ることはなかった。[6]以上述べたような歴史の積み重ねがありながら、いったいどのような理由があって他の可能性を探ろうという気になるのか。たとえ武勇は他の場所に運ぶことができるとしても、この場所のもつ天運をともに連れて行くことが可能だろうか。

[7]かつてこのカピトリウムで人間の頭が発見され、この地がやがて世界の首都、支配権の頂となることの予

示と見なされた。また、鳥占いを受けてカピトリウムから祠が撤去されることになったとき、ユウェンタス(2)とテルミヌスの二神は対象外とされ、結果としてわれわれの父祖にとって大きな喜びとなった。ウェスタの火が燃えるのはこの場所であり、天から盾が送られたのもこの場所である。諸君がここに留まれば、すべての神々の恵みが得られるのだ」。

天からの声

五五　このようにカミルスはさまざまなかたちで聴衆に訴えかけたが、とくに信仰に関する部分が強く人々の心に響いたと言われている。しかし彼らの逡巡を断ち切ったのは、偶然聞こえてきた一つの叫び声であった。演説のあと、元老院はホスティリウス議事堂(3)でこの問題の討議に入った。そのときたまたま歩哨を終えて戻ってきた部隊が、中央広場を通り過ぎようとしていた。そして百人隊長が民会場(4)で立ち止まってこう叫んだ[2]——「旗手よ、軍旗をここに据えよ。ここに留まるのが最良だ」。その声を聞くと、元老院議員たち

---

(1) ローマ建国の前七五三年から数えれば、この前三九〇年は正確には三百六十四年目にあたるが、リウィウスは一年の日数と同じ神秘数にしたものと思われる。なお、第四〇章ではローマの歴史は三六〇年とされている。

(2)「若者の神」の意で、兵役年齢（一七歳から四五歳）の若者たちの守り神。この祠の撤去の故事は第一巻第五五章に記述されているが、そこではテルミヌス神だけが言及されている。

(3) ローマ第三代王トゥルス・ホスティリウス王が建設したとされる元老院議事堂。第一巻第三〇章参照。

(4) ホスティリウス議事堂前の集会場。

は議事堂から走り出て、「これは天の声だ」と叫んだ。(1) そして平民たちも彼らを取り囲んでそれに同意した。こうして移住提案は却下され、ローマの再建が始まった。しかしそこには秩序が欠けていた。[3]屋根瓦は国家の支給となったが、年度中に建設を終えるという約束をした者には、石材も材木も好きなところから調達してよいという許可が下りた。[4]人々は作業を急ぐあまり、道路を真っ直ぐに通す配慮を怠った。屋敷と屋敷の境界線が分からなくなっていたため、空き地に勝手に家を立てた。[5]こうしたことが原因で、これまで共有地の地面の下を流れていた排水溝がこれ以降しばしば個人の屋敷の下を流れるようになったのである。いまでは町全体が、区画整理されたというよりは私物化されたといってよいような様相を呈している。

(1) ここでは百人隊長の声がローマ再建の予兆と見なされ、ロムルスがローマを創建したときの鳥占いを想起させる。

1 図.　イタリア

地図は Warrior, V. M., *Livy*, *The History of Rome*, Books 1–5, Indianapolis / Cambridge 2006 に基づいて作成した。

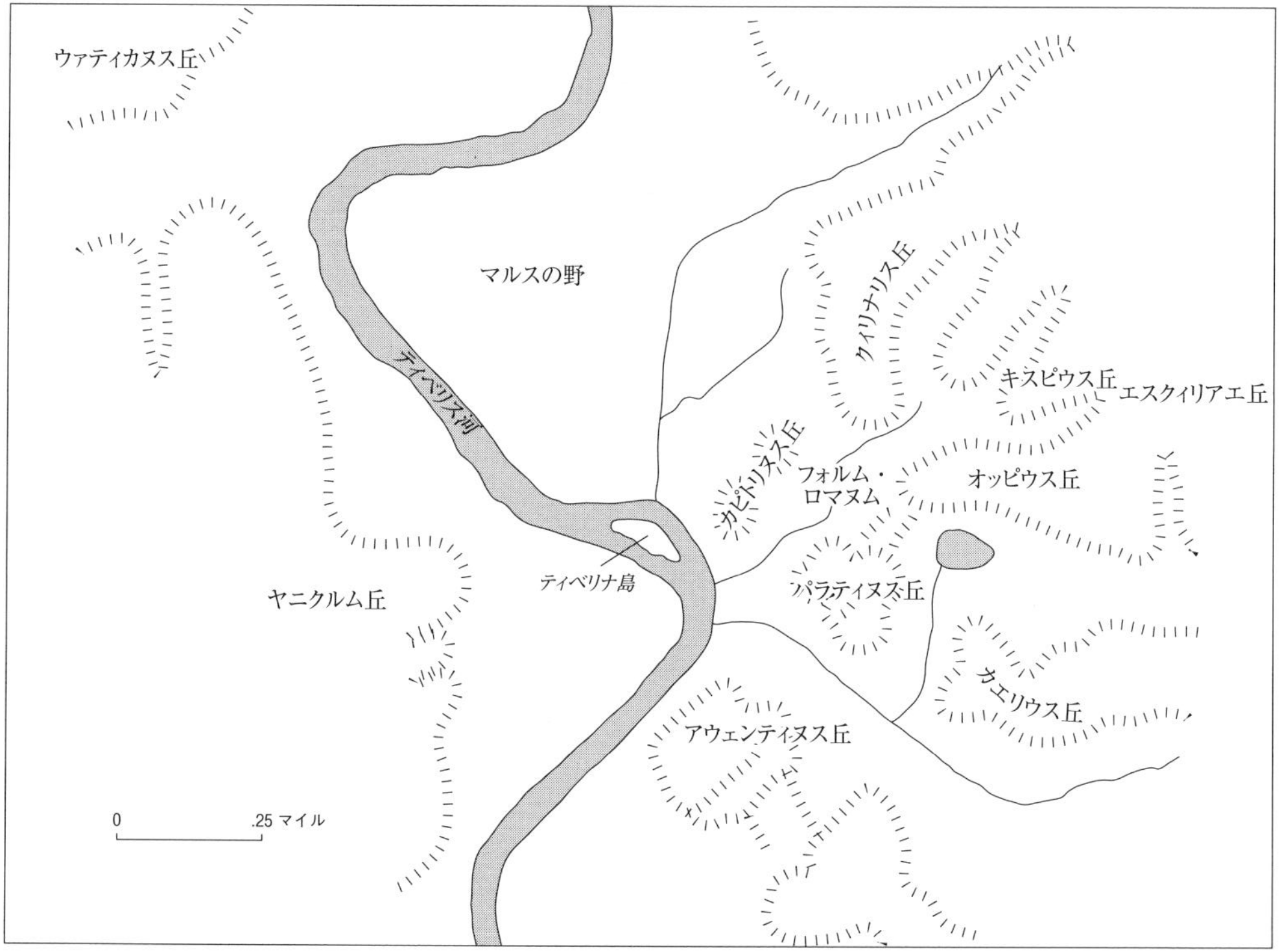
ウァティカヌス丘
マルスの野
ティベリス河
クィリナリス丘
キスピウス丘
エスクィリアエ丘
カピトリヌス丘
フォルム・
ロマヌム
オッピウス丘
ティベリナ島
ヤニクルム丘
パラティヌス丘
カエリウス丘
アウェンティヌス丘
0
.25 マイル

2図. ローマの丘

マルスの野
カプラ沼
ティベリス河
ヤニクルム丘
カピトリヌス丘
アルクス
カピトリウム
タルペイアの岩
フォルム・ボアーリウム
スプリキウス橋
クロアカ・マクシマ
フォルム
ウェリア
ノア・ウィア
サクラ・ウィア
パラティヌス丘
キルクス・マクシムス
アウェンティヌス丘
ルドゥスクラナ門
カペナ門
カエリウス丘
カエリモンタナ門
オッピウス丘
キュプリウス通り
スブラ
クィリナリス丘
ウィミナリス丘
キスピウス丘
エスクィリアエ丘
コリナ門
ウィミナリス門
エスクィリナ門
1. 元老院議事堂
2. 牢獄
3. ヤヌス神殿
4. ユッピテル・フェレトリウス神殿
5. フィデス神殿
6. ウェスタ神殿
7. レギア
8. ユッピテル・スタトル神殿
9. ルペルカル
10. アーラ・マクシマ

3図. 王政期のローマ

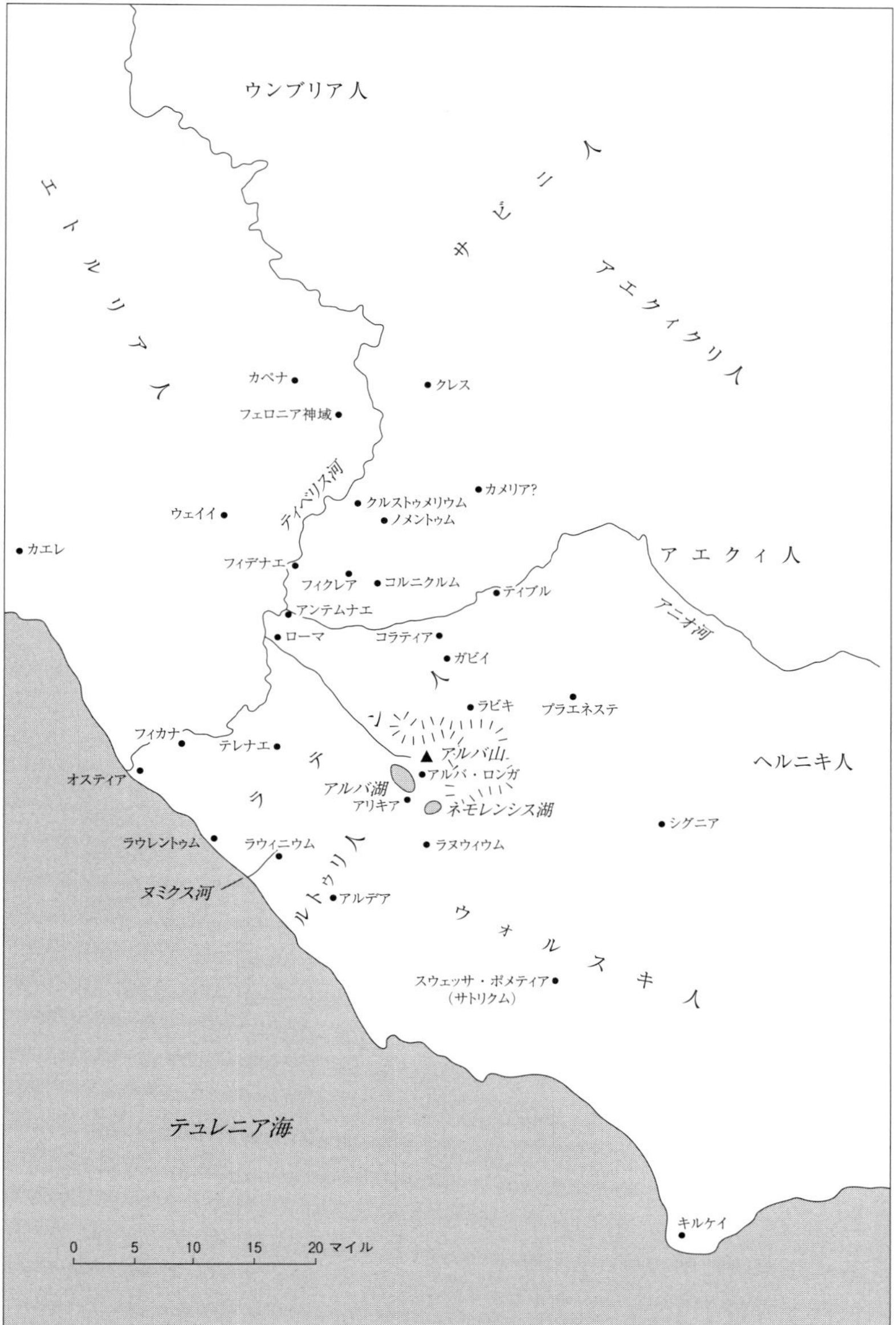

4図．王政期のラティウム

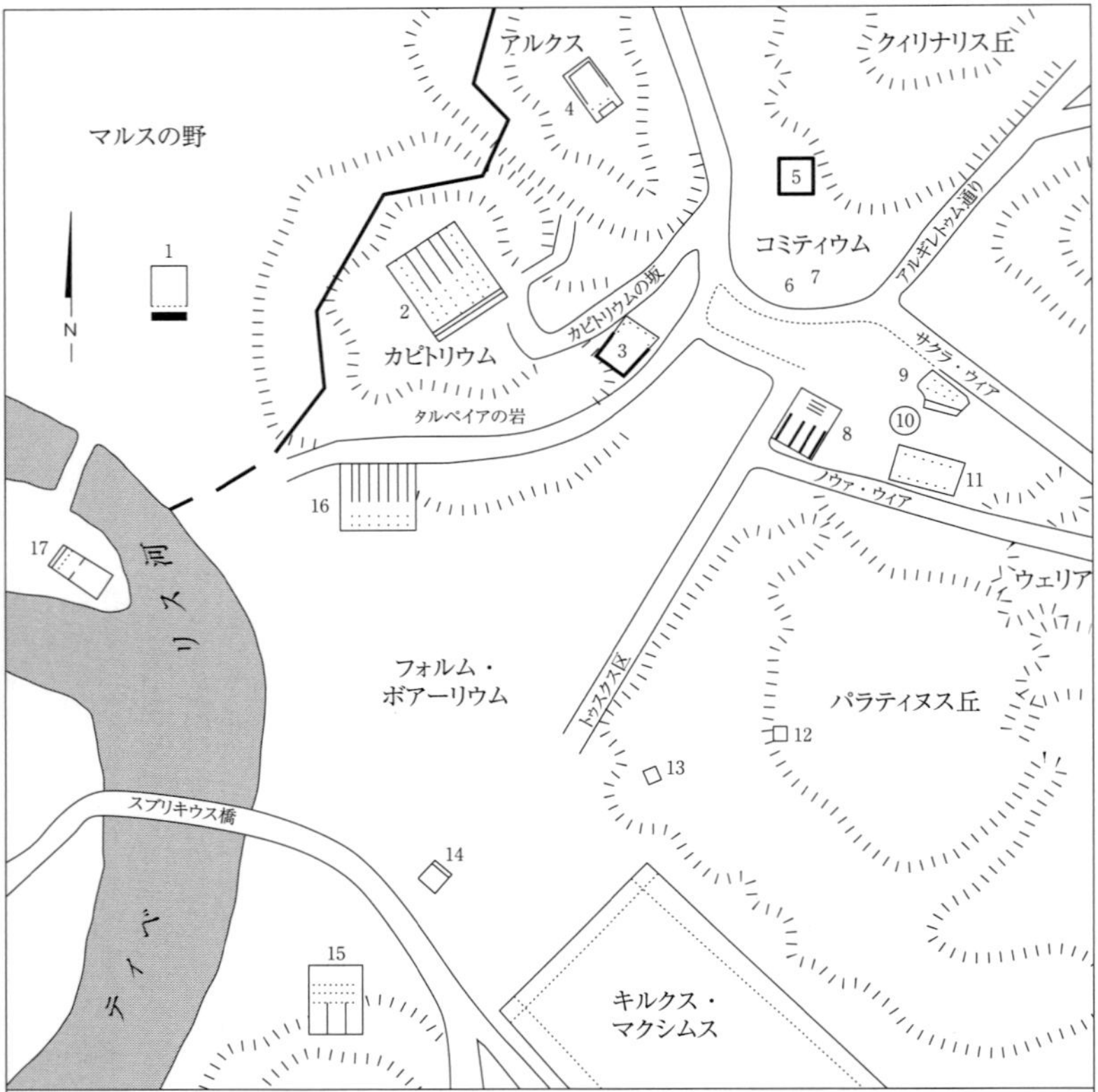

1. アポロン神殿、前 431 年
2. ユピテル・オプティムス・マクシムス神殿、前 509 年
3. サトゥルヌス神殿、前 497 年
4. ユノ・モネタ神殿、前 344 年
5. クリア・ホスティリア（元老院議事堂）
6. ウォルカナル・ニゲル・ラピス
7. ロストラ、前 338 年
8. カストル神殿、前 484 年
9. レギア
10. ウェスタ神殿
11. ウェスタ巫女の家
12. 「ロムルスの小屋」
13. ルペルカル
14. ヘルクレスのアーラ・マクシマ
15. ケレス神殿、前 493 年
16. フォルトゥナとマテル・マトゥタ神殿、前 396 年
17. アスクレピオス神殿、前 291 年

5 図．共和政初期のローマ中心部

6 図. 共和政初期のラティウムと周辺地域

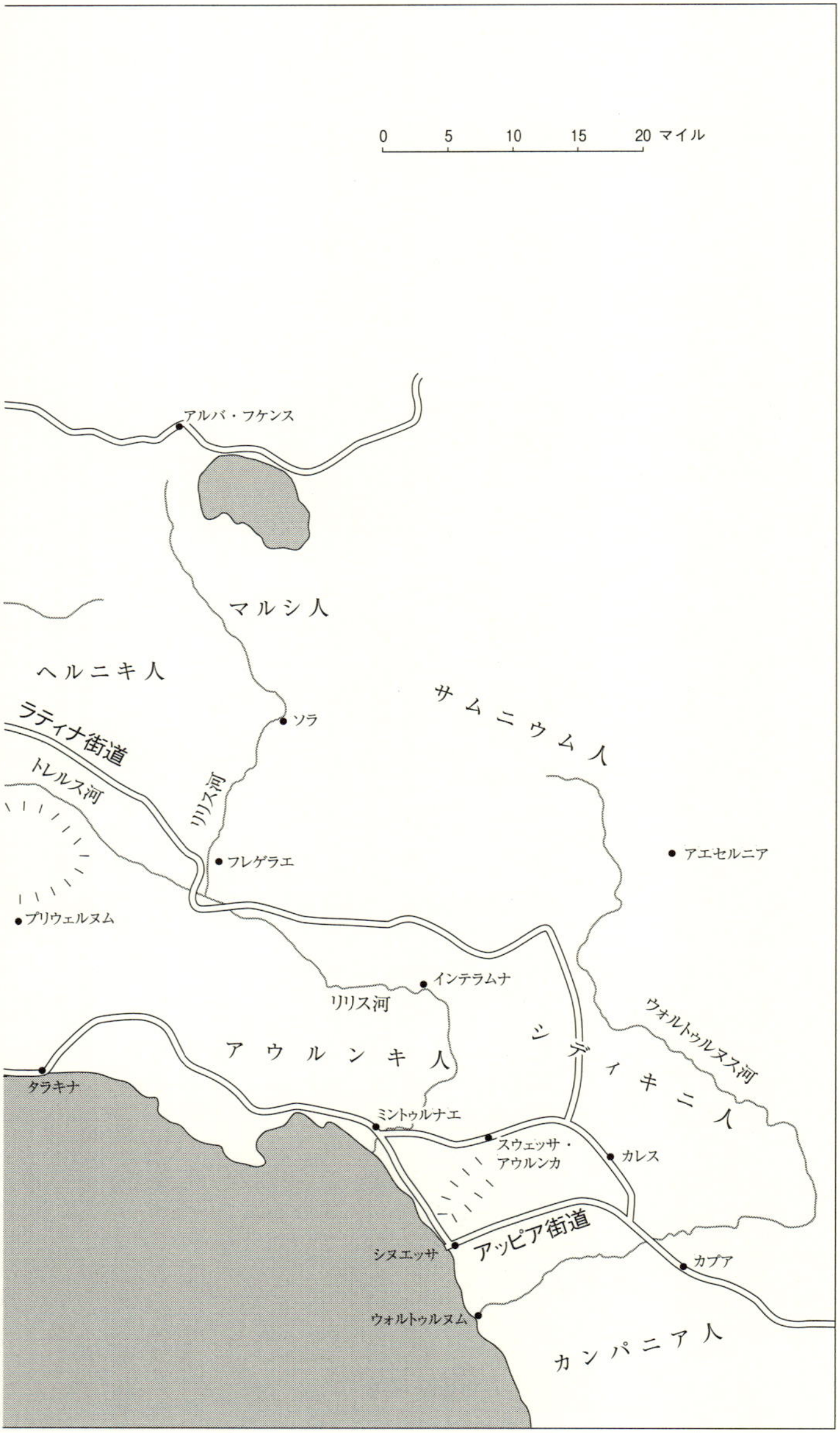
0 5 10 15 20 マイル
アルバ・フケンス
マルシ人
ヘルニキ人
ソラ
ラティナ街道
トレルス河
リリス河
フレゲラエ
プリウェルヌム
サムニウム人
アエセルニア
インテラムナ
リリス河
アウルンキ人
シディキニ人
ウォルトゥルヌス河
タラキナ
ミントゥルナエ
スウェッサ・アウルンカ
カレス
アッピア街道
シヌエッサ
カプア
ウォルトゥルヌム
カンパニア人

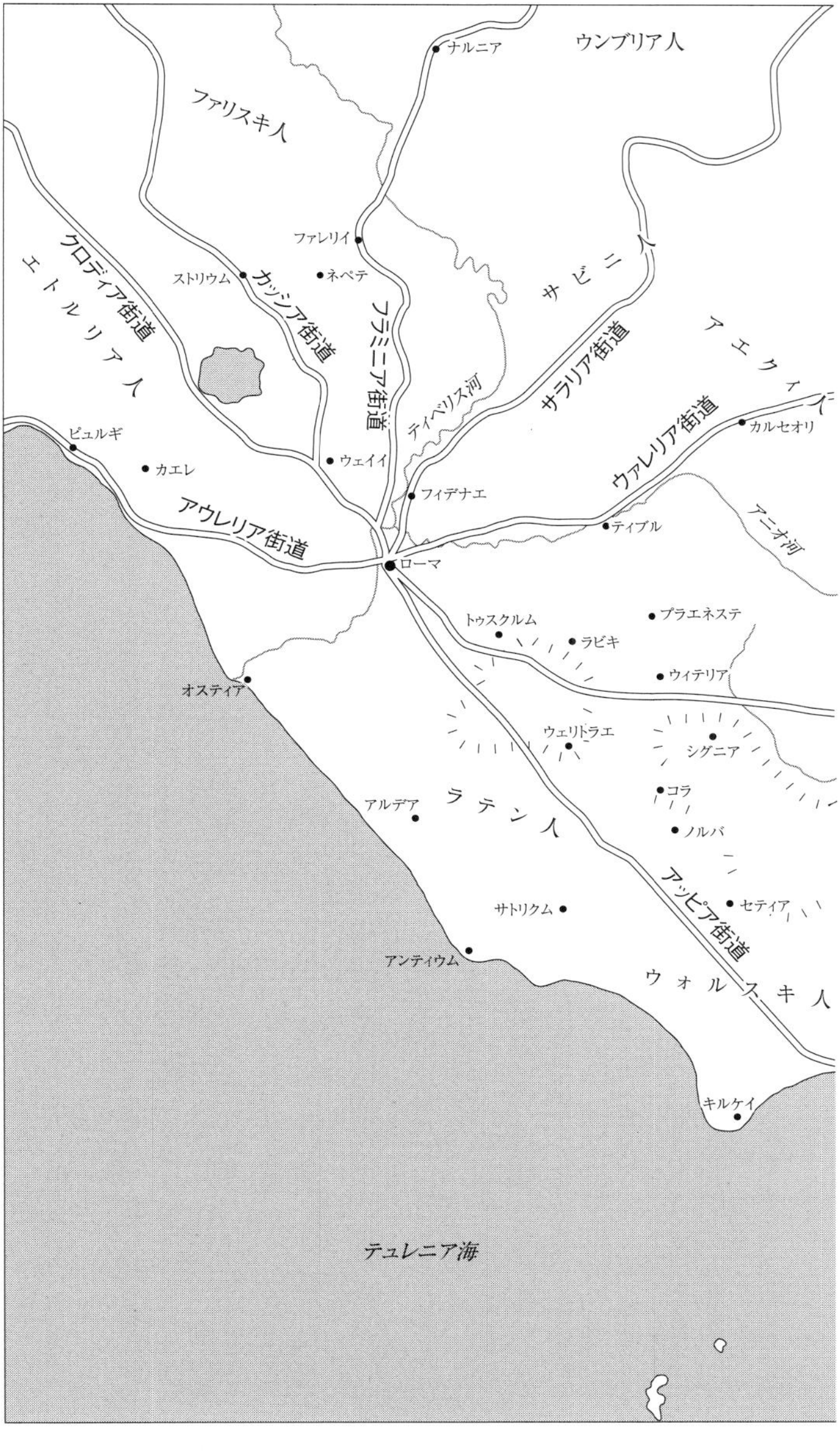

7図．共和政中期の中央イタリアの主要街道

解説

生涯と作品

ティトゥス・リウィウスの生涯について知られていることは多くない。ローマ人は個人名、氏族名、家名の三つの名前を持っていたが、家名すら分かっていない。生まれは北イタリアのパタウィウム（現在のパドヴァ）である。生年は前五九年、没年は後一七年とされるが、これについては異論があり、それぞれ前六四年および後一二年とする説がある。息子が一人（あるいは二人）、娘が一人いた。両親についてはなにも知られていない。リウィウスはパドヴァで教育を受け、三〇歳前後にローマに出た。ちょうどオクタウィアヌスがアクティウムの海戦でアントニウスとクレオパトラ連合軍に勝利し、ローマの内乱に終止符を打つとともに、地中海世界の統一を果たした時期である。ローマに出たリウィウスは、プリンケプス（第一人者）となったオクタウィアヌス（アウグストゥス）の知遇を得たが、元老院議員などの要職には就かず、もっぱら執筆活動に専念した。ただし、同時代の詩人ウェルギリウス（前七〇―一九年）やホラティウス（前六五―八年）が参加していたマエケナスの文芸サークルのメンバーとはならなかった。

彼の主著『ローマ建国以来の歴史』は全一五〇巻が構想され、実際に一四二巻が執筆された。アエネアスのイタリア到着の伝説から書き起こされ、ロムルスによるローマ建国（前七五三年）から前九年の大ドルススの死に至るまでの壮大な歴史物語である。そのうちある程度完全なかたちで現存するのは第一巻から第一〇巻までと第二一巻から第四五巻までの合計三五巻である。そのほかに後四世紀にまとめられた「ペリオカエ」と呼ばれる梗概がほぼ全巻分（第一三六巻および第一三七巻を除く）伝わっており、第三七巻から第四〇巻および第四八巻から第五五巻までについては「エピトマエ」と呼ばれる摘要も残っている。

リウィウスはその全体を構想するにあたり五巻ごと（これを「ペンターデ」と呼ぶ）、あるいは一〇巻ごと（同じく「デカーデ」と呼ぶ）にある程度内容的なまとまりをもたせようとしたと考えられる。第一巻の前にかなり長い序言が置かれているのはある意味において当然ともいえるが、以下、第六巻、第二一巻、第三一巻というように短いながらもそれぞれに序文がついていることがその証左である。

最初の五巻がいつ頃執筆、出版されたかについては、第一巻第一九章のヤヌス神殿の扉に関する記述を手がかりとして、かなりの確度で推測が可能である。リウィウスはヌマ王の時代の事績の一つとしてヤヌス神殿の建設を挙げ、門扉の開閉の意味についてこう記している。「扉が開いていれば、国家は戦時にあり、閉じていれば、周囲の諸部族との平和が保たれている印となる」。そしてさらに「ヌマの治世以後、この扉は二度閉じられた。一度目は、第一次ポエニ戦争の後、ティトゥス・マンリウスがコーンスルのときであった。二度目は［中略］アクティウムの戦いの後、最高司令官カエサル・アウグストゥスによって海陸ともに平和がもたらされたときである」と述べている。アクティウムの戦いの後というのは前二九年のことであるが、実際はアウグストゥス時代、その四年後の前二五年にもう一度この扉は閉められたという事実がある。リウィウスがアウグストゥスによる二度目の閉扉に言及していない以上、この箇所の執筆時期は前二九年から前二五年までであることに疑いない。さらにオクタウィアヌスがアウグストゥスの称号を贈られたのは前二七年一月のことであるので、推定される執筆時期の範囲はさらに狭められ、前二七年から前二五年のあいだということになる。(1) したがってもしリウィウスが死の直前まで執筆を続けていたとすれば、その執筆期間は四〇年以上もの長きにわたるということになる（没年を後一七年とする説を採った場合）。そしてその四〇有余年のあいだに全一四二巻のローマ史を書き上げたのである。

キケロ（前一〇六—四三年）の『法律について』はキケロ本人、弟のクィントゥス、そしてふたりの友人であるアッティクスの三人が国家の制度と法律について語るという設定となっているが、そのなかでアッティクスは「わたしたちの文学には歴史［の分野］が欠けている」と言い、初期の年代記を「この上なく無味乾燥」と批判したうえで、キケロに歴史の仕事に取り組むよう要請する。(2) キケロが（一般的な意味においての）歴史を書くことはなかったが、リウィウスはそのたゆまぬ努力によってキケロの指摘したローマ文学における欠落を埋め、結果的にアッティクスの要請に応えることとなったということはいえるだろう。

リウィウスの名は彼の存命中から広くローマ世界に知れ渡っていた。そのことを示す逸話を小プリニウスが書き残している。「ヒスパニア、すなわち、地の果てから一人の男がリウィウスに会うためだけにやってきた。そしてその顔を見ただけですぐに国に戻っていった」。(3) 彼の名声は死後も衰えるどころかますます高まっていった。クィンティリアヌス（後三五年頃生まれ）はリウィウスの文章を、サルスティウスの簡潔な文体と比較したうえで、「ミルクのような豊饒さをもつ」と評し、さらには、「ヘロドトスは、リウィウスが自分と並び立つ［歴史家である］と言われたからといって、ことさら憤ることはないだろう」とまで言っている。(4) またタキトゥス（後五六年生まれ）もリウィウスを「文章の力と記述の正確さにおいて傑出した歴史家」

と評価している[5]。キケロは歴史を「時代の証人、真実の光、記憶の糧、人生の師、過去からの使者」となぞらえたうえで、「弁論家の声以外のいかなる声によって不死なるものとなりえようか」と述べているが[6]、リウィウスは歴史に求められる正確さに加えて、その豊かな文章力によって永遠の命を持つことになったといっても過言ではないだろう。

序言について

ヘロドトスはその『歴史』を次のように書き出している。「本書はハリカルナッソスのヘロドトスによる調査研究である。人間の行為が時間の経過によって忘れ去られたり、ギリシア人や異邦人による偉大で驚嘆すべき事績が称えられることなくうち捨てられたりすることのないようにすることが目的であり、とくに双方がいかなる理由で戦いに入ったかを書き記すものである」。以来、ギリシア、ローマの歴史家たちが歴史叙述の対象範囲および目的を緒言として書き記すことが伝統となったが、とりわけリウィウスの「序言」には叙述の対象のみならず執筆の意図および態度が明確に示されている点で注目に値する。

(1)リウィウスの執筆および出版時期の詳細については本叢書『ローマ建国以来の歴史3』所収の毛利晶氏の解説を参照されたい。
(2)キケロ『法律について』第一巻五以下。
(3)小プリニウス『書簡集』第二巻三-八。
(4)クィンティリアヌス『弁論家の教育』第一〇巻第一章三二、一〇一。
(5)タキトゥス『年代記』第四巻第三四章。
(6)キケロ『弁論家について』第二巻三六。

書き出しは壮大な構想と（少なくとも表面的には）控えめな態度のミスマッチが特徴である。「ローマ国民の事績を国家の起源からすべて書きおおせたとして、努力にふさわしい意義ある仕事が為しえるかどうかは定かではない」（一節）。しかしすぐさま「世界に冠たるローマ国民の事績を記憶にとどめるため私自身も応分の働きができるなら、この上ない喜びとなるであろう」（三節）と記し、叙述対象の偉大さと自負の念を併置させる。

ではその「世界に冠たるローマ」というときリウィウスが具体的にイメージしているのはいかなるものであろうか。それは次の文章にはっきり示されている。「もしいずれかの民族に、自らの始原を神聖化し、創始者を神々とみなすことが許されるとすれば、それは我らローマ国民以外にはないだろう。われわれが手にした戦争の栄光はきわめて大きく、ローマがほかならぬマルス神を国家の祖、建国者の父と呼んでも、他の民族は、ローマの支配を受け入れるのと同じように、その主張を進んで受け入れるだろう」（七節）。

このように建国時のローマの偉大さが称揚される一方、同時代のローマに対するリウィウスのまなざしは批判的であり、またそのために序言全体にはペシミスティックな雰囲気が漂っている。それは次のようないくつかの文言にはっきりと現われている。「最初はささやかな始まりにすぎなかった国家が、いまでは自らの重みに耐えかねるほど大きくなってしまっている」（四節）。「この無敵の国家が延々と内部抗争を繰り広げる時代」（同）。さらには、「綱紀が徐々に弛むに従って、道徳がいかに廃れてきたのかにも心を向けてほしい。それはまず建物が倒れるときのように揺れはじめ、やがて徐々に傾き、倒壊寸前となって、ついにわれわれの時代、すなわち、われわれが自らの欠陥にも修繕にも耐えられなくなったこの時代に立ち至ったのである」（九節）とまで言うのである。

歴史の目的は教訓を与えることにほかならないというのがリウィウスの考えである。「輝かしい歴史の記念碑に刻まれたあらゆる種類の事績を教訓として見つめることは、歴史を学ぶ上できわめて有意義かつ有益なことである」（一〇節）という考え方である。しかしその教訓を読者にどのように学びとらせようとしているのだろうか。さらに言えば、リウィウスは教訓を歴史的事実からのみ読者にくみ取らせようとしているのであろうか。

この問題を考えるとき、古い時代の神話や伝承を扱うときの彼の但し書きがある種の示唆を与えているように思われる。「ローマ建国やそれ以前の出来事については、正確な事績録によってではなく、むしろ多分に詩的な潤色の施された物語によって伝えられているが、私としてはそれらをすべて受け入れるつもりも、すべて切り捨てるつもりもない」（六節）。これは正確を期すべき歴史家の態度としては当然のものであるといえるが、しかし、リウィウスの叙述をたどってみると、こうした方針は神話時代に対するものに限らないことが分かる。彼はしばしば credo（私は～と信ずる）、non satis constat（定かではない＝諸説ある）、ferunt（人々は～と言っている）、traditur（～と伝えられている）といった表現を用いる。たしかにこうした表現は根拠となる史料が不十分な場合に多く用いられるが、それればかりでなく、政治的、歴史的に見解が分かれる箇所において、判断を留保する場面でも用いられている。

前者の例としては、たとえば、第二巻第一八章のローマにおける最初の独裁官任命の記事が挙げられる。彼は「［独裁官選出が］いつの年のことなのか、［中略］最初に独裁官になったのは誰なのか、などについて諸説紛々である」と述べたのち自説を展開する。

後者の例としては、第四巻第五六章の准コーンスル（コーンスル権限を有する軍団司令官）選挙に関するコメントを挙げることができる。すなわち、平民はコーンスル選挙ではなく平民も被選挙権のある准コーンスル選挙に持ち込んだものの、当選者はすべて貴族であったが、その結果に対してリウィウスは、「貴族がなんらかの策を弄したという噂がある」としたうえで、「その噂とは、貴族が立派な平民の候補者のなかにわざと質《たち》の悪い候補者を加え、彼らの素行の悪さを嫌う人々が平民からの候補者全体を拒絶するように仕向けたというものである」と詳しい説明を加えている。ここでは、すべて貴族であったという結果からの推測を「噂」のかたちで示し、読者に判断を委ねている。

ただし別の見方をすれば、このような言い回しによってリウィウスは正確さの要請に応えるとともに、物語の自由を確保したともいえる。そしてその物語性こそがキケロが無味乾燥としたローマの歴史書に新たな息吹を与えたといっても過言ではない。

歴史と物語

現代のわれわれは詩（物語）と弁論と歴史は別のジャンルであると考えている。キケロも歴史と詩のそれぞれにおいて守られるべき原則は異なるとし、「歴史においては真実かどうかが判断の基準となるが、詩においてはほとんどすべてが楽しめるかどうかがこの基準となる」とその違いを明らかにしている。(1) 一方、リウィウス以後の修辞学者であるクィンティリアヌスは、「歴史は詩にきわめて近く、いわば韻律の縛りのない詩である。歴史が書かれるのはなにかを物語るためであって、人を説得するためではない」とわれわれの常識と異なることを述べている。これはリウィウスという偉大な歴史家であり物語作家ともいえる特異な存在を念頭においた発言であるにちがいない。クィンティリアヌスはリウィウスの文章について「そこには驚くべき訴求力と澄み切った透明性がある。また、演説には筆舌に尽くしがたい説得力がある。語られた言葉はすべて、場の状況と人物の性格に過不足なく当てはまる。感情表現、とくに情感あふれたものについていえば、きわめて控えめに言ったとしても、歴史家のだれ一人比肩しうる者はいない」とまで絶賛しているからである。(2)

では実際にリウィウスは正確さを求められる歴史記述のなかにどのようなかたちで詩的な、すなわち情感を伝える物語を組み入れたのであろうか。以下、第一巻から順を追って第五巻まで物語性の強いエピソードをたどることにしたい。

第一巻は、伝統的に前七五三年のこととされるローマ建国から前五〇九年の王政終焉までを対象とする。もともと史料が乏しいこともあり歴史的事実を述べなければならないという制約は少なく、神話や伝承を大幅に取り入れることが可能である。史実の少なさを逆手にとって初代王ロムルスや第二代王ヌマなどの人物造形はかなり自由に行なっている。ただし「噂では」あるいは「伝えられるところによれば」といった真偽

(1) キケロ『法律について』第一巻五節。
(2) クィンティリアヌス『弁論家の教育』第一〇巻第一章三一、一〇一。

に対する留保のコメントが多用されることも指摘しておかなければならない。たとえば、ロムルスとレムスが雌狼に助けられる場面は「言い伝えによると、子どもたちの入ったかごが浅瀬を運ばれ、乾いた地面に流れつくと、どこかの山から一頭の雌狼が喉の渇きをいやしにやってきた[1]」という記述になっている。これなどは史実としては疑わしいと考えていることを示唆しつつ、読者の興味関心を引くような物語をうまくその歴史記述のなかに組み込んでいる好例である。

第二巻は前五〇九年の共和政開始から前四六八年のウォルスキ人撃退までの共和政最初期を対象としている。巻の構成は年代記的になり、年ごとに選出される二名のコーンスルの名前の併記によって年号が示される。記述内容は国内と国外にはっきり分かれ、第一巻と比較すれば、歴史書としての体裁はかなり整っているといえる。しかし、史料の信憑性が疑われる場合にはかならずといってよいほどリウィウスは慎重かつ常識的な判断を下す。たとえばレギルス湖畔の戦いの年には前四九九年と前四九六年の二説があるとしたうえで、「この時代のことには分からないことが多くある。典拠によって公職者の順序もまちまちで〔中略〕、どの年にどの出来事が起こったのか、年代の古さだけでなく、典拠そのものの古さを考えれば、確定的なことは言いようがない[2]」と作者としてのコメントを付している。さて第二巻のテーマは王政の終焉によってもたらされた「自由」であり、そしてその自由を守るために必要な「行動規範」である。最初のコーンスルに就任したブルトゥスが王政復活の陰謀に荷担したとして自分の息子たちを処刑する場面を読めば、読者は間違いなく舞台の一幕を見ているかのような感覚を抱くにちがいない。「両コーンスルが着座し、処刑執行のため先導警吏が前に進み出る。笞で裸の背中を打ち、斧で首を切りおとす。その間中、父親の表情と口元に注目が集まった。公的な処罰の執行の間にも、親の気持ちがうかがい知れた」[3]というのがその場面である。

第三巻は前四六七年から前四四六年までが対象である。この間、外敵との戦いは断続的に続いたものの、記述の中心は内政、とくに十二表法制定のための十人委員会の動きである。しかしここでは二人の対照的な登場人物の描き分けを指摘しておきたい。最初はサビニの大軍がローマを襲ったときに急遽独裁官の指名を受けたルキウス・クィンクティウス・キンキンナトゥスの姿である。元老院からの使者が彼のもとにやってきたときの様子をリウィウスは次のように記す。「鋤で溝を掘っているところだったとか、畝を作ろうとしているところだったとかというような細かな説があるが、いずれにせよ畑仕事に精を出していたところだったということに疑いない」[4]。彼は出陣してたちまち敵を撃退し、わずか一六日にして独裁官の職を辞す。閑暇のなかに暮らしながらも一朝事あるときはたちまち駆けつけ国家を救うキンキンナトゥスに読者は理想の人物像を重ね合わせたにちがいない。もう一人の人物は、十人委員会の中心人物アッピウス・クラウディウスである。彼は十二表法の制定を主導する一方、ウェルギニアというすでに許嫁のいる平民の娘に劣情を抱き、権力を笠に着て我がものにしようとする。最後に娘の父親ウェルギニウスが「これがお前の自由を守る唯一の方法だ」と言って娘を刺し殺す[5]。このエピソードに描かれるアッピウスは極悪非道の暴君以外のなに

(1)第一巻第四章六。
(2)第二巻第二一章三—四。
(3)第二巻第五章八。
(4)第三巻第二六章九。
(5)第三巻第四八章五。

ものでもない。リウィウスによるこの二人の人物描写がどこまで史料に基づくものなのか、そしてどこからが創作なのか、見きわめることは困難である。しかしながら対照的な二人の人物を登場させ、読者の教訓としようとする意図はしっかりくみとることができる。「歴史をたどり、諸君と諸君の国家にとって見習うべきものがあれば、それを選ぶがよい。そして、おぞましく始まり、おぞましく終わったものがあれば、それを避けるがよい」(一〇節)と「序言」に書かれているとおりである。

第四巻は前四四五年から前四〇四年までが扱われている。この巻の中心となるテーマは高位の公職に関する貴族と平民の抗争である。そのなかには准コーンスルおよび監察官の創設の経緯が含まれる。ここまでの巻のように特定の個人が華々しく活躍するエピソードは存在しないが護民官のガイウス・カヌレイウスによる演説(第三—五章)などには、クィンティリアヌスの言葉を借りれば、「筆舌に尽くしがたい説得力」がある。なお、アウルス・コルネリウス・コッススによるスポリア・オピーマ(栄誉戦利品)に関するリウィウスのコメント(1)は彼の年代記や碑文といった歴史資料に対する態度および同時代的な政治的配慮をよく示していて興味深い(2)。

第五巻の範囲は前四〇三年から前三九〇年までである。その間、ローマによるウェイイ征服とガリア人によるローマ占拠という二つの大きな出来事が起こる。言うまでもなく出来事に応じて多くの人物が登場するが、第五巻の特徴はマルクス・フリウス・カミルスという一人の人物を中心として最初から最後まで物語が展開することである。その活躍はまさに八面六臂と言ってよい。彼はまず、前歴などはまったく示されぬまま、前四〇三年の准コーンスルの一人として突然舞台に登場する(第一章)。対ウェイイ戦で苦戦に陥っていたローマは彼を独裁官に指名する（第一九章）。彼は大勝利を手にし、凱旋するも、凱旋車を白馬に引かせたために、人々から神に対する冒瀆であると非難される（第二三章）。ファリスキ人の教師の裏切り行為に対して、カミルスは信義を貫いたというエピソード（第二七章）が挿入された後、ウェイイからの戦利品処理に関して告発され、国外逃亡を余儀なくされる（第三二章）。ガリア人がローマに襲来すると、人々は彼を呼び戻す（第四六章）。再び独裁官となった彼は、ガリア人を撃退する（第四九章）。そして彼は「この上なく敬虔な」人物として神々に感謝を捧げたのち（第五〇章）、ガリア人によって壊滅的な被害を受けたローマを捨ててウェイイに移住しようする人々に向かって、ローマとその歴史と宗教を称える大演説を行なう。こうしてローマは放棄されることなく都市再建へと舵を切り、第一巻で描かれたローマ建国を想起させつつ、最初の五巻（ペンターデ）はまさに大団円を迎えることになるのである。

訳文について

ラテン文学に限らず、翻訳には直訳か意訳かの問題がつねにつきまとう。一般的な「歴史書」であれば逐語的な訳が望ましいと思われるが、物語性を色濃くもつリウィウスの場合は若干事情が異なるといわざるをえない。さらに演説の場合は（直接話法で語られるにせよ、間接話法で語られるにせよ）、話者の気質やスピーチ

（1）第四巻第二〇章一一。
（2）詳しくは本叢書『ローマ建国以来の歴史3』所収の毛利晶氏の解説（二七八頁以下）を参照されたい。

そのものの迫力を日本語に移し替えるにはある程度の工夫が必要となる。かといって木に竹を接ぐように文体を変えることも望ましくない。

そこで訳者は、叙述にせよ演説にせよ、長く複雑なセンテンスについては、記載内容の順序をできるだけ守ったうえで、短くシンプルなセンテンスに置き換えるという方針をとることにした。その意味ではかならずしも正確な逐語訳になってはいないといえるものの、原文の流れを途切れさせることなく歴史記述の正確さと物語としての面白さをなんとか両立させようとした試みであると了解していただければ幸いである。

なお、訳註は一般の読者を対象としたものであり、神話や宗教、地理や諸制度など本文の理解に必要な最小限の情報を記したものである。

文献

テクスト

Ogilvie, R. M. (OCT), *Titi Livi Ab Urbe Condita*, Tomus I, Libri I–V, Oxford 1974

対訳・翻訳書

Foster, B. O. (Loeb), *Livy, History of Rome Books I–II*, Cambridge / London 1919

Foster, B. O.（Loeb）, *Livy, History of Rome*, Books III–IV, Cambridge / London 1922
Foster, B. O.（Loeb）, *Livy, History of Rome*, Books V–VII, Cambridge / London 1924
Bayer, J. et al.（Budé）, *Tite-Live, Historie romaine*, Tome I, Paris 1986
Bayer, J. et al.（Budé）, *Tite-Live, Historie romaine*, Tome II, Paris 1983
Bayer, J. et al.（Budé）, *Tite-Live, Historie romaine*, Tome III, Paris 1969
Bayer, J. et al.（Budé）, *Tite-Live, Historie romaine*, Tome IV, Paris 1965
Bayer, J. et al.（Budé）, *Tite-Live, Historie romaine*, Tome V, Paris 1970
Hillen, H. J.（Tusculum）, *Titus Livius, Römische Geschichte*, Buch I–III, Düsseldorf / Zürich 1987
Hillen, H. J.（Tusculum）, *Titus Livius, Römische Geschichte*, Buch IV–VI, Düsseldorf / Zürich 1991
Luce, T. J., *The Rise of Rome*, Books 1–5, Oxford 1998
Warrior, V. M., *Livy, The History of Rome*, Books 1–5, Indianapolis / Cambridge 2006

註釈書

Ogilvie, R. M., *A Commentary on Livy, Books 1–5*, Oxford 1965
Whiteley, J. L., *Livy: Book I*, London 1987
Whiteley, J. L., *Livy: Book II*, London 1995
Ross, R. I., *Livy: Book V*, London 1996

参考文献

Cornell, T. J.（1995）, *The Beginning of Rome*, London

Klotz, A.（1926）, T. Livius, in: *RE*, Bd XIII, 1, col. 816–852

Luce, T. J.（1977）, *Livy: The Composition of his History*, Princeton

Laistner, M. L. W.（1947）, *The Greater Roman Historians*, Berkeley / Los Angels

McDonald, A. H.（1957）, The Style of Livy, in: *JRS* 47, pp. 155–172

Ogilvie, R. M.（1957）, Livy, Licinius Macer and the *Libri Lintei*, in: *JRS* 48, pp. 40–46

Walsh, P. G.（1955）, Livy's Preface and the Distortion of History, in: *AJPh* 76, pp. 369–383

Walsh, P. G.（1961）, *His Historical Aims and Methods*, Cambridge

公職の訳語

以下の公職は一般に用いられている訳語（括弧内）を用いず、原語をカタカナで表記した。

コーンスル　consul（執政官）
准コーンスル　tribunus militum consulari potestate（執政武官）
プラエトル　praetor（法務官）
アエディーリス　aedilis（造営官、按察官）
クアエストル　quaestor（財務官）

以下の公職は一般に用いられている訳語を用いた。

監察官　censor

独裁官　dictator
騎兵長官　magister equitum
護民官　tribunus plebis
中間王　interrex

第1・2分冊固有名詞索引

1. 本索引はリウィウス『ローマ建国以来の歴史』第1—5巻に登場する固有名詞（人名、神名、地名）を対象とする。
2. ローマ人名は基本的に「氏族名・添え名，個人名」の順で記す。
3. 同名の人物にかぎり、区別のため（　）内に簡単な説明を付す。
4. 箇所の同定は訳文により、「巻数（ローマ数字），章数（アラビア数字），節数（アラビア数字）」の順で記す。
5. 矢印（→）は併せ参照を意味する。

ア　行

アイウス・ロクティウス　Aius Locutius　*V, 50, 5; 52, 11*
アウェンティヌス丘　Aventinus mons　*I, 3, 9; 6, 4; 20, 7; 33, 2; 33, 5; II, 28, 1; 32, 3; III, 31, 1; 32, 7; 50, 13; 50, 15; 51, 8; 51, 10; 51, 12; 52, 1; 54, 9–10; 61, 5; 67, 11; V, 22, 7; 23, 7; 52, 10*
アウェンティヌス・シルウィウス　Aventinus Silvius　*I, 3, 9*
アウグストゥス，カエサル　Caesar, Augustus　*I, 19, 3; IV, 20, 7*
アウルンキ人　Aurunci　*II, 16, 8; 17, 2; 17, 6; 26, 4–6; 27, 1; 29, 7*
アウレルキ人　Aulerci　*V, 34, 5*
アエクィ人　Aequi　*I, 53, 8; 55, 1; II, 30, 3; 30, 8–9; 31, 4; 31, 6; 32, 1; 40, 12–13; 42, 1; 42, 3; 43, 1–2; 42, 5–6; 44, 11; 46, 1; 48, 4; 48, 6; 49, 2; 53, 4; 58, 3–4; 60, 1–2; 62, 1; 63, 5; 63, 7; 64, 8; III, 1, 8; et passim; IV, 1, 4; et passim; V, 16, 2; 23, 12; 28, 5; 28, 7; 28, 12–13; 29, 3; 31, 4; 53, 7; 54, 5*
—との戦い　Aequicum bellum　*II, 58, 3; III, 4, 3*
アエクィクリ人　Aequiculi　*I, 32, 5*　→アエクィ人
アエクィ・マエリウム　Aequimaelium　*IV, 16, 1*
アエシス川　Aesis　*V, 35, 3*
アエネアス　Aeneas　*I, 1, 1; 1, 4; 1, 6; 1, 8–10; 2, 1; 2, 4–6; 3, 1; 3, 3–4; 3, 7*
アエネアス・シルウィウス　Aeneas Silvius　*I, 3, 7*
アエブティウス，ティトゥス　Aebutius, T.　*II, 19, 1; 19, 3; 19, 7–9*
アエブティウス，ルキウス　Aebutius, L.　*III, 6, 1; 6, 8*
アエブティウス・コルニケン，ポストゥムス　Aebutius Cornicen, Postumus　*IV, 11, 1–2*
アエブティウス・ヘルウァ，ポストゥムス　Aebutius Helva, Postumus　*IV, 21, 10*
アエブティウス・ヘルウァ，マルクス　Aebutius Helva, M.　*IV, 11, 5*
アエミリウス，ガイウス　Aemilius, C.　*V, 26, 2; 28, 6; 28, 11; 32, 1–2*
アエミリウス，ティトゥス　Aemilius, T.　*II, 61, 1; 62, 3; III, 1, 1–2*
アエミリウス，マメルクス　Aemilius, Mamercus　*IV, 16, 8; 17, 8; 17, 10; 17, 12; 20, 4; 23, 5; 24, 3; 24, 6–9; 30, 6; 31, 5; 32, 3; 32, 8; 41, 11*
アエミリウス，マルクス　Aemilius, M.　*IV, 53, 1; V, 32, 1*
アエミリウス，ルキウス　Aemilius, L.　*II, 42, 2–3; 49, 9–10; 54, 3*
アエミリウス・マメルクス，マニウス　Aemilius Mamercus, M'.　*IV, 61, 1; V, 1, 2; 10, 1; 12, 4*
アエリウス，プブリウス　Aelius, P.　*IV, 54, 3*
アカイア人　Achivi　*I, 1, 1*
悪意の森　Malitiosa silva　*I, 30, 9*

アクィリウス，ガイウス　Aquilius, C.　*II, 40, 14*
アクィリウス兄弟　Aquilii　*II, 4, 1; 7, 8*
アクティウス，マルクス　Acutius, M.　*V, 10, 11*
アクティウムの戦い　Actiacum bellum　*I, 19, 3*
アグリッパ　Agrippa　→フリウス，アグリッパ、メネニウス，アグリッパ
アグリッパ・シルウィウス　Agrippa Silvius　*I, 3, 9*
アスカニウス　Ascanius　*I, 1, 11; 3, 1–3; 3, 6*
アセリウス，マルクス　Asellius, M.　*IV, 42, 1*
アッティウス　Attius　→トゥリウス，アッティウス
アッティウス・クラウスス　Attius Clausus　*II, 16, 4*　→クラウディウス，アッピウス
アットゥス・ナウィウス　Attus Navius　*I, 36, 3; 36, 5*
アッピウス　Appius　→クラウディウス，アッピウス
アティリウス，ルキウス　Atilius, L.　*IV, 7, 1; V, 13, 3; 18, 2*
アテナイ　Athenae　*III, 31, 8; 32, 1; 33, 5*
　—の法律　Atticae leges　*III, 32, 6*
アテュス・シルウィウス　Atys Silvius　*I, 3, 8*
アテルニウス，アウルス　Aternius, A.　*III, 31, 5; 65, 1*
アドリア海　Adriaticum mare / Hadriaticus　*I, 1, 2–3; V, 33, 8*
アニオ河　Anio　*I, 27, 4; 36, 1; 37, 1; II, 16, 5; 26, 1; 32, 2; 64, 3; IV, 17, 8; 17, 11; 21, 8; V, 39, 3*
アピオラエ　Apiolae　*I, 35, 7*
アプレイウス，ルキウス　Apuleius, L.　*V, 32, 8*
アプロニウス，ガイウス　Apronius, C.　*III, 54, 13*
アペニン山脈　Appenninus　*V, 33, 6; 33, 9; 35, 2*
アボリギネス人　Aborigines　*I, 1, 5; 2, 1–2; 2, 4–5*
アポロン　Apollo　*I, 56, 9; III, 63, 7; IV, 25, 3; 29, 7; V, 13, 6; 23, 8; 25, 7; 25, 10; 28, 1–2*
　—の聖域　Apollinare　*III, 63, 7*
　ピュティアの—　Apollo Pythicus　*V, 21, 2*
アムリウス　Amulius　*I, 3, 10; 5, 3; 5, 6*
アメリオラ　Ameriola　*I, 38, 4*
アリア河　Allia　*V, 37, 7; 39, 6; 39, 8; 46, 4; 49, 5; 53, 5*
アリエヌス，ルキウス　Alienus, L.　*III, 31, 5*
アリキア　Aricia　*I, 50, 3; 51, 1; II, 14, 5–6; 26, 5–6*
　—人　Aricini　*I, 51, 2; II, 14, 6; III, 71, 2; 71, 7; 72, 7*
アリストデムス　Aristodemus　*II, 21, 5; 34, 4*
アルウェルニ人　Arverni, 118　*V, 34, 5*
アルカディアの町　Arcadica urbs　*I, 5, 1–2*
　—人　Arcades　*I, 5, 2*
アルギドゥス山　Algidus　*III, 2, 6; 3, 5; 23, 5; 25, 6; 25, 9; 27, 8; 29, 7; 30, 3; 30, 8; 31, 3; 38, 5; 41, 10; 42, 3; 42, 5; 44, 2; 60, 1; 62, 2; 63, 4; 68, 8; IV, 26, 3; 26, 6; 30, 2; 45, 6; V, 31, 4*
アルギレトゥム通り　Argiletum　*I, 19, 2*
アルシアの森　Arsia silva　*II, 7, 2*
アルデア　Ardea　*I, 57, 1; 57, 3; 58, 5; 59, 12; 60, 1; IV, 7, 2; 7, 4; 7, 12; 9, 1–2; 9, 9; 9, 11–14; 10, 1; 10, 6; 11, 2–3; 11, 5; V, 43, 6–8; 44, 1; 44, 3; 44, 7; 45, 1–3; 46, 7; 46, 11; 48, 5; 51, 1*
　—人　Ardeates　*III, 71, 2; 71, 7; 72, 7; IV, 1, 4; 7, 6; 10, 6; 11, 5*

—との条約　Ardeatinum foedus　*IV, 7, 10*
アルテナ　Artena　*IV, 61, 6; 61, 9–10*
アルバ湖　Albanus lacus　*V, 15, 4–5; 15, 8; 19, 1; 51, 6*
アルバ山　Albanus mons　*I, 3, 3; 31, 1; 31, 4; V, 17, 2; 52, 8; 52, 9*
アルバ・シルウィウス　Alba Silvius　*I, 3, 6*
アルバ人　Albani　*I, 6, 3; 24, 3; 26, 10; 27, 3; 28, 6; 29, 6; 30, 3; 30, 6; 31, 3; 33, 2; IV, 4, 7*
アルバの谷　Albana vallis　*III, 7, 5*
アルバの水　Albana aqua　*V, 15, 11; 16, 9*
アルバの森　Albanum nemus　*V, 15, 2*
アルバの予兆　Albanum prodigium　*V, 16, 1; 17, 2*
アルバ・ロンガ　Alba Longa　*I, 3, 3–4*
アルビニウス，ルキウス　Albinius, L.　*V, 40, 9*
アルビヌス，ルキウス（前494年の護民官）　Albinus, L.　*II, 33, 2*
アルプス　Alpes　*I, 1, 3; 2, 5; V, 33, 2–6; 33, 10–11; 34, 6; 34, 8; 35, 1–3*
アルブラ川　Albula　*I, 3, 5; 3, 8*
アルンス（クルシウムの）　Arruns (Clusinus)　*V, 33, 3–4*
アルンス（タルクィニウス・プリスクス，ルキウスの兄弟の）　Arruns　→タルクィニウス，アルンス
アルンス（タルクィニウス・プリスクス，ルキウスの息子の）　Arruns　→タルクィニウス，アルンス
アンキセス　Anchises　*I, 1, 8*
アンクス　Ancus　→マルキウス，アンクス
アンクスル　Anxur　*IV, 59, 3–4; 59, 9; V, 8, 2; 10, 2; 12, 6; 13, 1; 16, 2*
アンティアス，ウァレリウス　Antias, Valerius　*III, 5, 12; IV, 23, 1*
アンティウス，スプリウス　Antius, Sp.　*IV, 17, 2*
アンティウム　Antium　*II, 33, 4; 33, 6; 33, 9; 63, 5–6; 65, 6–7; III, 1, 1; 1, 5; 4, 3–4; 4, 6; 5, 15; 10, 8; 22, 2–3; 22, 4; 23, 1–3; 56, 7; 59, 3; V, 45, 3*
—人　Antiates　*II, 63, 6; III, 10, 12; 23, 7; 56, 5*
—の植民市　Antiates coloni　*III, 4, 3; 4, 11*
アンティスティウス，アウルス　Antistius, A.　*IV, 44, 2–3*
アンティスティウス，ティベリウス　Antistius, Ti.　*IV, 42, 1; 44, 2*
アンテノル　Antenor　*I, 1, 1–2*
アンテムナエ人　Antemnates　*I, 9, 8; 10, 2–3; 11, 1*
アントニウス・メレンダ，クィントゥス　Antonius Merenda, Q.　*IV, 42, 2*
アントニウス・メレンダ，ティトゥス　Antonius Merenda, T.　*III, 35, 11; 41, 10*
アンバリ人　Ambarri　*V, 34, 5*
アンビガトゥス　Ambigatus　*V, 34, 2*
イキリウス，スプリウス　Icilius, Sp.　*II, 58, 2*
イキリウス，ルキウス（前449年の護民官）　Icilius, L.　*III, 44, 3; 44, 7; 45, 4–7; 46, 1–5; 46, 7–8; 47, 3; 47, 7; 48, 1; 48, 7; 48, 9; 49, 2–3; 51, 7–8; 53, 2–3; 54, 11; 54, 14; 63, 8; 65, 9*
イキリウス，ルキウス（前412年の護民官）　Icilius, L.　*IV, 52, 1–2*
イキリウス家／のたぐい　Icilii　*III, 35, 4; IV, 2, 7; 54, 4; 54, 9; 55, 7; 56, 3*
イキリウス法　Icilia lex　*III, 32, 7*
イタリア　Italia　*I, 2, 5; 7, 8; 18, 2; 40, 2; V, 33, 5; 33, 7; 34, 1; 34, 4; 35, 2; 54, 4*
—人の血　Italica gens　*IV, 3, 11*
—の民族　Italicae gentes　*V, 33, 7*

イヌウス　Inuus　*I, 5, 2*
妹の梁　Sororium tigillum　*I, 26, 13*
イリオン　Ilium　*I, 3, 2*　→トロイア
インスブレス　Insubres　*V, 34, 9*
インレギルム　Inregillum　*II, 16, 4*
ウァレリウス，プブリウス　Valerius, P.　*II, 52, 6; 53, 1*
ウァレリウス，マニウス（ウォレススの孫）　Valerius, M'.　*II, 18, 6–7*
ウァレリウス，マニウス（前494年の独裁官）　Valerius, M'.　*II, 30, 5; 31, 8–9*
ウァレリウス，マニウス　Valerius, M'.　*II, 30, 5; 31, 8–9; III, 25, 2*
ウァレリウス，マルクス（宣戦使）　Valerius, M.　*I, 24, 6*
ウァレリウス，マルクス（前505年のコーンスル）　Valerius, M.　*II, 16, 1; 18, 6–7; 20, 1; 20, 3*
ウァレリウス，マルクス（卜鳥官）　Valerius, M.　*III, 7, 6*
ウァレリウス，ルキウス　Valerius, L.　*II, 41, 11; 42, 7; 61, 1; 62, 1; III, 5, 3*
ウァレリウス・ウォレスス　Valerius Volesus　*III, 25, 2*
ウァレリウス家　Valerii　*III, 39, 3*
ウァレリウス・プブリコラ，プブリウス（前509年のコーンスル）　Valerius Publicola, P.　*I, 58, 6; 59, 2; II, 2, 11; 6, 6; 7, 3; 7, 11; 8, 1; 8, 6–7; 9, 1; 11, 4; 11, 7–8; 15, 1; 16, 2; 16, 7; 20, 1*
ウァレリウス・プブリコラ，プブリウス（前462年の中間王。前460年のコーンスル）　Valerius Publicola, P.　*III, 8, 2; 15, 1; 17, 1; 17, 8; 18, 5; 18, 8; 19, 1; 19, 7–8; 19, 11; 20, 3*
ウァレリウス・プブリコラ，ルキウス　Valerius Publicola, L.　*V, 26, 2*
ウァレリウス・ポティトゥス，ガイウス　Valerius Potitus, C.　*IV, 49, 1; 53, 1–2; 53, 7; 57, 12; 61, 4*
ウァレリウス・ポティトゥス，ルキウス（前449年のコーンスル）　Valerius Potitus, L.　*III, 39, 2; 40, 11; 41, 1; 41, 3–4; 49, 3–5; 50, 16; 51, 12; 52, 5; 53, 1; 55, 1; 57, 9; 60, 1; 60, 3; 61, 2; 62, 1; 64, 3; 70, 15; IV, 6, 7*
ウァレリウス・ポティトゥス，ルキウス（前414年の准コーンスル。前392年のコーンスル）　Valerius Potitus, L.　*IV, 49, 7; 58, 6; 59, 3; V, 1, 2; 10, 1; 12, 6; 14, 5; 14, 7; 17, 4; 28, 2; 31, 1; 31, 4; 31, 8–9; 48, 5*
ウァレリウス・マクシムス，マルクス　Valerius Maximus, M.　*V, 14, 5; 24, 1–2*
ウァレリウス・マクシムス・ラクトゥカ，マルクス　Valerius Maximus Lactuca, M.　*III, 25, 2; 31, 1*
ウィカ・ポタ　Vica Pota　*II, 7, 12*
ウィテリア　Vitellia　*V, 29, 3*
ウィテリウス，ティトゥス　Vitellius, T.　*II, 4, 1*
ウィテリウス，ティベリウス　Vitellius, Ti.　*II, 4, 1*
ウィテリウス家　Vitellii　*II, 4, 1*
ウィミナリス丘　Viminalis collis　*I, 44, 3*
ウィリウス，アッピウス　Villius, Ap.　*III, 54, 13*
ウィンディキウス　Vindicius　*II, 5, 10*
ウェイイ　Veii　*I, 15, 2; 30, 7; II, 13, 4; 15, 6; 43, 5; 48, 5; 53, 1; 53, 4; 54, 1; V, 1, 1; et passim*
　―議会　Veiens senatus　*IV, 58, 6*
　―人　Veientes　*I, 15, 1; 15, 3; 15, 5; 27, 3–5; 27, 10; 33, 9; 42, 2; II, 6, 2; 6, 4; 6, 11; 7, 1; 8, 6; 43, 1–2; 44, 7; 45, 3; 46, 1; 46, 4; 48, 5–8; 49, 4; 49, 10–11; 50, 1; 50, 3; 50, 10; 51, 4; 53, 1–2; 54, 1; III, 16, 1; 17, 12; IV, 1, 4; 2, 13; 17, 1; 17, 6; 17, 8; 18, 1; 18, 4–5; 21, 8; 23, 4; 24,*

1; 25, 8; 30, 5; 30, 12; 30, 14; 31, 2−3; 31, 6−9; 32, 2−4; 32, 11−12; 33, 10; 34, 6; 35, 2; 40, 4−5; 41, 10; 43, 9; 46, 4; 49, 2; 58, 1−2; 58, 6; 58, 8; 60, 9; 61, 2; 61, 9; 61, 10−11; V, 1, 3; et passim
—（人）との戦争　Veiens bellum　*II, 42, 9; 44, 7; 51, 9; IV, 7, 2; 49, 1; 58, 6; V, 8, 2; 16, 2; 16, 8; 31, 2; 51, 6; 52, 9*
—の城砦　Veientana arx　*V, 21, 10*
—の戦利品　Veiens / Veientana praeda　*V, 20, 10; 25, 12; 32, 8*
—の土地　Veiens / Veientanus ager　*IV, 19, 6; 21, 1; V, 24, 5; 30, 8*
—領　Veiens ager　*V, 45, 4*
ウェキリウス山　Vecilius mons　*III, 50, 1*
ウェスタ　Vesta　*I, 20, 3; V, 30, 5; 32, 6; 52, 7; 52, 14; 54, 7*
—の巫女　Vestalis / Vestales virgines　*I, 3, 11; 4, 2; II, 42, 11; V, 39, 11; 40, 7; 52, 13*
ウェテリア　Vetelia　*II, 39, 4*
ウェトゥシウス，ガイウス　Vetusius, C.　*II, 19, 1*
ウェトゥシウス，ティトゥス　Vetusius, T.　*II, 28, 1; 30, 9; 31, 8*
ウェトゥリア　Veturia　*II, 40, 12; 40, 4*
ウェトゥリウス，ガイウス　Veturius, C.　*III, 31, 2; 31, 5−6; 32, 3*
ウェトゥリウス，マルクス　Veturius, M.　*V, 13, 3*
ウェトゥリウス・ゲミヌス，ティトゥス　Veturius Geminus, T.　*III, 8, 4−6; 10, 4; 33, 3*
ウェヌス　Venus　*I, 1, 8*
ウェネティ人　Veneti　*I, 1, 3; V, 33, 10*
ウェリア　Velia　*II, 7, 6; 7, 11*
ウェリトラエ　Velitrae　*II, 30, 14; 31, 4; 34, 6*
—周辺　Veliternus ager　*II, 31, 4*
ウェルギニア　Verginia　*III, 46, 8; 51, 7; 54, 11; 58, 5; 58, 10−11; 61, 4*
ウェルギニウス，アウルス（前494年のコーンスル）　Verginius, A.　*II, 28, 1; 51, 4; 51, 4; 51, 8; 52, 8*
ウェルギニウス，アウルス（前469年のコーンスル）　Verginius, A.　*II, 63, 1; 63, 5; III, 1, 6*
ウェルギニウス，アウルス（前461年の護民官）　Verginius, A.　*III, 11, 9−10; 11, 12; 13, 4−5; 13, 9; 19, 6; 25, 4*
ウェルギニウス，アウルス（前395—394年の護民官）　Verginius, A.　*V, 29, 6*
ウェルギニウス，オピテル（前502年のコーンスル）　Verginius, Opiter　*II, 17, 1*
ウェルギニウス，オピテル（前473年のコーンスル）　Verginius, Opiter　*II, 54, 3*
ウェルギニウス，スプリウス　Verginius, Sp.　*III, 31, 1*
ウェルギニウス，ティトゥス（前496年のコーンスル）　Verginius, T.　*II, 21, 2*
ウェルギニウス，ティトゥス（前479年のコーンスル）　Verginius, T.　*II, 48, 1*
ウェルギニウス，プブリウス　Verginius, P.　*II, 29, 7; 30, 1*
ウェルギニウス，プロクルス　Verginius, Proculus　*II, 41, 1; 41, 5; 41, 7*
ウェルギニウス，ルキウス（前449年の護民官）　Verginius, L.　*III, 44, 2; 44, 4; 44, 7; 44, 9−11; 45, 1; 45, 9; 45, 11; 46, 1; 46, 3; 46, 5; 46, 9−10; 47, 1−2; 47, 4; 47, 6; 48, 1; 48, 3−4; 48, 6; 49, 8; 50, 2; 50, 4; 50, 10−11; 51, 1; 51, 3; 54, 11; 56, 1−3; 57, 1; 58, 5; 58, 10*
ウェルギニウス，ルキウス（前435年のコーンスル）　Verginius, L.　*IV, 21, 6; 21, 9−10; 23, 1*
ウェルギニウス，ルキウス（前402年の准コーンスル）　Verginius, L.　*V, 8, 1; 8, 9−10; 8, 12; 9, 3; 11, 4; 11, 6; 11, 15; 12, 1; 12, 8; 13, 10*
ウェルギニウス・カエリモンタヌス，ティトゥス　Verginius Caelimontanus, T.　*III, 65, 2*

ウェルギニウス・ルトゥルス，ティトゥス　Verginius Rutulus, T.　*III, 7, 6*
ウェルゴ　Verrugo　*IV, 1, 4; 55, 8; 56, 4–5; 58, 3; 58, 6; V, 28, 6–7; 28, 10–11*
ウェロナ　Verona　*V, 35, 1*
ウォルカヌス　Volcanus　*I, 37, 5*
ウォルシニイ人　Volsinienses　*V, 31, 5; 32, 2; 32, 5*
　—の土地　Volsiniensis ager　*V, 32, 4*
ウォルスキウス・フィクトル，マルクス　Volscius Fictor, M.　*III, 13, 1; 13, 3; 24, 3–6; 25, 1; 29, 6–7*
ウォルスキ人　Volsci　*I, 53, 2; 53, 8; II, 9, 6; et passim; III, 1, 4; et passim; IV, 1, 4; et passim; V, 8, 2; 10, 2; 12, 6; 13, 1; 16, 2; 23, 12; 24, 4–5; 53, 7; 54, 5*
　アンティウムの—　Volsci Antiates　*II, 33, 4; 33, 9*
　—との戦争　Volscum bellum　*II, 58, 3; IV, 37, 3; 61, 3*
　—の指揮官　Volscus imperator　*IV, 39, 1*
　エケトラの—　Ecetrani Volsci　*II, 25, 6*
ウォルスキ領　Volscus ager　*II, 59, 5*
ウォルトゥムナ　Voltumna　*IV, 23, 5; 61, 2; V, 17, 6*
ウォルトゥルヌム　Volturnum　*IV, 37, 1*
ウォルムニア Volumnia　*II, 40, 1–2*
ウォルムニウス，プブリウス　Volumnius, P.　*III, 10, 5; 18, 9; 25, 6*
ウォレスス　Volesus　*I, 58, 6; II, 18, 6; 30, 5*
ウォレロ　Volero　→プブリリウス，ウォレロ
　—ども　Volerones　*II, 58, 9*
ウテンス川　Utens　*V, 35, 3*
海　Oceanus　*V, 37, 2*
ウリクセス　Ulixes　*I, 49, 9*
ウルビウムの坂　Urbius clivus　*I, 48, 6*
ウンブリア人　Umbri　*V, 35, 2*
エウアンデル　Evander　*I, 5, 2; 7, 3; 7, 8–9; 7, 14*
エウガネイ人　Euganei　*I, 1, 3*
エケトラ　Ecetra　*II, 25, 6; III, 4, 2–3; 10, 8; 59, 3; 61, 5*
エゲリア　Egeria　*I, 19, 5; 21, 3*
エゲリウス　Egerius　*I, 34, 3; 38, 1; 57, 6*
エスクィリアエ丘　Esquiliae　*I, 44, 3; 48, 6; II, 28, 1*
エスクィリナ門　Esquilina porta　*II, 11, 5; III, 66, 5; 67, 11; 68, 2*
エトルリア　Etruria / Tuscia　*I, 2 5; 23, 8; 30, 4; 30, 7; 35, 9; 55, 6; 56, 1; 56, 5; II, 6, 1; 7, 3; 9, 1; 9, 4; 10, 8; 14, 3; 34, 3; 34, 5; 44, 7–8; 49, 9–10; 50, 2; 52, 7; III, 13, 8; IV, 12, 9; 13, 2; 23, 4–6; 24, 1; 25, 4; 25, 7; 31, 6; 58, 10; V, 1, 3–4; 1, 6–9; 4, 14; 5, 5; 5, 8–10; 6, 10; 6, 12; 8, 5; 8, 7; 15, 1; 15, 4; 15, 7; 17, 6; 17, 8–10; 18, 10; 33, 2; 33, 6–9; 33, 11; 34, 9; 35, 2; 35, 4; 36, 5–7; 45, 4–6; 45, 8; 54, 5*
　—海　Etruscum mare　*IV, 52, 5*
　—人　Etrusci / Tusci　*I, 2, 3; et passim; II, 7, 1; et passim; III, 16, 2; IV, 17, 12; 18, 6–7; 22, 2; 22, 6; 25, 8; 31, 6; 32, 10; 33, 10; 37, 1–2; 52, 6; 61, 2*
　—人のしきたり　Etruscus mos　*V, 22, 5*
　—人の予言　Etrusca disciplina　*V, 15, 11*
　—との戦争　Etruscum bellum　*V, 5, 11*
　—の種族　Etruscum nomen　*V, 22, 8*

—の勢力 Etrusca res *I, 23, 8*
エネティ人 Eneti *I, 1, 2–3*
エペスス Ephesus *I, 45, 2*
エリキウス Elicius →ユッピテル・エリキウス
エリトウィウス Elitovius *V, 35, 1*
エレトゥム Eretum *III, 26, 2; 29, 7; 38, 3; 42, 3; 42, 7*
オクタウィウス →マミリウス，オクタウィウス
オスティア Ostia *I, 33, 9; II, 34, 3; IV, 30, 6*
オッピア Oppia *II, 42, 11*
オッピウス，ガイウス Oppius, C. *III, 54, 13*
オッピウス，マルクス Oppius, M. *III, 51, 10*
オッピウス・コルニケン，スプリウス Oppius Cornicen, Sp. *III, 35, 11; 41, 10; 49, 6; 50, 14; 58, 7–9*
オルトナ Ortona *II, 43, 2; III, 30, 8*

カ 行

カエキリウス，クィントゥス Caecilius, Q. *IV, 16, 5*
カエサル・アウグストゥス Caesar Augustus →アウグストゥス，カエサル
カエディキウス，クィントゥス Caedicius, Q. *V, 45, 7; 46, 6*
カエディキウス，マルクス Caedicius, M. *V, 32, 6*
カエディキウス，ルキウス Caedicius, L. *II, 52, 6*
カエニナ人 Caeninenses *I, 9, 8; 10, 2–3*
カエノ Caeno *II, 63, 6*
カエリウス丘 Caelius mons *I, 30, 1; 33, 2; II, 11, 8*
カエレ Caere *I, 2, 3; 60, 2; IV, 61, 11; V, 40, 10*
—の人々 Caerites *V, 50, 3*
—の領地 Caeres ager *V, 16, 5*
カクス Cacus *I, 7, 5; 7, 7*
カストル Castor *II, 20, 12; 42, 5*
カッシウス，スプリウス Cassius, Sp. *II, 17, 1; 33, 3; 33, 9; 41, 1–2; 41, 6; 41, 8; 41, 10–11; 42, 1; 42, 7; IV, 15, 4*
カッシウス氏 Cassii *IV, 15, 5*
カヌレイウス，ガイウス Canuleius, C. *IV, 1, 1; 1, 6; 2, 1; 2, 5; 2, 13–14; 3, 1; 6, 1; 6, 3; 6, 5*
カヌレイウス，マルクス Canuleius, M. *IV, 44, 6*
カヌレイウスのたぐい Canuleii *IV, 2, 7*
ガビイ Gabii *I, 53, 4–5; 53, 11; 54, 1–5; 54, 7–8; 54, 10; 55, 1; 60, 2; V, 54, 1*
—人 Gabini *I, 53, 10; 54, 2–3*
—人の領土 Gabinus ager *III, 8, 6*
—風 Gabinus cinctus *V, 46, 2*
カピトリウム Capitolium *I, 10, 5; 33, 2; 38, 7; II, 7, 10; 8, 6; 10, 4; 22, 6; 49, 7; III, 15, 5; 15, 9; 16, 5; 17, 4–7; 15, 9; 18, 1; 18, 6–7; 18, 10; 19, 6–7; 19, 12; 20, 3; 21, 1; 22, 1; 23, 2; 29, 9; 57, 7; 68, 7; IV, 2, 14; 20, 4; 45, 1; V, 30, 5; 39, 10; 39, 12; 40, 1; 41, 5; 44, 5; 46, 9; 47, 1; 48, 4; 50, 4; 51, 3; 50, 9; 52, 6; 52, 12; 53, 5; 53, 9; 54, 7*
—競技祭 Capitolini ludi *V, 50, 4; 52, 11*
—への坂 Capitolinus Clivus *III, 18, 7; 19, 7*

カピトリヌス丘　Capitolinus collis　*I, 12, 1; V, 46, 2−3; 48, 6*
ガビナ街道　Gabina via　*II, 11, 7; III, 6, 7; V, 49, 6*
カピュス・シルウィウス　Capys Silvius　*I, 3, 8; IV, 37, 1*
カプア　Capua　*IV, 37, 1; 52, 6*　→ウォルトゥルヌム
カプラ沼　Caprae palus　*I, 16, 1*
カペトゥス　Capetus　*I, 3, 8*
カペナ　Capena　*V, 14, 5; 27, 10*
　—人　Capenates　*V, 8, 4; 8, 9; 10, 2; 13, 9; 17, 6; 18, 7; 18, 10; 19, 7; 24, 3*
　—との戦い　Capenas bellum　*V, 16, 2; 24, 2*
　—の領地　Capenas ager　*V, 12, 5; 13, 12*
カペナ門　Capena porta　*I, 26, 2; III, 22, 4*
カミルス　Camillus　→フリウス・カミルス，マルクス
カメナたち　Camenae　*I, 21, 3*
カメリア　Cameria　*I, 38, 4*
ガリア　Gallia　*V, 33, 3; 34, 2; 36, 7; 36, 9−11; 37, 8; 43, 8; 47, 11; 48, 8; 49, 6; 50, 5*
　アルプスのこちら側の—　Galli Cisalpini　*V, 35, 3*
　—人　Galli　*V, 17, 8; 24, 7; 32, 6−7; 33, 1−5; 34, 1; 34, 7−8; 35, 1; 35, 5−6; 36, 1; 36, 3−9; 37, 4−5; 38, 3; 39, 1−2; 39, 6; 41, 4; 41, 9; 42, 1; 43, 1−3; 43, 6; 44, 7; 45, 2−3; 46, 1; 46, 3; 47, 2; 47, 4−5; 48, 2−4; 48, 9; 49, 1−2; 48, 5−6; 50, 6−7; 51, 3; 51, 7; 52, 3; 52, 12; 53, 2; 53, 4−7*
　—人の火葬場　Gallica busta　*V, 48, 3*
　—人の投げ槍　Gallica tela　*V, 52, 3*
　—との戦い　Gallicum bellum　*V, 36, 10; 45, 6; 50, 5*
　—の軍勢　Gallici exercitus　*V, 33, 6*
カルウィウス・キケロ，ガイウス　Calvius Cicero, C.　*III, 31, 5*
カルウェントゥムの城砦　Carventana arx　*IV, 53, 3; 53, 9; 55, 4; 55, 8; 56, 4*
カルタゴ　Carthago　*IV, 29, 8*
カルヌテス人　Carnutes　*V, 34, 5*
カルプルニウス・ピソ，ルキウス　Calpurnius Piso, L.　*I, 55, 8; II, 32, 3; 58, 1−2*
カルメンタ　Carmenta　*I, 7, 8*
　—神殿　Carmentis　*V, 47, 2*
カルメンタリス門　Carmentalis porta　*II, 49, 8*
カンパニア　Campania　*II, 52, 1*
　—人　Campani　*IV, 44, 12*
希望（スペス）の神域　Spei (aedes)　*II, 51, 2*
キュプリウス通り　Cyprius vicus　*I, 48, 6*
恐慌（パロル）　Pallor　*I, 27, 7*
凶行の辻　Sceleratus vicus　*I, 48, 7*
恐怖（パウォル）　Pavor　*I, 27, 7*
ギリシア　Graecia　*I, 56, 6; III, 31, 8 V, 4, 11; 27, 1*
　—人　Graeci　*IV, 44, 12; V, 4, 11; 33, 8*
キルカ　Circa (Circe)　*I, 49, 9*
キルケイ　Circeii　*I, 56, 3; II, 39, 2*
キンキンナトゥス　→クィンクティウス・キンキンナトゥス，ルキウス
クィエス　Quies　*IV, 41, 8*
クィリナリス丘　Quirinalis collis　*I, 44, 3; V, 46, 2; 52, 3*

クィリヌス　Quirinus　*I, 20, 2; 32, 9; IV, 21, 9; V, 52, 7*　→ヤヌス
一神官　Quirinalis flamen　*III, 32, 3; V, 40, 7−8*
クィンクティウス，カエソ　Quinctius, Caeso　*III, 11, 6; 11, 9−12; 12, 1; 12, 4−5; 12, 8; 13, 2−4; 13, 8−9; 14, 2−4; 15, 3; 19, 2−3; 19, 5; 24, 3; 24, 5−6; 25, 3*
クィンクティウス一族　Quinctia familia　*III, 25, 3*
クィンクティウス一門　Quinctia gens　*III, 12, 3*
クィンクティウス・カピトリヌス・バルバトゥス，ティトゥス（前471年のコーンスル）　Quinctius Capitolinus Barbatus, T.　*II, 56, 5; 56, 15; 57, 1−2; 58, 4; 60, 1; 64, 2; 64, 9; III, 1, 4; 1, 6; 2, 2; 3, 5; 3, 8−9; 4, 10−11; 5, 8−10; 5, 13; 12, 2; 12, 4; 13, 4; 25, 2; 35, 9; 66, 1; 66, 6; 67, 1; 69, 3−5; 70, 1−2; 70, 10−11; 70, 15; IV, 1, 5; 6, 7; 7, 10; 8, 1; 10, 8; 13, 6; 13, 11; 17, 10; 18, 5; 41, 12; 43, 1*
クィンクティウス・カピトリヌス・バルバトゥス，ティトゥス（前421年のコーンスル）　Quinctius Capitolinus, T.　*IV, 43, 1; 61, 1*
クィンクティウス・キンキンナトゥス，クィントゥス　Quinctius Cincinnatus, Q.　*IV, 49, 1; 61, 1*
クィンクティウス・キンキンナトゥス・ポエヌス，ティトゥス　Quinctius Cincinnatus Poenus, T.　*IV, 26, 2; 26, 11; 27, 2; 29, 7; 30, 4; 30, 15; 31, 1; 32, 9−10; 33, 3; 33, 9; 33, 12; 34, 1; 40, 4; 41, 11*
クィンクティウス・キンキンナトゥス，ルキウス（前460のコーンスル。前458, 439年の独裁官）　Quinctius Cincinnatus, L.　*III, 12, 8; 19, 2; 19, 4; 20, 2−4; 20, 8; 21, 1; 21, 3; 21, 8; 26, 2; 26, 6; 26, 8−9; 26, 11−12; 27, 2; 27, 6; 29, 4; 29, 7; 35, 9; IV, 6, 7; 13, 12; 13, 14; 14, 1−2; 15, 1; 16, 1; 16, 7; 41, 12*
クィンクティウス・キンキンナトゥス，ルキウス（前438, 425, 420年の准コーンスル？）　Quinctius, L.　*IV, 16, 7; 17, 9; 35, 1; 44, 1*
クィンクティウス氏　Quinctii　*I, 30, 2*
クィンクティウスの牧場　Quinctia prata　*III, 26, 8*
クィンクティリウス，セクストゥス　Quinctilius, Sex.　*III, 32, 1; 32, 4*
クィンクティリウス・ウァルス，マルクス　Quinctilius Varus, M.　*V, 1, 2*
クマエ　Cumae　*II, 9, 6; 14, 6−7; 21, 5; 34, 3−4; IV, 25, 4; 44, 12; 52, 6*
（古）クラウディア区民 Claudia tribus (vetus)　*II, 16, 5*
クラウディウス，アッピウス（前495年のコーンスル）　Claudius, Appius　*II, 16, 4−5; 21, 5; 23, 10; 23, 15; 27, 1; 27, 4; 27, 10; 27, 12−13; 28, 4; 29, 9; 30, 1−2; 44, 2; 44, 5; 56, 5; III, 15, 1*
クラウディウス，アッピウス（前471年のコーンスル）　Claudius, Appius　*II, 56, 5; 56, 7−8; 56, 11−12; 56, 14; 57, 3−4; 58, 4; 59, 1−2; 59, 4; 59, 6; 61, 1−2; 61, 5−7*
クラウディウス，アッピウス（十人委員）　Claudius, Appius　*III, 33, 3−4; 33, 7; 35, 3; 35, 7; 36, 1; 39, 2; 40, 2; 40, 12; 41, 2−4; 41, 8−10; 44, 2; 44, 4; 44, 9; 44, 12; 45, 1; 45, 5−6; 45, 10; 46, 2; 46, 9; 47, 4−7; 48, 3−7; 49, 1−5; 50, 5; 50, 7; 50, 9; 50, 11; 51, 12; 54, 2; 56, 1−2; 56, 4−5; 56, 8; 56, 13; 57, 1−2; 57, 4; 57, 6; 58, 6−7; 58, 9; 61, 2; 61, 4; IV, 48, 5−6*
クラウディウス，アッピウス（十人委員の息子）　Claudius, Appius　*IV, 36, 5*
クラウディウス，ガイウス　Claudius, C.　*III, 15, 1; 19, 1; 19, 7−8; 21, 7; 35, 9; 40, 2; 40, 5−7; 58, 1, 63, 8; IV, 6, 7*
クラウディウス，マルクス　Claudius, M.　*III, 44, 5; 44, 8; 46, 3; 47, 6; 58, 10*
クラウディウス一族　Claudia gens　*III, 58, 2; 58, 5; IV, 3, 14*
クラウディウス・クラッスス，アッピウス　Claudius Crassus, Ap.　*IV, 35, 4; IV, 48, 5; V, 1, 2; 2, 13; 3, 1; 7, 1; 20, 5*

クラウディウス家　Claudii　*III, 58, 3; IV, 15, 5*
　—の血筋　Claudia stirps　*IV, 48, 10*
グラックス，クロエリウス　Gracchus, Cloelius　*III, 25, 5; 28, 10*
クラティウス，プブリウス　Curatius, P.　*V, 11, 4*
グラディウス　Gradivus　→マルス・グラディウス
クリアティウス，プブリウス　Curiatius, P.　*III, 32, 1; 33, 3*
クリアティウス兄弟　Curiatii fratres　*I, 24, 1; 25, 9−10; 26, 2; 26, 10−11*
クリアティウス氏　Curiatii　*I, 24, 1; 25, 6; 30, 2*
クルウィリウス　Cluilius (Aequus)　*IV, 9, 12; 10, 7*
クルウィリウス，ガイウス　Cluilius, C.　*I, 22, 4; 23, 4; 23, 7*
クルウィリウスの溝　Cluilia fossa　*I, 23, 3; II, 39, 5*
クルシウム　Clusium　*V, 33, 1; 33, 3−6; 35, 3−4; 36−2−3; 36, 8; 37, 6*
クルストゥメリア　Crustumeria　*II, 19, 2; III, 42, 3*
　—の山地　Crustumini montes　*V, 37, 7*
クルストゥメリウム　Crustumerium　*I, 9, 8; 10, 2; 11, 3−4*
　—人　Crustumini　*I, 10, 3*
　—の野　Crustumini campi　*II, 64, 3*
クルティウス，ガイウス　Curtius, C.　*IV, 1, 1; 7, 3*
クルティウス，メッティウス　Curtius, Mettius　*I, 12, 2; 12, 8; 13, 5*
クルティウス沼　Curtius lacus　*I, 13, 5*
クレウサ　Creusa　*I, 3, 2*
クレス　Cures　*I, 13, 5; 18, 1; 34, 6*
クレメラ河　Cremera　*II, 49, 8; 49, 10; 49, 12; 50, 5; 52, 3; III, 1, 1*
クロアキナ　Cloacina　*III, 48, 5*
クロエリア　Cloelia　*II, 13, 6−7; 13, 9*
クロエリウス，クィントゥス　Cloelius, Q.　*II, 21, 1*
クロエリウス氏　Cloelii　*I, 30, 2*
クロエリウス・シクルス，ティトゥス　Cloelius Siculus, T.　*IV, 7, 1; 11, 5*
クロエリウス・トゥルス　Cloelius Tullus　*IV, 17, 2*
クロトン　Croton　*I, 18, 2*
ゲガニウス，ティトゥス　Geganius, T.　*II, 34, 1*
ゲガニウス氏　Geganii　*I, 30, 2*
ゲガニウス・マケリヌス，プロクルス　Geganius Macerinus, Proculus　*IV, 12, 6*
ゲガニウス・マケリヌス，マルクス　Geganius Macerinus, M.　*III, 65, 5; IV, 8, 1; 9, 13; 17, 7; 22, 7; 27, 10−11*
ゲヌキウス，グナエウス（前474年の護民官）　Genucius, Cn.　*II, 54, 2; 54, 8; 55, 2*
ゲヌキウス，グナエウス（前399年の准コーンスル）　Genucius, Cn.　*V, 13, 3; 18, 2; 18, 7−8*
ゲヌキウス，ティトゥス（前476年の護民官）　Genucius, T.　*II, 52, 3*
ゲヌキウス，ティトゥス（十人委員）　Genucius, T.　*III, 33, 3−4*
ゲヌキウス，マルクス　Genucius, M.　*IV, 1, 1*
ケノマニ人　Cenomani　*V, 35, 1*
ゲリュオン　Geryones　*I, 7, 4*
ケルト人　Celtae　*V, 34, 1; 34, 5*
ケレス　Ceres　*II, 41, 10; III, 55, 7; 55, 13*
ケレレース　Celeres　*I, 15, 8*
コクレス　Cocles　→ホラティウス・コクレス

古フィクレア　Ficulea vetus　*I, 38, 4*
コミニウス，ポストゥムス　Cominius, Postumus　*II, 18, 1; 33, 3; 33, 8*
コミヌス，ポンティウス　Cominus, Pontius　*V, 46, 8*
コラ　Cora　*II, 16, 8; 22, 2*
コラティア　Collatia　*I, 38, 1−2; 57, 8; 58, 1; 59, 5*
—人　Collatini　*I, 38, 1−2; 59, 7*
コリオラヌス　Coriolanus　→マルキウス・コリオラヌス，グナエウス
コリオリ　Corioli　*II, 33, 5−6; 33, 9; 39, 3; III, 71, 6−7*
—人の土地　Coriolani fines　*III, 71, 7*
コリナ門　Collina porta　*II, 11, 7; 11, 9; 51, 2; 64, 3; III, 51, 3; IV, 21, 8; 22, 1; 31, 9; V, 41, 4*
コリント（ゥ）ス　Corinthus　*I, 34, 2; 47, 4−5*
コルニクルム　Corniculum　*I, 38, 4; 39, 5*
—の女奴隷　Corniculana captiva　*IV, 3, 12*
コルネリウス，アウルス　Cornelius, A.　*III, 24, 3*
コルネリウス，セルウィウス　Cornelius, Servius　*II, 41, 12; III, 32, 3*
コルネリウス・コッスス，アウルス（前428年のコーンスル）　Cornelius Cossus, A.　*IV, 19, 1; 20, 5; 20, 8; 20, 11; 27, 2; 30, 4; 31, 1; 31, 5; 32, 4*
コルネリウス・コッスス，アウルス（前413年のコーンスル）　Cornelius Cossus, A.　*IV. 51, 1*
コルネリウス・コッスス，グナエウス　Cornelius Cossus, Cn.　*IV, 49, 7; 54, 1; 58, 6; 59, 2; 61, 4; V, 10, 1; 12, 5; 12, 12*
コルネリウス・コッスス，プブリウス（前415年の准コーンスル）　Cornelius Cossus, P.　*IV, 49, 1; 56, 2; 56, 9; 57, 2*
コルネリウス・コッスス，プブリウス（前408年の准コーンスル）　Cornelius Cossus, P.　*IV, 57, 6; 58, 6; 59, 3*
コルネリウス・コッスス，プブリウス（前395年の准コーンスル）　Cornelius Cossus, P.　*V, 24, 1−2*
コルネリウス・スキピオ，プブリウス　Cornelius Scipio, P.　*V, 19, 2; 24, 1−2; 26, 2 (?); 31, 8*
コルネリウス・マルギネンシス，プブリウス　Cornelius Maluginensis, P.　*IV 61, 4; V, 16, 1; 17, 1; 36, 11*
コルネリウス・マルギネンシス，マルクス（十人委員）　Cornelius Maluginensis, M.　*III, 35, 11; 40, 8; 41, 10*
コルネリウス・マルギネンシス，マルクス（前435年のコーンスル）　Cornelius Maluginensis, M.　*IV, 21, 1*
コルネリウス（・マルギネンシス），マルクス（前392年のコーンスル）　Cornelius (Maluginensis), M.　*V, 31, 6*
コルネリウス・マルギネンシス，ルキウス　Cornelius Maluginensis, L.　*III, 22, 1−3; 23, 3, 23, 7; 40, 8; 41, 4*
コルビオ　Corbio　*II, 39, 4; III, 28, 10; 30, 2; 30, 8; 66, 6; 69, 9*
コルメン　Columen　*III, 23, 6*
コンシディウス，クィントゥス　Considius, Q.　*II, 52, 3*
コンスアリア祭　Consualia　*I, 9, 6*

サ　行

サトゥルナリア祭　Saturnalia　*II, 21, 2*
サトゥルヌス　Saturnus　*II, 21, 2*

サトリクム　Satricum　*II, 39, 3*
サビニ人　Sabinae / Sabini　*I, 9, 9; 10, 1−2; 11, 5; 11, 8−9; 12, 1−2; 12, 4; 12, 8−10; 13, 1; 13, 5−6; 17, 2; 18, 1; 18, 3−5; 22, 1; 30, 4−6; 30, 8; 30, 10; 31, 1; 33, 2; 34, 6; 36, 1; 37, 1−6; 38, 1; 38, 3; 38, 6−7; 45, 3−4; 45, 6; II, 16, 1; 16, 3; 16, 6; 18, 2; 18, 9; 18, 11; 23, 5; 26, 1; 26, 3−4; 27, 10; 29, 7; 30, 3; 31, 1; 37, 6; 48, 6; 53, 1−2; 62, 3−4; 63, 7; 64, 3; III, 15, 5; 16, 1; 17, 6; 17, 12; 26, 1−2; 29, 7; 30, 8; 38, 3−4; 41, 9; 42, 3; 43, 2; 51, 7; 57, 9; 61, 11; 61, 13; 62, 6−7; 63, 1; 63, 4; 70, 15; IV, 3, 12; 3, 14; 4, 7*
　—との戦争　Sabinum bellum　*III, 39, 8*
　—の軍隊　Sabinus exercitus / legiones　*III, 16, 2; 30, 4*
　—の領地　Sabinus ager　*III, 42, 7; IV, 3, 10*
サピヌム人　Sappinates　*V, 31, 5; 32, 2; 32, 4*
　—の土地　Sappinas ager　*V, 32, 4*
サムニウム人　Samnites　*IV, 37, 1−2; 52, 6*
サリイー　Salii　*I, 20, 4; 27, 7; IV, 54, 7*
サルウィ人　Salluvii / Salues　*V, 34, 7−8; 35, 2*
シキニウス　Sicinius quidam　*II, 32, 2; 33, 2; 34, 9−10*
シキニウス，ガイウス　Sicinius, C.　*III, 54, 12*
シキニウス，ティトゥス（前487年のコーンスル）　Sicinius, T.　*II, 40, 14*
シキニウス，ティトゥス（前395年の護民官）　Sicinius, T.　*V, 24, 11*
シキリア　Sicilia　*I, 1, 4; II, 34, 3; 34, 7; 41, 8; IV, 25, 4; 29, 8; 52, 6*
　—海峡　Siculum fretum　*I, 2, 5; V, 28, 2*
　—人　Siculi　*IV, 29, 8*
シグニア　Signia　*I, 56, 3; II, 21, 7*
七月　Quinctiles, Kalendae　*V, 32, 1*
シッキウス，グナエウス　Siccius, Cn.　*II, 58, 2; 61, 2*
シッキウス，ルキウス　Siccius, L.　*III, 43, 2−7; 51, 7; 51, 12*
シビュラ　Sibylla　*I, 7, 8*
　—の書　(Sibyllini) libri　*IV, 25, 3; V, 13, 5; 50, 2*
十月　Octobres, Kalendae　*V, 9, 1; 9, 8; 11, 11*
十二月　Decembres Idus　*V, 9, 3; 11, 11*
十二表法　Duodecim tabulae　*III, 56, 9; 57, 10; IV, 48, 5*
朱岩（サクサ・ルブラ）　Saxa Rubra　*II, 49, 12*
小アジア　Asia　*I, 45, 2*
シリウス，クィントゥス　Silius, Q.　*IV, 54, 3*
シルウァヌス　Silvanus　*II, 7, 2*
シルウィウス家　Silvia gens　*I, 3, 7; 3, 10*
スウェッサ・ポメティア　Suessa Pometia　*I, 41, 7; 53, 2; II, 25, 5*
スカエウォラ　Scaevola　→ムキウス・スカエウォラ，ガイウス
スカプティウス，プブリウス　Scaptius, P.　*III, 71, 3; 71, 5; 72, 1; 72, 4; 72, 6*
スタティウス，ティトゥス　Statius, T.　*II, 52, 6*
スタトル　Stator　→ユッピテル，スタトル
スブラ　Subura　*III, 13, 2*
スプリリウス，ティベリウス　Spurillius, Ti.　*IV, 42, 1*
スルピキウス，クィントゥス　Sulpicius, Q.　*IV, 23, 1; 27, 9*
スルピキウス，セルウィウス（前500年のコーンスル）　Sulpicius, Ser.　*II, 19, 1; III, 7, 6*
スルピキウス，セルウィウス（前461年のコーンスル）　Sulpicius, Ser.　*III, 10, 5*

スルピキウス，セルウィウス（前392年の准コーンスル） Sulpicius, Ser. *V, 32, 1−2*
スルピキウス，プブリウス Sulpicius, P. *III, 70, 2; 70, 4−5*
スルピキウス・カメリヌス，クィントゥス Sulpicius Camerinus, Q. *V, 8, 1; 14, 5; 29, 2*
スルピキウス・カメリヌス，セルウィウス Sulpicius Camerinus, Ser. *V, 32, 1−2*
スルピキウス・カメリヌス，プブリウス Sulpicius Camerinus, P. *III, 31, 8; 33, 3; 50, 15*
スルピキウス・ロングス，クィントゥス Sulpicius Longus, Q. *V, 36, 11; 47, 9; 48, 8*
聖山（サケル・モンス） Sacer mons *II, 32, 2; 33, 3; 34, 10; 57, 4; III, 15, 3; 52, 1−3; 53, 1; 54, 5; 54, 7; 54, 11−12; 54, 14; 61, 5; 67, 11*
聖道 Sacra via *II, 13, 11*
セクスティウス，マルクス Sextius, M. *IV, 49, 11−13*
セゴウェスス Segovesus *V, 34, 3−4*
セスティウス，プブリウス（貴族階級） Sestius, P. *III, 33, 9−10*
セスティウス，プブリウス（前414年のクアエストル） Sestius, P. *IV, 50, 2−3*
セスティウス・カピトリヌス，プブリウス Sestius Capitolinus, P. *III, 32, 5; 33, 3−4*
セノネス人 Senones *V, 34, 5; 35, 3* →ガリア人
セルウィウス・トゥリウス Servius Tullius →トゥリウス，セルウィウス
セルウィウス・ロマヌス Servius Romanus *IV, 61, 10*
セルウィリウス，ガイウス（前478年のコーンスル） Servilius, C. *II, 49, 9*
セルウィリウス，ガイウス（前419年の准コーンスル） Servilius, C. *IV, 45, 5*
セルウィリウス，クィントゥス Q. *II, 64, 2; 64, 4; III, 2, 1; 3, 6; 24, 3; 21, 10*
セルウィリウス，スプリウス Servilius, Sp. II, 51, 4; 51, 6-7; 52, 6; 54, 2
セルウィリウス，プブリウス（前495年のコーンスル） Servilius, P. *II, 21, 5; 23, 10; 24, 3−4; 26, 2; 27, 2−4; 27, 13; 29, 7; 30, 6*
セルウィリウス，プブリウス（前463年のコーンスル） Servilius, P. *III, 6, 1; 6, 8*
セルウィリウス・アハラ，ガイウス（前439年の騎兵長官。前427年のコーンスル） Servilius Ahala, C. *IV, 13, 14; 14, 3; 14, 6−7; 16, 5; 21, 3−4; 30, 12; 46, 12*
セルウィリウス・アハラ，ガイウス（前408年の准コーンスル） Servilius Ahala, C. *IV, 56, 2; 57, 3; 57, 6; 57, 12; 59, 5; V, 8, 1; 9, 5*
セルウィリウス氏 Servilii *I, 30, 2*
セルウィリウス・ストルクトゥス，ガイウス Servilius Structus, C. *IV, 47, 7*
セルウィリウス・フィデナス，クィントゥス Servilius, Q. *V, 8, 1; 14, 5; 17, 4; 24, 1−2; 36, 11*
セルウィリウス・プリスクス，クィントゥス Servilius Priscus, Q. *IV, 26, 7; 30, 6; 45, 5; 45, 8; 46, 4; 46, 10; 48, 1*
セルギウス，マニウス Sergius, M'. *V, 8, 1; 8, 7; 8, 9; 8, 11−12; 9, 3; 11, 4; 11, 6; 11, 15; 12, 1; 12, 8; 13, 10*
セルギウス，マルクス Sergius, M. *III, 35, 11; 41, 10*
セルギウス・フィデナス，マニウス Sergius Fidenas, M'. *IV, 61, 4*
セルギウス・フィデナス，ルキウス（前437年のコーンスル） Sergius Fidenas, L. *IV, 17, 7; 25, 2; 30, 4; 30, 6; 35, 4; 45, 5; 46, 5*
セルギウス・フィデナス，ルキウス（前397年の准コーンスル） Sergius Fidenas, L. *V, 16, 1; 28, 2*
センプロニウス，アウルス Sempronius, A. *II, 21, 1; 34, 7*
センプロニウス・アトラティヌス，アウルス Sempronius Atratinus, A. *IV, 7, 1; 35, 1; 44, 1−2; 44, 5−6; 47, 8*
センプロニウス・アトラティヌス，ガイウス Sempronius Atratinus, C. *IV, 37, 1; 37, 6;*

37, 8; 38, 1; 40, 4; 40, 6; 40, 9; 41, 2; 42, 2−3; 42, 7−8; 43, 2; 44, 6−7
センプロニウス・アトラティヌス，ルキウス　Sempronius Atratinus, L.　IV, 7, 10; 8, 7
ソロン　Solon　III, 31, 8

タ　行

大競技場　Circus Maximus　I, 35, 8
大下水道　Cloaca Maxima　I, 56, 2
太陽神　Sol　V, 23, 6
タウリニ人　Taurini　V, 34, 8
タティウス，ティトゥス　Tatius, Titus　I, 10, 1−2; 11, 6; 13, 8; 14, 1−2; 17, 2; 30, 6; 34, 6; 35, 3; 55, 2; IV, 3, 12
タナクィル　Tanaquil　I, 34, 4−5; 34, 9; 39, 3; 41, 1; 41, 4; 47, 6
タラキナエ　Tarracinae　IV, 59, 4　→アンクスル
タラッシウス　Thalassius　I, 9, 12
タルクィティウス，ルキウス　Tarquitius, L.　III, 27, 1
タルクィニア　Tarquinia　I, 56, 7; IV, 3, 11
タルクィニイ　Tarquinii　I, 34, 1−2; 34, 5; 34, 7; 47, 4−5; II, 6, 2; 6, 4; 6, 11; 7, 1
　—人　Tarquinienses　V, 16, 2−5
タルクィニウス，アルンス（プリスクスの兄弟）　Tarquinius, Arruns　I, 34, 2−3
タルクィニウス，アルンス（プリスクスの息子）　Tarquinius, Arruns　I, 42, 1; 46, 4
タルクィニウス，アルンス（スペルブスの息子）　Tarquinius, Arruns　I, 56, 7; 56, 11; II, 6, 6−7
タルクィニウス，セクストゥス　Tarquinius, Sextus　I, 53, 5; 54, 1−5; 54, 8; 55, 1; 56, 11; 57, 6; 57, 10; 58, 1−3; 58, 5; 58, 8; 59, 8; 60, 2
タルクィニウス，ティトゥス　Tarquinius, Titus　I, 56, 7; 56, 11; II, 20, 1−3
タルクィニウス家／一族　Tarquinii　I, 57, 10; II, 2, 3; 2, 8; 2, 11; 3, 1−2; 3, 7; 4, 3; 4, 5; 5, 2; 9, 1; 13, 3; 15, 5; 19, 4; III, 11, 13; 44, 1
タルクィニウス・コラティヌス，ルキウス　Tarquinius Collatinus, L.　I, 57, 6−7; 57, 10; 58, 1; 58, 6−7; 59, 2; 60, 3; II, 2, 3; 2, 7; 2, 10; IV, 15, 4
タルクィニウス・スペルブス，ルキウス　Tarquinius Superbus, L.　I, 42, 1; 46, 1−2; 46, 4; 46, 6; 46, 9; 47, 4; 47, 7−8; 47, 10; 48, 1−4; 49, 1; 49, 9; 50, 1−3; 50, 7−8; 51, 1; 51, 3; 51, 7; 52, 1; 52, 4−5; 53, 1; 53, 5; 53, 7; 54, 4; 54, 6; 55, 1; 55, 1; 56, 1; 56, 3; 56, 5; 56, 7; 56, 9; 57, 1; 59, 1; 59, 9; 59, 11; 60, 1−3; II, 2, 3; 6, 1; 6, 5; 7, 1; 15, 1; 15, 7; 18, 4; 19, 6; 19, 10; 21, 5; 21, 7; 34, 4; 34, 10
タルクィニウス・プリスクス，ルキウス　Tarquinius Priscus, L.　I, 34, 10; 35, 1−2; 35, 6−7; 36, 1−2; 36, 7; 37, 1; 37, 5; 38, 3−4; 39, 4−5; 40, 1−2; 40, 4; 41, 1; 41, 6; 42, 1; 46, 4; 47, 2; II, 2, 3; IV, 3, 11; 3, 16; V, 34, 1
タルペイウス，スプリウス　Tarpeius, Sp.　I, 11, 6
タルペイウス，スプリウス（前454年のコーンスル）　Tarpeius, Sp.　III, 31, 5; 50, 15; 65, 1
タルペイウス丘　Tarpeius, mons　I, 55, 1
ディアナ　Diana　I, 45, 5−7; V, 13, 6
　—神殿　Dianium　I, 45, 2; 45, 4; 45, 6; 48, 6
ティキヌス川　Ticinus　V, 34, 9; 35, 2
ティティエンセス　Titienses　I, 13, 8; 36, 2
ティティニウス，セクストゥス　Titinius, Sex.　IV, 16, 5
ティティニウス，マルクス　Titinius, M.　III, 54, 13

ティティニウス，ルキウス　Titinius L.　*V, 12, 10; 18, 2; 18, 7−8*
ティブル　Tibur　*III, 58, 10*
ティベリス河　Tiberis　*I, 3, 5; 4, 4; 7, 4; 14, 5; 15, 2; 27, 4; 33, 6; 33, 9; 37, 2; 38, 6; 45, 6−7; II, 5, 2−3; 10, 1; 10, 11; 11, 1; 12, 5; 13, 5−6; 34, 5; 51, 2; 51, 6−7; III, 13, 10; 26, 8; IV, 12, 11; 19, 6; 31, 8; 32, 8; 33, 10; 49, 2; 52, 5−6; V, 13, 1; 37, 7; 38, 5; 38, 8; 46, 8; 54, 3*
ティベリヌス　Tiberinus pater　*II, 10, 11*
ティベリヌス・シルウィウス　Tiberinus Silvius　*I, 3, 8−9*
ティマシテウス　Timasitheus　*V, 28, 3; 28, 5*
デキウス，ルキウス　Decius, L.　*IV, 49, 6*
デマラトゥス　Demaratus　*I, 34, 2−3; IV, 3, 11*
テュレニア海　Tyrrhenum mare　*V, 33, 8*
テルス　Tellus　*II, 41, 11*
デルポイ　Delphi　*I, 56, 5; 56, 9−10; V, 15, 12; 16, 1; 16, 8; 25, 10; 28, 2; 28, 4*
　—の神託　Delphicum oraculum　*V, 15, 3*
テルミヌス　Terminus　*I, 55, 3−4; V, 54, 7*
テレナ　Tellena　*I, 33, 2*
テレンティリウス・ハルサ，ガイウス　Terentilius Harsa, C.　*III, 9, 2; 9, 7; 9, 13*
　—法案　Terentilia lex　*III, 10, 5*
テンパニウス，セクストゥス　Tempanius, Sex.　*IV, 38, 2−4; 39, 1−2; 39, 4; 39, 7−9; 40, 6; 41, 1; 41, 7; 41, 9; 42, 1*
ドゥイリウス，カエソ　Duillius, K.　*III, 35, 11; 41, 10*
ドゥイリウス，グナエウス　Duillius, Cn.　*V, 13, 3*
ドゥイリウス，マルクス　Duillius, M.　*II, 58, 2; 61, 2; III, 52, 1−2; 54, 12; 54, 15; 55, 14; 59, 1; 64, 4−6; 64, 8−9; 64, 11*
ドゥイリウス氏　Duillii　*III, 35, 4*
トゥスクス海　Tuscum mare　*V, 33, 7*　→アドリア海
トゥスクス区　Tuscus vicus　*II, 14, 9*
トゥスクルム　Tusculum　*I, 49, 9; II, 15, 7; 16, 2; 19, 3; 19, 7; III, 7, 5; 18, 1−2; 18, 4; 19, 7−8; 23, 1; 23, 3−4; 25, 6; 29, 6; 31, 3; 38, 5; 40, 13; 42, 5; 42, 7; IV, 10, 5; 27, 3; 45, 6; 46, 6; 46, 9; 46, 12; V, 28, 11−13*
　—人　Tusculani　*III, 18, 10; 23, 2; 23, 5; IV, 10, 5; 45, 4*
　—の軍勢　Tusculana legio　*III, 18, 7*
　—の城壁　Tusculana arx　*III, 23, 1; 42, 7*
　—の台地　Tusculani colles　*III, 7, 3; 8, 6*
　—の土地　Tusculanus ager　*III, 7, 3*
トゥベロ，クィントゥス　Tubero, Q.　*IV, 23, 1−3*
トゥリア　Tullia　*I, 46, 2; 46, 5−6; 46, 9; 47, 6; 48, 5−7; 59; 13*
トゥリウス，アッティウス　Tullius, Attius　*II, 35, 7; 37, 1−2; 38, 1−2; 39, 1; 40, 12*
トゥリウス，セルウィウス　Tullius, Ser.　*I, 18, 2; 39, 1; 39, 5; 40, 1; 40, 4; 41, 2−3; 41, 5−7; 42, 1; 42, 3−4; 43, 10; 43, 12−13; 44, 1; 44, 3; 45, 1−2; 46, 1−2; 46, 5; 46, 9; 47, 1; 47, 9−10; 48, 1; 48, 3; 48, 6; 48, 8−9; 49, 2; 59, 10; 60, 3; II, 2, 3; 19, 1; 23, 15; 41, 12; IV, 3, 12; 3, 16; 4, 2; V, 19, 6*
トゥリウス，マニウス　Tullius, M'.　*II, 19, 1*
トゥルス　Tullus　→ホスティリウス，トゥルス
トゥルヌス　Turnus　*I, 2, 1−2*　→ヘルドニウス，トゥルヌス
トリカスティニ　Tricastini　*V, 34, 5*

トリキピティヌス　Tricipitinus　→ルクレティウス・トリキピティヌス，スプリウス
トリゲミナ門　Trigemina porta　*IV, 16, 2*
トルムニウス，ラルス　Tolumnius, Lars　*IV, 17, 1−2; 18, 2; 18, 8; 19, 2; 19, 7; 32, 4; 58, 7*
トレボニウス，グナエウス　Trebonius, Cn.　*V, 11, 1*
トレボニウス・アスペル，ルキウス　Trebonius Asper, L.　*III, 65, 3*
トレボニウス法　Trebonia lex　*V, 11, 1−2; 12, 2*
トレリウム　Trerium　*II, 39, 4*
トロイア　Troia　*I, 1, 1−3; 1, 5; 23, 1*
　―人　Troiani　*I, 1, 1; 1, 3; 1, 5; 1, 8; 1, 10; 2, 1−5*
　―地方　Troianus　*I, 1, 3*
　―の末裔　Troiana proles　*I, 23, 1*

ナ　行

ナウィウス，アットゥス　Navius, Attus　*I, 36, 3*
ナウティウス，ガイウス　Nautius, C.　*II, 52, 6; 53, 5; III, 25, 1; 26, 2−3; 26, 6; 29, 7*
ナウティウス，スプリウス　Nautius, Sp.　*II, 39, 9*
ナウティウス・ルトゥルス，ガイウス　Nautius Rutulus, C.　*IV, 52, 4*
ナウティウス・ルトゥルス，スプリウス　Nautius Rutulus, Sp.　*IV, 35, 4; 44, 13; 47, 8; 61, 4*
ナエウィア門　Naevia Porta　*II, 11, 8*
ヌマ　Numa　→マルキウス，ヌマ、ポンピリウス，ヌマ
ヌミキウス・プリスクス，ティトゥス　Numicius Priscus, T.　*II, 63, 1; 63, 5*
ヌミクス河　Numicus　*I, 2, 6*
ヌミトリウス，プブリウス　Numitorius, P.　*III, 45, 4; 48, 7; 54, 11; 58, 7*
ヌミトリウス，ルキウス　Numitorius, L.　*II, 58, 2*
ヌミトル　Numitor　*I, 3, 10; 5, 4−7; 6, 1; 6, 3*
ネプトゥヌス　Neptunus　*I, 9, 6; 9, 13; V, 13, 6*
ネペテ領　Nepesinus ager　*V, 19, 7*
ノウァ・ウィア　Nova via　*I, 41, 4; V, 32, 6; 50, 5; 52, 11*
ノメンタナ街道　Nomentana via　*III, 52, 3*
ノメントゥム　Nomentum　*I, 38, 4; IV, 22, 2; 30, 14; 32, 3*
ノルバ　Norba　*II, 34, 6*

ハ　行

ハエドゥイ　Haedui　*V, 34, 5; V, 34, 9*
パドゥス河　Padus　*V, 33, 10; 35, 2; 35, 4*
ハトリア　Hatria　*V, 33, 8*
ハドリア海　Hadriaticum Mare　*V, 33, 8*　→アドリア海
パピウス，プブリウス　Papius, P.　*IV, 54, 3*
パピリウス，マルクス　Papirius, M.　*V, 41, 9*
パピリウス・アトラティヌス，マルクス　Papirius Atratinus, M.　*IV, 52, 4*
パピリウス・クラッスス，マルクス　Papirius Crassus, M.　*IV, 12, 1*
パピリウス・クラッスス，ルキウス　Papirius Crassus, L.　*IV, 21, 1; 30, 1*
パピリウス・ムギラヌス，マルクス　Papirius Mugillanus, M.　*IV, 45, 5; 47, 8*
パピリウス・ムギラヌス，ルキウス　Papirius Mugillanus, L.　*IV, 7, 10; 8, 7; 30, 12; 42, 2; 43, 9*
パプラゴニア　Paphlagonia　*I, 1, 2*

パラティウム丘　Palatium　*I, 5, 1; 6, 4; 7, 3; 12, 3−4; 12, 8; 33, 2; 33, 5; II, 10, 4*
パラティヌス　Palatinus　*I, 12, 1*
パランティウム　Pallantium　*I, 5, 1*
パランテウム　Pallanteum　*I, 5, 1*
パーン　Pan　*I, 5, 2*
ピソ　Piso　→カルプルニウス・ピソ，ルキウス
ビトゥリゲス人　Bituriges　*V, 34, 1; 34, 5*
ピナリウス，ルキウス　Pinarius, L.　*II, 56, 1*
ピナリウス家　Pinarii　*I, 7, 12−13*
ピナリウス・マメルクス，ルキウス　Pinarius Mamercus, L.　*IV, 25, 5*
ピュタゴラス　Pythagoras　*I, 18, 2−3*
ピュティア　Pythia　→アポロン
―の神託　Pythicum oraculum / Pythicae sortes　*V, 15, 12; 23, 1*
ピュラエメネス　Pylaemenes　*I, 1, 2*
ファウストゥルス　Faustulus　*I, 4, 7; 5, 5−6*
ファビウス，カエソ　Fabius, K.　*II, 41, 11; 42, 2; 43, 1; 43, 5−7; 46, 6−7; 47, 1; 48, 5*
ファビウス，クィントゥス（前485年のコーンスル）　Fabius, Q.　*II, 41, 12; 42, 2; 43, 1; 46, 4; 46, 6−7; 47, 2; 47, 10*
ファビウス，クィントゥス（ファビウス・アンブストゥス，マルクスの息子。三人使節の一人）　Fabius, Q.　*V, 36, 7*
ファビウス，マルクス　Fabius M.　*II, 42, 7; 43, 11; 45, 12; 45, 14; 45, 16; 46, 5; 47, 3*
ファビウス・アンブストゥス，カエソ（前409年のクアエストル。前404年の准コーンスル）　Fabius Ambustus, K.　*IV, 54, 2; 61, 4*
ファビウス・アンブストゥス，カエソ　Fabius Ambustus, K.　*V, 10, 1; 12, 3; 24, 1*
ファビウス・アンブストゥス，クィントゥス　Fabius Ambustus, Q.　*IV, 52, 1*　→ファビウス・ウィブラヌス，クィントゥス
ファビウス・アンブストゥス，グナエウス　Fabius Ambustus, Cn.　*IV, 58, 6; 59, 3−4; 59, 6; 59, 8*
ファビウス・アンブストゥス，マルクス　Fabius Ambustus, M.　*V, 35, 4*
ファビウス・ウィブラヌス，クィントゥス（前467年のコーンスル。十人委員）　Fabius Vibulanus, Q.　*III, 1, 1; 1, 4; 1, 8; 2, 2−3; 3, 7; 3, 10; 8, 7; 9, 6; 9, 11; 22, 1−3; 22, 5; 22, 7; 23, 3; 25, 6; 27, 4; 29, 7; 35, 11; 41, 8−9*
ファビウス・ウィブラヌス，クィントゥス（前423年のコーンスル）　Fabius Vibulanus, Q.　*IV, 37, 1; 40, 2; 49, 7; 51, 1*
ファビウス・ウィブラヌス，グナエウス　Fabius Vibulanus, Cn.　*IV, 57, 12*
ファビウス・ウィブラヌス，ヌメリウス　Fabius Vibulanus, Num.　*IV, 43, 1; 49, 1*
ファビウス・ウィブラヌス，マルクス　Fabius Vibulanus, M.　*IV, 11, 1−2; 17, 10; 19, 8; 25, 2; 27, 9; 28, 1; 28, 8*
ファビウス家　Fabia gens　*II, 42, 7−8; 43, 11; 45, 16; 46, 4; 47, 12; 48, 8; 48, 10; 49, 1−2; 49, 9; 50, 1−3; 50, 5; 50, 7; 50, 9; 50, 11; 51, 5; 59, 1−2*
ファビウス家（ファビウス・アンブストゥス，マルクスの三人の息子）　Fabii　*V, 35, 5; 36, 8−11*
ファビウス氏族　Fabia gens　*V, 46, 2; 52, 3*
ファビウス・ドルスオ，ガイウス　Fabius Dorsuo, C.　*V, 46, 2; 52, 3*
ファビウス・ピクトル，クィントゥス　Fabius Pictor, Q.　*I, 44, 2; 55, 8; II, 40, 10−11*
ファリスキ人　Falisci　*IV, 17, 11; 18, 1−2; 18, 4−5; 21, 8; 23, 4; 32, 3; V, 8, 4; 8, 6; 8, 9; 10,*

2; 11, 8; 12, 5; 13, 9; 13, 11; 17, 6; 18, 7; 18, 10; 19, 7; 24, 3; 26, 3−4; 26, 7−8; 27, 1; 27, 4; 27, 6; 27, 15
—との戦争　Faliscum bellum　*V, 16, 2; 24, 2*
—の土地　Faliscus ager　*IV, 21, 1*
ファレリイ　Falerii　*V, 14, 7; 27, 10; 43, 7*　→ファリスキ人
フィカナ　Ficana　*I, 33, 2*
フィコレンシス街道　Ficolensis via　*III, 52, 3*
フィデス　Fides　*I, 21, 4*
フィデナエ　Fidenae　*I, 14, 4; 14, 6; 15, 1; 27, 3−4; 28, 9; II, 19, 2; III, 42, 3; 42, 7; IV, 17, 1; 17, 6; 17, 11−12; 22, 2−4; 23, 4; 25, 7; 30, 5−6; 30, 14; 31, 8; 32, 8; 32, 10; 33, 1; 33, 5; 33, 12; 34, 6; 41, 11; 45, 5; V, 4, 13, 8, 6; 37, 1; 54, 1*
—人　Fidenas　*I, 14, 4; 14, 9; 15, 1; 27, 5; 27, 8−10; IV, 17, 3−6; 18, 1; 18, 4; 19, 6; 21, 7−8; 31, 7; 32, 2−4; 32, 12; 34, 10; V, 4, 13*
フェレトリウス　Feretrius　→ユッピテル・フェレトリウス
フェレンティナ河　Ferentina aqua　*I, 51, 9*
—の水源　Ferentinum caput　*II, 38, 1*
フェレンティナの神域　Ferentinae lucus　*I, 50, 1; 52, 5*
フェレンティヌム　Ferentinum　*IV, 51 7−8; 56, 6; 61, 5*
フェロニア　Feronia　*I, 30, 5*
フォリウス，マルクス　Folius, M.　*IV, 25, 2; V, 41, 3*
フォルトゥナ・ムリエブリス　Fortuna muliebris　*II, 40, 12*
フキヌス湖　Fucinus lacus　*IV, 57, 7*
フシウス　Fusius　→フリウス
フシウス，スプリウス　Fusius, Sp.　*I, 24, 6*
フフェティウス　Fufetius　→メッティウス・フフェティウス
プブリコラ　Publicola　→ウァレリウス・プブリコラ，ルキウス
プブリリウス，ウォレロ（前472年の護民官）　Publilius, Volero　*II, 55, 4−6; 55, 9−10; 56, 1; 56, 5−7; 58, 9*
プブリリウス，ウォレロ（前399年の准コーンスル）　Publilius, Volero　*V, 13, 3*
プブリリウス・ウォルスクス，ルキウス　Publilius Volscus, L.　*V, 12, 10*
フラウォレイウス，マルクス　Flavoleius, M.　*II, 45, 13*
プラエネステ　Praeneste　*II, 19, 2; III, 8, 6*
フラミニウス競技場　Flaminius circus　*III, 54, 15*
フラミニウスの牧場　Flaminia prata　*III, 54, 15; 63, 7*
フリウス，アグリッパ（前446年のコーンスル）　Furius Agrippa　*III, 66, 1; 70, 1−2; 70, 10−11; 70, 13; 70, 15*
フリウス，アグリッパ（前391年の准コーンスル）　Furius, Agrippa　*V, 32, 1−2*
フリウス，クィントゥス　Furius, Q.　*III, 54, 5*
フリウス，スプリウス　Furius, Sp.　*II, 43, 1; 43, 5*
プリウス，スプリウス　Pullius, Sp.　*IV, 42, 1*
フリウス，セクストゥス　Furius, Sex.　*II, 39, 9*
フリウス，プブリウス　Furius, P.　*II, 56, 1; III, 1, 6*
フリウス，ルキウス　Furius, L.　*II, 54, 1; 54, 3*
フリウス・カミルス，マルクス　Furius Camillus, M.　*V, 1, 2; 10, 1; 12, 5; 14, 5; 14, 7; 17, 4; 19, 2; 19, 6; 19, 11; 21, 16; 22, 7; 23, 1; 23, 7−8; 23, 11; 25, 4; 25, 7; 25, 11; 26, 1−4; 26, 6; 27, 2−3; 27, 5; 27, 9; 27, 11; 27, 15; 28, 1; 29, 7; 30, 1; 31, 2; 31, 8; 32, 7−9; 33, 1; 43, 6−8;*

44, 1; 45, 1−2; 45, 8; 46, 6−7; 46, 10−11; 48, 5; 49, 2; 49, 6−9; 50, 1; 50, 4; 50, 8; 51, 2; 55, 1
フリウス・パクルス，ガイウス　Furius Paculus, C.　*IV, 12, 1; 22, 7; 31, 1; 52, 1*
フリウス・フスス　Furius Fusus　*III, 5, 6*
フリウス・フスス，スプリウス　Furius Fusus, Sp.　*III, 4, 1; 4, 7; 5, 5; 5, 7; 5, 10−11; 12, 4*
フリウス・メドゥリヌス，セクストゥス　Furius Medullinus, Sex.　*IV, 44, 1*
フリウス・メドゥリヌス，ルキウス（前432年の准コーンスル）　Furius Medullinus, L. *IV, 25, 5; 35, 1*
フリウス・メドゥリヌス，ルキウス（前413年のコーンスル）　Furius Medullinus, L.　*IV, 51, 1; 51, 7; 54, 1; 57, 12; 61, 1; V, 12, 10; 14, 5; 16, 1; 24, 1; 26, 2; 32, 1*
ブリクシア　Brixia　*V, 35, 1*
フルキニウス，ガイウス　Fulcinius, C.　*IV, 17, 2*
ブルトゥス　Brutus　→ユニウス・ブルトゥス，ルキウス
ブレンヌス　Brennus　*V, 38, 3; 48, 8*
プロカ・シルウィウス　Proca Silvius　*I, 3, 9−10*
プロクルス　Proculus　→ユリウス，プロクルス
ペドゥム　Pedum　*II, 39, 4−5*
ヘラクレア　Heraclea　*I, 18, 2*
ヘルキュニアの山岳地帯　Hercynei saltus　*V, 34, 4*
ヘルクレス　Hercules　*I, 7, 3−7; 7, 10−13; 7, 15; V, 13, 6; 34, 6*
ヘルシリア　Hersilia　*I, 11, 2*
ヘルドニウス，アッピウス　Herdonius, Ap.　*III, 15, 5; 15, 9; 17, 2; 17, 8; 19, 6*
ヘルドニウス，トゥルヌス　Herdonius, Turnus　*I, 50, 3; 50, 7−9; 51, 1−2; 51, 4; 51, 6−9; 52, 1; 52, 4*
ヘルニキ人　Hernici　*I, 53, 8; II, 22, 3−4; 40, 14; 41, 1; 41, 6; 53, 1; 53, 4; 64, 10; III, 4, 3; et passim; IV, 26, 1; et passim; V, 19, 5*
　—の援軍　Hernicae cohortes　*III, 5, 15*
　—の土地　Hernicus ager　*III, 4, 7; 5, 13; 6, 4; 6, 7; 8, 5−6; 60, 4; IV, 36, 4; 51, 7; 53, 2; 55, 1*
ヘルミニウス，スプリウス　Herminius, Sp.　*III, 65, 2*
ヘルミニウス，ティトゥス　Herminius, T.　*II, 10, 6; 11, 7; 11, 9; 20, 8*
ヘレネ　Helena　*I, 1, 1*
ベロウェスス　Bellovesus　*V, 34, 3−4; 35, 1*
ペロポンネソス半島　Peloponnesus　*I, 7, 8*
ボイイ人　Boii　*V, 35, 2*
ポエテリウス　Poetelius　*IV, 12, 3*
ポエテリウス，クィントゥス　Poetelius, Q.　*III, 35, 11; 41, 9*
ポエニ戦争　Punicum bellum　*I, 19, 3*
ポエニ峠　Poeninus (saltus)　*V, 35, 2*
ポカエア　Phocaea　*V, 34, 7*
ホスティリウス，トゥルス　Hostilius, Tullus　*I, 22, 1*
ホスティリウス，ホスティウス　Hostilius, Hostius　*I, 12, 2; 22, 1*
ホスティリウス議事堂　Curia Hostilia　*I, 30, 2; V, 55, 1*
ポストゥミア　Postumia Vestalis　*IV, 44, 11*
ポストゥミウス，アウルス　Postumius, A.　*II, 19, 3; 19, 6; 20, 4; 21, 2−3; 26, 2; 42, 5*
ポストゥミウス，スプリウス（前466年のコーンスル）　Postumius, Sp.　*III, 2, 1; 31, 8; 33, 3*
ポストゥミウス，スプリウス（前394年の准コーンスル）　Postumius, Sp.　*V, 26, 1; 28, 6−8; 28, 10; 28, 12−13*

ポストゥミウス，プブリウス　Postumius, P.　*II, 16, 1; 16, 7*
ポストゥミウス，マルクス（前426年の准コーンスル）　Postumius, M.　*IV, 31, 1; 40, 4; 41, 10*
ポストゥミウス，マルクス（前403年の准コーンスル）　Postumius, M.　*V, 1, 2*
ポストゥミウス・アルビヌス，マルクス　Postumius Albinus, M.　*V, 1, 2*
ポストゥミウス・アルブス，アウルス　Postumius Albus, A.　*III, 4, 1; 4, 7; 5, 3; 5, 8; 5, 11; 5, 13; 25, 6*
ポストゥミウス・アルブス，スプリウス　Postumius Albus, Sp.　*III, 70, 2; IV, 25, 5; 27, 8; 28, 6; 28, 8*
ポストゥミウス・トゥベルヌス，アウルス　Postumius Tubertus, A.　*IV, 23, 6; 26, 11; 29, 5; 29, 6; 41, 11*
ポストゥミウスの家父長権　Postumiana imperia　*IV, 29, 6*
ポストゥミウス・レギレンシス，アウルス　Postumius Regillensis, A.　*V, 16, 1; 16, 5; 17, 1*
ポストゥミウス・レギレンシス，スプリウス　Postumius Regillensis, Sp.　*V, 26, 2; 28, 6−8; 28, 10; 28, 12−13*
ポストゥミウス・レギレンシス，マルクス　Postumius Regillensis, M.　*IV, 31, 1; 40, 4; 41, 10; 49, 7−8, 49, 11−13; 50, 1; 50, 4; 51, 2*
ポティティウス家　Potitii　*I, 7, 12−14*
ポメティア　Pometia　*I, 55, 7; II, 16, 8; 17, 1; 17, 4; 22, 2; 25, 6*　→スウェッサ・ポメティア
ボラ　Bolae　*IV, 49, 3; 49, 6−7; 49, 9−11*
　—人　Bolani　*IV, 49, 4−5*
　—の土地　Bolanus ager　*IV, 49, 11; 51, 5*
ホラティウス，ガイウス　Horatius, C.　*II, 51, 1−2*
ホラティウス，プブリウス（父の）　Horatius, Publius　*I, 26, 9*
ホラティウス，プブリウス（息子の）　Horatius, Publius　*I, 25, 13; 26, 2; 26, 5; 26, 7−8*
　—の妹　Horatia　*I, 26, 14*
ホラティウス兄弟　Horatii fratres　*I, 24, 1*
ホラティウス家　Horatii　*III, 39, 3*
ホラティウス・コクレス　Haratius Cocles　*II, 10, 2−4; 10, 6−7; 10, 10−11; 13, 8*
ホラティウス氏　Horatia gens　*I, 24, 1; 25, 9; 26, 13*
ホラティウスの槍　Horatia pila　*I, 26, 10*
ホラティウス・バルバトゥス，マルクス　Horatius Barbatus, M.　*III, 39, 3; 40, 1; 40, 11; 41, 1; 49, 3−4; 50, 16; 51, 12; 52, 5; 53, 1; 55, 1; 57, 9; 61, 12; 64, 3; 70, 15; IV, 6, 7*
ホラティウス・バルバトゥス，ルキウス　Barbatus, L.　*IV, 35, 1*
ホラティウス・プルウィウス，ガイウス　Horatius Pulvillus, C.　*III, 32, 3*
ホラティウス・プルウィウス，マルクス（前509年のコーンスル）　Horatius Pulvillus, M.　*II, 8, 4−7*
ホラティウス・プルウィウス，マルクス（前457年のコーンスル）　Horatius Pulvillus, M.　*III, 30, 1; 30, 8*
ホラティウス法　Horatia lex　*III, 55, 11*
ポリウス，セクストゥス　Pollius, Sex.　*IV, 44, 2*
ポリトリウム　Politorium　*I, 33, 1; 33, 3*
ポルスカ　Polusca　*II, 33, 5; 39, 3*
ポルセンナ，アルンス　Porsinna, Arruns　*II, 14, 5*
ポルセンナ，ラルス　Porsinna, Lars　*II, 9, 1; 9, 4−5; 11, 1; 12, 1; 12, 7; 13, 1; 13, 3−4; 14, 1;*

14, 3−5; 15, 1; 15, 7
ホルテンシウス，ルキウス　Hortensius, L.　*IV, 42, 3; 42, 5; 42, 8−9*
ポンティフィキウス，ティベリウス　Pontificius, Ti.　*II, 44, 1*
ポンピリウス，セクストゥス　Pompilius, Sex.　*IV, 44, 3*
ポンピリウス，ヌマ　Pompilius, Numa　*I, 18, 1; 18, 3−10; 19, 1−7; 20, 1−2; 20, 5; 20, 7; 21, 3−6; 22, 1; 31, 7−8; 32, 1−2; 32, 4−5; 34, 6; 35, 3; 42, 4; IV, 3, 10; 3, 16; 4, 2*
ポンプティヌス地方／平野　Pomptinus ager　*II, 34, 4; 34, 6; IV, 25, 4*
ポンポニウス，クィントゥス　Pomponius, Q.　*V, 29, 6*
ポンポニウス，マルクス（前449年の護民官）　Pomponius, M.　*III, 54, 13*
ポンポニウス，マルクス（前399年の准コーンスル）　Pomponius, M.　*V, 13, 3*

マ　行

マエキリウス，スプリウス　Maecilius, Sp.　*IV, 48, 1; 48, 12*
マエキリウス，ルキウス　Maecilius, L.　*II, 58, 2*
マエシアの森　Maesia silva　*I, 33, 9*
マエニウス，プブリウス　Maenius, P.　*V, 18, 2*
マエリウス，スプリウス（騎士階級の）　Maelius, Sp.　*IV, 13, 1; 13, 3; 13, 5; 13, 8−9; 14, 1; 14, 3−4; 14, 6; 15, 1−3; 15, 5−6; 16, 1−3; 16, 5−6*
—配下の者たち　Maeliani　*IV, 14, 1*
マエリウス，スプリウス（前435年の護民官）　Maelius, Sp.　*IV, 21, 3−4*
マエリウス，プブリウス　Maelius, P.　*V, 12, 10*
マケドニア　Macedonia　*I, 1, 4*
マッシリア人　Massilienses　*V, 34, 7−8*
マトゥタ母神　Mater Matuta　*V, 19, 6; 23, 7*
マニリウス，セクストゥス　Manilius, Sex.　*III, 51, 10*
マミリウス，オクタウィウス　Mamilius, Octavius　*I, 49, 9; II, 15, 7; 18, 3; 19, 7*
マミリウス，ルキウス　Mamilius, L.　*III, 18, 2; 19, 8; 29, 6*
マメルクス・アエミリウス　Mamercus Aemilius　→アエミリウス，マメルクス
マルキウス，アンクス　Marcius, Ancus　*I, 32, 1; 32, 4; 32, 5; 33, 1; 33, 5; 33, 7; 34, 1; 34, 6; 35, 1; 35, 5; 40, 2−3; 41, 7; 42, 1; 52, 3; IV, 3, 11*
マルキウス，ヌマ　Marcius, Numa　*I, 20, 5*
マルキウス・コリオラヌス，グナエウス　Marcius Coriolanus, Cn.　*II, 33, 5; 34, 8; 40, 1; 40, 3; 40, 5; 40, 10; 41, 6; 52, 4*　→マルキウス，ヌマ、マルキウス，アンクス
マルス　Mars　*序, 7; I, 4, 2; 20, 2; II, 5, 2; 46, 5; III, 61, 5*
—・グラディウス　Mars Gradivus　*I, 20, 4; II, 45, 14; V, 52, 7*
—の野／原　Campus Martius　*I, 44, 1; II, 5, 2; III, 10, 1; 27, 3; 63, 6; 69, 6; 69, 8; IV, 22, 7*
マンリウス，アウルス（十人委員）　Manlius, A.　*III, 31, 8; 33, 3*
マンリウス，アウルス（前405年の准コーンスル）　Manlius, A.　*IV, 61, 1V, 8, 1; 16, 1; 28, 2*
マンリウス，ガイウス　Manlius, C.　*II, 54, 1; 54, 3*
マンリウス，グナエウス　Manlius, Cn.　*II, 43, 11; 45, 12; 47, 1−2; 47, 4; 47, 6*
マンリウス，ティトゥス　Manlius, T.　*I, 19, 3*
マンリウス，プブリウス　Manlius, P.　*V, 12, 10*
マンリウス，マルクス（前434年のコーンスル）　Manlius, M.　*IV, 23, 1*
マンリウス，マルクス（前420年の准コーンスル）　Manlius, M.　*IV, 44, 1*
マンリウス・インペリオスス　Manlius Imperiosus　*IV, 29, 6*
マンリウス・カピトリヌス，マルクス　Manlius Capitolinus, M.　*V, 31, 2; 31, 4; 47, 4−5;*

47, 7−8
マンリウス・カピトリヌス，ルキウス　Manlius Capitolinus, L.　*IV, 42, 2*
マンリウスの家父長権　Manliana imperia　*IV, 29, 6*
ミヌキウス，クィントゥス　Minucius, Q.　*III, 30, 1; 30, 8*
ミヌキウス，プブリウス　Minucius, P.　*II, 34, 1*
ミヌキウス，マルクス（前497年のコーンスル）　Minucius, M.　*II, 21, 1; 34, 7*
ミヌキウス，マルクス（前401年の護民官）　Minucius, M.　*V, 11, 4*
ミヌキウス，ルキウス　Minucius, L.　*III, 25, 1; 26, 3; 28, 5; 29, 2−3; 29, 7; 35, 11; 41, 10; IV, 12, 8; 13, 7−8; 14, 3; 16, 2−3; 26, 5; 21, 3−4*
ミネルウァ　Minerva　*III, 17, 3*
ムキウス・スカエウォラ，ガイウス　Mucius Scaevola, C.　*II, 12, 2; 12, 9; 12, 13; 12, 15; 13, 1; 13, 5; 13, 8*
ムキウスの牧場　Mucia prata　*II, 13, 5*
ムギラ　Mugilla　*II, 39, 3*
ムルキア　Murcia　*I, 33, 5*
メゼンティウス　Mezentius　*I, 2, 3; 3, 4*
メタポントゥム　Metapontum　*I, 18, 2*
メッシウス，ウェッティウス　Messius, Vettius　*IV, 28, 3; 28, 6−7; 29, 1*
メッティウス・クルティウス　Mettius Curtius　*I, 12, 2; 12, 8−10; 13, 5; 44, 46, 48*
メッティウス・フフェティウス　Mettius Fufetius　*I, 23, 4−5; 23, 7; 26, 1; 27, 4; 27, 6; 28, 1−2; 28, 6−7; 28, 9−10*
メディオラニウム　Mediolanium　*V, 34, 9*
メティリウス，マルクス（前416年の護民官）　Metilius, M.　*IV, 48, 1; 48, 12*
メティリウス，マルクス（前401年の護民官）　Metilius, M.　*V, 11, 4*
メドゥリア　Medullia　*I, 33, 4; 38, 4*
メネニウス，アグリッパ　Menenius, Agrippa　*II, 16, 7; 32, 8; 33, 10*
メネニウス，ガイウス　Menenius, C.　*III, 32, 5*
メネニウス，ティトゥス　Menenius, T.　*II, 51, 1; 52, 3; 52, 6−8; 54, 2; 54, 6*
メネニウス，マルクス　Menenius, M.　*IV, 53, 2; 53, 4−7; 53, 12−13*
メネニウス・ラナトゥス，アグリッパ　Menenius Lanatus, Agrippa　*IV, 11, 5; 13, 6; 44, 13; 47, 7*
メネニウス・ラナトゥス，ルキウス　Menenius Lanatus, L.　*IV, 12, 6*
メルクリウス　Mercurius　*V, 13, 6*
　—神殿　Mercuri aedes　*II, 21, 7; 27, 5*
モネタ神殿　Moneta　*IV, 7, 12; 20, 8*

ヤ　行
ヤニクルム丘　Ianiculum　*I, 33, 6; 34, 8; II, 10, 3−4; 11, 1; 13, 4; 14, 3; 15, 6; 51, 2; 51, 4; 51, 6−8; 52, 7; V, 40, 5; 40, 8*
ヤヌス　Ianus　*I, 19, 2; 19, 4*
ユウェンタス　Iuventas　*V, 54, 7*
ユッピテル　Iuppiter / Diespiter　*I, 2, 6; 7, 10; 10, 5; 12, 4; 12, 6−7; 18, 9; 24, 7−8; 31, 8; 32, 6−78; 38, 7; 41, 4; 53, 3; 55, 1−2; II, 8, 6; 22, 6; 36, 2; 36, 6; 45, 14; 46, 5; III, 17, 3; 17, 5; 19, 7; 19, 10; 40, 4; 55, 7−8; 57, 7; 61, 5; IV, 2, 8; 20, 4; 20, 11; 45, 2; V, 23, 6; 50, 4; 50, 6; 51, 9; 52, 6; 52, 13−14*
　産土の—　Iovis Indiges　*I, 2, 6*

—・エリキウス　Iovis Elicius　*I, 20, 7; 31, 8*
—神官　Dialis flamen　*I, 20, 1−2; V, 52, 13*
—・スタトル　Iovis Stator　*I, 12, 6; 41, 4*
—・フェレトリウス　Iovis / Iuppiter Feretrius　*I, 10, 6; 33, 9; IV, 20, 3; 20, 5; 20, 7; 32, 4; 32, 11*
ユニウス，ガイウス　Iunius, C.　*IV, 40, 6*
ユニウス，クィントゥス　Iunius, Q.　*IV, 16, 5*
ユニウス家　Iunia domus　*II, 5, 7*
ユニウス・ブルトゥス，ティトゥス　Iunius Brutus, T.　*II, 4, 1*
ユニウス・ブルトゥス，ティベリウス　Iunius Brutus, Ti.　*II, 4, 1*
ユニウス・ブルトゥス，ルキウス　Iunius Brutus, L.　*I, 56, 7; 56, 9; 56, 12; 58, 6; 59, 1−2; 59, 4−5; 59, 7−8; 59, 12; 60, 1−3; II, 1, 3; 1, 8; 2, 4; 2, 7; 2, 11; 6, 6−8; 7, 4; 7, 6; 8, 5; 16, 7*
ユノ　Iuno　*III, 17, 3; V, 21, 3; 21, 10; 22, 4−5; 22, 7; 23, 7; 31, 3; 47, 4; 52, 10*
ユリア　Iulia　*V, 34, 8*
ユリウス，ウォピスクス　Iulius, Vopiscus　*II, 54, 3*
ユリウス，ガイウス（前482年のコーンスル）　Iulius, C.　*II, 43, 1; III, 33, 3; 33, 10; 50, 15*
ユリウス，ガイウス（前447年のコーンスル）　*III, 65, 5; IV, 21, 6; 21, 9−10; 23, 1*
ユリウス，プロクルス　Iulius, Proculus　*I, 16, 5*
ユリウス，ルキウス　Iulius, L.　*IV, 16, 8; 26, 11; 27, 1; 30, 1*
ユリウス家　Iulii　*I, 3, 2*
ユリウス氏　Iulia gens　I, 30, 2
ユリウス・メント，ガイウス　Iulius Mento, C.　*IV, 26, 2; 27, 1; 29, 7*
ユリウス・ユルス，ガイウス　Iulius Iulus, C.　*IV, 56, 2; 56, 9; 57, 2; 61, 1; V, 31, 6*
ユリウス・ユルス，セクストゥス　Iulius Iulus, Sex.　*IV, 35, 4*
ユリウス・ユルス，ルキウス　Iulius Iulus, L.　*V, 1, 2; 10, 1; 16, 1; 16, 5*
ユルス　Iulus　I, 3, 2

ラ　行

ラウィニア　Lavinia　*I, 2, 1; 3, 1; 3, 4*
ラウィニウム　Lavinium　*I, 1, 11; 3, 3−4; 6, 3; 14, 2−3; 23, 1; II, 2, 10; 39, 3; V, 52, 8*
ラウレンス人　Laurentes　*I, 14, 1; 14, 4*
—の地　Laurens / Laurentinus ager　*I, 1, 4; 1, 7*
ラエウィ人　Laevi　*V, 35, 2*
ラエティ人　Raeti　*V, 33, 11*
ラエトリウス，ガイウス　Laetorius, C.　*II, 56, 6−7; 56, 10−12*
ラエトリウス，マルクス　Laetorius, M.　*II, 27, 6*
ラキリア　Racilia　*III, 26, 9*
ラケリウス，ガイウス　Lacerius, C.　*V, 10, 11*
ラティウム　Latium　*V, 46, 4*
ラティナ街道　Latina via　*II, 39, 3*
ラティニウス，ティトゥス　Latinius, T.　*II, 36, 2−3*
ラティヌス　Latinus　*I, 1, 5−9; 2, 1−2*
ラティヌス・シルウィウス　Latinus Silvius　*I, 3, 7−8*
ラテン祭　Latinae (feriae)　*V, 17, 2; 19, 1*
ラテン人　Latini　*I, 2, 4; et passim; II, 18, 3; et passim; III, 4, 11; et passim; IV, 26, 1; 26, 12; 29, 4; 37, 4; 53, 2; 55, 1; V, 19, 5*

古— Prisci Latini *I, 3, 7; 33, 3–4; 38, 4*
—としてのまとまり Latina res *I, 3, 1*
—の援軍 Hernicae cohortes *III, 5, 15*
—の土地／ラティウム Latinus ager *III, 1, 8; 2, 1; 60, 4; 66, 5*
ラトナ Latona *V, 13, 6*
ラヌウィウム Lanuvium *III, 29, 7; IV, 27, 3*
ラビキ Labici *II, 39, 4; IV, 45, 7; 47, 4–7; 49, 6; V, 16, 2*
—人 Labicani *IV, 45, 3–4; 45, 6; 47, 4*
—の間道 Labicana via *III, 7, 3*
—の土地 Labicanus ager / Labicani agri *III, 47, 6; 49, 4*
ラブレイウス，マニウス Rabuleius, M'. *III, 35, 11; 41, 9*
ラムネンセス Ramnenses / Ramnes *I, 13, 8; 36, 2*
ラルキウス，スプリウス Larcius, Sp. *II, 10, 6; 11, 7*
ラルキウス，ティトゥス Larcius, T. *II, 18, 1; 18, 5–6; 21, 1; 29, 8; 30, 1*
ラルス Lars →トルムニウス，ラルス、ポルセンナ，ラルス
ラレンティア Larentia *I, 4, 7*
リキニウス，ガイウス Licinius, C. *II, 33, 2*
リキニウス，スプリウス Licinius, Sp. *II, 43, 3; 44, 1*
リキニウス・カルウス，プブリウス（前400年の准コーンスル） Licinius Calvus, P. *V, 12, 9; 12, 11–12; 13, 2; 18, 1–2; 18, 4; 18, 6; 20, 4; 20, 7*
リキニウス・カルウス，プブリウス（前396年の准コーンスル） Licinius Calvus, P. *V, 18, 6; 22, 2*
リキニウス家 Licinia familia *V, 22, 2*
リキニウス・マケル Licinius Macer *IV, 7, 12; 20, 8; 23, 1; 23, 3*
リグリア Ligures *V, 35, 2*
リパラ Liparae *V, 28, 2*
—人 Liparenses *V, 28, 2–3*
リブイ人 Libui *V, 35, 2*
リベラ Libera *III, 55, 7*
リベル Liber *III, 55, 7*
リュカエウス山 Lycaeus *I, 5, 2*
リンゴネス人 Lingones *V, 35, 2*
ルクモ Lucumo *I, 34, 1–2; 34, 4–5; 34, 7–8; 34, 10* →タルクィニウス・プリスクス，ルキウス
ルクモ（クルシウムの） Lucumo *V, 33, 3*
ルクレティア Lucretia *I, 57, 7; 57, 9–10; 58, 2–3; 58, 5–6; 58, 9–10; 59, 1; 59, 3; 59, 8; III, 44, 1*
ルクレティウス，ティトゥス Lucretius, T. *II, 9, 1; 11, 8–9; 16, 2*
ルクレティウス，プブリウス Lucretius, P. *II, 15, 1*
ルクレティウス・トリキピティヌス，スプリウス， Lucretius Tricipitinus, Sp. *I, 58, 6; 59, 2; 59, 8; 59, 12; II, 2, 9; 8, 4–5*
ルクレティウス・トリキピティヌス，プブリウス Lucretius Tricipitinus, P. *IV, 4, 13; 47, 7*
ルクレティウス・トリキピティヌス，ホストゥス Lucretius Tricipitinus, Hostus *IV, 30, 4*
ルクレティウス・トリキピティヌス，ルキウス Lucretius Tricipitinus, L. *III, 8, 2; 8, 6; 8, 8–9; 10, 1; 10, 4; 12, 5; 24, 2*
ルクレティウス・フラウス，ルキウス Lucretius Flavus, L. *V, 29, 2; 29, 5; 32, 1–2*

ルケレス　Luceres　*I, 13, 8; 36, 2*
ルティリウス・クラッスス，スプリウス　Rutilius Crassus, Sp.　*IV, 47, 7*
ルトゥリ人　Rutuli　*I, 2, 1–3; 56, 13; 57, 1; IV, 11, 4*
ルペルカリア祭　Lupercal　*I, 5, 1*
ルミナの無花果　Ruminalis ficus　*I, 4, 5*
レア・シルウィア　Rea Silvia　*I, 3, 11*
レギルス湖　Regillus lacus　*II, 19, 3; 20, 13; 21, 3; 22, 4; 31, 3; III, 20, 4; 20, 6*
レギルム　Regillum　*III, 58, 1*
レムス　Remus　*I, 5, 3; 5, 5–7; 6, 3–4; 7, 1–2*
ロクティウス　Locutius　→アイウス・ロクティウス
ロスキウス，ルキウス　Roscius, L.　*IV, 17, 2*
ロストラ　Rostra　*IV, 17, 6*
ローマ　Roma　*序, 4; et passim; I, 3, 9; et passim; II, 1, 2; et passim; III, 1, 5; et passim; IV, 1, 4; et passim; V, 1, 1; et passim*
　—人　Romani　*序, 1; et passim; I, 5, 2; et passim; II, 1, 1; et passim; III, 2, 9; et passim; IV, 3, 11; et passim; V, 1, 2; et passim*
ロミリウス，ティトゥス　Romilius, T.　*III, 31, 2; 31, 5–6; 33, 3*
ロムルス　Romulus　*I, 5, 3; 5, 6–7; 6, 3–4; 7, 1–3; 7, 15; 8, 1–3; 8, 5; 8, 7; 9, 2; 9, 6–7; 9, 14; 10, 4–6; 11, 2–3; 12, 3; 12, 7; 12, 9; 13, 6; 13, 8; 14, 3; 14, 6–7; 14, 9; 15, 6–7; 16, 1; 16, 3–6; 16, 8; 17, 10; 18, 6; 20, 2; 21, 6; 22, 2; 30, 7; 32, 4; 36, 2–3; 40, 3; 43, 9–10; 49, 2; 55, 2; III, 17, 6; 39, 4; IV, 3, 12; 4, 2; 15, 7; 20, 2–3; 20, 11; 32, 11*
　—の無花果　Romularis ficus　*I, 4, 5*
ロムルス・シルウィウス　Romulus Silvius　*I, 3, 9*
ロングラ　Longula　*II, 33, 4; 39, 3*

略年表（第1―5巻）

第 1 巻

前753年頃	伝説上のローマ建国。
753―716	ロムルス王。
716―653	ヌマ王。
653―641	トゥルス・ホスティリウス王。
641―617	アンクス・マルキウス王。
617―578	タルクィニウス・プリスクス王。
578―535	セルウィウス・トゥリウス王。
535―510	タルクィニウス・スペルブス王。
509	ルクレティアの陵辱。

第 2 巻

509頃	王政が廃止され、共和政が樹立される。
508―507	クルシウム王ラルス・ポルセンナがローマを包囲。
504	クラウディウス氏族のサビニからローマへの移住。
501	はじめての独裁官任命。
499（496）	レギルス湖畔におけるラテン人との戦い。
495	債務に苦しむ平民に対するコーンスルの強硬策。
494	平民の聖山への退去（第1回）および護民官職の創設。
493	ラテン人との同盟。
491	コリオラヌスがウォルスキに亡命。
488	コリオラヌスがローマを攻撃（のち撤退）。
486	ローマとヘルニキの同盟。ウォルスキ人およびアエクィ人との争いが始まる。最初の農地法提案（スプリウス・カッシウスによる）。
485	スプリウス・カッシウスに対する告発（有罪判決と処刑）。
482―474	ウェイイ（エトルリア人の都市）との戦争。
477	クレメラ河畔におけるファビウス一族の敗北。
471	プブリリウス法（護民官のトリブス民会における選出）。護民官定数の増員（2名から5名に）。
470	アッピウス・クラウディウスに対する弾劾およびその死。
469	ウォルスキ人の襲来。
468	ローマ人によるアンティウム（ウォルスキ人の町）獲得。

第 3 巻

462	コーンスルの権限を制限することを目的とする法案を護民官テレンティリウスが提案。
461	シビュラ予言書についてのリウィウスによる最初の言及。
460	カピトリウムが亡命者と奴隷によって占拠される。奪還に向かったコーンスルのプブリウス・ウァレリウスが落命。
458	キンキンナトゥスが独裁官に就任し、アルギドゥス山においてアエクィ人を撃破。
457	護民官の定数が10名に増員。

456	アウェンティヌスの丘が居住地とされる。
454	テレンティリウス法案の取り下げ。ソロンの法を調べるために使節がアテナイに派遣される。
451	第一次十人委員会設置。十表からなる法の制定。
450	第二次十人委員会設置。二つの法が追加され、「十二表法」として公布。
449	十人委員会の権力居座りと悪行。ウェルギニアの死。平民の聖山への退去（第2回）。護民官権限を回復するウァレリウス・ホラティウス法の成立。

第 4 巻

445	カヌレイウス法が成立し、貴族と平民の結婚が認められる。コーンスルの代わりに准コーンスル（コーンスル権限を有する軍団司令官）が選出される。
444	アルデアとの同盟関係が復活。
443	監察官職の創設。
440—439	食料危機に際して平民の富豪スプリウス・マエリウスが穀物を調達し平民に安価で供給するものの、王権奪取が目的であるとして糾弾される。最終的には出頭命令に抵抗して殺害される。
437	アウルス・コルネリウス・コッススのスポリア・オピーマ（栄誉戦利品）の獲得。
431	ローマ軍はアルギドゥス山の戦いでアエクィ人とウォルスキ人を撃破。
426	フィデナエ奪取。
421	クアエストルの定員を2名から4名に増員するとともに、平民にもこの職が開かれる。
409	平民からはじめてクアエストルが選出される（3名）。
406	ウォルスキ人の町アンクスルの攻略。

第 5 巻

399	8日間の祭儀「レクティステルニウム（神々の饗宴）」創設。
396	独裁官カミルスによるウェイイ制圧。
391	ガリア諸部族のイタリア定住とローマ使節団の無分別。
390	ガリア人によるローマ掠奪と撤収。

訳者略歴

岩谷　智（いわや　さとし）

千里金蘭大学教授

一九五四年　愛知県生まれ

一九八三年　京都大学大学院文学研究科博士課程単位取得退学

二〇〇四年　金蘭短期大学教授を経て現職

主な著訳書

オリヴァー・タプリン『ギリシア悲劇を上演する』（共訳、リブロポート）

パエドルス／バブリオス『イソップ風寓話集』（共訳、国文社）

プラウトゥス『ローマ喜劇集』2―3（共訳、京都大学学術出版会）

『キケロー選集』12（共訳、岩波書店）

リウィウス『ローマ建国以来の歴史』1（京都大学学術出版会）

ローマ建国《けんこく》以来《いらい》の歴史《れきし》 2 ―― 伝承から歴史へ (2)

西洋古典叢書　2016　第2回配本

二〇一六年七月十五日　初版第一刷発行

訳　者　岩《いわ》谷《や》　智《さとし》

発行者　末原　達郎

発行所　京都大学学術出版会

606-8315 京都市左京区吉田近衛町六九 京都大学吉田南構内

電　話　〇七五-七六一-六一八二

FAX　〇七五-七六一-六一九〇

http://www.kyoto-up.or.jp/

印刷／製本・亜細亜印刷株式会社

ISBN978-4-8140-0031-9

定価はカバーに表示してあります

西洋古典叢書〔第Ⅰ～Ⅳ期、２０１１～２０１５〕既刊全120冊（税別）

【ギリシア古典篇】

アイスキネス　弁論集　木曾明子訳　４２００円
アキレウス・タティオス　レウキッペとクレイトポン　中谷彩一郎訳　３１００円
アテナイオス　食卓の賢人たち　1　柳沼重剛訳　３８００円
アテナイオス　食卓の賢人たち　2　柳沼重剛訳　３８００円
アテナイオス　食卓の賢人たち　3　柳沼重剛訳　４０００円
アテナイオス　食卓の賢人たち　4　柳沼重剛訳　３８００円
アテナイオス　食卓の賢人たち　5　柳沼重剛訳　４０００円
アラトス／ニカンドロス／オッピアノス　ギリシア教訓叙事詩集　伊藤照夫訳　４３００円
アリストクセノス／プトレマイオス　古代音楽論集　山本建郎訳　３６００円
アリストテレス　政治学　牛田徳子訳　４２００円
アリストテレス　生成と消滅について　池田康男訳　３１００円
アリストテレス　魂について　中畑正志訳　３２００円

アリストテレス　天について　池田康男訳　3000円
アリストテレス　動物部分論他　坂下浩司訳　4500円
アリストテレス　トピカ　池田康男訳　3800円
アリストテレス　ニコマコス倫理学　朴　一功訳　4700円
アルクマン他　ギリシア合唱抒情詩集　丹下和彦訳　4500円
アルビノス他　プラトン哲学入門　中畑正志訳　4100円
アンティポン／アンドキデス　弁論集　高畠純夫訳　3700円
イアンブリコス　ピタゴラス的生き方　水地宗明訳　3600円
イソクラテス　弁論集　1　小池澄夫訳　3200円
イソクラテス　弁論集　2　小池澄夫訳　3600円
エウセビオス　コンスタンティヌスの生涯　秦　剛平訳　3700円
エウリピデス　悲劇全集　1　丹下和彦訳　4200円
エウリピデス　悲劇全集　2　丹下和彦訳　4200円
エウリピデス　悲劇全集　3　丹下和彦訳　4600円
エウリピデス　悲劇全集　4　丹下和彦訳　4800円

ガレノス　解剖学論集　坂井建雄・池田黎太郎・澤井　直訳　3100円
ガレノス　自然の機能について　種山恭子訳　3000円
ガレノス　ヒッポクラテスとプラトンの学説　1　内山勝利・木原志乃訳　3200円
クセノポン　キュロスの教育　松本仁助訳　3600円
クセノポン　ギリシア史　1　根本英世訳　2800円
クセノポン　ギリシア史　2　根本英世訳　3000円
クセノポン　小品集　松本仁助訳　3200円
クセノポン　ソクラテス言行録　1　内山勝利訳　3200円
セクストス・エンペイリコス　ピュロン主義哲学の概要　金山弥平・金山万里子訳　3800円
セクストス・エンペイリコス　学者たちへの論駁　1　金山弥平・金山万里子訳　3600円
セクストス・エンペイリコス　学者たちへの論駁　2　金山弥平・金山万里子訳　4400円
セクストス・エンペイリコス　学者たちへの論駁　3　金山弥平・金山万里子訳　4600円
ゼノン他　初期ストア派断片集　1　中川純男訳　3600円
クリュシッポス　初期ストア派断片集　2　水落健治・山口義久訳　4800円
クリュシッポス　初期ストア派断片集　3　山口義久訳　4200円

クリュシッポス　初期ストア派断片集　4　中川純男・山口義久訳　3500円
クリュシッポス他　初期ストア派断片集　5　中川純男・山口義久訳　3500円
テオクリトス　牧歌　古澤ゆう子訳　3000円
テオプラストス　植物誌　1　小川洋子訳　4700円
テオプラストス　植物誌　2　小川洋子訳　5000円
ディオニュシオス／デメトリオス　修辞学論集　木曾明子・戸高和弘・渡辺浩司訳　4600円
ディオン・クリュソストモス　王政論──弁論集　1　内田次信訳　3200円
ディオン・クリュソストモス　トロイア陥落せず──弁論集　2　内田次信訳　3300円
テオグニス他　エレゲイア詩集　西村賀子訳　3800円
デモステネス　弁論集　1　加来彰俊・北嶋美雪・杉山晃太郎・田中美知太郎・北野雅弘訳　5000円
デモステネス　弁論集　2　木曾明子訳　4500円
デモステネス　弁論集　3　北嶋美雪・木曾明子・杉山晃太郎訳　3600円
デモステネス　弁論集　4　木曾明子・杉山晃太郎訳　3600円
トゥキュディデス　歴史　1　藤縄謙三訳　4200円
トゥキュディデス　歴史　2　城江良和訳　4400円

ピロストラトス／エウナピオス　哲学者・ソフィスト列伝　戸塚七郎・金子佳司訳　3700円
ピロストラトス　テュアナのアポロニオス伝　1　秦　剛平訳　3700円
ピンダロス　祝勝歌集／断片選　内田次信訳　4400円
フィロン　フラックスへの反論／ガイウスへの使節　秦　剛平訳　3200円
プラトン　エウテュデモス／クレイトポン　朴　一功訳　2800円
プラトン　饗宴／パイドン　朴　一功訳　4300円
プラトン　ピレボス　山田道夫訳　3200円
プルタルコス　英雄伝　1　柳沼重剛訳　3900円
プルタルコス　英雄伝　2　柳沼重剛訳　3800円
プルタルコス　英雄伝　3　柳沼重剛訳　3900円
プルタルコス　英雄伝　4　城江良和訳　4600円
プルタルコス　モラリア　1　瀬口昌久訳　3400円
プルタルコス　モラリア　2　瀬口昌久訳　3300円
プルタルコス　モラリア　3　松本仁助訳　3700円
プルタルコス　モラリア　5　丸橋　裕訳　3700円

プルタルコス　モラリア６　戸塚七郎訳　３４００円
プルタルコス　モラリア７　田中龍山訳　３７００円
プルタルコス　モラリア８　松本仁助訳　４２００円
プルタルコス　モラリア９　伊藤照夫訳　３４００円
プルタルコス　モラリア10　伊藤照夫訳　２８００円
プルタルコス　モラリア11　三浦　要訳　２８００円
プルタルコス　モラリア13　戸塚七郎訳　３４００円
プルタルコス　モラリア14　戸塚七郎訳　３０００円
プルタルコス／ヘラクレイトス　古代ホメロス論集　内田次信訳　３８００円
プロコピオス　秘史　和田　廣訳　３４００円
ヘシオドス　全作品　中務哲郎訳　４６００円
ポリュビオス　歴史１　城江良和訳　３７００円
ポリュビオス　歴史２　城江良和訳　３９００円
ポリュビオス　歴史３　城江良和訳　４７００円
ポリュビオス　歴史４　城江良和訳　４３００円

マルクス・アウレリウス　自省録　水地宗明訳　3200円
リバニオス　書簡集 1　田中　創訳　5000円
リュシアス　弁論集　細井敦子・桜井万里子・安部素子訳　4200円
ルキアノス　食客──全集 3　丹下和彦訳　3400円
ルキアノス　偽預言者アレクサンドロス──全集 4　内田次信・戸田和弘・渡辺浩司訳　3500円
ギリシア詞華集 1　沓掛良彦訳　4700円
ギリシア詞華集 2　沓掛良彦訳　4700円

【ローマ古典篇】

アウルス・ゲッリウス　アッティカの夜 1　大西英文訳　4000円
ウェルギリウス　アエネーイス　岡　道男・高橋宏幸訳　4900円
ウェルギリウス　牧歌／農耕詩　小川正廣訳　2800円
ウェレイユス・パテルクルス　ローマ世界の歴史　西田卓生・高橋宏幸訳　2800円
オウィディウス　悲しみの歌／黒海からの手紙　木村健治訳　3800円
クインティリアヌス　弁論家の教育 1　森谷宇一・戸高和弘・渡辺浩司・伊達立晶訳　2800円

クインティリアヌス　弁論家の教育　2　森谷宇一・戸高和弘・渡辺浩司・伊達立晶訳　3500円
クインティリアヌス　弁論家の教育　3　森谷宇一・戸田和弘・吉田俊一郎訳　3500円
クルティウス・ルフス　アレクサンドロス大王伝　谷栄一郎・上村健二訳　4200円
スパルティアヌス他　ローマ皇帝群像　1　南川高志訳　3000円
スパルティアヌス他　ローマ皇帝群像　2　桑山由文・井上文則・南川高志訳　3400円
スパルティアヌス他　ローマ皇帝群像　3　桑山由文・井上文則訳　3500円
スパルティアヌス他　ローマ皇帝群像　4　井上文則訳　3700円
セネカ　悲劇集　1　小川正廣・高橋宏幸・大西英文・小林　標訳　3800円
セネカ　悲劇集　2　岩崎　務・大西英文・宮城徳也・竹中康雄・木村健治訳　4000円
トログス／ユスティヌス抄録　地中海世界史　合阪　學訳　4000円
プラウトゥス　ローマ喜劇集　1　木村健治・宮城徳也・五之治昌比呂・小川正廣・竹中康雄訳　4500円
プラウトゥス　ローマ喜劇集　2　山下太郎・岩谷　智・小川正廣・五之治昌比呂・岩崎　務訳　4200円
プラウトゥス　ローマ喜劇集　3　木村健治・岩谷　智・竹中康雄・山澤孝至訳　4700円
プラウトゥス　ローマ喜劇集　4　高橋宏幸・小林　標・上村健二・宮城徳也・藤谷道夫訳　4700円
テレンティウス　ローマ喜劇集　5　木村健治・城江良和・谷栄一郎・高橋宏幸・上村健二・山下太郎訳　4900円

リウィウス　ローマ建国以来の歴史 1　岩谷　智訳　3100円
リウィウス　ローマ建国以来の歴史 3　毛利　晶訳　3100円
リウィウス　ローマ建国以来の歴史 4　毛利　晶訳　3400円
リウィウス　ローマ建国以来の歴史 5　安井　萠訳　2900円
リウィウス　ローマ建国以来の歴史 9　吉村忠典・小池和子訳　3100円